Ludwig Uhland

Tübinger Linksradikaler Nationaldichter

„Tübinger Kataloge“
Herausgegeben von der Universitätsstadt Tübingen · Fachbereich Kultur
zum 150. Todestag von Ludwig Uhland
Nr. 95

Diese Publikation erscheint anlässlich der Ausstellung
Ludwig Uhland
TÜBINGER LINKSRADIKALER NATIONALDICHTER
Stadtmuseum Tübingen
5. Oktober – 2. Dezember 2012

Ein Kooperationsprojekt mit dem
Deutschen Literaturarchiv Marbach
und dem Deutschen Seminar der Eberhard Karls Universität Tübingen

deutsches literatur archiv marbach

EBERHARD KARLS UNIVERSITÄT TÜBINGEN

Projektgruppe:
Georg Braungart, Stefan Knödler, Helmuth Mojem, Wiebke Ratzeburg

Katalogredaktion:
Stefan Knödler, Helmuth Mojem, Wiebke Ratzeburg

Lektorat:
Guido Szymanska

Praktikanten:
Sebastian Götz, Clara Domeyer

Gestaltung: Christiane Hemmerich, Konzeption und Gestaltung
Scans: Guido Szymanska
Fotos: Anne Faden, Tübingen, Chris Korner, DLA Marbach
Satz und Layout: Christopher Blum, Universitätsstadt Tübingen · Fachbereich Kultur
Druck: Gulde Druck, Tübingen

ISBN 978-3-941818-14-9

Ludwig Uhland

Tübinger Linksradikaler Nationaldichter

Herausgegeben von
Georg Braungart
Stefan Knödler
Helmuth Mojem
Wiebke Ratzeburg

Mit Beiträgen von
Georg Braungart
Joachim Knape
Stefan Knödler
Wilfried Lagler
Helmuth Mojem
Wilfried Setzler
Dietmar Till
Johannes Michael Wischnath

STADTMUSEUM TÜBINGEN

Inhalt

Georg Braungart, Stefan Knödler, Helmuth Mojem, Wiebke Ratzeburg
Vorwort 7

Wilfried Setzler
Tübingen und Ludwig Uhland. Eine Stadt im Umbruch 11

Johannes Michael Wischnath
„Geöffnet sind die Bücher immer"
Ludwig Uhlands Tübinger Universitätsjahre 1801–1810 21

Georg Braungart
Versunken und vergessen? Anmerkungen zu Ludwig Uhlands Lyrik 31

Helmuth Mojem
Heine über Uhland. Literaturgeschichtliche Reminiszenzen 43

Georg Braungart
Der Sieg der Poesie über den Tyrannen
Ein Versuch zu Uhlands Ballade „Des Sängers Fluch" (1814) 57

Joachim Knape
Ludwig Uhland als politischer Redner 69

Stefan Knödler
Ludwig Uhlands wissenschaftliches Werk und die Entstehung der Germanistik 85

Dietmar Till
Ludwig Uhland und sein „Stylisticum" 95

Wilfried Lagler
Die Bibliothek Ludwig Uhlands 107

Katalog 115

Dank 253

Abbildungsnachweis 255

Gegenüber:
Ludwig Uhland. Gemälde von Gottlob Wilhelm Morff (1818). DLA Marbach. Am 16. Januar 1818 schrieb Uhland an seine Eltern: „Auch ich bin neuerlich vom Hofmaler Morf gemahlt worden. Ich soll sehr gut getroffen seyn, das Gemählde ist aber noch nicht fertig".

Dr: Uhland

Vorwort

Von Uhland macht man sich gewöhnlich ein Bild, das in etwa dem nebenstehenden, etwas betulichen Schattenriss von Luise Duttenhofer entspricht – wenn sich heute überhaupt noch viele ein Bild von Uhland machen. Wohl kaum jemals hat ein gefeierter Dichter, eine Person des öffentlichen Interesses, eine nationale Identifikationsfigur einen solchen Bedeutungsverlust hinnehmen müssen wie Ludwig Uhland. Galt er im 19. Jahrhundert und weit darüber hinaus als erstrangiger Autor, als politisches Vorbild, schlicht als „großer Mann", so lebt sein Name heutzutage allenfalls in Bezeichnungen öffentlicher Einrichtungen weiter, die so gedankenlos wie gleichgültig verwendet werden. Uhland ist aus der Zeit gefallen, ja schlimmer noch, selbst bei denen, die sich von Berufs wegen mit ihm beschäftigen, Historiker und Literaturwissenschaftler, steht er im fatalen Ruch der Langeweile. Selbstverständlich erinnert man von Zeit zu Zeit an seine Verdienste um den frühen Parlamentarismus in Deutschland oder setzt ihn als prominenten Paulskirchenabgeordneten auf einen imaginären Denkmalssockel. Zweifellos hat er seinen Platz in der Literaturgeschichte und wird dort an gegebener Stelle in angemessenem Umfang abgehandelt. Als Dichter erforscht wird Uhland jedoch kaum mehr, seine Lieder und Balladen sind aus dem Schulkanon verschwunden, viele Leser dürfte er heutzutage auch nicht mehr haben; diejenigen, die ihn dem Namen nach noch kennen, halten ihn häufig für veraltet, banal, gefällig und was der vernichtenden Verdikte noch mehr sind.

Nun mag solche Herabsetzung oder vielmehr Gleichgültigkeit einer einst so gefeierten Person und ihrem Werk gegenüber die verschiedensten Gründe haben; eine naheliegende Erklärung dafür findet sich bei Lichtenberg: „Wenn ein Kopf und ein Buch zusammenstoßen und es klingt hohl, ist das allemal im Buch?" Dass ein Autor und seine Schriften vergessen sind, kann also auch uns und unserer Zeit angelastet werden, geschieht solches doch häufig aus Unkenntnis, Desinteresse und Oberflächlichkeit. Daraus folgt, dass man diesen damals so angesehenen und nun so marginalisierten Dichter samt seiner Gedichte einmal näher betrachtet, und was böte hierzu bessere Gelegenheit als ein Jubiläumsjahr?

Aber auch die erstaunliche Differenz zwischen einstiger allgegenwärtiger Anerkennung und heutigem völligen Vergessen fordert die Frage nach dem Warum und dem Wieso geradezu heraus. Hat sich das Publikum an allzu viel Uhland einfach übersättigt? Seine Stellung als Nationaldichter und bedeutender Politiker hat zu einer politischen Instrumentalisierung geführt, die vom ausgehenden 19. Jahrhundert über die Weimarer Republik, die Nazizeit bis hin zu den beiden deutschen Staaten der Nachkriegszeit reichte – und nachdem ihn fast alle Parteien und Strömungen für sich beansprucht hatten (von den Linken bis zu den Nationalsozialisten), war sein Profil bis zur Unkenntlichkeit verschwommen. Oder tritt Uhland in seinen Dichtungen vielleicht bloß zu bescheiden auf? Diese Eigenschaft, die seiner Person allgemein zugesprochen wird, prägt auch sein literarisches Werk, das wegen seiner Eingängigkeit und Popularität – dergleichen verzeihen Kunstkritiker nur schwer – oft unterschätzt wird; ein Zug, den Uhland etwa mit Johann Peter Hebel

Gegenüber:
Ludwig Uhland. Scherenschnitt von Luise Duttenhofer (1817). DLA Marbach. Unter dem 25. März 1817 notierte Uhland im Tagbuch: „Ausschnitt von Duttenhoferin".

teilt. Dieser hat jedoch im 20. Jahrhundert prominente Fürsprecher gefunden, die ihn vor dem Abgleiten ins Vergessen bewahrt haben, Kafka oder Benjamin, Bloch oder Heidegger; bei Uhland war dies nicht der Fall. Ist er also doch zu altbacken? Andererseits gibt es Verse von ihm, die, losgelöst von seinem Namen, im kollektiven Gedächtnis haften geblieben sind, über die Person ihres Schöpfers hinaus Berühmtheit gewonnen haben: „Bei einem Wirte wundermild / Da war ich jüngst zu Gaste" – „Ich hatt' einen Kameraden / Einen bessern findst Du nit" – „Droben stehet die Kapelle / Schauet still ins Tal hinab" – „Des Königs Namen meldet kein Lied, kein Heldenbuch: / Versunken und vergessen! – das ist des Sängers Fluch". Auch bei der irritierenden Frage nach den Wechselfällen von Uhlands Berühmtheit dürfte eine mögliche Antwort zuallererst im genaueren Blick auf die Gegenstände dieser anfänglichen Verehrung und späteren Gleichgültigkeit liegen.

Schließlich die Persönlichkeit Uhlands selbst: Sie wird übereinstimmend als wenig anziehend, linkisch, trocken, schweigsam, mit einem Wort – als langweilig beschrieben. Dabei war dieser Langweiler ein vielbewunderter romantischer Dichter, gehörte also einer Spezies an, der man gemeinhin das gerade Gegenteil von blasser Pflichterfüllung unterstellt. Auch schrieb dieser bürokratisch anmutende Autor, dessen bürgerlichem Habitus jeglicher Exzess fremd war, ausgesprochen handlungsreiche und abenteuerliche Balladen, die sich von ihrem mitreißenden Schwung her allenfalls mit denen Schillers vergleichen lassen. Und dann war dieser steife und hölzerne Mensch Politiker. Unserer Zeit, in der Politiker häufig nur allzuviel Geschmeidigkeit, Wendigkeit und Elastizität im Umgang mit Prinzipien und Parteiprogrammen an den Tag legen, muss der unbeugsame, charakterfeste, jeden Opportunismus verabscheuende Uhland geradezu als Wundertier erscheinen. Wie konnte er in seiner bewegten Zeit mit Ernsthaftigkeit und Gesinnungstreue als Politiker reüssieren? (Freilich muss man zugeben, dass er meist auf der Seite der Verlierer stand.) Auch die spröde private Persönlichkeit Uhlands, die so sehr im Widerspruch zu seinem öffentlichen Ruhm steht, verdient also eine eingehendere Betrachtung.

Eine solche Annäherung an Uhland soll mit den Mitteln einer Ausstellung und eines Katalogs versucht werden. Dazu haben sich drei Institutionen zusammengetan: das Stadtmuseum Tübingen als Vertreter des Ortes, in dem Uhland geboren wurde und in dem er die meiste Zeit seines Lebens verbrachte, das Deutsche Seminar der Universität Tübingen, jene akademische Einrichtung, der Uhland selbst als Professor angehört hat und schließlich das Deutsche Literaturarchiv Marbach, in dem seit über hundert Jahren Uhlands Nachlass liegt. Die Ausstellung und der Katalog wurden in einer von Georg Braungart initiierten Lehrveranstaltung vorbereitet, in der 16 Studierende unter der Leitung von Stefan Knödler und Helmuth Mojem Gelegenheit hatten, sich unter dem Blickwinkel einer Ausstellung mit Uhland und seinem Nachlass vertraut zu machen und das Verfassen von Katalogtexten einzuüben. Daneben enthält der Ausstellungskatalog eine Reihe kürzerer Essays, die in verschiedene Aspekte von Uhlands Leben und Werk einführen; von Georg Braungart koordiniert, entstammen sie gleichfalls dem Umkreis der Tübinger Universität, wo es im Wintersemester 2012/13 auch eine von Dietmar Till und Bernhard Tschofen verantwortete Ringvorlesung zum Thema geben wird. Die Ausstellung selbst wurde von Wiebke Ratzeburg, Stefan Knödler und Helmuth Mojem erarbeitet.

Diese Würdigung Ludwig Uhlands steht in der Tradition des letzten Jubiläums vor 25 Jahren, zu dem es gleichfalls eine Ausstellung mit Katalog (in Marbach und Tübingen) sowie eine in einem Aufsatzband dokumentierte Ringvorlesung der Universität gab; dazu noch eine Festschrift des hiesigen Uhland-Gymnasiums. Alle drei Publikationen führen zur Beschreibung von Uhlands Lebensleistung die gleiche Trias von Begriffen im Titel: Dichter, Politiker, Gelehrter. Wer sich näher mit Uhlands Schaffen befasst, wird zu der Erkenntnis gelangen, dass diese Kategorisierung in der Tat zutreffend und angemessen ist. Dennoch haben wir für unsere neuerliche Annäherung an Ludwig Uhland zwar verwandte, aber doch etwas anders akzentuierte Schlagworte gewählt, von denen wir meinen, dass sie – zumal zueinander ins Verhältnis gesetzt – die Existenz dieses bemerkenswerten Mannes ebenso wie seine widersprüchliche Rezeption besser veranschaulichen können.

Uhland war ein **Tübinger**. Nicht nur, dass seine Familie hier ansässig war und er selbst hier aufwuchs, dichtete, studierte und starb, diese Herkunft dürfte ihn auch vielfach geprägt und sich in seinem Verhalten niedergeschlagen haben – und wo sonst sollte man für Uhlands spezifische Mentalität ein besseres Empfinden, ein feineres Gespür erwarten können als gerade in seiner Heimatstadt.

Uhland setzte sich im ersten gesamtdeutschen Parlament nach **links**. Das war Programm. Und er verfocht seine Überzeugung **radikal** – und zugleich aus altwürttembergischen Geist, was für ihn gerade kein Gegensatz war. Diese kämpferische Haltung kennzeichnete ihn keineswegs nur in seiner Jugend, man könnte sogar meinen, dass die Schärfe seiner Ansichten im Alter zugenommen habe. Jedenfalls verehrte ihn seine Zeit als Muster eines Demokraten – damals eine weniger gewöhnliche Gesinnung als heute –, als Volksvertreter im eigentlichen Sinn des Wortes, der zeit seines politischen Wirkens in Opposition zu den Herrschenden und Mächtigen stand, im württembergischen Landtag wie in der Paulskirche.

Uhland galt im 19. Jahrhundert neben Goethe und Schiller als der dritte deutsche **Nationaldichter**. Seine Lieder und Balladen, zumal im Zusammenklang mit vielerlei Vertonungen, waren kulturelles Allgemeingut. Als kürzlich eine historische Tonaufnahme Otto von Bismarcks auftauchte, bei der er probehalber Verse rezitiert, konnte man feststellen, dass dem Reichskanzler offenbar als erstes der Anfang von Uhlands *Schwäbischer Kunde* präsent war. Eine solche Präsenz Uhland'scher Verse verdankt sich ihrer volksliedhaften Schlichtheit, die nur ein oberflächlicher Blick mit Simplizität verwechselt; der Romantiker Uhland schließt in dieser Hinsicht unmittelbar an Arnim und Brentanos *Des Knaben Wunderhorn* und die *Kinder und Hausmärchen* der Brüder Grimm an. Und in manchen Fällen erwachsen aus dieser Schlichtheit Versgebilde von poetischer Vollendung.

Diesen Tübinger linksradikalen Nationaldichter mitsamt seinen uns heute vielleicht widersprüchlich erscheinenden Facetten gilt es wiederzuentdecken. Statt einigermaßen beliebig seine Aktualität zu behaupten, sei vielmehr darauf hingewiesen, dass er als Person und Phänomen des 19. Jahrhunderts für unsereinen interessant ist – auch und gerade, weil er dann so nachhaltig vergessen wurde. Und dass er außerdem einige Gedichte geschrieben hat, die mit Sicherheit auch noch unsere Zeit überdauern werden; es liegt an ihr, d.h. an uns heute, ob wir sie lesen und uns daran erfreuen wollen.

Georg Braungart   Stefan Knödler   Helmuth Mojem   Wiebke Ratzeburg

Zu Ludwig Uhland's hundertstem Geburtstage. Nach Photographien gezeichnet von H. Nisle und C. Kolb. (S. 463)

1. Porträt Uhland's. 2. Uhland's Geburtshaus in Tübingen. 3. Uhland's Wohn- und Sterbehaus in Tübingen. 4. Das Uhland-Denkmal in Tübingen. 5. Uhland's Grabstätte in Tübingen.

1887

Tübingen und Ludwig Uhland

Eine Stadt im Umbruch

Die Geschichte Tübingens kennt viele weit über die Stadt- und Landesgrenzen hinaus bekannte, berühmte Frauen und Männer. Doch keiner war und ist so stark in dieser Stadt verwurzelt, so eng mit ihr verknüpft wie Ludwig Uhland. In Tübingen wurde er 1787 geboren, hier ging er zur Schule, erlebte seine Konfirmation, absolvierte sein Studium. Danach lebte er von 1812 bis 1829 zwar einige Jahre in Stuttgart, doch selbst in jener Zeit blieb er seinem Heimatort nicht nur durch gelegentliche Besuche bei der Familie verbunden. Von 1819 bis 1826 vertrat er Stadt und Oberamt als Landtagsabgeordneter im Stuttgarter Parlament. Mit der Berufung zum außerordentlichen Professor zog er schließlich 1830 wieder nach Tübingen zurück. Seine Geburtsstadt verblieb von nun an sein Lebensmittelpunkt, wenngleich der Aufenthalt immer mal wieder unterbrochen wurde durch längere Reisen oder durch seine Abgeordnetentätigkeit in Stuttgart und in der Frankfurter Paulskirche. In Tübingen ist er 1862 gestorben, auf dem Stadtfriedhof liegt er begraben. Von seinem Ruhm und Nachruhm kündet unter anderem ein Denkmal in der nach ihm benannten Straße.

Uhlands Leben ist von dieser starken Ein- und Anbindung an Tübingen, den dortigen Traditionen – das alte gute Recht – den Ereignissen, Strukturen und Gegebenheiten mitbestimmt. Andrerseits prägten seine Aktivitäten, seine Ideen, seine Ansichten die Geschicke der Stadt über eine ganze Reihe von Jahren. Überblickt man die gesamte Biografie Uhlands, des Dichters, des Gelehrten und Politikers, spiegelt sich in ihr, skizzenhaft, auch die Geschichte der Stadt.

In der rund 75 Jahre umfassenden Lebensspanne Uhlands erfuhr seine Heimatstadt einen weitreichenden Wandel, der nahezu alle Lebensbereiche in Politik, Wirtschaft und Gesellschaft betraf. In wenigen Jahrzehnten änderte sich das äußere Bild der Stadt ebenso wie das innere Leben. Eine gewisse Aufbruchstimmung ist erkennbar und ein Umbau der Gesellschaft. Die Stadt überschritt die Schwelle zur Neuzeit.

Das äußere Bild der Stadt

In Uhlands Geburtsjahr 1787 präsentierte sich die Stadt noch durchgehend mittelalterlich. Nur eine Handvoll Gebäude lag außerhalb der hohen Mauern, die noch immer die Stadt umschlossen. Fünf bewachte Tore regelten den Ein- und Auslass. Morgens wurden sie geöffnet, abends wieder geschlossen. Sogenannte Bettelvögte sorgten dafür, dass unliebsame fremde Personen die Stadt abends vor Torschluss wieder verließen. Berichte von Reisenden jener Zeit über Tübingen zeichnen das Bild einer dreckig-häßlichen, durch und durch provinziellen Stadt.

Beispielsweise charakterisiert der Schriftsteller Friedrich Nicolai auf seiner *Reise durch Deutschland und die Schweiz im Jahre 1781* Tübingen so: „Das Äußere der Häuser in den unebenen und schmutzigen Gassen dieser Stadt ist höchst elend. Ich kenne keine Stadt in Deutschland von einiger Bedeutung, deren äußeres Ansehen so häßlich wäre als diese.“ Ähnlich sieht es Goethe, der auf Besuch bei dem Verleger Cotta schreibt:

Gegenüber:
Zu Ludwig Uhland's hundertstem Geburtstag. Gezeichnet nach Photographien von H. Nisle und E. Kolb, 1. Portrait Uhland's, 2. Uhland's Geburtshaus in Tübingen, 3. Uhland's Wohn- und Sterbehaus in Tübingen, 4. Das Uhlanddenkmal in Tübingen, 5. Uhland's Grabstätte in Tübingen, 1887. Stadtmuseum Tübingen.

> *Der Abhang nach der Morgenseite, gegen den Neckar zu, zeigt die großen Schul-, Kloster- und Seminariengebäude; die mittlere Stadt sieht einer alten, zufällig zusammengebauten Gewerbestadt ähnlich; der Abhang gegen Abend, nach der Ammer zu, sowie der untere flache Teil der Stadt wird von Gärtnern und Feldleuten bewohnt und ist äußerst schlecht und bloß notdürftig gebauet, und die Straßen sind von dem vielen Mist äußerst unsauber.* (Tagebücher, 7. September 1797)

Zunächst scheint sich an diesen Zuständen auch nichts oder nur wenig verändert zu haben. Noch 1808 – die „schwäbischen Romantiker“ im Kreis um die Studenten Justinus Kerner und Ludwig Uhland hatten gerade ihre ersten Gedichte publiziert – notierte sich der junge Karl August Varnhagen von Ense: „Wir finden die Stadt mit ihren Straßen und Häusern abscheulich, ein schmutziges Nest, schwarz, klein, baufällig; die Stuben, die man uns anbietet, sehen schrecklich aus, mittelalterige Fensterchen, schiefe Fußböden, klapprige Thüren“ (Denkwürdigkeiten des eigenen Lebens, Fünfzehnter Abschnitt).

Dennoch war unverkennbar: die Stadt begann sich Anfang des 19. Jahrhunderts zu verändern. Zwischen 1803 und 1805 wurden im Zusammenhang mit dem Umbau der alten Burse zum Klinikum die ersten Häuser an und auf der Stadtmauer abgerissen. Zeitgleich fiel das große Stadttor an der Neckarbrücke. Durch die „Entfernung des düsteren Anblickes der hohen schwarzen Thürme und Mauern“ und der „Herstellung eines freieren Luftzuges“ erhoffte man sich eine „Beförderung“ der Gesundheit. Ein frischer Wind machte sich tatsächlich überall bemerkbar. So entdeckte Varnhagen über die Freundschaft mit Justinus Kerner, die Bekanntschaft mit dem Verleger Johann Friedrich Cotta, Ludwig Uhland oder Johann Ferdinand Autenrieth, dem Medizinprofessor und späteren Universitätskanzler, die „innere Größe“ der äußerlich so „schmutzigen und engen“ Stadt, von der er dann nur schwer Abschied nahm: „als ich draußen auf die Stadt zurückblickte, fühlte ich deutlich, daß der Ort mir doch schon lieb geworden.“

Beschleunigt wurden die Modernisierungsmaßnahmen durch das 1826 aufgekommene Gerücht, die Universität würde wegen der ungenügenden Sauberkeit in der Stadt und dem Mangel an „Annehmlichkeiten“ nach Stuttgart verlegt (Setzler, Tübinger Stadtmauer, 33–35). Der erschreckte Gemeinderat versprach nicht nur, „allen jenen Forderungen willfährig zu entsprechen, die für einen angenehmen Aufenthalt sowohl der Universitätsangehörigen als der Fremden gerecht werden könnten“, sondern er setzte dies auch um. Zugestimmt wurde der Aufstellung eines Bebauungsplans, der Abschaffung des Viehtriebs und der Einrichtung einer Straßenbeleuchtung.

In Uhlands Todesjahr 1862 waren alle Stadttore abgetragen, war die Stadtmauer weitgehend abgebrochen. Uhlands Wohnhaus lag vor der Mauer, neue Stadtquartiere waren am Neckar und vor allem im Ammertal an der Wilhelmstraße entstanden. Seit 1822 diente das vor dem Lustnauer Tor errichtete „Museum“ den städtischen und universitären Honoratiorenfamilien sowie den Studenten als neuer gesellschaftlicher und kultureller Treffpunkt. Und seit dem 1861 erfolgten Anschluss Tübingens ans württembergische Eisenbahnnetz setzte der jenseits des Neckars erbaute Bahnhof einen neuen städtebaulichen Akzent. Gaslicht beleuchtete die Straßen. Die öffentliche Wahrnehmung der Stadt war eine andere geworden.

Gründlich geändert hat sich in diesem Zeitabschnitt auch die Stadtbevölkerung. So ist sie um fast die Hälfte von rund 6000 auf 9000 Einwohner gewachsen, was nicht nur einem

Tübingen aus der Vogelperspektive. Kolorierte Lithographie (um 1870). Privatbesitz.

Geburtenüberschuss zu verdanken war, sondern vor allem auch dem Zuzug Fremder, darunter viele aus den neuwürttembergischen Gebieten, insbesondere aus dem benachbarten, ehemalig vorderösterreichischen Raum um Rottenburg und aus Oberschwaben. So entstand in der noch Ende des 18. Jahrhunderts geschlossen protestantisch-evangelischen Stadt eine katholische Kirchengemeinde, der bei der amtlichen Zählung von 1862 bereits 693 Mitglieder angehörten, etwa acht Prozent der Gesamtbevölkerung. Zudem zählte man 20 Juden (Oberamtsbeschreibung Tübingen 1867, 200f.).

Die Universität als Impulsgeber für Neuerungen und Reformen

In Uhlands Zeit wandelte sich vor allem die Universität. Gerade sie wurde zum Impulsgeber für Neuerungen und Reformen. In Uhlands Geburtsjahr befand sich die Hochschule an einem Tiefpunkt ihrer damals über 300-jährigen Geschichte. Die Konkurrenz der modernen Hohen Karlsschule in Stuttgart bedrohte gar ihre Existenz. 1787 studierten an der Tübinger Universität nicht mal mehr 200 Studenten, fast alles angehende Theologen. Doch nach der überraschenden Aufhebung der Karlsschule 1794 und der Neuordnung des deutschen Südwestens unter Napoleon erwachte die Universität aus ihrem von Vetterleswirtschaft und Konfessionalität geprägten ‚Dornröschenschlaf' und wandelte sich in einem Reformprozess von nie gekanntem Ausmaß. In wenigen Jahrzehnten entwickelte sie sich von der mittelalterlichen alma mater hin zur modernen, zeitgemäßen Hochschule, die, zu neuer Größe aufgeblüht, Anschluss an die internationale Gelehrtenwelt fand, ja bald wieder zu den führenden in Europa zählte.

Begünstigt wurde dies durch einen totalen Umbau der Universitätsorganisation. Aus der autonomen Korporation, die sich aus ihrem eigenen Vermögen zu finanzieren hatte, wurde eine mit Selbstverwaltungsrechten privilegierte, vom Staat unterhaltene Anstalt, was ihr von nun an eine fortschreitende Finanzausstattung bescherte. Neue Lehrstühle und Fakultäten wurden gegründet. 1811 wurde in Tübingen, erstmals an einer deutschen Universität, das Fach Germanistik eingerichtet, das von 1830 bis 1833 Ludwig Uhland vertrat. 1817 bekam die Hochschule zur bestehenden Evangelisch-Theologischen Fakultät eine Katholische hinzu. Im selben Jahr wurde eine Staatswirtschaftliche Fakultät – die erste in Deutschland – eröffnet. Ebenfalls 1817 wurde die Stelle eines Musiklehrers geschaffen, die Friedrich Silcher bis 1860 versah. Neue Impulse gingen von der 1862/63 gegründeten Mathematisch-Naturwissenschaftlichen Fakultät aus, auch sie die erste in Deutschland.

Die rasante Entwicklung lässt sich auch an den Personendaten ablesen. In der ersten Hälfte des 18. Jahrhunderts stieg die Zahl der Studenten von rund 250 im Jahr 1803 auf rund 800 im Jahr 1850, darunter viele, gut ein Drittel, die nicht aus Württemberg stammten. Die Zahl der Lehrenden hat sich im selben Zeitraum etwa verdoppelt. Nicht nur die Zahl der Lehrstuhlinhaber, ursprünglich rund 30, war gewachsen, verändert hat sich vor allem auch die Zusammensetzung des Lehrkörpers.

Ende des 18. Jahrhunderts wurden die Ordinariate vielfach innerhalb der „Universitätsverwandten" vererbt, nicht selten vom Vater auf den Sohn oder vom Onkel auf den Neffen. Die Familie Gmelin, die Söhne und Enkel eines 1706 zugezogenen Apothekers, hatten in der zweiten Hälfte des 18. Jahrhunderts nicht weniger als sieben Lehrstühle inne, zählt man die Urenkel noch hinzu, kommt man auf elf, wobei Schwiegersöhne und deren Nachkommen nicht mitgerechnet sind. Robert von Mohl berichtet in seinen *Lebenserinnerungen*, dass diese Familie „teils geborene, teils ungeborene Professoren" habe (Band 1, 86).

Mit der Etablierung neuer Fächer und neuer Fakultäten wurden nun Spezialisten und Gelehrte von auswärts berufen, mitunter gar Nicht-Württemberger. Nepotismus und Vetterleswirtschaft nahmen ein Ende.

Parallel zu dem wissenschaftlichen und personellen Aufschwung verlief die räumliche Ausdehnung. Noch zu Beginn des 19. Jahrhunderts war Tübingens Hochschule ganz auf die Altstadt beschränkt. Das 1803 neu geschaffene erste „Clinicum" der Universität wurde noch innerhalb der Stadtmauern in der alten Burse, die Universitätsbibliothek im Rittersaal des Schlosses untergebracht. Doch dann wuchs schnell vor dem ehemaligen Lustnauer Tor im Ammertal ein neues Universitätsviertel. Der 1809 in Betrieb genommene Botanische Garten und das „Museum" wiesen den Weg. 1845 konnte als neues Zentrum der Universität die „Neue Aula" eingeweiht werden. Im gleichen Jahr eröffnete nicht weit davon entfernt das Universitätskrankenhaus.

Die politischen Ereignisse und die Politisierung der Bevölkerung

Gefördert, begleitet, unterlegt und immer wieder neu angestoßen wurde die Entwicklung von Stadt und Universität durch die allgemeinen politischen Ereignisse und deren Folgen sowie durch eine Politisierung der Gesellschaft. Die Französische Revolution 1789 und die sich ihr anschließende Napoleonische Epoche veränderte die politische Landschaft Europas. Die territoriale Zersplitterung des deutschen Südwestens in mehrere hundert Klein- und Kleinststaaten – Rittersitze, Reichsstädte und Reichsklöster, Grafschaften und Fürstentümer – fand ein Ende. Das 1806 zum Königreich erhobene Württemberg erfuhr eine Verdoppelung seines Staatsgebietes und seiner Bevölkerung. Die in diesem Prozess anfallenden Territorien waren bis dahin innerhalb des Heiligen Römischen Reiches nur lose miteinander verbunden, verfügten über eigene Gesetze und Verordnungen, Maße und Gewichte, Währungen, Sitten und Gebräuche. Viele der neuen Untertanen waren katholisch, einige jüdischen Glaubens. Da musste nun vieles zusammenwachsen, vereinheitlicht und geordnet werden. Als *die* Landesuniversität wurde die Tübinger Hochschule ein wichtiger Integrationsfaktor für Alt- und Neuwürttemberg.

Die Ideen der Französischen Revolution von Freiheit, Brüderlichkeit und Gleichheit fielen zunächst im Evangelischen Stift auf fruchtbaren Boden. Die Stadtbürger wurden eher von den Kriegsereignissen in Atem gehalten, die in Folge der Revolution 1792 begannen und Europa bis 1815 erschütterten. Allein im Feldzug 1813/14 waren etwa 160 000 Mann der Alliierten durch Tübingen marschiert, was der Stadt unter anderem eine Typhus-Epidemie einbrachte.

In den 1815 einsetzenden Kämpfen um eine neue Verfassung in Württemberg zeigte sich in Tübingen ein starkes Bürgertum, das in „stürmischen Versammlungen" selbstbewusst und energisch Mitbestimmungsrechte einforderte, wie dies Ludwig Uhland in seinen *Vaterländischen Gedichten* auf das „alte gute Recht" tat.

Kaum waren die Verfassungskämpfe 1820 beendet, bestimmte das Thema der nationalen Einheit die politischen Diskussionen. Einen gewichtigen Beitrag leisteten dabei die Studenten, insbesondere die „Burschenschaft" und neue studentische Verbindungen, die Beziehungen zu Korporationen an anderen deutschen Universitäten pflegten. Konflikte zwischen den nach Freiheit und nationaler Einigung strebenden Studenten und der württembergischen Staatsgewalt gehörten über Jahrzehnte zum Tübinger Alltag. Von 1824 bis 1829 sorgte eine eigens in Tübingen stationierte Polizeitruppe für „Grabesruhe". 1833 ließ der württembergische König gar ein Bataillon Infanterie mit 400 Mann aus Ludwigsburg nach Tübingen verlegen, weil es unter den Studenten, die den Jahrestag des Pariser Juniaufstandes feierten, zu „Tumulten" gekommen war.

Durchaus politisch motiviert war auch die in den 1820er Jahren einsetzende Sangesbewegung. Zwar vermochte in Tübingen des „Gesanges Macht der Stände lächerliche Schranken" – wie eine der Parolen lautete – denn dann doch nicht niederzureißen. Im 1828 gegründeten Sängerkranz sangen die Angehörigen der bürgerlichen Oberschicht; in der ein Jahr später von Friedrich Silcher ins Leben gerufenen „Akademischen Liedertafel" die Angehörigen der Universität. Die Tübinger Weingärtner, durch einen „Eintrittsbeitrag" abgeschreckt, schufen sich 1845 im Weingärtner Liederkranz einen eigenen Verein. Immerhin erhielten sie zum ersten Stiftungsfest 1846 von Ludwig Uhland – dessen von Silcher vertonte Gedichte zum ständigen Repertoire aller Sänger gehörten – und anderen Professoren einen Beitrag, der ihnen die Anschaffung einer Fahne ermöglichte.

Trotz der sozialen Unterschiede: Gemeinsam war allen nicht nur das Liedgut, sondern auch das Streben nach deutscher Einheit, was sich in den vorzugsweise gesungenen Liedern ausdrückte, wie *Was ist des Sängers Vaterland, Freiheit, die ich meine* oder *Heil dir im Siegerkranz*.

Den Höhepunkt erreichte die Bewegung in der bürgerlichen 1848er-Revolution. Gleich mehrere Tübinger gehörten der Frankfurter Paulskirche an. Friedrich Theodor Vischer wurde im Wahlbezirk Reutlingen gewählt, Wilhelm Wiest in Saulgau, Paul Pfizer in Stuttgart, Johannes Fallati in Horb. Robert Mohl, Abgeordneter der Oberämter Gerabronn und

Mergentheim, wurde in Frankfurt Justizminister der provisorischen Zentralgewalt. Ludwig Uhland, der in Frankfurt im Ausschuss zur Erarbeitung der Bundesreform weilte, erhielt bei der Wahl zur Nationalversammlung im Tübinger Bezirk 7086 der 7882 abgegebenen Stimmen.

Auch nach dem Scheitern der Paulskirche und der Niederschlagung des Aufstandes blieb das Thema der Nation virulent. Wie diese aussehen sollte, spaltete allerdings die Stadt in verschiedene Lager. Eine Teilung in konservative Liberale und in Demokraten blieb das politische Grundmuster in Tübingen für die nächsten Jahrzehnte. Dazu kam die Frage „groß- oder kleindeutsch". Uhland tendierte zur Demokratie und blieb bis zu seinem Tod großdeutsch, forderte also den Einschluss Österreichs. Sein Freund Pfitzer bekannte sich zu einer preußischen Führung. Die Freundschaft ist daran nicht zerbrochen.

Spurensuche in der Stadt

Spaziergang 1: Vom Geburtshaus in der Neckarhalde zum Elternhaus in der Hafengasse

Die meisten der Tübinger Lebensstationen Ludwig Uhlands, seiner Wohn- und Wirkungsstätten, seiner Erlebniswelten, der Ereignisorte kann man noch heute aufsuchen, beschauen. Eine Spurensuche könnte in der Neckarhalde beginnen. Dort in der Nr. 24 wurde er am 26. April 1787 geboren. Das Haus gehörte damals dem Hofgerichtsadvokat Weiße, der es auf alten Grundmauern 1782 größtenteils neu erbaut hatte. Heute, seit langem schon, gehört das Haus der Stadt, doch harrt es noch immer vergeblich der Einrichtung einer kleinen Gedenkstätte. Immerhin macht eine Gedenktafel auf den Geburtsort aufmerksam. Nur wenige Schritte daneben liegt das Gasthaus Traube, ein bevorzugter Versammlungsort der Tübinger Honoratioren. Mit Ludwig Uhland feierten sie hier beispielsweise 1819 bei einem großartigen Mittagessen und einem abendlichen Ball die siegreich erfochtene neue württembergische Verfassung (Tagbuch, 282). Uhland war übrigens der einzige, der dazwischen noch zu den im „Löwen" feiernden „Stadtbürgern" ging. Gegenüber der Traube liegt das Evangelische Stift. Hier waltete und wohnte Ludwigs Großvater Ludwig Joseph Uhland (1722–1803), Theologieprofessor und Ephorus.

Bevor man zur Münzgasse weitergeht, bieten sich zwei kleine Umwege an. Einer führt hoch zum Schloss, das Uhland häufig besuchte und das dem jungen Dichter manche Anregung vermittelte. Dem Ehepaar Uhland wurde es gar im Frühjahr 1830 zur ersten gemeinsamen Tübinger Wohnung, „mit schöner, weiter Aussicht und großem inneren Raume". Hier erhielt der neue Professor am Abend seiner ersten Vorlesung, am 3. Mai 1830, erstmals ein Ständchen von drei ihn begeistert feiernden studentischen Chören (Briefwechsel II, 327 und 329).

Der zweite Umweg führt zunächst zur Haaggasse Nr. 15, dem Wohnhaus des Großvaters mütterlicherseits Jakob Samuel Hoser (1714–1796), Universitätssekretär, der sein Amt seinem Schwiegersohn gewissermaßen vererbt hatte. Die Tafel am Haus erinnert allerdings weder an ihn noch an Uhland, sondern daran, dass hier als Kind auch der Dichter Wilhelm Hauff gewohnt hat. Uhland war oft in diesem Haus, eine besondere Liebe verband ihn mit der alten „Madel", der Magd und Haushälterin des Großvaters.

Weiter geht es dann zurück zum Marktplatz. An der Rathausfassade beschaut man dann das Porträt des „großen Sohnes der Stadt" und am Evangelischen Gemeindezentrum

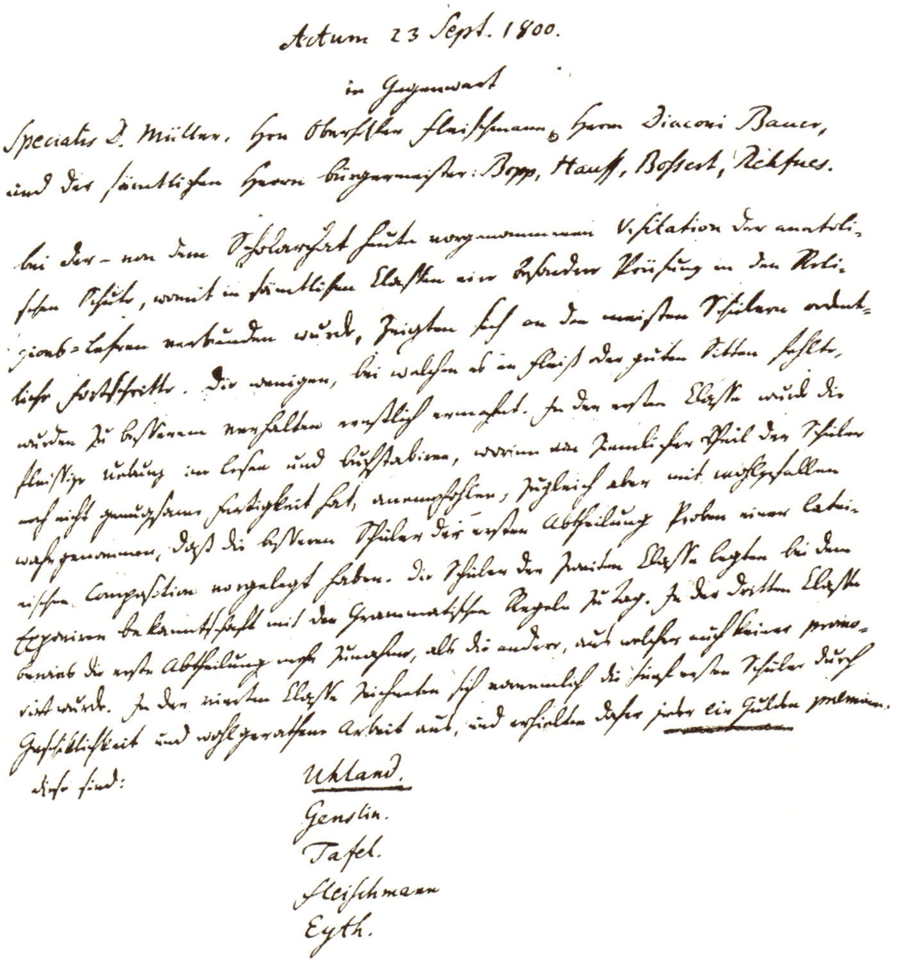
Actum 23 Sept. 1800.

in Gegenwart

Uhland.
Genslin.
Tafel.
Fleischmann
Eyth.

„Tübingen. Recess- und Notabilien-Buch für die Scholam anatolicam daselbsten." Eintrag vom 23. September 1800, worin Uhland als bester Schüler seiner Klasse benannt wird. Stadtarchiv Tübingen.

Lamm, einem ehemaligen Gasthof, erinnert man sich, dass in ihm die „Romantika" um Gustav Schwab getagt hat und Uhland, wie man seinem *Tagbuch* entnehmen kann, hier oft zu Gast war. Über die Collegiumsgasse gelangt man schließlich zur Hafengasse Nr. 3, dem Haus des Großvaters, das dieser, im Evangelischen Stift wohnend, seinen beiden Söhnen überlassen hat. Noch im Geburtsjahr Ludwigs war die junge Familie hierher gezogen. Sie bewohnte den ersten Stock. Im zweiten war die Familie von Ludwigs Onkel, dem Oberamtsarzt Gotthold Uhland, untergebracht.

Ludwigs kleines Zimmer lag nach hinten. Vom Hof aus, den man über die Lange Gasse erreicht, kann man die Fenster sehen. Hier verbrachte Ludwig Uhland seine Kindheit und seine Jugendzeit bis zu seinem Umzug nach Stuttgart am Jahresende 1812. In diesem Haus starben 1831 Uhlands Mutter Rosine Elisabeth geb. Hoser (*1760) und sein Vater, der Universitätssekretär Johann Friedrich Uhland (*1756). Mit dem Haus und dem jungen Uhland verbinden sich zahlreiche Geschichtchen, die man in seiner von Emilie Uhland 1874 publizierten Biografie nachlesen kann. Die Gedenktafel am Haus wurde 1912 zu Uhlands 50. Todestag angebracht.

Spaziergang 2:
Von der Münzgasse über die Lateinschule zum Wohnhaus in der Gartenstraße

In der Münzgasse gibt es die meisten „Uhlandorte". Mit ihren stattlichen Häusern galt sie lange als die schönste Straße Tübingens. Selbst Nicolai fand über sie anerkennende Worte. Die meisten Häuser waren in Professorenhand, der untere Teil bei der Stiftskirche mit dem Kanzlerhaus (Nr. 11) , dem Juristenkolleg und seinem Karzer (Nr. 20), dem Kollegium (Nr. 22) und der „Alten Aula" (Nr. 24) gehörte der Universität. Mit Ludwig Uhland verbunden waren sie über sein Studium und seine von 1830 bis 1833 dauernde Lehrtätigkeit.

In der Münzgasse 10, Eigentum der Professorenfamilie Gmelin, hat das Ehepaar Uhland sechs Jahre lang vom Sommer 1830 bis zum Sommer 1836 gewohnt. Die große Wohnung mit schönem Blick ins Neckartal bot Platz für viele Gäste, wie man Uhlands Briefwechsel entnehmen kann. Unter Studenten bekannt war das Haus damals aber auch wegen der schönen Töchter des Medizinprofessors Ferdinand Gmelin: „Auch's nächste Haus hat schöne Damen. / Ein Doctor mit berühmten Namen / Wohnt hier, doch blieb er besser / Ein Dichter als Professor", spottet ein 1831 gefertigtes Reimgedicht (Tübinger Blätter 34 [1943/45], 21 und 28).

Porträt Emilie und Ludwig Uhland. Aus: Über Land und Meer (1887), S. 508. Privatbesitz.

Am Haus Nr. 13, dem „Neuen Bau", erinnert eine Tafel an Justinus Kerner, der von 1804 bis 1808 in Tübingen Medizin studierte und hier als Stipendiat des Martinianum wohnte. In seinem Zimmer versammelten sich die jungen Tübinger Romantiker, um gegen die „Verfechter des alten Zopfregiments in der vaterländischen Literatur gewaltige, deutsche Hiebe" zu führen. Gemeint waren die Redakteure des berühmten Verlegers Cotta, dem das Nachbarhaus (Nr. 15) gehörte. Im Neuen Bau lag dann auch das handgeschriebene *Sonntagsblatt* des Dichterkreises aus, eine Manifestation der Romantik, die sich bewusst gegen die von Cotta gegründete Tageszeitung *Morgenblatt* richtete.

Über den Holzmarkt gelangt man an der Stiftskirche vorbei, in der 1801 Uhland konfirmiert wurde, zum „Schulberg". Am Ende der zum Österberg ansteigenden Straße erhebt sich rechts die alte „Anatolische Schule", Uhlands Lateinschule, die er von 1793 an bis zum Wechsel an die Universität 1801 besuchte. In den jährlichen Visitationsprotokollen der Schulaufsicht ist mehrfach von Uhland die Rede (Stadtarchiv Tübingen S 775). 1796, beim Wechsel von der dritten in die vierte Klasse, steht sein Name an dritter Stelle, zwei Jahre später erhält er „durch Kenntnisse und Fähigkeiten rühmlich ausgezeichnet" eine Prämie. Bei der Prüfung am 23. September 1800 erweist er sich als Klassenprimus, weshalb ihm dann auch im folgenden Frühjahr die Ehre zufiel, die selbstgefertigte *Bitte um die Frühjahrsvakanz* vorzutragen.

Den Berg und die Neckargasse abwärts gehend, kommt man nun zur Neckarbrücke und der Gartenstraße. Auch wenn Uhlands Wohnhaus am Hang zum Beginn der Gartenstraße 1944 bei einem Luftangriff auf Tübingen zerstört wurde und sich an seiner Stelle seitdem beharrlich ein nicht gerade städtebaulich oder ästhetisch befriedigendes Provisorium befindet, aufsuchen sollte man die Stelle dennoch – vielleicht mit einer Abbildung. Im Frühjahr 1836 hat Uhland das Haus „mit freundlicher Aussicht in das Thal" von dem 1833 von Tübingen nach Leipzig verzogenen Juraprofessor Karl Georg Wächter gekauft, der es sich nach Plänen des Tübinger Professors der Baukunst Karl Marcell Heigelin 1828 hatte errichten lassen. Uhlands Studierzimmer lag im ersten Stock. In diesem Haus ist er am 13. November 1862 gestorben.

Es ist nicht leicht, sich die einstige städtebauliche Situation zu vergegenwärtigen, zumal die ab 1882 erbaute Mühlstraße links am ehemaligen Haus entlang eine Schlucht durch den Berg bildet. Und ziemlich viel Fantasie benötigt man, um sich an die vielen Ereignisse, Besuche, Feiern, Fackelzüge, Ständchen, Briefe zu erinnern, die sich mit diesem Platz und seinem zerstörten Haus verbinden.

Und viele weitere Erinnerungsorte ...

Für einen auf Perfektion ausgerichteten Uhlandfreund sind weitere Wege unerlässlich. Nicht weit entfernt vom einstigen Uhlandhaus findet man den Turm, in dem Hölderlin lebte. Uhland sandte ihm zum Geburtstag Tulpen, zusammen mit Kerner und Schwab redigierte und publizierte er 1826 eine erste Auswahl von Hölderlins Gedichten.

Besucht werden muss sein Grab auf dem Stadtfriedhof. Auf dem Weg dorthin könnte man am Beginn der Wilhelmstraße ins „Museum" schauen oder an der neuen Aula vorbei bis zur Mensa der Universität gehen. Dort stand bis vor rund 50 Jahren das Akademische Reithaus. In ihm trug Uhland bei der Kundgebung am 2. März 1848 seine „Adresse" an die Regierung vor, die von 1012 Teilnehmern unterzeichnet wurde und mit dem Satz beginnt: „Der Sturm der in die Zeit gefahren ist, hat die politischen Zustände Deutschlands in ihrer ganzen unseligen Gestalt, Allen erkennbar, bloßgelegt."

Besucht werden muss selbstverständlich auch sein 1873 errichtetes Denkmal an der Uhlandstraße. Obligatorisch sind zudem mindestens zwei größere Spaziergänge, zum einen über das Tübinger Schloss und den Spitzberg zur Wurmlinger Kapelle, zum zweiten durch das Käsenbachtal, dem Tübinger Elysium. Weitere Anregungen finden die Uhlandfreunde in seinem Werk, seinen Briefen und seinem *Tagbuch*.

Wilfried Setzler

Literatur

Ludwig Uhland: Tagbuch 1810–1820. Aus des Dichters handschriftlichem Nachlaß hrsg. von Julius Hartmann. Stuttgart 1898.

Ludwig Uhland: Briefwechsel. Im Auftrag des Schwäbischen Schillervereins hrsg. von Julius Hartmann. 4 Bde. Stuttgart und Berlin 1911–1916 (Veröffentlichungen des Schwäbischen Schillervereins, 4–7).

Ludwig Uhland 1787–1862. Dichter, Germanist, Politiker. Bearb. von Walter Scheffler und Albrecht Bergold. Mit einer Bibliographie von Monika Waldmüller. Marbach 1987 (Marbacher Magazin, 42).

Wilfried Setzler: Die Tübinger Stadtmauer. Ihre Bedeutung für die Stadt und die Universität: Schutz und Zier, Hemmschuh und Ärgernis. In: Tübingen. Eine Stadt und eine Universität. Hg. von Ingrid Gamer-Wallert und Gabriele Steffen. Tübingen 1995, 23–42.

Wilfried Setzler, Benigna Schönhagen und Hans-Otto Binder: Kleine Tübinger Stadtgeschichte. Tübingen 2006.

[Emilie Uhland:] Ludwig Uhlands Leben. Aus dessen Nachlaß und aus eigener Erinnerung zusammengestellt von seiner Witwe. Stuttgart 1874.

„Geöffnet sind die Bücher immer"

Ludwig Uhlands Tübinger Universitätsjahre 1801–1810

Im September 1807 ging Ludwig Uhlands Tübinger Freundeskreis allmählich auseinander. Die Stammbücher füllten sich mit wehmütigen Erinnerungen an frohe Runden beim Wein im „Ochsen", im „Lamm" oder in der „Traube", an gemeinsame Spaziergänge und die „schöne Zeit des Sonntagsblatts" im „Neuen Bau" (Briefwechsel 1, 33–43). Noch Jahrzehnte später blickten die Freunde auf die unbeschwerte Burschenzeit wie auf ein verlorenes Paradies zurück. Nur vom Studium selbst war dabei selten die Rede. Freundschaft, Poesie und Literatur standen im Zentrum, und wenn die beiden Kapitel über Uhlands Universitätsjahre in Hermann Schneiders Biografie mit „Jugenddichtung und Jugendfreunde" und „Schwäbische Romantik" überschrieben sind, ist sicher das Richtige getroffen. Uhland war Jurist, aber er war es ohne Begeisterung. Für sich genommen besagt das freilich wenig, denn ein unsentimentales, pragmatisches Verhältnis zu „Brotstudium" und „Brotberuf" als nicht zu umgehenden Notwendigkeiten war damals wohl eher die Regel. Aber auffällig bleibt, dass Uhland sich damit um so vieles schwerer tat als seine Freunde Justinus Kerner oder Karl August Varnhagen von Ense. Das wird besonders deutlich, wenn man den Blickwinkel ändert und anders als die biografische Literatur die Studienjahre nicht des Dichters und Germanisten, sondern des Rechtsanwalts und Doktors beider Rechte Ludwig Uhland ins Auge fasst.

Im Herbst 1793 war Uhland mit sechseinhalb Jahren in die Tübinger Lateinschule, die „schola anatolica", eingetreten. Dort unterrichteten damals vier „Präzeptoren" in vier Klassenstufen rund hundert Schüler, die allermeist weder die Absicht noch die Möglichkeit hatten, später zu studieren. Den bei Weitem größten Raum nahm dabei der Lateinunterricht als Basis aller höheren Bildung ein, hinzu kamen drei Religionsstunden und je eine Stunde Arithmetik, „Erdbeschreibung" und „vaterländische Geschichte". Alles Übrige war Privatstunden vorbehalten, die die Lehrer oder der Rektor persönlich den Honoratiorenkindern gaben. Seit 1798 war dies Magister Georg Friedrich Ludwig Kaufmann (1772–1835), ein ganz besonders beliebter Lehrer, der mit den Schülern ausgedehnte naturkundliche Exkursionen in die Umgebung unternahm und sich auch an ihren kriegerischen Spielen und Exerzierübungen beteiligte, zu denen in jenen Jahren Truppendurchzüge und Einquartierung von Freund und Feind reichlich Anregung boten (vgl. die Abb. S. 26). Das Niveau, das Uhland unter Kaufmanns Anleitung erreichte, war beachtlich. So waren über die „Herbstvakanz" 1801 drei Aufsätze zu verfassen, ein deutscher über „den moralischen und intellektuellen Werth des Demosthenes", ein lateinischer über das Thema „Kann es ohne Ruin eines Staates einem Regenten freigelassen werden, seine Staatsdiener nach Willkühr zu entlassen?" und ein „poetischer" über die Zerstörung Karthagos, der in dem langen Gedicht *Marius auf den Trümmern Carthagos* vorliegt (DLA Inv.-Nr. 46214).

In diesem Jahr hatte Uhland mit der Konfirmation das Knabenalter hinter sich gelassen, und die Frage nach seiner weiteren Vorbereitung auf die Universität musste sich stellen. Der übliche Weg führte über die Oberklassen eines Gymnasiums, etwa des Stutt-

Gegenüber:
Uhlands juristische Lehrer: Die ordentlichen Professoren der Juristischen Fakultät um 1810, Tuschesilhouetten Sixt Jakob Kapff, Johann Christian Majer, Christian Gmelin, Christian Gottlieb Gmelin, Julius Friedrich Malblanc, Wilhelm Gottlieb Tafinger. Universitätsarchiv Tübingen.

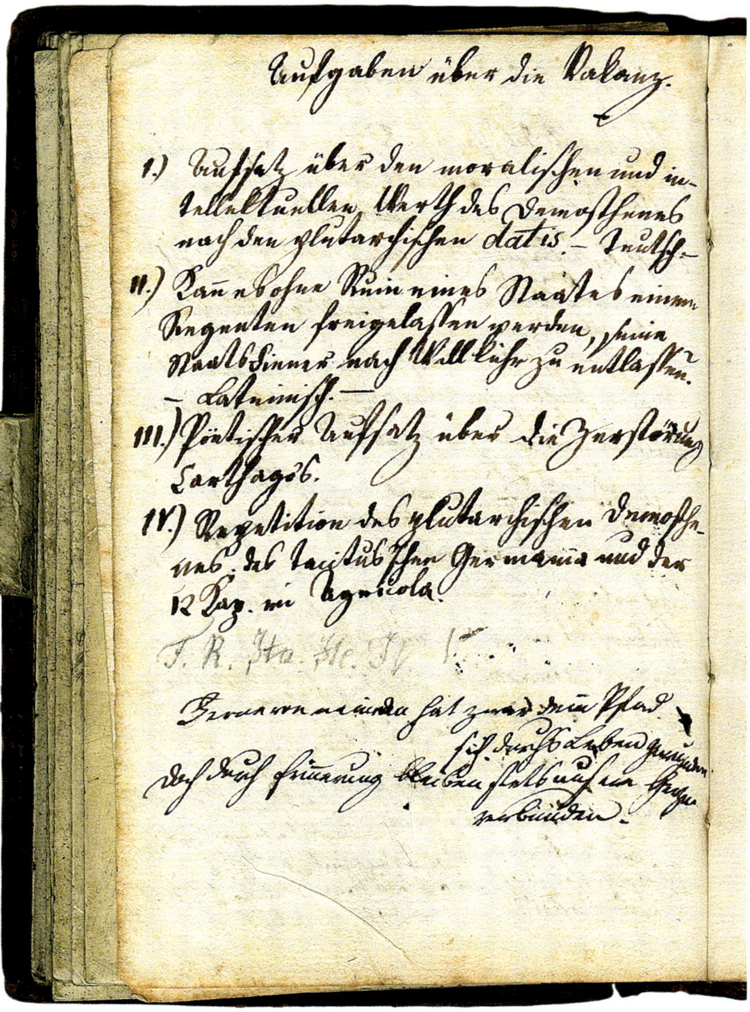

Aufgaben über die Vakanz. In: Notizbuch Ludwig Uhlands (1799–1803). DLA Marbach. Als Rektor Kaufmann diese Aufgaben für die Herbstvakanz 1801 stellte, wusste sein Schüler Uhland noch nicht, dass er wenige Wochen später die Universität beziehen würde.

garters, oder über Landexamen und Klosterschule zum Theologiestudium im herzoglichen Stipendium, dem „Stift". Der sofortige Übergang an die Hochschule war eher die Ausnahme, bot sich aber gerade für Tübinger Akademikersöhne an. Schon Uhlands Großvater Jakob Samuel Hoser (1714–1796) und später sein Vater waren mit noch nicht 15 Jahren immatrikuliert worden. Den Ausschlag gab aber die Aussicht auf ein Stipendium der Broll'schen Familienstiftung, wie es bereits sein frühverstorbener Onkel Johann Jacob Andreas Hoser von 1751 bis 1758 als fünfzehnjähriger Theologiestudent erhalten hatte (Universitätsarchiv Tübingen 7/9,2 Nr. 24). Die Stiftung ging auf den Stuttgarter Juristen Johannes Broll (1599–1639) zurück, einen Vorfahren mütterlicherseits, der ein Kapital von 9000 Gulden dazu bestimmt hatte, Angehörigen der Familie das Studium der Theologie oder der Jurisprudenz zu ermöglichen. Seither war das Kapital so angewachsen, dass zwei mit je 100 Gulden pro Semester dotierte „Hauptportionen" ausgeschüttet werden konnten. Das war eine erhebliche Summe, kaum weniger als das Grundgehalt des Universitätssekretärs von 239 Gulden und immerhin die Hälfte der 400 Gulden, die damals ein Professor der Medizin oder der Rechte jährlich bezog. Als nun der Vater vom Stiftungsverwalter den Wink erhielt, dass demnächst die juristische „Hauptportion" frei werde, entschloss sich Uhland auf den Rat der Eltern kurzerhand zum Jurastudium. Am letzten Tag der Herbstvakanz, am 13. Oktober 1801, trug er sich in die Universitätsmatrikel ein, und schon am nächsten Tag beantragte der Vater beim Senat, ihn als Anwärter einzusetzen. So geschah es. Uhland bezog das Broll'sche Stipendium dann von Martini 1802 an für volle sechs Jahre, die letzte Zahlung erhielt er auf Georgii (23. April) 1808 (Universitätsarchiv Tübingen 128/41 Nr. 187 u. 232).

Im zweiten Halbjahr 1801 verzeichnete die Universität Tübingen unter 232 Studierenden 62 Neueinschreibungen, fünf Theologen, 19 Juristen und 16 Mediziner. Das Studium an der Philosophischen Fakultät nahmen damals 22 Studenten auf, darunter die 18 angehenden Theologen, die neu ins Stift kamen. Deren Alter lag bei 17 bis 18 Jahren, während von den übrigen vier, unter ihnen Uhland und sein Freund Hermann Gmelin (1786–1834), keiner älter war als sechzehneinhalb Jahre. Das Immatrikulationsalter der Juristen und Mediziner lag zwar im Allgemeinen deutlich höher, doch auch unter ihnen waren Jünglinge von 16 und 17 Jahren, die fünf Jahre später bereits fertige Doktoren sein sollten. Das war möglich, weil für die Immatrikulation kein förmlicher Maturitätsnachweis erforderlich war. Nur ganz allgemein hatte ein herzogliches General-Reskript 1771 gefordert, die „Brotstudien" an den „höheren" Fakultäten nicht zu jung und nicht ohne die nötigen Kenntnisse in den alten Sprachen, der Philosophie, der Mathematik und der Geschichte aufzunehmen.

Das Lehrangebot der Philosophischen Fakultät war auf den Studiengang der Stiftsstudenten berechnet. Zu den „öffentlichen" Lektionen, die für sie verpflichtend waren, zählten damals drei Philosophievorlesungen (Logik, Metaphysik und Ethik), Theoretische Physik, Weltgeschichte I und II sowie alte und neue Sprachen. Hinzu kamen „Privatcollegia" der Professoren und der Stiftsrepetenten, die die Möglichkeit boten, flexibel auf die Interessen und Vorkenntnisse der Hörer einzugehen. Angeboten wurden zum Beispiel Vorlesungen über „Empirische Psychologie", Geschichte der Philosophie, Experimentalphysik, Astronomie, „Elementar-Mathesin" oder auch „Höhere Mathesin", neueste Literatur oder Geschichte Württembergs. Nur die Stipendiaten und einige wenige „Stadtstudenten", die in den württembergischen Kirchendienst strebten, legten kurz nach Übertritt an die Universität die Bakkalaureusprüfung ab, und nur sie – die Ausnahmen können hier beiseite bleiben – beendeten den „philosophischen Kursus" nach zwei Jahren mit der Magisterpromotion, um dann zum Theologiestudium überzugehen. Dagegen war bei Juristen und Medizinern das „Magistrieren" längst außer Brauch gekommen. Von Uhland heißt es, er habe die Lücken in seiner Vorbildung durch Privatunterricht bei dem nur wenig älteren Stiftsrepetenten Gottfried Christian Seubert (1782–1835) ausgefüllt und sich besonders mit den alten Sprachen befasst, während er für Mathematik wenig Begabung gezeigt und Geschichte ihn nicht sonderlich interessiert habe. Welche Fächer dabei anfangs auf seinem Stundenplan standen und ob für die fünf oder sechs Semester bis zur Aufnahme des juristischen Fachstudiums überhaupt von einem planvollen Studium die Rede sein konnte, lässt sich nicht sagen. Eher scheint es, dass er vorwiegend seinen persönlichen Neigungen folgen konnte.

Besser dokumentiert ist Uhlands „juristischer Cursus", zu dem er im Sommersemester 1804, spätestens aber nach der Herbstvakanz jenes Jahres überging und den er im September 1807 vollständig durchlaufen hatte. Was darunter zu verstehen ist, lässt sich mit einiger Sicherheit aus dem Zeugnis erschließen, das er nach der Fakultätsprüfung im Sommer 1808 erhielt (DLA Inv.-Nr. 5979). Danach hörte Uhland bei Wilhelm Gottlieb Tafinger (1760–1830) „Naturrecht", Enzyklopädie und Methodologie sowie Geschichte des Rechts und „Geistliches Recht", bei Johann Christian Majer (1741–1821) „Enzyklopädie der Staatswissenschaften", „Allgemeines Staatsrecht" sowie „Lehnrecht" und „Reichsgeschichte". Württembergisches Privatrecht hörte er bei Sixt Jakob Kapff (1735–1821) und bei Christian Gottlieb Gmelin (1749–1818) „Konkursprozeß" und „Peinliches Recht". Auch ein „praktisches, mit Ausarbeitungen verbundenes Collegium" hat Uhland besucht, möglicherweise ebenfalls bei C. G. Gmelin (DLA Inv.-Nr. 5251, 5978).

Im Zentrum des Studiums stand beherrschend die Pandektenvorlesung, die von zwei Professoren parallel jeweils über zwei Semester doppelstündig, täglich von 9 bis 10 und 11 bis 12 Uhr gelesen wurde. Uhland hat die Pandekten mit großer Wahrscheinlichkeit bei Christian Gmelin (1750–1823) und nicht, wie Schneider meinte, bei Julius Friedrich Malblanc (1752–1828) gehört. Am 29. Oktober 1807 meldete Uhland nämlich seinem Freund Karl Mayer, mit dem er Pandektenlektüre betrieben hatte, voller Freude die Beendigung

Bleistiftzeichnung, überschrieben „Rinaldo Rinaldini“. In: Notizbuch Ludwig Uhlands (1799–1803). DLA Marbach. Offenbar hat der jugendliche Uhland den berühmten Räuberroman von Christian August Vulpius (später Goethes Schwager) schon bald nach seinem Erscheinen (1799) verschlungen.

des „Hofacker“ (Briefwechsel 1, 33, 46), des dreibändigen Lehrbuches *Grundsätze des römisch-deutschen Civilrechts* von Karl Christian Hofacker (1749–1793), das C. Gmelins Vorlesung zugrunde lag. Auch die „Institutionen“-Vorlesung gehörten zum römisch-rechtlichen Kernprogramm und wurde in jedem Semester angeboten, wechselweise von C. G. Gmelin und Malblanc.

Während abgesehen von den Pandekten die „öffentlichen Lektionen“ täglich einstündig gelesen wurden, mag die Stundenzahl bei den „Privat-Collegia“ auch geringer gewesen sein. Mithin umfasste Uhlands „juristischer Cursus“ höchstens 80 bis 90 Semesterwochenstunden, verteilt auf sieben Semester. Dafür waren sechs Semester vorgesehen. Der Stundenplan war aber so eingerichtet, dass dies Pensum bei strengem Fleiß und Besuch von drei oder vier Vorlesungen am Vormittag sowie der einen Nachmittagsvorlesung sogar in vier Semestern gehört werden konnte.

Dass Uhland wie sein Vater das Studium mit der Promotion abschließen sollte, stand von vornherein fest. Das war damals aber schon der Kosten wegen keineswegs die Regel, obwohl der Herzog bereits im Visitations-Rezess von 1771 graduierten Juristen bevorzugte Berücksichtigung bei der Besetzung herausgehobener Stellen in Aussicht gestellt hatte. Nicht wenige „Rechtskandidaten“ ließen sich lediglich die Dauer ihres Jurastudiums und die gehörten Vorlesungen bescheinigen, zuweilen erst Jahre nach dem Abgang von der Hochschule. Seit 1806 war das vermehrt der Fall, weil Bewerber um Ämter, die eine akademische Ausbildung erforderten, jetzt ein zweijähriges Studium an der Universität Tübingen nachweisen mussten. Und erst seit 1811 wurde zusätzlich ein Prüfungszeugnis der Fakultät verlangt. Bis dahin wurde nur geprüft, wer einen Grad erwerben wollte. In dieser Fakultätsprüfung „pro gradu“ hatte sich der Rechtskandidat im schriftlichen „Tentamen“ und im mündlichen „Rigorosum“ über seine Kenntnisse auszuweisen, um anschließend in der öffentlichen „Inaugural-Disputation“ eine Dissertation zu verteidigen. Alsdann konnte sich Uhland wie seinerzeit sein Vater mit dem bloßen Titel eines Lizentiaten der Rechte begnügen oder von der „Lizenz“ Gebrauch machen, das Doktordiplom zu beantragen. Das erforderte eine zusätzliche Gebühr von 60 Gulden und war somit eine Kostenfrage.

Der Doktortitel war schon deshalb erstrebenswert, weil er seinem Inhaber auch ohne öffentliches Amt, Titel und Rang eine Stellung verschaffte, die im gesellschaftlichen Verkehr gerade bei der üblich gewordenen Bildungsreise im Ausland nützlich war. Keineswegs war damit aber eine erfolgreiche Karriere garantiert, wie man an Uhlands erfolglosen

Bemühungen um eine Anstellung im Verwaltungs- oder Justizdienst sehen kann. So wie der Vater seine Laufbahn einst als Hofgerichtsadvokat begonnen hatte, strebte auch Uhland die Zulassung als Rechtsanwalt beim Oberappellationsgericht an, das 1805 an die Stelle des Tübinger Hofgerichts getreten war. Dafür war das Advokatenexamen nötig.

Uhland hat den juristischen „Cursus" ohne besondere Eile in sechs oder sieben Semestern durchlaufen. Ob er seine Studien mit dem unfehlbaren Pflichteifer betrieb, der ihm allgemein zugeschrieben wird, ist fraglich. Zwar hat ihm die in solchen Dingen äußerst wohlwollende Fakultät „ausnehmenden Fleiß" bescheinigt, aber das betraf wohl nur den Vorlesungsbesuch, nicht den Privatfleiß. Jedenfalls fand sich im Nachlass von den mit peinlicher Sorgfalt gearbeiteten Vorlesungsmitschriften, die Schneider erwähnt, nur ein einziges Heft mit flüchtigen Exzerpten und Notizen zum Hofackerschen Handbuch (DLA Inv.-Nr. Z 1414). Und auch das nötige Examenswissen war im Herbst 1807 bei ihm noch längst nicht vorhanden. Als Hermann Gmelin, der sich schon im Sommer 1806 examinieren lassen konnte und im März 1807 disputiert hatte, im Oktober als Doktor zu weiteren Studien nach Göttingen zog, ging sein Freund gerade erst daran, Kompendien und Lehrbücher durchzuarbeiten. In seinen Briefen klagte er, „Examen" und „Dissertation" seien „verflucht bös" zu buchstabieren (Briefwechsel 1, 73), und gestand: „Wär' ich fleißiger gewesen, hätt' ich früher absolvieren können" (Briefwechsel 1, 75). Dieselben Briefe sprechen aber auch nur zu deutlich davon, dass er mit Herz und Kopf nicht bei der Jurisprudenz, sondern bei den Freunden und bei der Poesie war.

Nur selten, das sei hier eingeschoben, lässt dieser Briefwechsel erkennen, dass Uhland und seine Freunde auch die politischen Weltbegebenheiten mit Interesse verfolgten. Deren Auswirkungen auf das Lehrprogramm der Universität werden ebenfalls nur gelegentlich deutlich. So las der Historiker Christian Friedrich Rösler (1736–1821) im Jahr 1803 ein Kolleg über die Veränderungen der deutschen „Geographie", und Majer kündigte letztmals im Sommer 1806 seine Vorlesungen über die Entwicklung der Reichsverfassung bis zur Gegenwart an. Im folgenden Semester war das Reich schon Vergangenheit. Majer behandelte jetzt die verfassungsrechtlichen Konsequenzen der Rheinbundsakte. Dass weder Privatbriefe noch das Katheder für kritisches Raisonnement der rechte Ort waren, liegt dabei wohl auf der Hand. So enthielt sich Uhland nach der Verhaftung des „Otaheiti-Verschwörers" Mag. Gustav Schoder (1785–1813), der doch zu seinen Bekannten zählte, mit beredtem Schweigen jedes Kommentars.

Für das Aneignen des Prüfungsstoffs und das Abfassen einer Dissertation hatte Uhland zunächst ein knappes Jahr veranschlagt und gehofft, im Sommer oder Frühherbst 1808 seine Bildungsreise antreten zu können. Aber erst Mitte Juni jenes Jahres meldete er sich zum Fakultätsexamen, ziemlich bangen Herzens übrigens, auch wenn er danach nicht viel zu berichten wusste: „Im römischen Recht ging es am besten, im kanonischen am schlimmsten" (Briefwechsel 1, 104, 106). Am 8. Juli 1808 – auch dies gehörte zu seinen Aufgaben als Universitätssekretär – konnte Uhlands Vater das Zeugnis aufsetzen. Nur die „Prädizierung" überließ er dem Dekan, der dem Sohn „untadelhafte Aufführung", „ausgezeichneten Fleiß" und „gute juridische Kenntnisse" bescheinigte (DLA Inv.-Nr. 5980–5982).

Inzwischen war Uhland klar geworden, dass ihn das Advokatenexamen ein weiteres Vierteljahr kosten werde, und da er nicht im Winter reisen wollte, sah er sich bereits bis Februar oder März 1809 in Tübingen festgehalten (Briefwechsel 1, 104). Mehrere Wochen ließ er in der Hoffnung verstreichen, dass „einmal wieder eine poetische Stimmung" in

Zwei Bleistiftzeichnungen von berittenen Soldaten, die eine bezeichnet mit „Leichte Reuterei". In: Notizbuch Ludwig Uhlands (1799–1803). DLA Marbach.

ihm wach würde (Briefwechsel 1, 106), dann beantragte er beim Justizministerium die Zulassung zur Prüfung, mit der umgehend das Oberappellationsgericht beauftragt wurde. Dem Prüfling wurde aufgegeben, ein Rechtsgutachten in einem dort anhängigen Appellationsverfahren zu verfassen und in einem weiteren Verfahren (es ging um die Haftung des Verkäufers für ein kurz nach Besitzwechsel verendetes Pferd) die Prozessschriften beider Streitparteien zu fertigen: Gravatorial-Libell, Exception, Replik und Duplik. Anschließend waren in Klausur drei Dutzend Fragen vor allem zu prozessualen Verfahrensfragen teils in lateinischer, teils in deutscher Sprache zu beantworten. Schließlich folgte ein Kolloquium mit den beiden Prüfern, die ihm am Ende „vorzüglich gute" Kenntnisse attestierten. Darunter sind nun aber nicht vorzügliche Kenntnisse zu verstehen, wie Schneider meinte, sondern nur überwiegend gute. Uhland erhielt demzufolge auch nur ein Zeugnis „zweiter Klasse", und es war nicht falsche Bescheidenheit, wenn er bemerkte, er habe zufriedenstellend, aber nicht „splendid" abgeschnitten (Briefwechsel 1, 112).

Anfang Oktober war das Examen vorüber. Doch als Uhland am 27. Oktober seinen Amtseid als königlicher Advokat geleistet hatte und beim Obertribunal „immatrikuliert" war (DLA Inv.-Nr. Z 1449), hatte er mit der Dissertation weder begonnen noch überhaupt ein Thema gewählt (Briefwechsel 1, 113). So stand es auch noch Ende November. Mitte März 1809 – lange nach dem einst ins Auge gefassten Reisetermin – war er zwar an der Arbeit, kam aber nicht recht weiter (Briefwechsel 1, 126). Der Armenprozess, den ihm das Gericht gleich nach der Vereidigung zugewiesen hatte, war der Sache gewiss nicht förderlich (Briefwechsel 1, 131). Aber der eigentliche Grund war sicher sein Widerwille gegen das „Juridische", so sehr es ihn von Tübingen fortzog. Wie ist sonst zu verstehen, dass im Briefwechsel mit den Freunden, unter denen doch auch Juristen waren, nicht einmal das Dissertationsthema genannt wird? In der Jahresmitte begann Uhland schließlich eine ganz neue Arbeit, und auch deren Thema ließ er unerwähnt.

Vollends trübe und depressiv wurde die Stimmung, seit im Frühjahr 1809 auch Justinus Kerner Tübingen verlassen hatte: „Ich bin hier", schrieb Uhland Ende Juni, „unsäglich einsam, zur Poesie aber doch zu unruhig, interessante Lektüre finde ich nicht viele, mehr interessiren mich die Weltbegebenheiten, aber nicht immer tröstlich." (Briefwechsel 1, 144) Im August waren immerhin zwei Bogen ausgearbeitet, aber die „Hauptschwierigkeiten" standen noch bevor, und er zweifelte, bis zur Herbstvakanz im Oktober zum Abschluss zu kommen (Briefwechsel 1, 154). In einem seiner Briefe verglich er sich damals mit dem Hahn auf dem Turm, der ins Weite schaut und keinen Flügel regen kann, in einem andern klagte er, bei seinen nächtlichen Spaziergängen um die Stadt fühle er sich wie ein Gespenst, und in einem dritten sprach er vom demütigenden Gefühl „so unruhiger Unthätigkeit" (Briefwechsel 1, 155, 157, 159).

Es war Dezember geworden, als der Rohentwurf vorlag. Jetzt hoffte Uhland im März abzureisen und konnte halb scherzhaft der „bösen Nachbarschaft" die Schuld für seine Schreibblockade zuschieben: „Nur selten komm' ich aus dem Zimmer. Doch will die Arbeit nicht vom Ort. Geöffnet sind die Bücher immer, Doch rück' ich keine Seite fort. Bald spielt mein Nachbar auf der Flöte und führt mir die Gedanken hin, Bald sitzt am Fenster, beim Filete [feine Handarbeit], Die angenehme Nachbarin." (Briefwechsel 1, 165) Acht Wochen später konnte er an die Reinschrift gehen. Sein Tagebuch, das am 1. Januar 1810 einsetzt, zeugt in diesen Wochen von unersättlichem Lektürehunger und erstaunlicher dichterischer Produktivität, und dennoch vergleicht er sein Leben mit einer „schlaflosen Winternacht". Trost sucht und findet er in Jean Pauls *Flegeljahren*, in deren Helden, dem poesiebegeisterten Rechtskandidaten Gottwald Peter Harnisch, er sein alter ego erkennen mochte.

Die Universität Tübingen zu Uhlands Studienzeiten: Der Botanische Garten an der Alten Aula, Aquarell, um 1790. Privatbesitz.

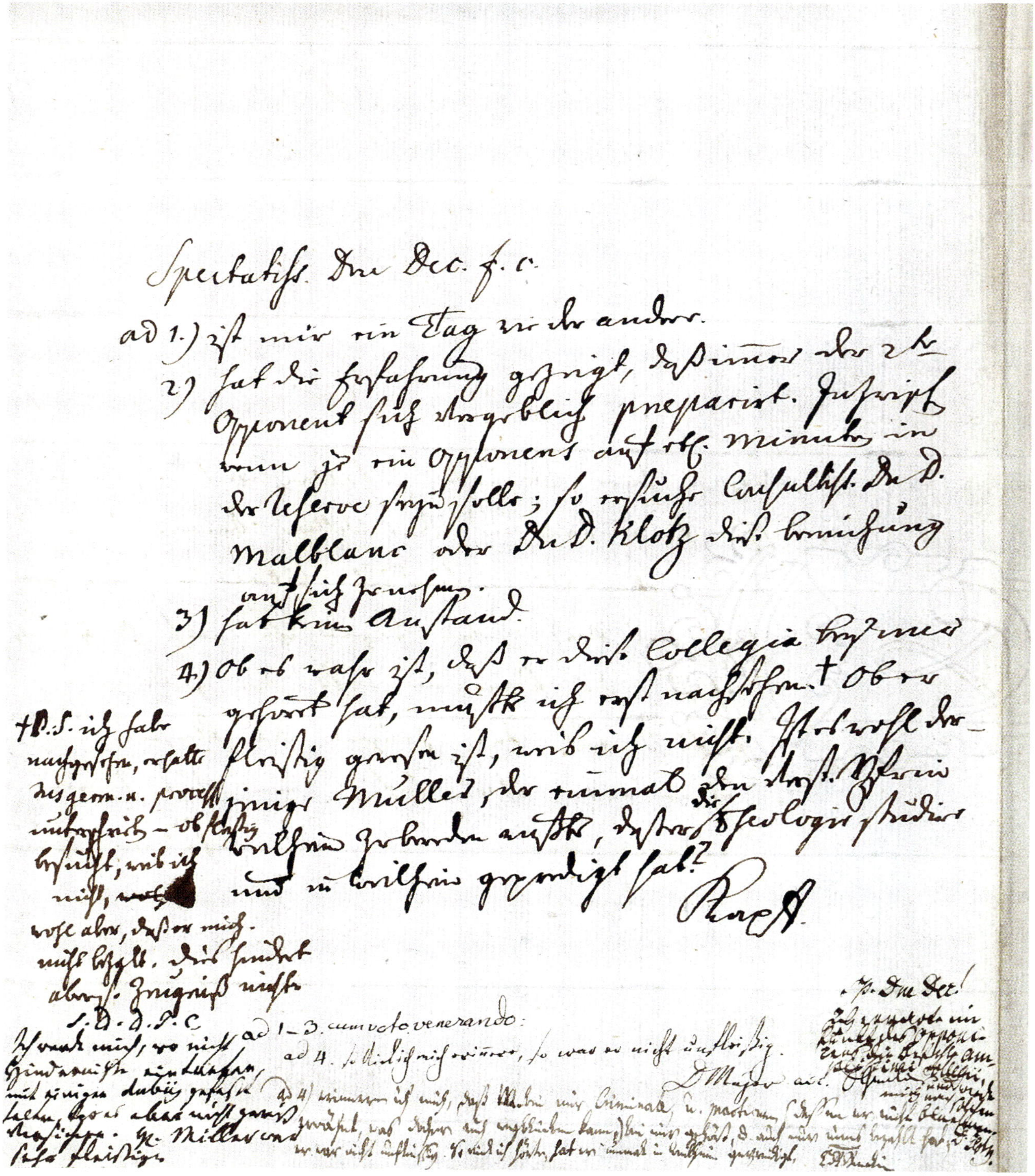
Spectatiss. Dne Dec. f. c.
ad 1.) ist mir ein Tag wie der andere.
3.) hat kein Anstand.
ad 1–3. cum voto venerando:

Endlich ging die lange Nacht zu Ende. Am 1. März ließ Uhland seine Inauguraldissertation *De iuris Romani servitutum natura dividua vel individua* Heinrich Gottlob Gmelin zugehen, den er als Präses für die Disputation gewählt hatte. Ob besondere persönliche Beziehungen bestanden – schon Uhlands Vater hatte bei Gmelin studiert – und ob Gmelin bei der Themenfindung half, lässt sich nicht sagen. Jedenfalls pries dieser die Arbeit, welche die Rechtsnatur der Dienstbarkeiten im römischen Zivilrecht behandelte, als scharfsinnige Leistung, an der er in keiner Beziehung zu bessern wisse und die zu den schönsten Hoffnungen berechtige. Trotz dieses Lobs und trotz der einen oder anderen anerkennenden Erwähnung in den Fußnoten der Rechtsliteratur ist aber doch das Missverhältnis zwischen Aufwand und Ergebnis nicht zu übersehen. Uhland hatte fast zwei Jahre gebraucht, um sich einen Aufsatz von 44 Druckseiten abzuringen, der doch nicht mehr sein sollte als ein „specimen eruditionis“, ein Probestück seiner juristischen Bildung.

Am 13. Mai überbrachte Uhland das Werk dem Dekan, am 14. Mai ging das Manuskript in die Druckerei, am 1. April trug er die druckfrischen Exemplare aus und lud zur Disputation ein. Der feierliche Akt war allerdings längst zur reinen Formsache geworden. Während Uhlands Vater seinerzeit noch eine vom Präses geschriebene Arbeit verteidigt hatte, war jetzt die selbstverfasste Dissertation üblich geworden und stellte die eigentliche Promotionsleistung dar. Wer „opponieren“ und den Promovenden zur Verteidigung seiner Dissertation herausfordern solle, sprachen die Professoren vorher untereinander ab, um den Vorbereitungsaufwand möglichst gering zu halten. Mit dem Termin richtete man sich nach der Frau Universitätssekretärin, die schon Anstalten für den Doktorschmaus getroffen hatte (Universitätsarchiv Tübingen 73/1,218). Uhland aber war der lang ersehnte Tag wieder einmal kaum ein Wort wert. Im Tagebuch notierte er unter dem 3. April 1810 lapidar: „Akt der Dissertation. Schmaus.“

Johannes Michael Wischnath

Literatur

Ludwig Uhland: Tagbuch 1810–1820. Aus des Dichters handschriftlichem Nachlaß hrsg. von Julius Hartmann. Stuttgart 1898.

Ludwig Uhland: Briefwechsel. Im Auftrag des Schwäbischen Schillervereins hrsg. von Julius Hartmann. 4 Bde. Stuttgart und Berlin 1911–1916 (Veröffentlichungen des Schwäbischen Schillervereins, 4–7).

Hermann Schneider: Uhland. Leben, Dichtung, Forschung. Berlin 1920.

Ungedruckte Quellen:

Deutsches Literaturarchiv Marbach (DLA), Nachlass Uhland.

Universitätsarchiv Tübingen, Bestände 7/9 (Besoldungen), 13 und 73 (Juristische Fakultät), 128 (Familienstiftungen).

Gegenüber:
Fakultätszirkular, 27. März 1810. Die Einzelheiten der Doktordisputation Uhlands wurden per Umlauf bei den Fakultätsmitgliedern geklärt. Universitätsarchiv Tübingen.

Hoffnung

Frühlingstrost.

Abd. Born.
nach einer frühern Abschr.

Die linden Lüfte sind erwacht,
Sie säuseln und weben Tag und Nacht,
Sie schaffen an allen Enden.
O frischer Duft, o neuer Klang!
Nun armes Herze, sey nicht bang!
Nun muß sich Alles, alles wenden.

Die Welt wird schöner mit jedem Tag,
Man weiß nicht, was noch werden mag,
Das Blühen will nicht enden,
Es blüht das fernste, tiefste Thal.
Nun armes Herz, vergiß der Qual!
Nun muß sich Alles, Alles wenden.

Versunken und vergessen?

Anmerkungen zu Ludwig Uhlands Lyrik

Uhlands Lyrik ist vergessen. Sie wird von der literaturwissenschaftlichen Forschung nicht mehr behandelt. Sie wird in den Schulen und Universitäten nicht mehr gelesen. Sie wird nicht mehr verlegt (Ausnahme: Hermann Bausinger und Hubert Klöpfer). – Uhlands Lyrik ist *nicht* vergessen: „Viel Steine gab's und wenig Brot" – „Singe, wem Gesang gegeben" – „Ich bin allein auf weiter Flur" – „Die Welt wird schöner mit jedem Tag, // Man weiß nicht, was noch werden mag, // Das Blühen will nicht enden." – „Der wackre Schwabe forcht sich nit".

In vielen geflügelten Worten hat sie also überlebt. Aber das ist vielleicht zu wenig. In den Literaturgeschichten wird Uhlands Lyrik ebenso wie die seiner Freunde, zu denen bekannte Autoren wie Gustav Schwab oder Justinus Kerner gehören, kaum mehr erwähnt. Oft erscheint sie nur noch anekdotisch, als Objekt von Heinrich Heines beißendem Spott.

Dieser Befund steht in eigentümlichem Kontrast zu der Resonanz, die Uhlands Gedichte im 19. Jahrhundert hatten. Sie gehörten zu den am meisten gelesenen Gedichten überhaupt. Seine 1815 zuerst erschienene und immer wieder überarbeitete und erweiterte Sammlung erfuhr im Jahre 1884 die 64. Auflage, und dies bei einer Zahl von 1000 bis 3000 Exemplaren je Auflage. Das Interesse war kontinuierlich und anhaltend, und viele Texte gingen in die Volkspoesie ein, viele wurden Schullektüre.

Uhlands Gedichte, gerade die frühesten, die unmittelbar im Kontext der Romantik stehen, gelten manchem als formelhaft und klischeebeladen. Das mag zuweilen zutreffen, es ist aber dem Streben nach Volkstümlichkeit geschuldet; diese Formelhaftigkeit findet man ebenso bei Eichendorff oder auch bei Heine. Dabei kommt es immer auf die konkrete Struktur an. Die Schlichtheit von Versen, die daherkommen, als entstammten sie unmittelbar dem Volksmund, mag einer modernen Rezeptionserwartung als schematisch und simpel erscheinen. Meist sind sie es mitnichten. Nehmen wir eines der allerbekanntesten.

Frühlingsglaube

Die linden Lüfte sind erwacht,
Sie säuseln und weben Tag und Nacht,
Sie schaffen an allen Enden.
O frischer Duft, o neuer Klang!
Nun, armes Herze, sei nicht bang!
Nun muß sich Alles, Alles wenden.

Die Welt wird schöner mit jedem Tag,
Man weiß nicht, was noch werden mag,
Das Blühen will nicht enden.

Gegenüber:
Ludwig Uhland: Frühlingsglaube, hier überschrieben „Frühlingshoffnung", datiert 21. März 1812 („ebd. Vorm. nach einer frühern Idee"). In: Liederbuch 1811–1814. DLA Marbach.

Es blüht das fernste, tiefste Thal:
Nun, armes Herz, vergiß der Qual!
Nun muß sich Alles, Alles wenden.

Das Gedicht entstand am 21. März 1812 in Tübingen. Der knapp 25-jährige Uhland war, nach abgelegtem Doktorexamen und einer Bildungsreise nach Paris, die ihm weniger zur (offiziell angegebenen) juristischen Weiterbildung als vielmehr dem Studium altfranzösischer und altdeutscher Handschriften gedient hatte, seit gut einem Jahr wieder in Tübingen und hatte sich gerade als Advokat niedergelassen. Er schwankte zwischen seiner Berufung als Dichter und einem Brotberuf, den er noch nicht gefunden hatte. Das Advokatendasein war eher eine Verlegenheitslösung. Eigentlich war Uhland auf der Suche nach einem Beruf und einer bürgerlichen Existenz. Als Dichter konnte er sich durchaus schon fühlen, denn er hatte – seit 1806, also schon als 18-Jähriger – bereits Gedichte publiziert, in Zeitschriften und Musenalmanachen, darunter der berühmte *Musenalmanach auf das Jahr 1807*, der in Regensburg von Leo von Seckendorff herausgebracht worden war. Seit 1809 bemühte sich Uhland, zuerst auch von seinem späteren Verleger Cotta abgewiesen, sehr intensiv um einen Verlag für seine erste Gedichtsammlung in Buchform, leider vergeblich. Eine konkrete Hoffnung hatte sich gerade zerschlagen, wie Uhland im Januar 1812 im Tagebuch vermerkt.

Im März dieses Jahres also schreibt er, der seine Gedicht-Reinschriften immer akribisch – man möchte sagen: pedantisch – mit dem Entstehungsdatum versieht, also den berühmten *Frühlingsglauben*.

Die Erwartung an Frühlingsgedichte, die in der deutschen Literatur Legion sind, ist klar: Im Frühling erwacht das Leben neu, überall wird der kalte Winter überwunden und alles regt sich wieder. Und in den ersten vier Versen scheint genau dies auch vergegenwärtigt zu werden. Was das Ich mit allen Sinnen aufnimmt, scheint es geradezu zu vitalisieren. Doch dann spricht es sein eigenes Herz an, offenbar in einem Selbstgespräch. Ihm ist angst und „bang". Und es sucht den Einklang, den Gleichklang mit der erwachenden Natur. Aber findet es ihn?

Ein billiger Trost, so scheint es, soll hier geboten werden: Mit einlullender Lautmusik („linde Lüfte"), beschwörenden Formeln („Alles, Alles"), und in glatten Reimen, durchaus nach romantischer Manier. Doch rasch erkennt man, dass dieses Ich, das sich hier selbst Mut zuspricht, überhaupt nicht in der Natur aufgeht, in der es seinen Trost sucht. Es wird nicht, wie gerade in der Romantik so häufig, eins mit der Natur. Übrigens hatte Uhland das Gedicht in der Handschrift zunächst *Frühlingstrost* und dann *Frühlingshoffnung* betitelt, jetzt also, im Erstdruck und dann immer, soll es sich schon um einen – festen? – *Glauben* handeln.

Dieselbe antithetische Struktur findet sich in der zweiten Strophe. Wieder wird die Jahreszeit ausgemalt, jetzt in Erweiterung der Perspektive auf die ganze „Welt", die jetzt auch „schöner" und schöner wird. Und wieder ist das Ich auf seine Melancholie und seinen Schmerz zurückgeworfen. In einer Handschrift hatte Uhland statt dem „muß" noch ein „wird" stehen. Diese Gewissheit – es wird sich alles „wenden" – ist in der endgültigen Fassung aufgegeben, und geradezu beschwörend hat Uhland in der letzten Fassung, die er dann in Druck gegeben hat, ein zweites, wiederum groß geschriebenes (also besonders betontes) „Alles" hinzugefügt. Die wichtigste Änderung gegenüber der Handschrift: Der vorletzte Vers hatte in der Tübinger Einzelhandschrift des Gedichts noch gelautet: „Getrost du armes Herz voll Qual". Die Beschwörungsformel wird intensiviert, das Ich fordert sich (in Gestalt seines Herzens) auf, die Qual hinter sich zu lassen: „Nun, armes Herz, vergiß der Qual!"

Der rhetorische Aufwand ist erheblich, und die mehrfache Bearbeitung des Textes durch den jungen Dichter zeigt, dass ihm gerade an diesem Problem gelegen ist: Die Frühlingsszenerie ist nur der Ausgangspunkt für die Bearbeitung einer mehr als nur jahreszeitlich bedingten depressiven Verstimmung. Und dieses Ich findet am Ende den Gleichklang mit der scheinbar trostvollen Natur gerade nicht. Das letzte Wort ist ein geradezu verzweifelter Appell des Ichs an sich selbst. „Nun muß sich Alles, Alles wenden." Doch es sieht nicht wirklich so aus, als gelänge dies. Es verändert sich doch die ganze Welt, also fast „alles", fehlt ‚nur' noch das Ich selbst.

Uhland hat dieses Gedicht in seiner Sammlung von 1815 in einen Zyklus integriert, den er in den späteren Auflagen noch erweitert. Direkt auf das Gedicht *Frühlingsglaube* folgt die unheimliche *Frühlingsruhe*, am selben Tag geschrieben, am 21. März 1812, also vor gut 200 Jahren.

Frühlingsruhe

O legt mich nicht in's dunkle Grab,
Nicht unter die grüne Erd' hinab!
Soll ich begraben sein,
Lieg' ich ins tiefe Gras hinein.

In Gras und Blumen lieg' ich gern,
Wenn eine Flöte tönt von fern,
Und wenn hoch obenhin
Die hellen Frühlingswolken ziehn.

Wie später Annette von Droste-Hülshoff (*Im Grase*) und Eduard Mörike (*Im Frühling*) inszeniert das Ich die Vereinigung mit der Natur als Begräbnis. Denn die scheinbare Einheitsvision der zweiten Strophe, die einen wunderbaren Einklang mit der Szenerie einer weiten Landschaft suggeriert, steht immer unter dem Vorzeichen, dass sie eine Präfiguration des Todes ist. Jeder Schlaf im Gras ist ein kleiner Tod. Mit dieser lustvoll-schmerzlichen Befindlichkeit präsentiert sich die Lyrik Uhlands in dieser Phase seines Schaffens als weit erhaben über schlichte Trostlyrik, sie steht im Dialog mit der Gräberpoesie der Empfindsamkeit wie ihrer Nachklänge in der schwäbischen Dichterszene, und sie inspiriert große Autoren wie Heine oder Mörike.

Doch dieser kleine Zyklus kann auch noch für eine andere Facette in Uhlands Profil als Lyriker stehen. Denn Uhland ist, das zeigen viele seiner Gedichte sehr eindrücklich, keineswegs ein humorloser Geselle. Wenige Wochen später (im Mai 1812) schreibt er ein Frühlingsgedicht, das seine pfiffig-witzige und satirische Seite zeigt: Das *Frühlingslied des Recensenten*, das in der Gedichtsammlung den kleinen Frühlingszyklus abschließt. Seine erste Strophe lautet so:

Frühling ist's, ich laß es gelten,
Und mich freut's, ich muß gestehen,
Daß man kann spazieren gehen,
Ohne just sich zu erkälten.

Die weiteren Strophen seien ebenfalls der Lektüre empfohlen. Und ein kleiner Zweizeiler, den Uhland ab der achten Auflage seiner *Gedichte* in den Frühlings-Zyklus einfügt, zeigt auch seine vielfach bewiesene Fähigkeit, pointierte und formgerechte Epigramme zu verfassen. Hier wird die traditionelle, in der Emblematik und redensartlich überlieferte Einsicht, dass es keine Rose ohne Dornen gibt, dass Schönheit also immer mit Pein verbunden ist, auf pointiert-lapidare Weise sehr elegant umgekehrt (Uhland soll dieses Gedicht, wie seine Frau überlieferte, „einmal in Stuttgart einer bairischen Gräfin in ihr kreuzförmiges Stammbuch geschrieben“ haben):

Frühlingstrost

Was zagst du, Herz, in solchen Tagen,
Wo selbst die Dorne Rosen tragen?

Ludwig Uhland war als Lyriker durchaus früh reif. Er steht mitten in der Romantik, und er beginnt noch nicht 20-jährig, mit vollkommen romantisch-naiv erscheinenden Gedichten, die in ihrer Verbindung von Liebe und Tod, Ritterromantik und Religion zu den besonders charakteristischen – und durchaus herausragenden – Texten der frühen und mittleren Romantik gehören. Sie können sich ohne Zweifel mit den Gedichten eines Brentano, Arnim oder Tieck zu dieser Zeit messen. Im Seckendorff'schen *Musenalmanach für 1807* sind 27 Gedichte des 19-jährigen Jurastudenten abgedruckt, darunter einige seiner bekanntesten wie *Schäfers Sonntagslied* („Das ist der Tag des Herrn! / Ich bin allein auf weiter Flur; / Noch *eine* Morgenglocke nur, / Nun Stille nah und fern.“) oder *Die Kapelle* („Droben stehet die Kapelle, / Schauet still ins Tal hinab“), bereits 1805 entstanden, da war Uhland gerade 18 Jahre alt. Für diese Texte gilt durchaus, was Wolfgang Frühwald, der große Germanist, einmal über ein Gedicht Brentanos gesagt hat: Es handelt sich um die „artistische Konstruktion des Volkstones“, bei der es gerade darauf ankommt, dass die künstlerische Leistung, die sie hervorgebracht hat, an der Textoberfläche nicht gleich offenbar wird. Eine präzise philologische Analyse kann aber zeigen, mit welcher Raffinesse diese Texte gearbeitet sind.

Nach seinem Paris-Aufenthalt (in der zweiten Hälfte des Jahres 1810, nach seiner juristischen Doktorpromotion) kann man in seinen Gedichten immer wieder und immer mehr eine – wie man mit Schiller sagen könnte – ‚sentimentalische‘ Gebrochenheit beobachten. In Paris hatte sich Uhland weniger in Rechtsdingen weitergebildet als vielmehr die Zeugnisse der altfranzösischen und altdeutschen, mittelalterlichen Ritter- und Heldenepik studiert, was ihn nebenbei zum Mitbegründer der Romanistik und der Germanistik macht. In vielen Zeugnissen, vor allem auch in seinen späteren Vorlesungen und Schriften zur altdeutschen Literatur, wird deutlich, dass Uhland bei diesen Studien vor allem die unüberbrückbare Kluft zwischen der eigenen Gegenwart mit ihrer naiven Mittelalterschwärmerei und der eigentlichen, authentisch mittelalterlich-altdeutschen Welt der Ritter und ‚Frouwen‘ empfindet. Sie zu überbrücken wird er später als eine der wichtigsten Aufgaben

Gegenüber:
Parodie von Ludwig Uhlands Gedicht Der Wirtin Töchterlein. *Auf: Menu-Karte der Compagnie Liebig, o.D. DLA Marbach. Das wahrhaft groteske Verhältnis dieser Reime zu dem Uhland'schen Original zeigt, dass die Werbebranche ihren heutigen Ruf schon damals rechtfertigte – und es belegt die umfassende Popularität von Uhlands Versen.*

LIEBIG
Company's Fleisch-Extract.
Nur echt,
wenn jeder Topf
den Namenszug
J. v. Liebig
in
blauer Farbe trägt.
Nach Uhland.
Es zogen drei Burschen wohl über den Rhein,
Bei einer Frau Wirthin, da kehrten sie ein.
Der Erste bestellte ein Fleischgericht
Und rief: „Vergesst das Pepton mir nicht;
Mein Magen ist schwach, lässt mir nicht Ruh',
Doch Fleisch-Pepton, das sagt ihm zu!"
Der Zweite sagte: „Mein Mahl soll sein
Fray-Bentos-Zunge, so zart und fein!"
Der Dritte wählte Bouillon mit Ei,
Doch nur, wenn Extract von Liebig dabei:
„Durch ihn erspart man Geld, Mühe und Zeit,
Den Liebig lieb' ich in Ewigkeit!"
Das Fleisch-Pepton
der Compagnie Liebig
ist vorzüglich zur Förderung der Kräfte bei Genesenden. — Eine werthvolle Bereicherung der Kinderdiätetik.
Publishers: Liebig's Company, Antwerp.

seiner Wissenschaft und seiner akademischen Lehre bezeichnen. Vor diesem Hintergrund kann man auch die zuweilen ins Melancholische hinüberspielende Gebrochenheit deuten, die in vielen nach dieser Reise entstandenen Gedichten zu beobachten ist. Dazu gehört auch das eingangs analysierte Gedicht *Frühlingsglaube* von 1812 – oder die im November 1811 entstandene düstere, weltschmerzliche *Winterreise*, die einen Vergleich mit dem durch Schuberts Vertonung ungleich bekannteren, zehn Jahre später entstandenen gleichnamigen Zyklus von Wilhelm Müller keineswegs scheuen muss. Bei Uhland ist dieses Gedicht Teil eines ebenso beeindruckenden Zyklus' von Wanderliedern, der durchaus für Wilhelm Müller als Inspiration gedient haben kann.

6. Winterreise

Bei diesem kalten Wehen
Sind alle Straßen leer,
Die Wasser stille stehen,
Ich aber schweif umher.

Die Sonne scheint so trübe,
Muß früh hinuntergehn,
Erloschen ist die Liebe,
Die Lust kann nicht bestehn.

Nun geht der Wald zu Ende,
Im Dorfe mach ich halt,
Da wärm ich mir die Hände,
Bleibt auch das Herze kalt.

Uhlands Wanderer kehrt dann „Bei einem Wirte, wundermild" ein, im achten Gedicht dieses Zyklus', und wiederum findet Uhland genial schlichte Worte, die zu Recht in die populäre Überlieferung und in den redensartlichen Bestand des Deutschen eingegangen sind:

Nun fragt ich nach der Schuldigkeit,
Da schüttelt' er den Wipfel.
Gesegnet sei er allezeit
Von der Wurzel bis zum Gipfel!

Dass Strophen von dieser berückenden Simplizität dann in der bürgerlichen Kultur des 19. Jahrhunderts mehr und mehr auch klischeehaft erstarren konnten, ist nicht zuletzt der Tatsache geschuldet, dass sie seit ihrem ersten Erscheinen in den ersten beiden Jahrzehnten des 19. Jahrhunderts mehr oder weniger unverändert (und kontinuierlich) gedruckt wurden, gleichsam als romantische Fossilien in einem Literaturbetrieb, der sich – nicht zuletzt durch den bewundernden Spötter Heine – doch entschieden weiterentwickelt hatte.

Doch nicht nur Heinrich Heine, der ironische Künder der Moderne, der selbst aus der Romantik kam und meinte, er sei ihr entwachsen, hatte zu dem so erfolgreichen und angesehen Ludwig Uhland ein durchaus ambivalentes Verhältnis. Auch Goethe hielt eher Distanz, wie bei dem anderen großen Tübinger Dichter, Hölderlin. Doch kurz vor seinem Tod hat sich der Weimarer Dichterfürst dann doch zu einem positiven Urteil über Uhland bequemt. Eben noch hatte er über die Schwäbische Schule, zu der er Uhland rechnete, und über die ganze Gegend, das Schwabenland, den Stab gebrochen: Aus der „Region worin dieser [Uhland nämlich] waltet möchte wohl nichts aufregendes, Tüchtiges, das Menschengeschick Bezwingendes hervorgehen." (am 14. Oktober 1831 an Carl Friedrich Zelter)

Wenige Tage bevor er starb, Anfang März 1832, dachte Goethe, so berichtet sein Sekretär und Gesprächspartner Johann Peter Eckermann, intensiv über die Frage nach, ob sich ein Dichter politisch engagieren solle. Er verneinte das. Er war der Ansicht, dass die Politik einen Dichter verderbe. „Sowie ein Dichter politisch wirken will, muß er sich einer Partei hingeben, und sowie er dieses thut, ist er als Poet verloren; er muß seinem freien Geiste, seinem unbefangenen Überblick Lebewohl sagen und dagegen die Kappe der Bornirtheit und des blinden Hasses über die Ohren ziehen." (Gespräche mit Eckermann, März 1832) Als einziges Beispiel für diese These nennt er Ludwig Uhland, und damit liefert er ein Modell für die Interpretation von Uhlands intellektuellem Profil, das bis heute akzeptiert ist. Es soll die Tatsache erklären, dass Uhland – bis auf wenige Ausnahmen – nach seinem 29. Lebensjahr keine Gedichte mehr geschrieben hat.

Von 1816 bis zu seinem Tod 1862, also in 46 Jahren, verfasste er gerade einmal 60 kleinere und größere Texte lyrischer Art. Zwischen 1819, dem Jahr der Wahl zum Abgeordneten des Oberamts Tübingen in die verfassungsgebende Versammlung der württembergischen Landstände, und 1829, dem Jahr seiner Berufung auf eine Professur für deutsche Sprache und Literatur an der Universität Tübingen, entstanden praktisch überhaupt keine Gedichte. In diesem Jahr 1829 erfuhr die Sammlung seiner Gedichte, die zuerst 1815 bei Cotta in Stuttgart und Tübingen erschienen war, ihre vierte Auflage. Die erste Auflage, die der damals 28-jährige herausbrachte, hatte gut 200 Gedichte enthalten. Sie waren im Wesentlichen in den vorangegangenen zehn Jahren entstanden. Bis zum Ende seines Lebens, in den folgenden 33 Jahren also, kamen weitere 42 Auflagen heraus, mehr als eine pro Jahr. Allerdings erweiterte sich der Bestand kaum mehr.

Der Riesenerfolg des Lyrikers Uhland, im 19. Jahrhundert eigentlich nur mit dem Heinrich Heines vergleichbar, stellt sich also erst in einer Zeit ein, in der die Quelle seiner Poesie, wie man gerne zu sagen pflegt, bereits fast versiegt war. Er überarbeitete und ergänzte die Sammlung zwar behutsam, aber er betrachtete sich selbst auch nicht mehr primär als Dichter oder gar Lyriker.

Goethe, um auf ihn zurückzukommen, sah das Problem. In dem Gespräch mit Eckermann, in dem er sich ein paar Tage vor seinem Tod im März 1832 über den Gegensatz von Politik und Poesie auslässt, spricht er über sich – und dann über Ludwig Uhland:

> *Gleicherweise* [so berichtet Eckermann] *tadelte Goethe die von andern so sehr gepriesene politische Richtung in Uhland. „Geben Sie acht," sagte er, „der Politiker wird den Poeten aufzehren. Mitglied der Stände sein und in täglichen Reibungen und Aufregungen leben, ist keine Sache für die zarte Natur eines Dichters. Mit seinem Gesange wird es aus sein, und das ist gewissermaßen zu bedauern. Schwaben besitzt Männer genug, die hinlänglich unterrichtet, wohlmeinend, tüchtig und beredt sind, um Mitglied der Stände zu sein, aber es hat nur Einen Dichter der Art wie Uhland."*

Heinrich Heine, nur teilweise ein Antipode Uhlands in lyrischen Dingen, erkannte die von ihm selbst angestrebte volksliedhafte Schlichtheit als besondere Qualität von dessen Lyrik durchaus an: „Und Herr Ludwig Uhland ist der einzige Lyriker der Schule, dessen Lieder in die Herzen der großen Menge gedrungen sind und noch jetzt im Munde der Menschen leben." (Heinrich Heine: Die romantische Schule, 1836) – Allerdings macht der noch nicht 40-jährige Heine den noch nicht einmal 50-jährigen Uhland mit diesem Satz auch zu einem Poeten aus grauer Vorzeit – aus derjenigen Zeit, als man noch ungebrochen romantisch dichten konnte. Und in seinem *Schwabenspiegel* von 1838/39 ist für Heine der Tübinger dann gar zum Epigonen geworden, der „die Töne der romantischen Schule gelehrig nachsprach"; dann erklärt er keck, „daß aber der Dichter selbst, ebensogut wie die ganze Schule, längst tot ist." Ironie der Geschichte, dass Uhland seinen kongenialen Kritiker dann doch ein paar Jahre überleben sollte.

Was bisher völlig übersehen wurde, auch von Uhlands Verehrern, denen er vor allem als aufrechter Politiker wert ist: Uhland, der bekannt ungesellige und bescheiden-zurückhaltende, ja wortkarge Gelehrte, hat durchaus auch Gedichte voll Witz, Frivolität und Ironie geschrieben, die bisweilen auch ins Groteske gehen. Zweifellos gehören seine berühmten „Schwabenstreiche" dazu (*Schwäbische Kunde*, 1814), die heutigen Ohren in ihrer absurden Blutrünstigkeit nicht sehr ‚korrekt' klingen.

Uhland hat, bei seinen Forschungsinteressen nicht verwunderlich, ganz besonders auch lyrische Formen gepflegt, die von den Romantikern aus den romanischen Ländern importiert wurden, also: Sonett, Romanze – und die Glosse! Hierbei handelte es sich um ein in Romantikerzirkeln gerne getriebenes Gesellschaftsspiel, bei dem man aus einem zuvor vereinbarten Vierzeiler (etwa von Tieck oder auch von Goethe) neue Gedichte generierte, indem man nacheinander jeden dieser Verse ans Ende einer neuen, zehnzeiligen Strophe (Dezime) stellte und so vier Mal einen Überraschungseffekt erzielte: Wie wird auf möglichst witzig-pointierte und unerwartete Weise der jeweilige Vers vorbereitet und ‚eingebaut'? Der Gattung ist also die Tendenz zum Spielerisch-Witzigen inhärent, und Uhland nützt sie auch zu gewissen Überschreitungen des guten, bürgerlichen Geschmacks. Aus Goethes berühmten lehrhaften und ernst gemeinten Versen macht Uhland (im August 1814) eine Truppe von Herumtreibern:

Die Nachtschwärmer

Eines schickt sich nicht für alle;
Sehe jeder, wie er's treibe,
Sehe jeder, wo er bleibe,
Und wer steht, daß er nicht falle!
Goethe

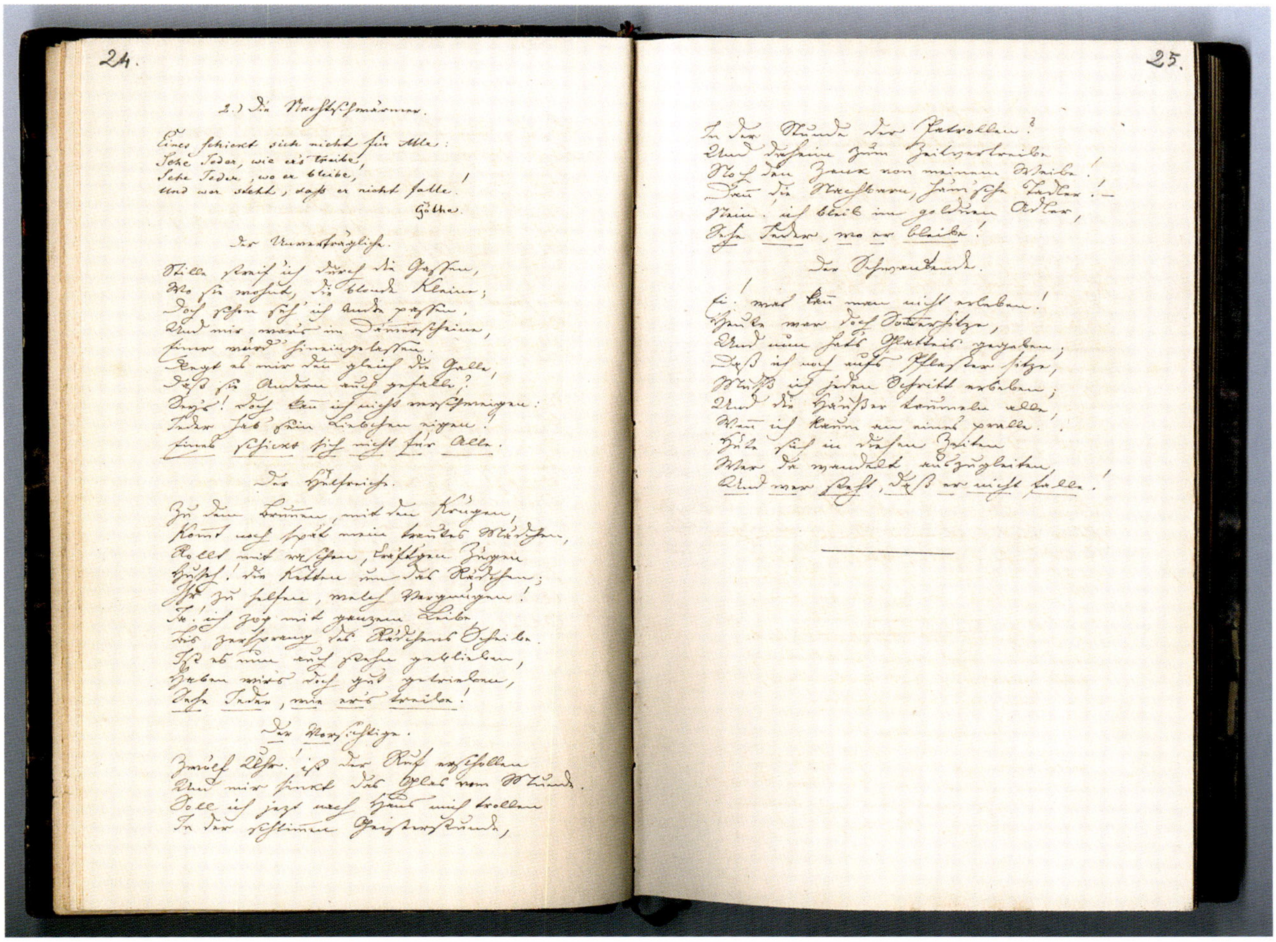

Ludwig Uhland: Die Nachtschwärmer. Abschrift von Eduard Mörike. In: Vermischte Gedichte, für Gretchen Speeth gesammelt von Eduard Moerike. DLA Marbach. Der Umstand, dass die meisten Gedichte in dieser Sammlung von Uhland stammen, spricht für dessen Hochschätzung durch Mörike; bei der Glosse dürfte letzterer eine gewisse Geistesverwandtschaft im Komischen empfunden haben.

Der Unverträgliche:

Stille streif ich durch die Gassen,
Wo sie wohnt, die blonde Kleine;
Doch schon seh ich andre passen,
Und mir war's im Dämmerscheine,
Einer würd hineingelassen.
Regt es mir denn gleich die Galle,
Daß sie andern auch gefalle?
Sei's! doch kann ich nicht verschweigen:
Jeder hab ein Liebchen eigen!
Eines schickt sich nicht für alle.

Der Hülfreiche:

Zu dem Brunnen mit den Krügen
Kommt noch spät mein trautes Mädchen,
Rollt mit raschen, kräft'gen Zügen
Husch! die Kette um das Rädchen;
Ihr zu helfen, welch Vergnügen!
Ja, ich zog mit ganzem Leibe,
Bis zersprang des Rädchens Scheibe.
Ist es nun auch stehngeblieben,
Haben wir's doch gut getrieben,
Sehe jeder, wie er's treibe!

Der Vorsichtige:

„Zwölf Uhr!“ ist der Ruf erschollen,
Und mir sinkt das Glas vom Munde.
Soll ich jetzt nach Haus mich trollen
In der schlimmen Geisterstunde,
In der Stunde der Patrollen?
Und daheim zum Zeitvertreibe
Noch den Zank von meinem Weibe!
Dann die Nachbarn, häm'sche Tadler! –
Nein! ich bleib im goldnen Adler,
Sehe jeder, wo er bleibe!

Der Schwankende:

Ei, was kann man nicht erleben!
Heute war doch Sommerhitze,
Und nun hat's Glatteis gegeben;
Daß ich noch aufs Pflaster sitze,
Muß ich jeden Schritt erbeben;
Und die Häuser taumeln alle,
Wenn ich kaum an eines pralle.
Hüte sich in diesen Zeiten,
Wer da wandelt, auszugleiten,
Und wer steht, daß er nicht falle!

Als Uhland 1829 und 1834 noch einmal nennenswerte Anläufe nahm, an seine frühere reiche poetische Produktion anzuknüpfen, jubelten die Zeitgenossen in einem heute kaum mehr nachvollziehbaren Überschwang. Im Frühjahr und Sommer 1834 entstanden immerhin 18 neue Gedichte, und Gustav Schwab schrieb überschwänglich: „Mir ist wie dem

Weib, das seinen Groschen funden hat; ich möchte die ganze Welt zusammenrufen, daß das Eis bei dem lieben Meister endlich wieder gebrochen ist." (Fröschle 1973, 94) Uhland selbst hatte schon 1827 (in *Späte Kritik*, nicht in seine Gedichtsammlung aufgenommen) resigniert geschrieben:

Meine Harf ist hingesetzt,
Was ich sang, ist nicht mehr meines.

Und doch gelangen ihm auch noch sehr viel später Verse, die vielleicht schon zum Zeitpunkt ihrer Entstehung anachronistisch waren (er hat sie wiederum nicht in seine Sammlung aufgenommen; vielleicht waren sie ihm auch zu privat), die in ihrer elementaren Schlichtheit aber einen Trost ausstrahlen, wie man ihn beim Tod eines Kindes braucht.

Auf den Tod eines Kindes

Du kamst, Du gingst mit leiser Spur,
Ein flücht'ger Gast im Erdenland;
Woher? Wohin? Wir wissen nur:
Aus Gottes Hand in Gottes Hand.

Uhland schrieb seinem Neffen im Juni 1859 zum Tod von dessen kleinem Sohn Ernst Meyer einen Kondolenzbrief, dem er diese Verse beifügte. Er selbst war damals 72 Jahre alt und seine ersten lyrischen Texte, die seinen anhaltenden Ruhm begründen sollten, lagen schon mehr als 50 Jahre zurück. – Uhlands letztes datiertes Gedicht entstand gut ein Jahr vor seinem Tode, im Mai 1861, und es klingt, als hätte er sich damit wieder auf seine ganz frühen, schlichten Töne besinnen wollen, wenngleich eine leise Tendenz zur Allegorie erkennbar ist:

Morgens

Morgenluft, so rein und kühl,
Labsal, thauend allem Volke,
Wirst du dich am Abend schwül
Thürmen zur Gewitterwolke?

Georg Braungart

Literatur

Ludwig Uhland: Gedichte und Reden. Hrsg. von Hermann Bausinger. Tübingen 2010 (Eine kleine Landesbibliothek, 14) (bei Klöpfer & Meyer).

Hartmut Fröschle: Ludwig Uhland und die Romantik. Köln und Berlin 1973.

LUDWIG
UHLAND

Heine über Uhland

Literaturgeschichtliche Reminiszenzen

Uhland ist tot. Diese wenig originelle Erkenntnis wird zudem noch offiziell beglaubigt durch das derzeitige Jubiläum, das in Erinnerung ruft, dass Uhland schon seit Langem, schon seit anderthalb Jahrhunderten tot ist. Dies läuft freilich dem Sinn eines solchen Jahrestags zuwider, doch haben Jubiläumsveranstaltungen eben eine gewisse Ambivalenz, sie mahnen an etwas, was man guten Gewissens vergessen hat, sie beteuern seine Wichtigkeit, die durch die Vergessenheit doch eigentlich dementiert wird – kurz, sie versuchen zum Leben zu erwecken, was längst dahingegangen, abgeschieden, abgetan ist.

Bei Dichterjubiläen pflegt man, solcher Zweideutigkeit des Anlasses zum Trotz, pathetisch zu postulieren, dass der Gefeierte und seine Werke unsterblich seien. Hingegen ist Uhland ungewöhnlicherweise schon für tot erklärt worden, bevor er tatsächlich starb – durch die berühmten Beurteilungen Heines in der *Romantischen Schule* und im *Schwabenspiegel*, und dies zu einem Zeitpunkt, da er noch ein Vierteljahrhundert zu leben hatte. Ein Paradox, das sich zumindest teilweise dadurch erklärt, dass Uhland, nachdem er seine Gedichte 1815 veröffentlicht hatte, in späteren Auflagen allenfalls einzelne Ergänzungen dazu beisteuerte, sonst aber als Dichter verstummte; da war er gerade 30 Jahre alt. Stattdessen schlug er eine Laufbahn als Politiker und Gelehrter ein. Nun bezieht sich Heines Diktum zwar auf diese lang anhaltende literarische Abstinenz, geht aber noch darüber hinaus, indem er auch darlegt, dass die Uhland'sche Poesie, die er sehr respektvoll, ja liebevoll behandelt, tot sei, obsolet, unmodern, den veränderten Zeiten nicht mehr angemessen – knapp 20 Jahre nach ihrer Veröffentlichung. Was sie heutigentags dann wäre, will man sich lieber gar nicht ausmalen: vermodert, von Würmern zerfressen, auf jeden Fall nicht mehr um ihrer selbst willen, sondern allenfalls historisch wahrnehmbar. Nun gibt es sicherlich eine Tendenz zur Musealisierung von Kunst, die alles Vergangene gleichberechtigt schätzt, dabei aber eigentlich entwertet – und es gibt Kunstwerke, die uns über Jahrhunderte hinweg unmittelbar ansprechen, betreffen, und auch Heine deutet zumindest an, dass ihn die angeblich so unzeitgemäße Uhland'sche Lyrik wehmütig berührt. (Uhland heißt für Heine schlichtweg Romantik, jene Romantik, von der er sein Leben lang nicht losgekommen ist und die ihm eigentlich der Inbegriff der Poesie war.) Wo ist also der rechte Platz des toten Uhland und seiner Gedichte? Eingesargt in den Anthologien pflichtgemäß zu erinnernder Literatur oder geisterhaft in jener unbestimmbaren Sphäre schwebend, in der Dichterworte unser Gemüt magisch berühren, in der Fragen der Philologie unwichtig werden, wo eine Unmittelbarkeit des Verstehens und Empfindens herrscht?

Nüchternen Blickes wird man solche Extrempositionen sicherlich relativieren, doch lässt sich für Uhland, zu einer Zeit, da die philologische Forschung größtenteils an ihm vorbeigeht, überraschenderweise konstatieren, dass Gedichte wie *Die Kapelle*, *Der gute Kamerad* oder *Frühlingsglaube* bei einer unverbildeten Studentengeneration – um die Sache einmal ins Positive zu kehren – unmittelbar Anklang finden. Freilich bedarf es, um zu ihrer Kenntnis zu gelangen, dann doch der Anthologien oder der fachwissenschaftlichen

Gegenüber:
Ludwig Uhlands Grab auf dem Tübinger Friedhof. Fotografie von Paul Sinner, o.D. Stadtmuseum Tübingen.

Vermittlung, setzt man aber einmal seitens der potentiellen Leser keine totale Ignoranz gegenüber Lyrik voraus, so haben diese Gedichte den Vorzug der Einfachheit und Eingängigkeit, ohne dabei flach oder banal zu wirken. Und untersucht man die Ursachen ihrer anrührenden Wirkung nun doch philologisch, so erweist sich unversehens ihre wohlüberlegte Konstruktion.

Frühlingsglaube

Die linden Lüfte sind erwacht,
Sie säuseln und weben Tag und Nacht,
Sie schaffen an allen Enden.
O frischer Duft, o neuer Klang!
Nun, armes Herze, sei nicht bang!
Nun muß sich alles, alles wenden.

Die Welt wird schöner mit jedem Tag,
Man weiß nicht, was noch werden mag,
Das Blühen will nicht enden.
Es blüht das fernste, tiefste Tal:
Nun, armes Herz, vergiß der Qual!
Nun muß sich alles, alles wenden.
(Uhland: Werke I, 31)

Ein Frühlingsgedicht, das das Erwachen der Natur feiert, gewiss, und doch wie viel mehr. Kaum jemals ist der Hoffnung, dem Glauben an eine Veränderung zum Guten hin, so nachdrücklich Ausdruck verliehen worden, so eindringlich und doch so einfach. „Linde Lüfte" sind es, die in wohllautender Alliteration den Frühling ankündigen. Eben zum Leben erwacht, sind sie auch schon allgegenwärtig: „Sie säuseln und weben" – hier hallt das alte Wort vom „Windesweben" nach, ebenso wie in der nächsten Zeile die Emsigkeit der Frühlingsboten durch den schwäbischen Unterton des „schaffen" einen Anflug von habhaftem Dialekt erhält – „Sie säuseln und weben Tag und Nacht", wie auch „an allen Enden", also überall und unentwegt. Und gleichermaßen sind sie mit allen Sinnen wahrnehmbar, man spürt sie – „Die linden Lüfte" – ebenso wie man sie hört – „säuseln" –, ihr „frischer Duft" und ihr „neuer Klang" vereinen sich zu einer totalen Sinneserfahrung des Kommenden, Frischen, Zukünftigen. Die gleiche Erwartungshaltung kennzeichnet auch die zweite Strophe; war anfangs von „Erwachen" die Rede und prägte sich anschließend besonders das Reimwort „Nacht" ein, so lautet nun das Pendant hierzu „Tag" und es heißt: „Die Welt wird schöner mit jedem Tag" und weiter: „Man weiß nicht, was noch werden mag" – Formulierungen der Verheißung mit geradezu utopischem Charakter, und doch, in wie einfacher, alltäglicher Ausdrucksweise. Einfach zwar, aber kunstvoll, bemerkt man die unaufdringliche w-Alliteration, lauscht man den im Gedicht überwiegenden hellen Vokalen, auch den strophenweise symmetrischen Reimklängen, achtet man auf die zwanglos erscheinende und doch so regelmäßige syntaktische Struktur des Gedichts. Verheißung impliziert in Vers 3 und 4 der zweiten Strophe auch das „Blühen", dem ja Frucht und Reife folgen, ein Blühen, das ebenso allgegenwärtig ist wie vorhin die „linden Lüfte", will es doch „nicht enden", ja erreicht sogar „das fernste, tiefste Tal", greift grenzenlos um sich und erfasst selbst weit abliegende – in der Horizontalen wie in der Vertikalen – und sonnenabgewandte Gebiete.

Frühlingswind und Blüte, zwei so elementare wie unauffällige Phänomene reichen aus, um ein Panorama des Neuanfangs, der Hoffnung, der Veränderung zu zeichnen, mit dem schier unmerklichen, aber umso überzeugenderen Rekurs auf natürliches Anbeginnen wie „Erwachen" oder Tagesanbruch und Tagesabfolge („mit jedem Tag"). Gehören in der ersten Strophe den „linden Lüften" die ersten drei Verse – und gleichzeitig der erste Satz – und folgt darauf, als Fazit, ein eindringlicher Ausrufesatz in Vers 4, der das Wirken des Windes steigernd zusammenfasst, so tritt in der gleichartigen Struktur der zweiten Strophe, das „Blühen" erst in dem den ersten Satz beschließenden Vers 3 auf, erklärt aber rückwirkend, wieso „Die Welt" „mit jedem Tag" „schöner" „wird". Das Zentrum des Satzes ist aber Vers 2, an und für sich parallelisierende Zutat und, genau genommen, für die eigentliche Satzaussage sogar entbehrlich, doch mit der wahrhaftig überschießenden Grundaussage des Gedichts: „Man weiß nicht, was noch werden mag". Der Aufbruch, der Neuanfang, dessen Zeuge man ist, verheißt „noch" mehr, ungeahnte Möglichkeiten tun sich auf, Dinge, an die man gar nicht zu denken wagte, erscheinen plötzlich realisierbar. Vers 4 greift das Blühen noch einmal auf, endet nun aber nicht mehr in einem abschließenden Ausrufezeichen, sondern in einem Doppelpunkt, selbst ein zukunftsweisendes Satzzeichen, ein Sinnbild der Erwartung, fordert es doch etwas Kommendes ein; umgekehrt erscheint das nach dem Doppelpunkt Stehende zwingend als Folge aus der Voraussetzung davor. Diese Konstellation wird durch die Reimstruktur unterstützt, die bei Vers 4 und 5 Paarreim vorschreibt – gleichfalls ein Schema, das Erwartung weckt, die im darauf folgenden Vers erfüllt wird, so wie anders das aufgeschobene Reimwort in Vers 3 Spannung erzeugt und die endliche Erfüllung der Reim-Erwartung in Vers 6 größere Dignität erhält, dem Gedicht seinen gewichtigen Schlusspunkt setzt – zumal in der wiederkehrenden Form des Refrains.

Was nach dem Doppelpunkt folgt – oder nach dem Reimwort in Vers 4 – bildet nun allerdings einen Gegensatz zu Hoffnung und Verheißung: „Nun, armes Herze, sei nicht bang!" – „Nun, armes Herz, vergiß der Qual!". Angst und Bangigkeit, Sorge und Not eines lyrischen Ichs, das durch sein Innerstes, den Sitz seiner Empfindungen, das „Herz" vertreten wird – es könnte auch ein geliebtes Wesen sein und „Herz" die Anrede dafür –, Bangigkeit, ja Qual dieser Person sollen besiegt, ihre Überwindung soll beschworen werden, ehe Hoffnung auch im subjektiven Bereich statthaben kann. Dem äußeren Aufbruch steht also ein innerlicher Zweifel, ein Nicht-Glauben-Können, ein Nicht-Hoffen gegenüber. Im letzten Vers jedoch, in den beide Strophen münden, bricht sich die Zuversicht, der Glaube wieder Bahn, durch die Wiederholung des an sich schon umfassenden Wortes „alles" ins Grundsätzliche gesteigert. Bereits in der ersten Strophe besaß dieses Schlusswort Nachdrücklichkeit, in der zweiten wird es noch eindringlicher durch seine insistierende Wiederkehr – das ohnehin zwingende „muß" wird verdoppelt – und es antwortet der utopischen Formulierung in Vers 2 „Man weiß nicht, was noch werden mag" durch die Gewißheit einer – „alles, alles" – umfassenden Wende zum Guten.

Oder behauptet sich doch die skeptische Lesart (vgl. dazu den Katalogbeitrag von Georg Braungart), wonach dieser Vers weniger siegessichere Behauptung als bange Beschwörung ist, wonach das „muß" lediglich sehnlichste Erwartung ausdrückt, aber keine sichere

Erfüllung zusagt, wonach die Hoffnung, der Aufbruch, die Wende auf das Äußere der Natur beschränkt bleibt, die Übertragung auf das Subjekt, das „Ich" aber bloß herbeigeredet wird? Das Gedicht heißt *Frühlingsglaube*, und Glaubensdinge kann man glauben oder nicht – schon allein deshalb ist diese Verstehensvariante nicht in Abrede zu stellen. Dennoch weist die Stimmung, die Atmosphäre, der Ton des Gedichts in eine andere Richtung. Durch die leichte Uneindeutigkeit an seinem Schluß entkräftet es zudem den möglichen Vorwurf einer allzu simplen Botschaft, entgeht es dem Verdacht der Naivität, der sich bei Liedern im Volkston ohnehin schnell einstellt – wenn man eben nicht darauf achtet, wie kunstvoll diese Einfachheit erzeugt ist, wie gekonnt Anspruchslosigkeit vorgegeben wird bis hin zu den gelegentlichen Abweichungen vom Metrum, ganz in der Art, wie es die Romantiker in den von ihnen gesammelten Volksliedern vorgefunden haben. Uhlands *Frühlingsglaube* ist schlicht ein Meisterwerk, ob man das Gedicht nun in dem hier dargelegten eher allgemeinen Sinn versteht, ob man es konkret als Frühlingsgedicht auffasst oder ihm gar eine politische Bedeutung unterlegt. Und nimmt man noch Schuberts kongeniale Vertonung hinzu, so hat man im glücklichen Zusammenwirken der Künste ein elementares Beispiel dessen, was deutsche Kultur im 19. Jahrhundert ausmacht.

Lieder dieser Art hatte Heine sicherlich im Sinn, wenn er Uhland als „den eigentlichen Liederdichter" der romantischen Schule hinstellte – er, der in dieser Gattung, die er im *Buch der Lieder* auf komplexeste Weise parodiert, ohnehin einen Gipfel der Poesie sah. Doch ist wiederum Uhland durchaus auch zu differenzierten Tönen fähig, wie man erkennt, wenn man etwa kontrastierend das dem gleichen *Frühlingslieder*-Zyklus angehörende *Frühlingslied des Rezensenten* liest.

Frühling ist's, ich laß es gelten,
Und mich freut's, ich muß gestehen,
Daß man kann spazieren gehen,
Ohne just sich zu erkälten.

Störche kommen an und Schwalben,
Nicht zu frühe, nicht zu frühe!
Blühe nur, mein Bäumchen, blühe!
Meinethalben, meinethalben!

Ja, ich fühl ein wenig Wonne,
Denn die Lerche singt erträglich,
Philomele nicht alltäglich,
Nicht so übel scheint die Sonne.

Daß es keinen überrasche,
Mich im grünen Feld zu sehen!
Nicht verschmäh ich auszugehen,
Kleistens Frühling in der Tasche.
(Uhland: Werke I, 33)

Gegenüber:
Ludwig Uhland: Frühlingslied des Recensenten, *datiert „Dienst d. 19. Mai [1812] Vorm". In: Liederbuch 1811–1814. DLA Marbach.*

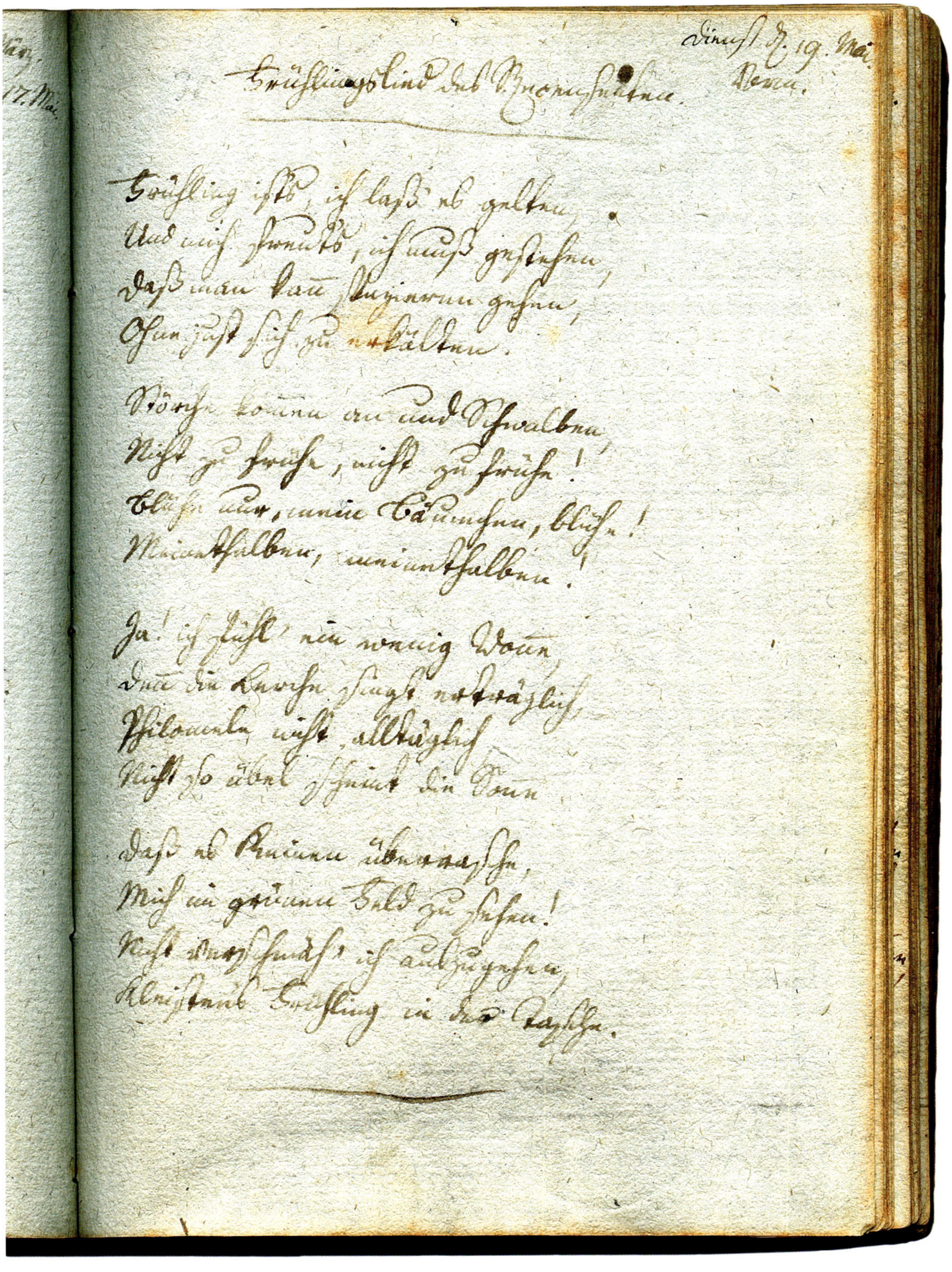

Auch hier ist der Frühling zu einem Ich ins Verhältnis gesetzt, das sich allerdings nur sehr widerwillig vom Aufbruch der Natur erfassen lässt, ihn vielmehr – gewissermaßen berufsbedingt – äußerst „kritisch" hinterfragt, bevor es ihn, in Gottes Namen denn, gelten lässt. Dass dabei mehr vom Ich als vom begutachteten Frühling die Rede ist, darf man wohl als Hinweis auf manche Rezensenten verstehen, die die eigene Befindlichkeit weit über den zu besprechenden Gegenstand stellen, den sie zudem weniger als mitreißendes (Kunst- oder Natur-) Erlebnis, denn vielmehr als Ruhestörung und Zumutung empfinden. Dementsprechend wird der Frühling im Gedicht auch in allen seinen Erscheinungsformen bemäkelt und bekrittelt, unter Einsatz einer wahrhaft virtuosen Reihung von Negationen, Minderungen und Herabsetzungen, so dass der zu erwartende Lobgesang des Frühlings schier zum Preislied der kritischen Einschränkung gerät – so wie es dem Metier des vorgeblichen Verfassers auch angemessen erscheint. Uhland hatte ja bereits unliebsame Erfahrungen mit Kritikern gemacht, um solche Vorurteile hegen zu können; man denke an die berüchtigte *Morgenblatt*-Rezension des Seckendorf'schen *Musenalmanachs* mit den ersten Gedichten der Tübinger Romantiker. Die Schlusspointe des vorliegenden Gedichts freilich, die den Rezensenten als trockenen Büchermenschen entlarvt, der den Frühling nur über den Umweg von Ewald Christian von Kleists Lehrgedicht rezipieren kann, klingt ein wenig selbstgerecht, sind doch auch Uhlands Frühlingslieder, so schön sie auch sein mögen, nichts anderes als eben – Literatur.

Vom Lied zur Romanze und abermals von Uhland zu Heine: In dessen *Historie* aus dem *Romanzero* (1851) *Geoffroy Rudèl und Melisande von Tripoli* huschen nächtlich Tapetenfiguren aus der Wand hervor und tauschen romantisches Liebesgeflüster aus – „posthume Galantrie zärtlicher Gespenster" –, die beiden Titelhelden, nämlich „Troubadour und Dame", die einander bei Lebzeiten nur vom Hörensagen kannten und über die Entfernung hinweg liebten bis zu ihrem ersten und einzigen Aufeinandertreffen im Zeichen von Liebe und Tod:

Über ihn beugt sich die Gräfin,
Hält ihn liebevoll umschlungen,
Küßt den todesbleichen Mund,
Der so schön ihr Lob gesungen!

Ach! der Kuß des Willkomms wurde
Auch zugleich der Kuß des Scheidens,
Und so leerten sie den Kelch
Höchster Lust und tiefsten Leidens.
(Heine: Sämtliche Schriften 6/I, 47)

Gegenüber:
Heinrich Heine: Geoffroy Rudèl und Melisende von Tripoli. In: Morgenblatt für gebildete Leser Nr. 210 von Mittwoch, dem 2. September 1846. DLA Marbach. Die Redaktion des Morgenblatts überschrieb die Heineschen Gedichte mit einem Motto aus Uhlands Sängerliebe-*Zyklus, der dessen* Rudello-*Gedicht enthält.*

Diese Liebesgespenster, deren „tote Herzen" bei der Zusammenkunft „im stillen Mondscheinsaale" „aufleben", diese erotischen Wiedergänger bilden bei Heine ein ingeniöses Sinnbild der Romantik und der romantischen Liebe, unbedingt in ihrer Hingabe, anmutig, zärtlich, wehmutssüß – doch eben jenseitig, ein „holder Spuk", der bei Anbruch der Morgenröte und beim Licht des Tages rasch verschwindet. Diese Konstellation ermöglicht es Heine, noch einmal den ganzen Zauber der Romantik zu entfalten, in ihren Schönheiten zu schwelgen und sie gleichzeitig doch zu verabschieden, ihr ihren Abstand von der Ge-

Morgenblatt

für

gebildete Leser.

Nr. 210. Mittwoch den 2. September 1846.

— Liebe, tief und schmerzlich,
Lasset euch in ernsten Bildern
Aus der Zeit der Minne schildern.
Uhland.

Gedichte von Heinrich Heine.

I.

Der Asra.

Täglich ging die wunderschöne
Sultanstochter auf und nieder,
Um die Abendzeit, am Springbrunn,
Wo die weißen Wasser plätschern.

Täglich stand der junge Sklave
Um die Abendzeit am Springbrunn,
Wo die weißen Wasser plätschern;
Täglich ward er bleich und bleicher.

Eines Tages trat die Fürstin
Auf ihn zu mit raschen Worten:
„Deinen Namen will ich wissen,
Auch die Heimath, auch die Sippschaft?"

Und der Sklave sprach: „Ich heiße
Mohamet, ich bin aus Yemmen,
Und mein Stamm sind jene Asra,
Welche sterben, wenn sie lieben."

II.

Frau Jutte.

Pfalzgräfin Jutte fuhr über den Rhein,
Im leichten Kahn, bei Mondenschein,
Die Zofe rudert, die Gräfin spricht:
„Siehst du die Menschenleichen nicht,
Die hinter uns kommen
Einhergeschwommen?
Wie traurig schwimmen die Todten!

„Das waren Ritter voll Jugendlust,
Sie sanken zärtlich an meine Brust
Und schwuren mir Treu — zur Sicherheit,
Daß sie nicht brächen ihren Eid,
Ließ ich sie ergreifen
Sogleich und ersäufen —
Wie traurig schwimmen die Todten!"

Die Zofe rudert; voll Uebermuth
Lacht laut die Gräfin. Es rauscht die Fluth —
Bis an die Hüfte tauchen hervor
Die Leichen und strecken die Finger empor
Wie schwörend — sie nicken
Mit gläsernen Blicken —
Wie traurig schwimmen die Todten!

III.

Geoffroy Rudèl und Melisende von Tripoli.

In dem Schlosse Blay erblickt man
Die Tapete an den Wänden,
So die Gräfin Tripolis
Einst gestickt mit klugen Händen.

Ihre ganze Seele stickte
Sie hinein, und Liebesthräne
Hat gefeit das seidne Bildwerk,
Welches darstellt jene Scene:

Wie die Gräfin den Rudèl
Sterbend sah am Strande liegen
Und das Urbild ihrer Sehnsucht
Gleich erkannt in seinen Zügen.

genwart und den Tagesbedürfnissen vorzuhalten, ganz so wie die Argumentation in der *Romantischen Schule* gegen die Gedichte Uhlands verläuft. Und ähnlich noch, wenn auch mit aggressiverem Unterton im *Schwabenspiegel*:

> *Es ist wahrlich ein eben so widerwärtiges wie lächerliches Schauspiel, wenn jetzt meine schwäbischen Dichterlinge den Uhland zu den ihrigen zählen, wenn sie den großen Toten aus seinem Grabmal hervorholen* [...] *wenn sie gar den erblichenen Helden, wohlgeharnischt, aufs hohe Pferd packen wie einst die Spanier ihren Cid, und solchermaßen gegen die Ungläubigen, gegen die Verächter der schwäbischen Schule, losrennen lassen!* (Heine: Sämtliche Schriften V, 68)

Diese Parallele ist alles andere als zufällig, identifizierte Heine Uhland doch geradezu mit Romantik und – hatte dieser doch gleichfalls den *Rudello*-Stoff behandelt, damals, als er, um in Heines Begrifflichkeit zu reden, noch am Leben war. (Vor ihm war das Sujet schon von Ludwig Tieck im *Sternbald* aufgegriffen worden, und als Heines Gedicht 1846 erstmals im Cotta'schen *Morgenblatt* erschien, überschrieb es die Redaktion mit einem Motto aus Uhlands *Sängerliebe*-Zyklus, und zwar mit Versen, die dem *Rudello* unmittelbar voraufgehen.) Uhlands Romanze entspricht inhaltlich jedoch nur dem Anfang von Heines Gedicht, die Gespensterszene fehlt begreiflicherweise, in seiner Fassung zeichnet Uhland die Fernliebe Rudellos zur Gräfin von Tripolis, seine Reise zu ihr, schließlich das Zusammentreffen, das jedoch weitaus weniger sinnlich geschildert wird als bei seinem Nachfolger:

> *Schon will sie die Hand ihm reichen,*
> *Doch ihm dünkt, der Boden schwinde;*
> *In des Führers Arme sinkt er,*
> *Haucht sein Leben in die Winde.*
> (Uhland: Werke I, 164)

In puncto romantischer Erotik war Uhland Heine schwerlich gewachsen, doch geht es in seinem Gedicht noch um etwas anderes, nämlich um Dichtung, um die Lieder des Minnesängers und die darin „besungne Dame“:

> *Aber niemand mocht erkunden,*
> *Wie sie hieße, wo sie lebte,*
> *Die so herrlich, überirdisch*
> *In Rudellos Liedern schwebte;*
>
> *Denn nur in geheimen Nächten*
> *Nahte sie dem Sänger leise,*
> *Selbst den Boden nie berührend,*
> *Spurlos, schwank, in Traumesweise.*
>
> *Wollt er sie mit Armen fassen,*
> *Schwand sie in die Wolken wieder,*
> *Und aus Seufzern und aus Tränen*
> *Wurden dann ihm süße Lieder.* (Uhland: Werke I, 163)

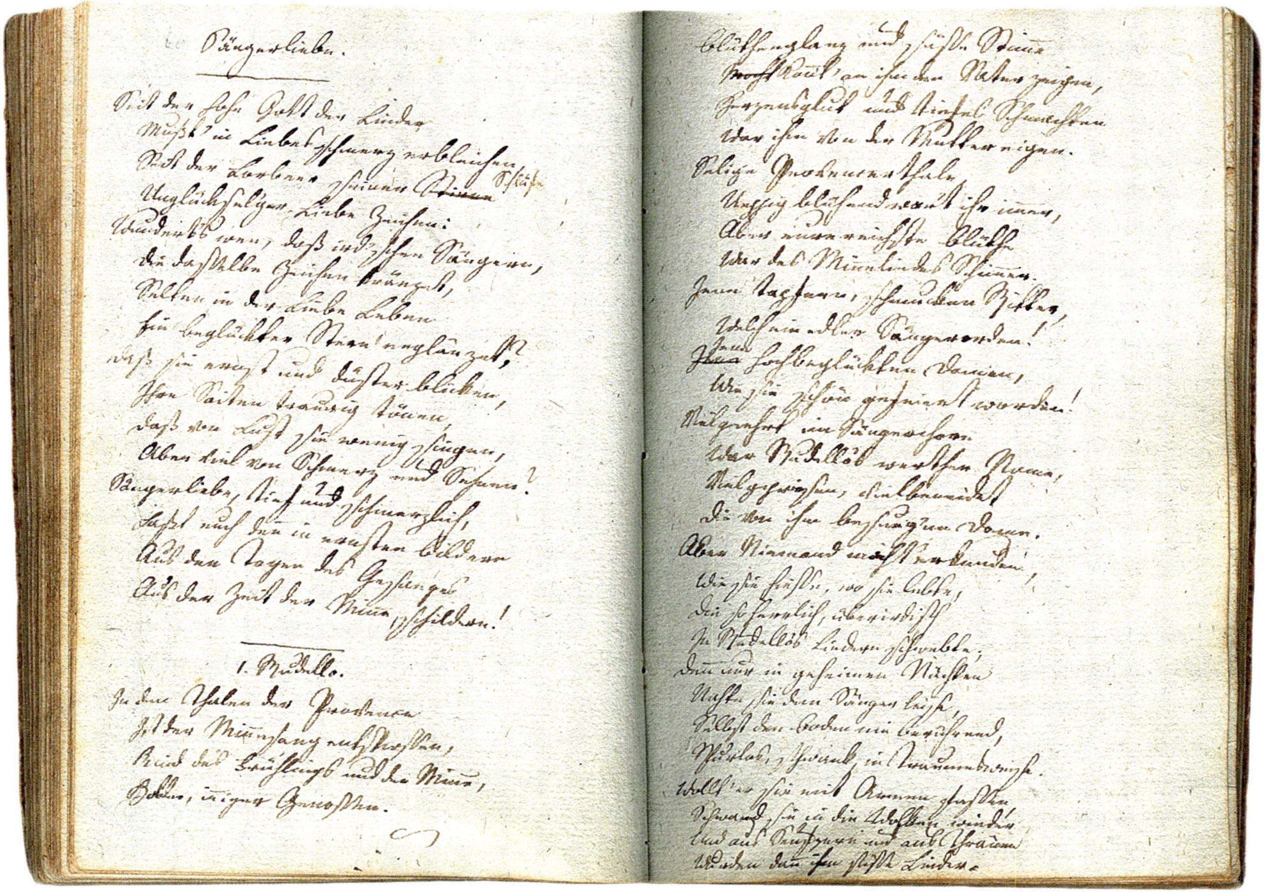

Ludwig Uhland: Sängerliebe 1. Rudello. In: Liederbuch 1811–1814. DLA Marbach.

Romantisch-unerfüllte Traumliebe ist also der Ursprung jener Gedichte, eine Traumerscheinung, schnöde gesagt, ein romantisches Nachtgespenst, das dem sehnsuchtsvollen Dichter seine Lieder eingibt. Wird bei Heine die Romantik ins Geisterreich verbannt, so geht sie bei Uhland überhaupt erst daraus hervor, aus den dämmernden Bereichen des Unbewussten, Ahnungsvollen, die den Nährboden für dichterische Inspiration bilden, zumal in romantischer Vorstellung. Was also bei Heine Ausweis der Überlebtheit der Romantik sein soll, ist bei Uhland just ihr Ursprung – und bezieht nicht Heines Romanze ihren Zauber ja auch gerade aus dieser Sphäre des schattenhaften Mondscheins und der traumartigen Geistererscheinungen? So wie vorhin die Erotik ist nun auch die Ironie abzurechnen, sonst aber lebt Heine in seiner Neubehandlung des Stoffes durchaus von dem Uhland'schen Gedicht, seinen Motiven, seinem Ton, seiner Stimmung, auch wenn er es durch Verlagerung ins Totenreich dementieren möchte. Doch ist auch dieses bei Uhland schon vorhanden, wenn man die Schlussverse seines Gedichtes konsequent zu Ende denkt:

Ihren Sänger ehrt die Herrin
Durch ein prächtiges Begängnis,
Und ein Grabmal von Porphyr
Lehrt sein trauriges Verhängnis.

Seine Lieder läßt sie schreiben
Allesamt mit goldnen Lettern,
Köstlich ausgezierte Decken
Gibt sie diesen teuren Blättern;

Liest darin so manche Stunde,
Ach! und oft mit heißen Tränen,
Bis auch sie ergriffen ist
Von dem unnennbaren Sehnen.

Von des Hofes lust'gem Glanz,
Aus der Freunde Kreis geschieden,
Suchet sie in Klostermauern
Ihrer armen Seele Frieden.
(Uhland: Werke I, 164)

Uhlands Gedicht ist eigentlich eine Grabschrift für den Troubadour, es „lehrt sein trauriges Verhängnis", die „Sängerliebe" – wie der gesamte Zyklus überschrieben ist –, jene unwahrscheinliche, traumgeborene Liebe, der ihre Erfüllung in dramatischer Zuspitzung im Augenblick der ersten wirklichen Begegnung versagt wird, die aber über den Tod hinaus Bestand hat und die paradoxerweise posthum Gegenliebe findet. Denn die Angebetete des Verstorbenen gibt zunächst seinen Gedichten (die ja seine Liebe zu ihr ausdrücken) eine prächtige äußere Form – ein Liebeslyrik-Monument, ähnlich dem Grabmal ihres Verfassers – sie liest diese poetischen Liebeserklärungen wieder und wieder und lässt sich davon ergreifen, schließlich sagt sie dem Leben ab und wird eine Braut Gottes, eigentlich aber eine Braut des toten Dichters. Diese unmögliche und deshalb romantische Liebesbeziehung ist also schon Gegenstand von Uhlands Gedicht, Heine stellt allein ihre Unwahrscheinlichkeit deutlich heraus, akzentuiert die Darstellung etwas anders, macht das bloß Angedeutete demonstrativ zum Thema. Bewegen sich bei Uhland der tote Dichter und die weltabgeschiedene Klosterschwester in einer lebensjenseitigen Sphäre aufeinander zu, so lässt sie Heine plastisch und anschaulich als Gespenster aus dem Wandteppich treten – der als pietätvolle Schöpfung Melisandes, die darin die Liebesbegegnung im wahrsten Sinne des Wortes verewigt, Grabmal und Prachthandschrift bei Uhland entspricht, auch sie wiederum Denkmale für die Nachwelt, die die Liebe des toten Troubadours in Erinnerung und somit lebendig halten sollen. Aus schattenhaften Träumen geboren, im Tod Erfüllung findend – für die in beiden Gedichten dargestellte romantische Liebe kann man also die Heine'schen Strophen in Anspruch nehmen:

Gegenüber:
Heine über Uhland (und andere): Die romantische Schule. Hamburg, bey Hoffmann und Campe 1836. DLA Marbach.

Geoffroy! Wir liebten uns
Einst im Traume, und jetzunder
Lieben wir uns gar im Tode –
Gott Amour tat dieses Wunder!

Die

romantische Schule

von

H. Heine.

Hamburg,
bey Hoffmann und Campe.

1836.

Melisande! Was ist Traum?
Was ist Tod? Nur eitel Töne.
In der Liebe nur ist Wahrheit,
Und dich lieb ich, ewig Schöne.
(Heine: Sämtliche Schriften 6/I, 48)

Man kann solche romantische Liebe mit Uhland schlicht und einfach schön finden. Oder man folgt dem entlaufenen Romantiker Heine, der ihre Schönheit noch einmal zu steigern weiß und sie gleichzeitig in ein ironisches Licht taucht, in das der aufklärerischen Morgenröte, wodurch sie zwar scheu verschwindet, jedoch nur, um „allnächtlich" wiederzukehren, in der mondbeglänzten Zaubernacht, im gespenstischen Zwielicht, im Zwischenreich von Traum und Tod, das immer schon die angestammte Sphäre der romantischen Liebe war. Mit anderen Worten: Der Schlaf der Vernunft gebiert romantische Gespenster.

Dass Heines Gedicht sich in seiner impliziten Auseinandersetzung mit dem Uhland'schen *Rudello* ziemlich genau dem Argumentationsschema gegenüber dem Dichter Uhland in der *Romantischen Schule* fügt, ist an sich kaum eine überraschende Erkenntnis, jedoch vermag die konkrete Illustration dieses literaturgeschichtlichen Verhältnisses durch zwei stoffgleiche Gedichte und ihre Darstellung romantischer Liebe vielleicht doch einiges zur Verdeutlichung von Heines Urteil über den Vorgänger aussagen. Denn als solchen würdigt er ihn ohne Zweifel auch im allgemeinen Sinn: „Herr Uhland repräsentiert eine ganze Periode, und er repräsentiert sie jetzt fast allein, da die anderen Repräsentanten derselben in Vergessenheit geraten und sich wirklich in diesem Schriftsteller alle resumieren." Und: „Herr Ludwig Uhland ist der einzige Lyriker der Schule, dessen Lieder in die Herzen der großen Menge gedrungen sind und noch jetzt im Munde der Menschen leben." (Heine: Sämtliche Schriften III, 490 bzw. 473) Solche Elogen bedeuten letztlich die Anerkennung der Ebenbürtigkeit Uhlands durch Heine. Wenn er den Vorgänger für tot erklärt, so inszeniert er damit die Überwindung der Romantik, er zielt wohl auch auf das Verstummen Uhlands als Dichter, er kann aber nicht umhin zuzugeben, dass dessen Lieder im Volk, wohl mehr noch als die eigenen, lebendig sind.

Lebendig sind sie offenbar bis heute, wie an den anfangs besprochenen Versen ersichtlich ist – zumindest kann man sie leicht zum Leben erwecken, auch jenseits von Jubiläen –, ebenso wie Uhlands literaturgeschichtliche Stellung und Bedeutung als einer der wichtigsten Dichter der Romantik fest gegründet ist oder einer reflektierten Germanistik doch sein sollte, wofür das zweite Gedicht einstehen mag. Selbstverständlich ließen sich für beide Argumentationszusammenhänge noch genügend andere Beispiele finden, hier soll es damit jedoch genug sein. Der naheliegende Schlusssatz „Uhland lebt!" muss leider unterbleiben, da die Formulierung tatsächlich oder vermeintlich Wiederauferstandenen wie Jesus oder Elvis vorbehalten ist, deren Popularität zudem dann doch noch größer war und ist als jene Uhlands. So bleibt nur, nüchtern zu konstatieren, dass der seit langem verstorbene Dichter zwar wirklich tot ist, uns aber einige sehr schöne Gedichte hinterlassen hat.

Helmuth Mojem

Literatur

Ludwig Uhland: Werke. Hrsg. von Hartmut Fröschle und Walter Scheffler. 4 Bde. München 1980–1984.
Heinrich Heine: Sämtliche Schriften. Hrsg. von Klaus Briegleb. 6 Bde. München 1968–1976.

Winfried Freund: Arbeiter und Gaukler. Wie Uhland und Mörike den Frühling erleben. In: Suevica 9 (2004) [Festschrift für Hartmut Fröschle], S. 199–207.
Pierre Grappin: Heine et la princesse lointaine. In: Littérature et culture allemandes. Hommages à Henri Plard. Edités par Roger Goffin u. a. Bruxelles 1985, S. 135–145.
Wolfgang Schneider: Seele mit Sahnehäubchen. Zu Ludwig Uhland: Frühlingsglaube. In: Frankfurter Anthologie 32 (2008), S. 54–56.

Der Sieg der Poesie über den Tyrannen

Ein Versuch zu Uhlands Ballade „Des Sängers Fluch" (1814)

Ein ganz besonders eindrucksvoller Teil von Uhlands Werk sind seine Balladen, mit denen sich ihr Verfasser zum ersten bedeutenden Vertreter der historischen Ballade in Deutschland qualifizierte, die im Laufe des 19. Jahrhunderts, im Kontext des Historismus, zu einer poetischen Leitgattung werden sollte. In der Literaturwissenschaft wird dieser Teil seines Werks zuweilen als der bedeutendste angesehen (Fröschle 1973, 74). Als Beispiel für die Komplexität und den fulminanten politischen Impuls seines Balladenwerks soll hier *Des Sängers Fluch* vorgestellt werden.

Uhlands Ballade gehörte im 19. und in der ersten Hälfte des 20. Jahrhunderts zu den wichtigsten Deklamierstücken des Gymnasialunterrichts. Generationen von Schülern hatten sie auswendig zu lernen und an ihr ihre praktisch-rhetorischen Fertigkeiten zu beweisen (Martini 1984, 322). Seine 1815 zuerst erschienenen *Gedichte*, die bis zu Uhlands Tod 1862 bereits 43 Auflagen erfuhren und in der Folgezeit noch einmal über 20 dazu, sind neben Heines *Buch der Lieder* im 19. Jahrhundert die erfolgreichste deutsche Gedichtsammlung. Uhland war in dieser Zeit einer der populärsten Dichter – gleichrangig neben Goethe und Schiller.

In neuerer Zeit ist die Hochschätzung der Verlegenheit gewichen – einer Haltung, die dem Poeten Uhland gegenüber inzwischen insgesamt dominiert. Ein guter Mensch, ein aufrechter Demokrat, aber als Dichter doch nur noch in historistischer Relativierung zu ertragen. Das ist auch der Tenor einer noch nicht allzu lange zurückliegenden, ausführlichen Interpretation zu *Des Sängers Fluch*, Mitte der 1980er Jahre erschienen; dort lautet das Urteil so: „Heute ist die Ballade in eine historisch gewordene Literaturzone abgesunken, in der man nicht mehr die großen Lyrikschöpfungen sucht. Ihr feierlicher Ernst ist ins Schauerlich-Komische umgeschlagen und provoziert die Parodisten" (Martini 1984, 323).

So scheint der Dichter Uhland zumindest außerhalb eines kleinen Kreises von Kennern heute nicht einmal mehr umstritten zu sein – anders als Friedrich Hebbel, der am 4. Juli 1836 an ihn schrieb: „Mit Entzücken erinnere ich mich des Augenblicks, wo mir Ihre erste Romanze: *Des Sängers Fluch* in die Hände fiel; ich datiere seitdem eine neue Epoche." Die ausführliche Würdigung in Hebbels Tagebuch vom Januar 1836 fiel kaum weniger euphorisch aus, als er, ausgehend von der Sänger-Ballade, Uhland als Dichter noch über Goethe und Schiller stellt: „Er führte mich auf einen Gipfel, dessen Höhe ich im ersten Augenblick nur dadurch erkannte, daß mir die Luft zum freien Atmen fehlte." Wie ernüchtert formuliert dagegen Fritz Martini in seiner bereits zitierten Interpretation:

> *Alles ist zur allzu deutlichen, pathetischen Sprache geworden* [...]. *Eine immanente Interpretation kann, wie es scheint, nichts Neues mehr zur Einsicht befördern; ergiebiger ist deshalb vielleicht der Versuch, mittels einer historischen Standortbestimmung der Rezeption von* Des Sängers Fluch *und dem Uhland-Bild Ergänzungen zuzufügen.* (Martini 1984, 323)

Gegenüber:
Gabriel von Max: Des Sängers Fluch. Kohle- und Kreidezeichnung. DLA Marbach. Die Zeichnung diente, so wie andere, ähnliche Blätter von Max, als Vorlage für die Illustration der 1867 erschienenen Cottaschen Prachtausgabe von Uhlands Gedichten.

Damit ist das Gedicht, so meine ich, extrem unterschätzt. Eine historisch informierte Rekonstruktion dispensiert keineswegs von der Pflicht, genau hinzuschauen, ohne dass man damit notwendigerweise der Gefahr einer rein „immanenten" Deutung erliegen müsste. Der Text formuliert – so meine These – eine höchst reflektierte und differenzierte Stellungnahme zur Problematik des Verhältnisses von Kunst und Macht, die ihre Pointe gerade durch die Besonderheiten ihrer formalen Gestaltung und durch ihre spezifische Reflexivität hervortreibt. – Ich zitiere die Ballade nach dem Erstdruck in der Ausgabe der *Gedichte* von 1815 (335–337):

Des Sängers Fluch

Es stand in alten Zeiten ein Schloß, so hoch und hehr,
Weit glänzt' es über die Lande bis an das blaue Meer,
Und rings von duft'gen Gärten ein blüthenreicher Kranz,
Drin sprangen frische Brunnen im Regenbogenglanz.

Dort saß ein stolzer König, an Land und Siegen reich,
Er saß auf seinem Throne so finster und so bleich;
Denn was er sinnt, ist Schrecken, und was er blickt, ist Wuth,
Und was er spricht, ist Geißel, und was er schreibt, ist Blut.

Einst zog nach diesem Schlosse ein edles Sängerpaar,
Der Ein' in goldnen Locken, der Andre grau von Haar;
Der Alte mit der Harfe, der saß auf schmuckem Roß,
Es schritt ihm frisch zur Seite der blühende Genoß.

Der Alte sprach zum Jungen: „nun sey bereit, mein Sohn!
Denk unsrer tieffsten Lieder, stimm an den vollsten Ton,
Nimm alle Kraft zusammen, die Lust und auch den Schmerz!
Es gilt uns heut, zu rühren des Königs steinern Herz."

Schon stehn die beiden Sänger im hohen Säulensaal
Und auf dem Throne sitzen der König und sein Gemahl;
Der König, furchtbar prächtig, wie blut'ger Nordlichtschein,
Die Königin, süß und milde, als blickte Vollmond drein.

Da schlug der Greis die Saiten, er schlug sie wundervoll,
Daß reicher, immer reicher der Klang zum Ohre schwoll,
Dann strömte himmlisch helle des Jünglings Stimme vor,
Des Alten Sang dazwischen, wie dumpfer Geisterchor.

Sie singen von Lenz und Liebe, von sel'ger goldner Zeit,
Von Freiheit, Männerwürde, von Treu und Heiligkeit;
Sie singen von allem Süßen, was Menschenbrust durchbebt,
Sie singen von allem Hohen, was Menschenherz erhebt.

Die Höflingsschaar im Kreise verlernet jeden Spott,
Des Königs trotz'ge Krieger, sie beugen sich vor Gott,
Die Königin, zerflossen in Wehmut und in Lust,
Sie wirft den Sängern nieder die Rose von ihrer Brust.

„Ihr habt mein Volk verführet, verlockt ihr nun mein Weib?"
Der König schreit es wüthend, er bebt am ganzen Leib,
Er wirft sein Schwerdt, das blitzend des Jünglings Brust durchdringt,
Draus, statt der goldnen Lieder, ein Blutstral hochauf springt.

Und wie vom Sturm zerstoben ist all der Hörer Schwarm,
Der Jüngling hat verröchelt in seines Meisters Arm,
Der schlägt um ihn den Mantel und setzt ihn auf das Roß,
Er bindt ihn aufrecht feste, verläßt mit ihm das Schloß.

Doch vor dem hohen Thore, da hält der Sängergreis,
Da faßt er seine Harfe, sie aller Harfen Preis,
An einer Marmorsäule, da hat er sie zerschellt,
Dann ruft er, daß es schaurig durch Schloß und Gärten gellt:

„Weh euch, ihr stolzen Hallen! nie töne süßer Klang
Durch eure Räume wieder, nie Saite noch Gesang,
Nein! Seufzer nur und Stöhnen, und scheuer Skavenschritt,
Bis euch zu Schutt und Moder der Rachegeist zertritt!

Weh euch, ihr duft'gen Gärten im holden Maienlicht!
Euch zeig ich dieses Todten entstelltes Angesicht,
Daß ihr darob verdorret, daß jeder Quell versiegt,
Daß ihr in künft'gen Tagen versteint, verödet liegt.

Weh dir, verruchter Mörder! du Fluch des Sängerthums!
Umsonst sey all dein Ringen nach Kränzen blut'gen Ruhms,
Dein Name sey vergessen, in ew'ge Nacht getaucht,
Sey, wie ein letztes Röcheln, in leere Luft verhaucht!"

Der Alte hat's gerufen, der Himmel hat's gehört,
Die Mauern liegen nieder, die Hallen sind zerstört,
Noch Eine hohe Säule zeugt von verschwundner Pracht,
Auch diese, schon geborsten, kann stürzen über Nacht.

Und rings, statt duft'ger Gärten, ein ödes Haideland,
Kein Baum verstreuet Schatten, kein Quell durchdringt den Sand,
Des Königs Namen meldet kein Lied, kein Heldenbuch;
Versunken und vergessen! das ist des Sängers Fluch.

Die formalen Qualitäten des Gedichts und seine Virtuosität wurden in der Rezeptionsgeschichte immer wieder betont, zuweilen auch bestritten – vor allem, wenn man das Schematische, das Überdeutliche in der Gestaltung hervorhob. Hermann August Korff aber hat Uhlands Ballade besonders beredt gepriesen und sie in die Nähe der Weimarer Klassik gerückt: „Schiller", so Korff, „hätte Uhland um diesen Stoff und dieses Gedicht bestimmt beneidet" (Korff 1953, 254). Sein Resümee lautet:

> *Uhland hat aus dieser letzten seiner märchenhaften Balladen – sie ist im Jahre 1814 entstanden, als er längst den Schritt zur historischen Ballade getan hatte – mit größter Meisterschaft alles das herausgeholt, was ihr glücklicher Stoff herzugeben vermochte. Und die Kraft seiner sprachlichen Formulierung zeigt sich in ihr ebenso eindrucksvoll wie seine sichere Kunst der Handhabung des großen Balladenstils, der ebensosehr auf dem ruhigen Verweilen beruht* [...], *wie auf einem blitzschnellen Umschlagen in dramatische Handlung* [...]. *Diese Ballade hat Zeit und ‚Tempo' zugleich, in klassischer Ausgewogenheit, und nichts scheint in ihr verbesserungsfähig zu sein. In ihrer Art kann es nichts darüber geben.* (Korff 1953, 255)

In Korffs Charakteristik ist es schon angedeutet: Goethes Ur-Ei-Theorie, 1821 formuliert, ist in dieser Ballade durchaus verwirklicht – *avant la lettre* sozusagen: lyrische Passagen finden sich vor allem am Anfang und am Schluss, in der Schilderung des Gartens, epische im Einsatz der Erzählung, im Neu-Einsatz des eigentlichen Geschehens um die beiden Sänger (Strophe 3) und in der gesamten Durchführung, dramatische Elemente mit direkter Rede schließlich im eindrucksvollen Mittelteil, der Mordszene und in der darauf folgenden Verfluchung. In seinem Tübinger *Stilistikum*, einem stilkritischen Seminar mit praktischen Schreibübungen, verweist Uhland übrigens 1832 auf entsprechende Formulierungen Goethes aus den *Noten und Abhandlungen* zum *Divan*.

Manches in diesem Text mag für den heutigen Geschmack vielleicht überdeutlich, schematisch, zu drastisch erscheinen: Diese Züge sind aber der zeitgenössischen Poetik der Ballade, vor allem der volkstümlichen Ballade, geschuldet.

In der Gesamtstruktur überlagern sich zwei Prinzipien: Einerseits ist die Ballade deutlich auf den gegen Ende ausgesprochenen und auch titelgebenden Fluch hinkomponiert – teleologisch angelegt, ein ebenfalls gattungstypischer Zug. Andererseits aber ist das Gedicht unübersehbar symmetrisch gebaut: Der zumindest angedeutete ‚locus amoenus' (eine Idylle) zu Beginn verkehrt sich am Ende in einen ‚locus desertus' oder ‚terribilis' (einen ‚wüsten' bzw. ‚schrecklichen Ort'), der Schluss verweist auf den Anfang. Und genau in der Mitte des Textes (zwischen Strophe 8 und Strophe 9) findet der jähe und schreckliche Umschlag statt, durch den die Illusion von der allumfassend zivilisierenden Wirkung der Kunst brutal zerstört wird, höchst kunstvoll in analogen und zugleich kontrastierenden Gebärden gestaltet: Die tief bewegte Königin „wirft" den Sängern „die Rose von ihrer Brust" zu; ihr Gemahl „wirft" ebenfalls – und das Wort steht metrisch genau an derselben Position –, allerdings das todbringende Schwert. Die Rose der Königin – und wer dächte dabei nicht an eine *rote* Rose? – findet ihr Pendant in dem blutigen Strahl, der aus der Brust des Jünglings hervortritt. Der war ja bereits in der dritten Strophe als „blühend" charakterisiert worden. Der tyrannische König schreibt, wie es eingangs hieß, „Blut". Nun wird deutlich: Er „schreibt" mit dem Schwert. Er unterzeichnet nicht einfach Todesurteile mit blutiger Hand (wie der Prinz in Lessings *Emilia Galotti*), er vollstreckt sie auch selbst.

„Und was er schreibt, ist Blut": Der Tyrann ist auf grausig-ironische Weise gar ein Kollege des Dichters. Er strebt wie dieser nach einem Kranz, allerdings nicht nach dem Lorbeer, sondern nach dem Blech- oder dem Eichenkranz, nach „Kränzen blut'gen Ruhms". Es gibt ein Konkurrenzverhältnis zwischen Dichter und Despot: Um die Gunst des Volkes, aber auch um die Königin selbst, so erscheint es aus der Sicht des Tyrannen. So hat das Gedicht auch einen erotischen Subtext, der – wie immer bei Uhland – aber nur ganz verschämt angedeutet wird. Eigentlich ist dies das Überbleibsel aus der ersten motivischen Anregung für Uhland: Aus der schottischen Ballade vom eifersüchtigen König, die Uhland in Herders *Volksliedern* fand und ursprünglich zu einem Drama ausarbeiten wollte. Dort das zentrale Motiv, ist die Eifersucht bei Uhland stark zurückgenommen, nein, eigentlich und genauer gesagt: Sie hat eine weitere, eine politische Dimension hinzugewonnen.

In der strukturellen Anlage der Ballade sind also, wie gesagt, Symmetrie und Teleologie miteinander kombiniert. Die ‚Feinstruktur' ist bestimmt durch die – in der Literaturgeschichte hier erstmals verwendete – sogenannte „neue Nibelungenstrophe", deren Möglichkeiten Uhland intensiv nutzt: Parallelismen unter den Langversen, die teilweise durch anaphorische Bindung noch verdichtet werden (Strophe 7); oder die vielen parallel gebauten Halbverse, die in ihrer Syntax die Mittelzäsur zusätzlich betonen (6,1; 11,2); schließlich die durch die Mittelzäsur naheliegende antithetische Gegenüberstellung (3,2; 15,1; 16,1), aber auch Antithesen zwischen den jeweils im Paarreim gebundenen Versen (5,3/4; 6,3/4) (Schneider 1920, 115). Über die hier nur angedeuteten formalen Gestaltungsmöglichkeiten hinaus hat die von Uhland mit großem Bedacht gewählte neue Nibelungenstrophe aber auch eine dezidiert programmatische Bedeutung. Darauf ist noch zurückzukommen.

Uhlands Ballade steht in einer Tradition der poetologischen Ballade. Aber auch innerhalb von Uhlands Gedichten steht sie mit ihrer Thematik nicht allein. Die Bestimmung des Sängers behandelt Uhland in vielen Gedichten vorher und nachher. Ich erinnere nur an: *Freie Kunst* von 1812 (Werke I, 34: „Singe, wem Gesang gegeben ..."), *Mein Gesang* und *Der Sänger* (beide 1805; Werke I, 18 und I, 118), schließlich: *Des Sängers Wiederkehr* (1815, Werke I, 145f.) und *Don Massias* von 1812 (Werke I, 169), die beide ebenfalls den Tod eines Sängers zum Gegenstand haben. Das Spektrum der Funktionen von Poesie in diesen Gedichten ist sehr breit: Ausdruck von Freude und Liebessehnsucht (Werke I, 18/19), Träume (Werke I, 147), die Kunde vom Heiligen (so im ersten Gedicht der Sammlung, *Des Dichters Abendgang* [1808, Werke I, 9]). Mehrfach wird auch das Verhältnis zur Macht angesprochen, das zumeist als problematisch erscheint. Einmal findet sich auch die Harmonie, die in Goethes *Der Sänger* herrscht, in dem Gedicht des 18-jährigen Uhland, das ebenfalls mit *Der Sänger* betitelt ist. Seine zweite Strophe lautet:

Er kommt zum Völkerfeste,
Er singt im Königssaal,
Ihm staunen alle Gäste,
Sein Lied verklärt das Mahl;
Der Frauen schönste krönen
Mit lichten Blumen ihn;
Er senkt das Aug in Tränen
Und seine Wangen glühn.
(Werke I, 118)

Bereits 1807 verfasst Uhland aber auch ein Gedicht mit der hier behandelten Thematik, das keineswegs versöhnlich angelegt ist, sondern in geradezu aggressiver Weise die Rebellion des Sängers gegen den Despoten vorführt: *Die drei Lieder* (Werke I, 132f.).

In der hohen Hall saß König Sifrid:
„Ihr Harfner! wer weiß mir das schönste Lied?“
Und ein Jüngling trat aus der Schar behende,
Die Harf in der Hand, das Schwert an der Lende.

„Drei Lieder weiß ich; den ersten Sang,
Den hast du ja wohl vergessen schon lang:
Meinen Bruder hast du meuchlings erstochen!
Und aber: hast ihn meuchlings erstochen.

Das andre Lied, das hab ich erdacht
In einer finstern, stürmischen Nacht:
Mußt mit mir fechten auf Leben und Sterben!
Und aber: mußt fechten auf Leben und Sterben!“

Da lehnt' er die Harfe wohl an den Tisch,
Und sie zogen beide die Schwerter frisch
Und fochten lange mit wildem Schalle,
Bis der König sank in der hohen Halle.

„Nun sing ich das dritte, das schönste Lied,
Das werd ich nimmer zu singen müd:
König Sifrid liegt in seim roten Blute!
Und aber: Liegt in seim roten Blute!“

Auch Uhland konnte und wollte sich der nationalen Begeisterung der Befreiungskriege nicht ganz entziehen. Allerdings blieb seine Stimme doch immer sehr moderat, nicht zu vergleichen mit dem teutonisch donnernden Ruf eines Theodor Körner oder auch eines Ernst Moritz Arndt, dessen *Gesangeslust* von 1813 so endet:

Wohin mit dem seligen Sänger? wohin?
Wie lodert die mächtige Flamme im Busen!
Wie brennt euer Athem, gewaltige Musen!
Wohin? o wohin?

Was donnert's? So tönt's vom Olympus nicht her,
So brauset das Wetter von Mars und Bellonen,
So wiehert's von Rossen, so hallt's von Kanonen,
So donnert ein Heer.

O Vaterland süßes! dich meldet der Klang,
Germaniens Söhne sind mächtig erstanden,
Zu tilgen die wälschelnden Lügen und Schanden.
Das klinge, Gesang!

Uhland dichtet im Januar 1814 das *Lied eines deutschen Sängers*, das zwar eine Absage an die unpolitischen Lieder, an die „alten, frommen Sagen, / Von Minne, Wein und Mai" zugunsten der Tat fürs Vaterland formuliert:

Nun ist es ausgesungen,
Es dünkt mir alles Tand;
Der Heerschild ist erklungen,
Der Ruf: für's Vaterland!
(Werke I, 55)

Aber selbst dieser „Ruf" ist dann doch eigentümlich und für Uhland sehr charakteristisch gebrochen: Die Heldentat könnte vielleicht doch nicht die wahre Bestimmung des Sängers sein – und auch die kämpferische Agitation im Schlachtgetümmel weicht dem hoffnungsfroh antizipierten Siegeslied:

Und bin ich nicht geboren
Zu hohem Heldentum,
Ist mir das Lied erkoren
Zu Lust und schlichtem Ruhm,
Doch möcht ich eins erringen
In diesem heil'gen Krieg:
Das edle Recht, zu singen
Des deutschen Volkes Sieg.
(Werke I, 56)

Auch im Prologgedicht zur Sammlung von 1815 (Werke I, 7f.) wird die Dichterrolle sehr selbstkritisch und ironisch gesehen und die eigentliche Entfaltung wird von einer kommenden Generation erhofft. Ähnlich gebrochen ist schließlich das kleine Gedicht *An das Vaterland* von 1814, das allerdings auch ähnlich problematische Formulierungen über den Heldentod enthält – da mögen die Verhältnisse ähnlich liegen wie bei Hölderlin, von dem Uhland ja zusammen mit Gustav Schwab 1826 die erste Sammlung seiner Gedichte herausgab.

Dir möcht ich diese Lieder weihen,
Geliebtes deutsches Vaterland!
Denn dir, dem neuerstandnen, freien,
Ist all mein Sinnen zugewandt.

Doch Heldenblut ist dir geflossen,
Dir sank der Jugend schönste Zier:

Nach solchen Opfern, heilig großen,
Was gälten diese Lieder dir?
(Werke I, 58f.)

Dieser in Bezug auf die Rolle des Dichters insgesamt doch eher skeptischen Positionsbestimmung entsprechen jene Gedichte, die den Tod des Sängers thematisieren, am bedeutendsten: *Des Sängers Wiederkehr* vom März 1815 (Werke I, 145f.) und *Don Massias* von 1812. Beide Texte münden jedoch in die Schlussperspektive vom Nachleben in der Dichtung: die uralte Bestimmung vom Ruhm, den die Dichter verteilen – der Poet als *dispensator gloriae*, Mnemosyne als Mutter der Musen. Dieser Aspekt wird in *Des Sängers Fluch* zentral – und bekommt zugleich eine außergewöhnliche Wendung.

Wie erscheint nun das Verhältnis von Poesie und Politik, von Dichtung und Macht in Uhlands Ballade, die – nur eine Stimme von vielen – Hermann Dederich 1873 „billig“ an die „Spitze der Uhland'schen Romanzendichtung“ (Dederich 1873, 40) stellt. Bereits in der frühen Rezeption wurde versucht, sie allegorisch zu entschlüsseln: In dem Tyrannen sah man Napoleon, in dem jungen Sänger die deutsche Freiheit, im alten das Rache schwörende deutsche Volk. Uhland selbst soll auf die Frage eines Bekannten, ob er bei der Ballade an Napoleon gedacht habe, etwas kryptisch knapp geantwortet haben: „Auch mitunter“ (Brömse 1913, 731). Ein anderer Versuch allegorischer Entschlüsselung besagt, Uhland habe die politische Konstellation seiner eigenen unmittelbaren Gegenwart gestaltet: das Willkürregime des württembergischen Königs Friedrich I., der die Landesverfassung außer Kraft gesetzt hatte.

Schließlich soll noch ein dritter Versuch einer allegorisch-biografischen Deutung angesprochen werden: 1906 hat Johannes Proelß in einer stimmungsvollen Studie mit nicht geringer Evidenz glaubhaft zu machen versucht, dass Uhland entscheidende Anregungen für sein Gedicht durch einen Besuch in Hohenheim im Sommer 1814, also unmittelbar vor Abfassung der Ballade, erhalten hat (Proelß 1906). Die These von Proelß besagt, dass zwar die ursprüngliche Idee aus der schottischen Ballade vom „eifersüchtigen König“ herrührt, dass aber, wie Proelß formuliert, „eine lebenskräftige Ballade daraus geworden ist, wohl die dramatisch bewegteste von allen Balladen Uhlands“ (Proelß 1906, 48), sei auf die Inspiration mehrerer Spaziergänge in den Hohenheimer Schlossanlagen Herzog Karl Eugens zurückzuführen, die nach dessen Tod 1793 immer mehr verfallen waren. Drei Tage nach einem solchen Spaziergang jedenfalls hatte sich Uhland in sein *Tagbuch* notiert: „Neues Auffassen der Romanze vom zerstörten Königsschloß“ (nach Proelß 1906, 50).

Mit Herzog Karl Eugen ist natürlich der Bezug zu Schiller gegeben und eine weitere historische Variante des Verhältnisses von Dichter und Despot angesprochen. Der Zusammenhang mit Schiller und dieser Thematik ist immerhin biografisch gut belegt, denn Uhland notiert sich am 3. Dezember desselben Jahres 1814, wenige Wochen nach einem erneuten Besuch in den Hohenheimer Anlagen, bei denen er auch des Herzogs Grabstein gesehen hatte, in sein *Tagbuch*: „Angefangene Ausarbeitung der schon früher entworfenen Ballade: Des Sängers Fluch. Die Ballade bis auf einiges beendigt. Vorlesung bei Schott, Kabale und Liebe.“ (Proelß 1906, 51)

Hält man es gegen Goethes Ballade vom *Sänger* (entstanden 1783), dann zeigt sich Uhlands Gedicht geradezu als Kontrafaktur: Der Sänger bei Goethe wird vom König (der keineswegs ein Tyrann ist) gerufen, die beiden Sänger bei Uhland kommen aus eigenem Antrieb. Bei Goethe findet sich kein Wort über den ‚Inhalt' des Vorgetragenen, bei Uhland wird der – auch ethische – Gehalt zwar in allgemeinen Wendungen, aber doch eingehend umschrieben. Die Reaktionen der Herrscher sind genau konträr, und bei Goethe steht am Ende der Segenswunsch: „O wohl dem hochbeglückten Haus, / Wo das ist kleine Gabe!" – bei Uhland der Fluch. Dem bei Goethe so deutlich betonten Autonomieanspruch der Poesie („Die goldne Kette gib mir nicht [...] Ich singe wie der Vogel singt, der in den Zweigen wohnet [...]"), steht bei Uhland klar deren ethische Bindung gegenüber. Doch wie der Verlauf der Geschichte zeigt, wird bei Uhland dann genau dies in Frage gestellt.

Albert Hendschel: Des Sängers Fluch. Bleistiftzeichnung (nach 1871). DLA Marbach.

Das Gedicht ist auf einer ersten Ebene zunächst eine eher pessimistische Stellungnahme zu der Frage, ob die humanisierende Kraft der Kunst auch einen Tyrannen erreichen oder gar erweichen könne. Ihrer Macht sind Grenzen gesetzt. Die beiden Sänger müssen erfahren, dass Dichtung nicht uneingeschränkt erzieherisch wirken kann.

Fritz Martini, der – wie ich meine – Uhlands Ballade unterschätzt, schreibt denn auch, und er formuliert damit seine Deutungsthese: „*Des Sängers Fluch* ist das allegorische Gedicht vom Untergang der Dichtung im Spannungsfeld von Macht und Gesang, des Unmenschlichen und des Ideal-Menschlichen." (Martini 1984, 324) Das ist aber, man muss es betonen, nicht einmal die halbe Wahrheit. Man braucht nur das Gedicht bis zum Ende zu lesen, um zu erkennen, wer letztlich ‚untergeht'. Uhland bleibt nicht bei der poetologischen Ernüchterung stehen – die zweifellos vor dem Hintergrund ganz spezifischer historischer Erfahrungen zu sehen ist.

Wie kann, wie muss – folgt man dem Text selbst – die Dichtung auf diese Herausforderung reagieren? Sie greift auf eine der ältesten und zentralen Funktionsbestimmungen von Dichtung zurück: Das Gedächtnis über den Tod hinaus – ein *monumentum aere perennius* (ein Denkmal dauerhafter als Erz) zu schaffen, oder – in diesem literarhistorischen Kontext näherliegend – die Erinnerung an große Taten großer Helden, wie es die Funktion des Heldenliedes sein sollte:

Uns ist in alten maeren wunders vil geseit
von helden lobebaeren, von grôzer arebeit,
von fröuden, hôchgezîten, von weinen und von klagen,
von küener recken strîten muget ir nu wunder hoeren sagen.

So beginnt das *Nibelungenlied.* Damit erst gewinnt die von Uhland verwendete Form, die ‚neue Nibelungenstrophe', einen markanten Sinn: Sie evoziert die Erwartung, die im Fluch des alten Sängers dann entschieden verweigert wird. Die Dichtung bezwingt den Tyrannen nicht durch ‚süßen Klang', nicht durch die ihr spezifisch zugedachte Funktion der lobenden Erinnerung großer Taten, sondern durch die absolute *Verweigerung* genau dieser Funktion. Damit markiert die Ballade – mehr als anderthalb Jahrzehnte vor dem vielberedeten ‚Ende der Kunstperiode' – durchaus einen epochalen Einschnitt.

Als poetologisches Manifest ist sie ein Schritt hinaus über den schon im Kontext der Befreiungskriege vielfach propagierten Übergang vom Wort zur Tat. Hier tritt nicht die Dichtung bescheiden zurück angesichts wichtigerer Aufgaben; sie kündigt vielmehr in durchaus kämpferischer Weise einen Jahrtausende alten Bund auf und trägt – dies ist die Pointe des Gedichts – genau dadurch letztlich den Sieg davon.

Des Königs Namen meldet kein Lied, kein Heldenbuch;
Versunken und vergessen! das ist des Sängers Fluch.

Uhland wusste, wovon er sprach, wenn er den Begriff des *Heldenbuches* genau in diesem Zusammenhang aufgriff. Er gehört zu den Gründervätern der Altgermanistik und der Romanistik und steht mitten in ihren Debatten zwischen romantischer Mittelalteraneignung und universitärer Institutionalisierung. Als 23-Jähriger hatte er in Paris die Handschriften altfranzösischer Epen studiert, auch exzerpiert und Bruchstücke davon sowie Studien darüber publiziert. Die eine Pionierleistung darstellende Ausgabe des *Heldenbuches* von Friedrich Heinrich von der Hagen aus dem Jahre 1811 befand sich in seinem Besitz und wurde, wie das jetzt in der Tübinger Universitätsbibliothek befindliche Exemplar aus seiner Bibliothek und auch viele Briefstellen zeigen, intensiv benützt. Der erste Text darin, die Geschichte vom *Hörnen Siegfried,* beginnt mit den folgenden Versen:

Es saß im Niederlande ein König so wohl bekannt,
Mit großer Macht und Gewalte, Siegmund war er genannt.

Uhlands Ballade endet mit der Feststellung, dass „Des Königs Namen [...] kein Lied, kein Heldenbuch" melde – eine direkte Antwort auf die Poetik des Heldenepos.

Damit ist Raum für eine letzte Beobachtung: Absolute Verweigerung der Kunst, die Zertrümmerung der Harfe der Poesie, poetische *damnatio memoriae* in barbarischen Verhältnissen – ist dies aber wirklich das letzte Wort? Ist das Schweigen der Poesie die letzte Konsequenz?

Das Gedicht selbst, in seiner bloßen Existenz, zeugt dagegen. Die poetisch gestaltete Verweigerung der Poesie ist selbst poetisch ‚aufgehoben': Uhlands Ballade, die dichterische Kunde von einer unerhörten Tat mit ihren Folgen, treibt die poetologische Argumentation ins Paradox. Und hier erschließt sich der letzte Sinn der von Uhland so virtuos eingesetzten Nibelungenstrophe: Die Form ist Programm. Und sie verweist auf die Reflexivität des Textes. Die Ballade vom Ende des Heldenliedes ist selbst als ‚Heldenlied' zu lesen, als ‚Heldenlied' von der Selbstbewahrung der Poesie.

„Des Königs Namen meldet kein Lied, kein Heldenbuch" – den *Namen* nicht, wohl aber die Tat und ihre Folgen: Und insofern ist das Gedicht dann doch auf einer höheren Ebene wiederum eminent politisch. Die politische Macht, die den Gesang domestizieren möchte und gar erstickt, überantwortet sich selbst dem Vergessen. Dabei bleibt aber das Ganze in der Schwebe: Es gibt ja dieses Gedicht, das in der Positivität seiner schieren Existenz die Selbstbehauptung der Poesie auch in finsteren Zeiten manifestiert.

Georg Braungart

Literatur

Ludwig Uhland: Werke. Hrsg. von Hartmut Fröschle und Walter Scheffler. 4 Bde. München 1980–1984, Bd. 1: Sämtliche Gedichte (1980) [unter Angabe von Bandnummer und Seitenzahl].

Heinrich Brömse: Uhlands Ballade Des Sängers Fluch. Ein Beitrag zu ihrer Entstehungsgeschichte und Deutung. In: Euphorion 20 (1913), S. 727–737.

Hermann Dederich: Uhland als episch-lyrischer Dichter besonders im Vergleich zu Schiller. Eine Skizze zur deutschen Literaturgeschichte und Poetik. Paderborn 1873.

Hartmut Fröschle: Ludwig Uhland und die Romantik. Köln und Berlin 1973.

Hermann August Korff: Geist der Goethezeit. 5 Bde. Leipzig 1923–1957. Bd. 4: Hochromantik (1953).

Fritz Martini: Macht und Uhmacht des Gesanges. Zu Ludwig Uhlands Ballade Des Sängers Fluch. In: Wulf Segebrecht (Hrsg.): Gedichte und Interpretationen. Bd. 3: Klassik und Romantik. Stuttgart 1984 (Reclams Universal-Bibliothek, 7892), S. 322–333.

Johannes Proelß: Des Sängers Fluch. Zur Aufhellung von Schillers Anteil an Uhlands Ballade. In: Schwäbischer Schillerverein. Zehnter Rechenschaftsbericht. Marbach 1906, S. 46–57.

Hermann Schneider: Uhland. Leben, Dichtung, Forschung. Berlin 1920.

Günther Schweikle: Ludwig Uhland als Germanist. In: Ludwig Uhland. Dichter – Politiker – Gelehrter. Hrsg. von Hermann Bausinger. Tübingen 1988, S. 149–182.

Dieser Beitrag ist die geringfügig überarbeitete Fassung eines bereits an anderer, entlegenerer Stelle erschienenen Aufsatzes (Georg Braungart: Ludwig Uhland: Des Sängers Fluch – Versuch einer Rettung. In: Günter Lange [Hrsg.]: Lese-Erlebnisse und Literatur-Erfahrungen. Annäherungen an literarische Werke von Luther bis Enzensberger. Festschrift für Kurt Franz zum 60. Geburtstag. Baltmannsweiler 2001, S. 128–139).

10

Zerrissenheit dieser Versammlung ergreift mich doch manchmal das Gefühl, daß wir, so heftig wir uns gegen einander aufbäumen, dennoch durch das nicht mehr zu brechende, im Volksbewußtsein gefestigte Gebot der deutschen Einheit wie mit ehernen Banden zusammengeschmiedet seien. Drängen wir Oesterreich ab, so ist das Band zerschlagen.

Ich schließe, m. H. Verwerfen Sie die Erblichkeit, +schaffen Sie keinen bevorrechteten Einzelstaat, stoßen Sie nicht Oesterreich ab! bleiben Sie, darin ist Alles begriffen, dem Geiste getreu, der Sie berufen hat! Gewiß m. H., es wird kein Haupt über Deutschland leuchten, das nicht mit einem vollen Tropfen demokratischen Oeles gesalbt ist.

+wahren Sie das Wahlrecht, das letzte übriggebliebene Wahrzeichen des volksmäßigen Ursprungs der neuen Gewalt,

Ludwig Uhland als politischer Redner

Die romantische und biedermeierliche Redekultur Deutschlands steht immer noch auf einem von der Forschung weitgehend unbeschriebenem Blatt. Was Ludwig Uhland angeht, so entwirft Walter Jens, der Begründer der neueren Tübinger Rhetorik, 1987 in seinem Festvortrag anlässlich des 200. Geburtstags Ludwig Uhlands ein facettenreiches Persönlichkeitsbild dieses schwäbischen Poeten, Gelehrten und Politikers, weniger des Redners. Es kulminiert in der Aufforderung, die Gegenwart müsse diesen „nüchtern-witzigen, scharfsinnig-präzisen und noch im Schweigen hochberedten Demokraten wiederentdekken" als „*unseren* Uhland", das heißt als einen Repräsentanten unserer im 19. Jahrhundert nicht gerade überreich mit Vorläufern gesegneten demokratischen Tradition. Viel eher finden wir in diesem merkwürdigen Übergangsjahrhundert antidemokratische Uhland-Kritiker wie Heinrich Laube oder den Staatswissenschaftler Robert von Mohl, den Jens mit den Worten zitiert, ihm sei Uhland „stets als Politiker ich weiß nicht ob mehr lächerlich oder verächtlich gewesen". Und da sich Uhland zu seiner Zeit bisweilen demokratischen Fraktionsabsprachen – wie wir heute sagen würden – anschließt und sich dem konservativ-monarchistischen Professoren-Mainstream in seiner Umgebung verweigert, hält ihn von Mohl zu keinem „selbständigen Urteile" für fähig, insbesondere auch angesichts seiner für Antidemokraten unverständlichen Hinwendung zu den europäischen Revolutionsbewegungen der Jahre 1830 und 1848: Ob Uhland nun, so von Mohl weiter, „zu den bissigen Stimmführern der Krakeeler nach dem Jahre 1830 gehörte oder sich, eine Schande für einen gebildeten Mann, unter die äußerste Linke im Frankfurter Parlament [von 1848] setzte".

Romantik und Revolution, Versdichtung und Prosa, Gedicht und Rede; dies als Zusammenhang zu sehen, auch in der biografischen Abfolge, hat viele erstaunte zeitgenössische Beobachter überfordert. Viel eher meinten sie, einen großen Gegensatz zu sehen, und ab den 1830er-Jahren Goethes Diktum über Uhland – „Der Politiker wird den Poeten aufzehren" – als Negativprognose interpretieren zu müssen. Das Land durch politisches Engagement im republikanischen Sinn voranzubringen und dabei, bildlich gesprochen, vom Vers zur Prosa zu wechseln, galt den apolitischen Biedermännern nicht nur in der Vormärzzeit als Abstieg und keineswegs als Wechsel von einer erhabenen zu einer anderen erhabenen Aufgabe. Heute können wir Uhland besser verstehen. Man muss vielleicht Romantiker gewesen sein, um zu erkennen, wann Schluss mit der Romantik ist, und um einen Sinn für das Zukunftsträchtige von Revolutionen zu entwickeln. Insofern diagnostiziert Goethes Diktum mit Recht für den Lauf von Uhlands Lebenszeit eine Verlagerung der Kräfte, aber wir brauchen dies nicht als Verlustklage zu verstehen.

Uhland hat in seiner Frühzeit auch auf dem Weg der gedruckten Versdichtung agitiert, z. B. mit Liedern, doch in den konkreten politischen Abläufen war die mündlich vorgetragene Prosarede die nobelste Textsorte. Die Begriffe ‚Redner' und ‚Politiker' werden auch gern als Synonyme gesehen. Dies galt und gilt von der Antike bis in die Gegenwart. Wenn

Gegenüber:
Ludwig Uhland: Rede gegen das Erbkaisertum. Manuskript (1849). DLA Marbach. Uhlands wohl berühmteste politische Rede mit der viel zitierten Schlusssentenz: „Gewiß m. H. es wird kein Haupt über Deutschland leuchten, das nicht mit einem vollen Tropfen demokratischen Oeles gesalbt ist."

im Folgenden von Uhland als Redner gesprochen wird, dann steht die rhetorische Zentralgattung *Rede* einschließlich ihres Ereigniszusammenhangs im Mittelpunkt der Überlegungen. Über die *Rede* kann man im rhetorischen Sinn nicht allein als verschriftlichtes Aggregat sprechen. Von der rhetorischen Gattungsbestimmung her muss eine Rede, soll der Name nicht nur als Etikett für gedruckte Prosaliteratur herhalten (was durchaus vorkommt), zunächst einmal anlassbezogen sein und dann auch situativ mündlich aufgeführt werden (Knape 2003, 233). Dabei fällt dem Redner nicht nur als Texturheber, sondern auch als aufführendem medialen Organ eine kaum zu unterschätzende Rolle zu.

Vor diesem Hintergrund stellt sich die Frage: War Uhland ein begnadeter Aufführer seiner Reden oder gar ein Vortragskünstler? Die erhaltenen Zeugnisse stimmen da eher skeptisch. Walter Jens stellt eine ganze Reihe von zeitgenössischen Äußerungen zusammen, die ihn dazu bringen, Uhland als den „großen Schweiger", als einen „geradezu dämonischen Schweiger" zu apostrophieren, als schwäbischen „Bruttler", der Demosthenes auf die Palme gebracht hätte. Das überrascht und klingt angesichts seiner sonstigen Uhland-Einschätzung geradezu paradox. Aber was soll man davon halten, wenn die Droste vom „guten schüchternen Männchen" spricht, dem, so Friedrich Theodor Vischer, „ein Dämon" die „Lippen schließt: soeben will der Gedanke heraus, aber die Schleuse ist zu"? So etwas kann für Walter Jens nur mit dem Prädikat „Ludwig der Schweiger" belegt werden.

Wir nähern uns einem besseren Verständnis des Problems, wenn wir genauer auf den Dichter Friedrich Hebbel hören, der berichtet: „Uhland führte über die unbedeutendsten Dinge die Konversation mit einer unbegreiflichen Schwierigkeit." Es geht also um schwerfälliges Konversieren, dies wird nun klar, nicht um die Performanz von monologischen Reden. Kurz: Es geht bei den zitierten Beobachtungen um Uhlands Gesprächsverhalten. Das aber können wir nicht unbedingt mit der Art des Redevortrags verrechnen. Alle Belege zeigen, dass Uhland kein Freund des Small Talks war, dass er im Gespräch vom Habitus her nachdenklich, zurückhaltend, bescheiden, unprätentios bis zur Schlichtheit und tatsächlich eher schweigsam war.

Aber wie war es bei den Redeauftritten? Es gibt nur sehr wenige Zeugnisse zur performativen Seite dieser Ereignisse. Immerhin scheint er die Durchschnittserwartungen seiner Umgebung erfüllt zu haben. So schreibt der Onkel 1830 über Uhlands Redeweise nach seiner Ernennung zum Professor, er habe bei seiner Tübinger Antrittsvorlesung ohne Versprecher und Verhaspler „Jedermann in hohem Grad befriedigt"; und weiter: „Mit allem Anstand und Unbefangenheit, angenehmer Tenor-Stimme, ohne auch nur ein einzigmal anzustoßen, ohne ein Wort ändern oder wiederholen zu müssen, perorirte er auf die interessanteste Art die gemessene Stunde" (zit. n. Reinöhl 1911, 82). Für die Zeit der Mitgliedschaft im Württembergischen Landtag freilich lassen die Protokolle keinen Zweifel, dass Uhland furchtlos, energisch, engagiert und keineswegs selten das freie Wort in Debatten ergriff. Die größeren Reden wurden zweifellos vom Papier gelesen. Kleinere Statements trug man frei vor. Wenn *Der deutsche Kurier* zu Beginn der Parlamentskarriere (1833) in Uhland noch den „gefeierten schwäbischen Sänger" sah, der im Landtag zu einem „mit der Sprache ringenden" unpraktischen Bannerträger des theoretischen Liberalismus geworden sei, so verabschiedete er ihn 1838 mit Hochachtung als politischen Könner. Daraus ist zu schließen, dass Uhland sein bescheidener Gelehrtenhabitus im Auftreten und Sprechen politisch nicht geschadet hat. Ganz im Gegenteil. In der 1848er Revolution wird er als einer der ersten nach Frankfurt ins Vorparlament der Paulskirche berufen.

Der sogenannte Halbmondsaal des Stuttgarter Landtages, Schauplatz von Uhlands politischer Tätigkeit in den 30er Jahren. Württembergische Landesbibliothek Stuttgart.

Schweigend und zurückhaltend sei Uhland auch 1848/49 in der Nationalversammlung gewesen, „wie auf seinem Tübinger Garten“, bemerkt der Augenzeuge Heinrich Laube, und er saß „hier wie ein unnahbares Wesen unter den Linken“, doch immer auf Eigenständigkeit der Position bedacht.

> *Das ganz lichte Auge unter lichter Braue sieht über die Menge hinweg ins Leere, es haftet an keines Menschen Blicke, es erwidert keinen, und wie ein Einsiedler spricht der Mann mit herber, schwäbisch akzentuierter Stimme da oben, als ob ihn niemand hörte. Keine Spur von Dramatik! Langsam, in kleinen Pausen, aber sicher klimmt ein Satz nach dem andern hervor, und die Paulskirche gewöhnt sich bald daran, die politische Ansicht seiner Rede zu übersehen, einige schöne Bilder aber und Vergleiche, die nie in seiner Rede fehlen, mit Beifall auszuzeichnen.* (Laube 1909, 61f.)

Seine „Diktion“ in den wenigen Reden, die er nur gehalten hat, habe „in nichts mehr an den früheren Landtagsabgeordneten“ erinnert, stellt Bernhardt fest; und: „Unter dem Banne der großen Bewegung jener Zeit, die sich in dem leidenschaftlichen begeisterten Pathos der Reden in der Paulskirche spiegelt, erhebt sich auch seine Sprache zu einem poetischen Schwunge, der jenem glänzenden Parlamente entspricht“ (Bernhardt 1910, 71). Diese Bemerkungen beziehen sich freilich auf den Stil der schriftlich überlieferten Redetexte, nicht auf die Performanz. Uhlands poetisch angehauchter Stil in den Redetexten wurde nach Meinung zeitgenössischer Spötter aus dem anderen politischen Lager von den Abgeordneten mehr geschätzt als seine Argumente, wie Laubes obige Feststellung zu belegen scheint. Die rednerische Performanz hingegen scheint weniger Eindruck gemacht zu haben. Hermann Bausinger resümiert: „Er war kein großer Redner; er sprach nach dem Bericht des ebenfalls ins Parlament gewählten Professors Vischer „gestoßen, etwas bellend, die Endsilben verschluckt" (Bausinger 2010, 20). Aufmerksamkeit gewann er überall mit dem, was er sagte, Zustimmung hingegen nur auf seiner politischen Seite.

Aus Uhlands politischer Tätigkeit fanden die schriftlichen Überlieferungen von 18 eigenen Reden und drei Redeentwürfen Eingang in die jüngste Werkausgabe von Fröschle/Scheffler 1984. Einer zukünftigen Überprüfung etwa der Parlamentsprotokolle muss eine Neubewertung dieser Auswahl aus allen dokumentierten Debattenbeiträgen und anderen politischen Statements vorbehalten bleiben. Nur zwei der frühen Gelegenheitsreden wurden historisch zeitnah gedruckt, weil sie Bestandteil von gesellschaftlichen Ereignissen außerhalb des politischen Forums waren, bei denen auch Uhland-Lieder gesungen oder Uhland-Gedichte vorgetragen wurden (Stuttgarter Festansprache an seine Wähler 1832 und Festrede in der Stuttgarter Bürgergesellschaft – Eichenansprache – für deutsche Volksfreiheit und Nationaleinheit 1834). Die Tübinger Fackelzugrede von 1848 kann in diesem Sinn auch als Gelegenheitsrede angesehen werden, die der *Beobachter* als Nachschrift „soweit es uns möglich ist" publizierte (Reinöhl 1911, 179). Der frei gesprochene Schiller-Trinkspruch von 1859 wurde nachträglich aufgezeichnet. Von bestimmten Reden haben wir nur Nachrichten und keine Textzeugnisse, z.B. weist Reinöhl (1911, 133) auf Nachrichten über eine Tübinger Festrede im Jahr 1833 hin. Die Wirkung der parlamentarisch-institutionellen Reden Uhlands war also meist nur situativ und konnte lediglich indirekt, auf dem Weg von Presseberichten und Erzählungen, zu seiner bemerkenswerten politischen Imagebildung beitragen. In den im Wortlaut schriftlich überlieferten Reden können wir nur mit Abstrichen das wirklich gesprochene Wort erkennen. Die wenigen im politischen Nachlass erhaltenen Entwürfe von Reden zeigen verglichen mit den Protokollen durchaus Differenzen. Hierin unterscheidet sich die Uhland-Überlieferung aber nicht von den Redeüberlieferungen anderer. Alle in die Werkausgabe aufgenommenen Reden, die also keineswegs das Gesamtcorpus der Uhland-Reden darstellen, können wir mit Blick auf sein politisches Wirken in vier Gruppen unterteilen:

1819–1826: 2 Reden

Für die erste Phase seiner parlamentarischen Tätigkeit stehen zwei edierte Reden Uhlands, in denen er sich mit verfassungs- und organisationsrechtlichen Maßnahmen beim Aufbau des Württembergischen Parlamentarismus auseinandersetzt. In der verfassungsgebenden Ständeversammlung spricht er sich 1819 gegen ein Zweikammersystem aus, insbesondere auch, weil er eine Zersplitterung der Kräfte und ein Neuerblühen des alten Aristokratismus fürchtet. Im neuen Landtag von 1820 liegt ihm gleich zu Beginn viel an einer modernen Geschäftsordnung. Dabei geht es auch um die Partizipation von Frauen. In einer ausführlichen Rede (die nicht in die Werkausgabe eingegangen ist) äußert er sich zur Frage der „Oeffentlichkeit". Durch Teilnahme der Bürger an den Parlamentsaktivitäten werde Teilnahme an den „Angelegenheiten" des Landes „geweckt" (Reinöhl 1911, 47). Er schlägt eine Trennung von beratenden Ausschüssen („Sektionen") und Plenaröffentlichkeit des Landtags vor. In einer anderen Rede tritt er 1820 dafür ein, die älteren Edikte zur Verwaltungsorganisation auf ihre Aktualität und Rechtmäßigkeit hin zu überprüfen. Uhland entwirft in dieser Zeit, gewissermaßen als Parlamentsrhetoriker, die repräsentativen Texte des Landtags (z.B. Grußadressen an den König).

1832–1838: 10 Reden

Nach einer parlamentarischen Pause von einigen Jahren, in der er sich als Wissenschaftler etablierte, legte Uhland 1832 seine Professur nieder und zog wieder in den Landtag ein. Bei dem Begrüßungsfest seiner Wähler in Stuttgart hielt Uhland 1832 eine Rede, deren Wortlaut umgehend publiziert wurde. 1833 konstituierte sich der im Jahr zuvor gewählte neue Landtag, in dessen Anfangssitzungen Uhland wiederum häufig das Wort zur Geschäftsordnung ergriff. Auch später trat er kontinuierlich mit Debattenbeiträgen hervor (vgl. etwa Reinöhl 1911, 117f. zu den Tübinger Studentenunruhen im Jahr 1833 wegen polizeistaatlicher Methoden etc.), die keinen Eingang in die Werkausgabe gefunden haben. Uhlands größere Parlamentsreden der Jahre 1833 bis 1838 widmen sich inhaltlich der historisch nächsten Phase der Etablierung von Demokratie und Bürgerrechten, sie betreffen insbesondere die bürgerlichen Freiheiten und die Sicherung des Parlamentarismus. Er spricht zu folgenden Themen: Rechte der Abgeordneten (1833), Pressefreiheit (1833), Einschränkung des Militärs (1834), gegen den Verfassungsbruch des Königs von Hannover (1838), zwei Reden gegen die Todesstrafe (1838), gegen die Denunziationspflicht (1838), für Assoziationsrecht und Recht auf Parteienbildung (1838).

Die zwei bereits erwähnten Festreden aus dieser Zeit dokumentieren die enge Verbundenheit Uhlands mit seinem Stuttgarter Wahlkreis. Es sind umfangreiche, genau disponierte und komponierte Reden. Bei seiner Begrüßung in Stuttgart 1832 kreisen seine Ausführungen ganz um die Frage, was den im ersten Aufblühen befindlichen deutschen Parlamentarismus im Kern ausmacht: Öffentlichkeit, freie Assoziation der Bürger (Parteienbildung und Vereine waren verboten) und enge Verbindung der Volksvertreter zu ihren Wählern (zum „Volk"). Es ist eine mit politischer Programmatik und Willenskraft geladene Rede, die dem autoritären Regime ein unmissverständliches „Nein!" entgegenschleudert und das Selbstbewusstsein des Volksvertreters mit Uhland-typischer bildlicher Kraft in der metaphorischen Opposition von autoritärem Holzstock und natürlichem Baum ausdrückt: „Nein, meine Herren! auch die Gewählten des württembergischen Volkes wollen nicht sein wie die Pfahlstöcke, die an der Straße" als Leitplanken der Obrigkeit stehen, „wurzellos, mit den Hausfarben" des Königs „angestrichen, und mit der Aufschrift ‚Königliches Oberamt' bezeichnet". Nein, die Abgeordneten „möchten" ab jetzt wie natürliche Bäume „festwurzeln im Grunde des Volkslebens, dann nur können sie grünen und Früchte tragen". Zwei Jahre später, 1834, baut Uhland die Baum-Metapher in seiner ‚Rechenschaftsrede' gegenüber den Stuttgarter Wählern im Rahmen eines Festmahls anlässlich des Endes der ersten Session des Landtags zu einer Eichenallegorie aus.

Inzwischen hatte er sich in einer Rede von 1833 wieder mit dem für jede Demokratie so wichtigen Thema „Öffentlichkeit" beschäftigt. Konkret ging es dabei um Erhalt und Ausbau der Pressefreiheit. Uhland verwendet zu Beginn ein starkes, aus Kleists *Bettelweib* bezogenes Bild, dessen sich wenige Jahre später Karl Marx und Friedrich Engels am Anfang ihres *Kommunistischen Manifests* bedienen werden. Wenn von der Pressefreiheit im Landtag die Rede war, sagt Uhland, „war es immer, als ob ein Gespenst durch den Saal schritte, etwa der Geist eines Erschlagenen". Anschließend findet Uhland wieder klare Worte bei seinen Einordnungen. Er stellt die „liberalen Ideen" der Demokratie gegen die „Fahne des Absolutismus", die nach wie vor für die „Unnatur der deutschen Zustände" steht.

1834 hielt Uhland die schon genannte Stuttgarter Eichenansprache. Zu seinen Ehren fand am 16. November „im Saal der Bürgergesellschaft, ein zahlreich besuchtes Festmahl

Folgende Doppelseite:
Ludwig Uhland: Ansprache an seine Stuttgarter Landtagswähler. Manuskript (1832). DLA Marbach. Uhland fasst hier sein politisches Credo in ein Selbstzitat – „Ich halt' es mit dem schlichten Sinn / Der aus dem Volke spricht." – und endet mit dem in der Druckfassung der Rede nicht enthaltenen „Toast": „auf das feste Zusammenhalten des Volkes mit seinen Abgeordneten und der Abgeordneten mit dem Volke."

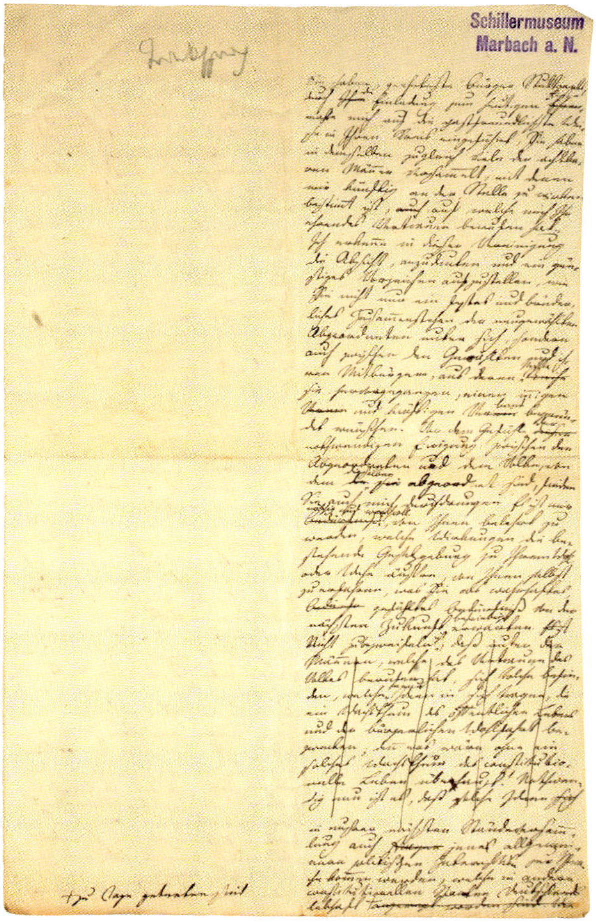
Schillermuseum
Marbach a. N.

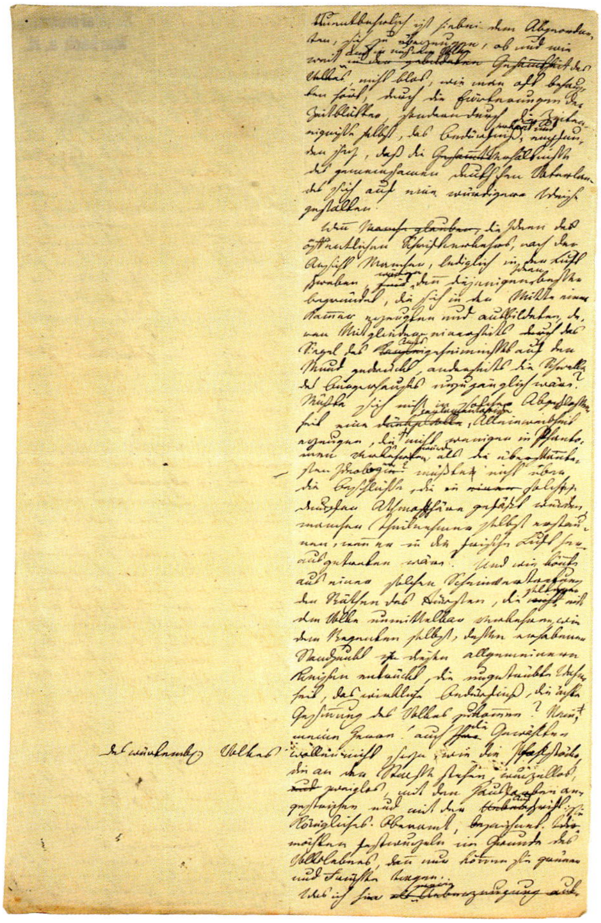

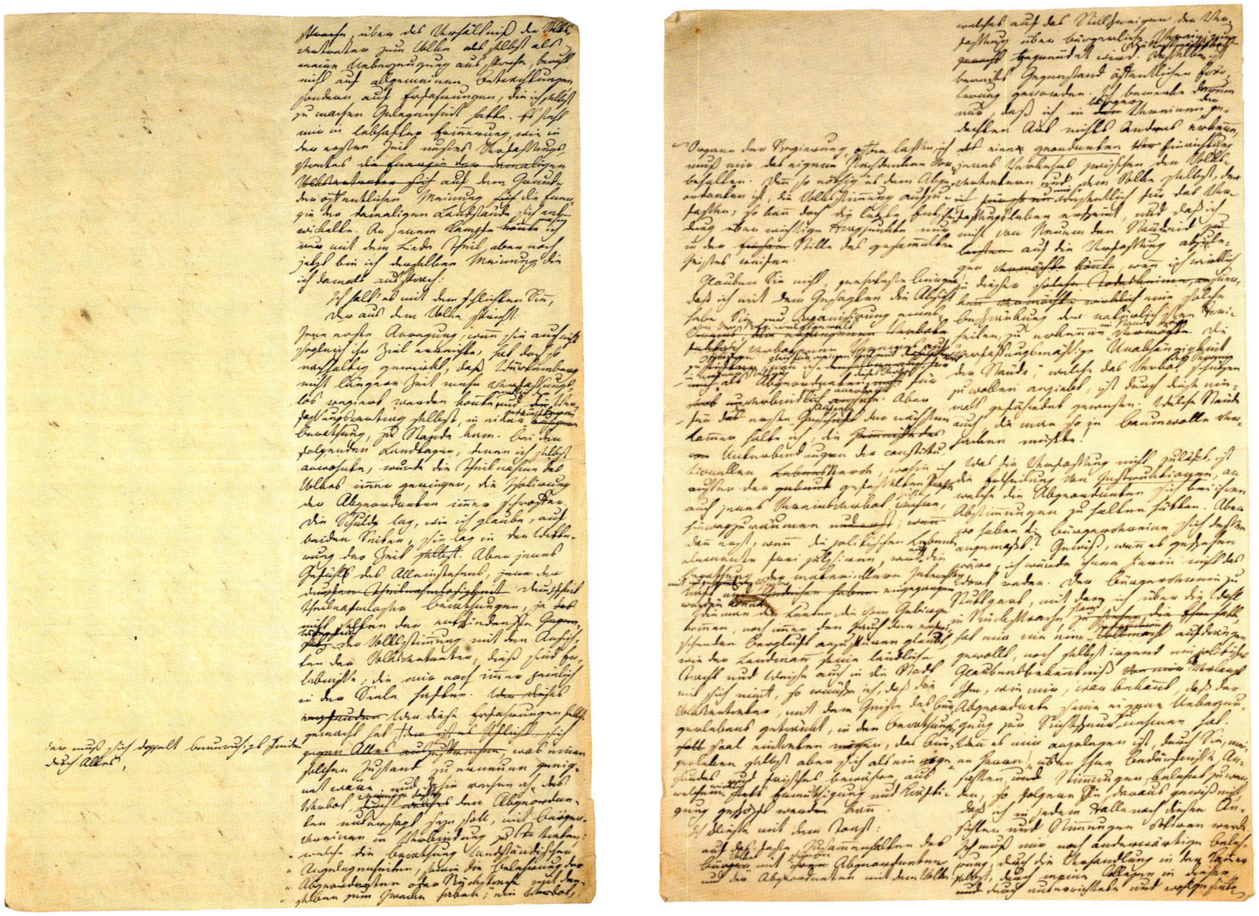

statt, bei dem ihm ein großer silberner Pokal, ein gestickter Teppich und ein Lehnstuhl überreicht wurde. Die bestellte Militärmusik durfte nicht erscheinen, dagegen war ein Chor von 100 Sängern anwesend. Es gab eine Reihe von Trinksprüchen" (Reinöhl 1911, 133). In diesem Ereignisrahmen bekam Uhlands – umgehend publizierte –Eichenrede die Funktion von Dank und Positionsbestimmung zugleich. Er knüpft geschickt an die gegebene Situation an, greift mit der deutschen Eiche das Hauptmotiv des ihm überreichten Silberpokals auf und deutet es im Verlauf seiner Rede als „Sinnbild der Sache", der er sich politisch verschrieben habe, aus: Die Eiche ist ein Symbol für Deutschland. „Wahrheit lautet die Inschrift des Schildes am Fuße der Eiche. Damit aber die Wahrheit ins Leben trete, bedarf es des Fortschritts. Das sagt uns die kräftig vorschreitende Jünglingsgestalt" auf dem Pokal. Die Wahrheit des Weins im Pokal sei freilich, fährt er antithetisch fort, dass Deutschland eher „an jene Dorflinde" erinnere, „die von den vielen an sie angenagelten Plakaten", deren Freiheitsbotschaften nie wahr wurden, „verdorrte". Der „Vollgenuß politischer Rechte" sei offenbar nur „Erbteil andrer Länder" wie Frankreich oder England. In Deutschland hingegen dürfe man eben nicht „zuviel" des Guten verlangen, so Uhland ironisch weiter, noch dürfe man hier am Baum der Freiheit „zu ungestüm rütteln", denn den biedermeierlich-apolitischen „Schläfern unter der Eiche könnten sonst Kürbisse auf die Nase fallen". Nun spricht Uhland von sich. Er habe sich nie zu diesen „Radikalen der Genügsamkeit" im Politischen hingezogen gefühlt. Er werde weiter kämpfen, „bis die Eiche grünt". Uhland spinnt die Allegorie situationsangemessen und humorvoll weiter: Wenn bislang die demokratischen und auf nationale Einheit drängenden Bestrebungen auch „nicht gerade ergiebig an Früchten gewesen" seien, weder an „Kürbissen noch Eicheln", so gedenke er dennoch weiterhin „ein Freund deutscher Volksfreiheiten und deutscher Nationaleinheit" und damit ein Kämpfer gegen die Zersplitterung Deutschlands zu bleiben. Ausnahmsweise haben wir durch den Bericht des *Beobachters* auch Informationen über den Fortgang des Events: „Der Eindruck dieser charaktervollen Worte war stürmisch, lange anhaltend. Nachdem wieder Stille eingetreten war, rief U h l a n d: ‚Der Jüngling will durch den Saal schreiten!' und gab so das Zeichen zu einem allgemeinen Rundetrinken. Zuletzt trug Uhland sein im Oktober entstandenes Gedicht ‚Reise durch Deutschland' vor" (zit. n. Reinöhl 1911, 136).

Mit all diesen vom Geist des demokratischen Liberalismus getragenen Reden machte sich Uhland in den Augen der monarchistisch-autoritär gesonnenen Regierung zum unbeliebtesten Politiker. Die Freunde mussten aus Sorge um Denunziation Angst haben, zu einem „Uhlandsessen" zu gehen (so die Frau von Gustav Schwab im Jahr 1834, laut Reinöhl 1911, 137). Uhland und seine politischen Freunde resignierten 1838 unter dem Druck des autoritären Regimes und zogen sich im sogenannten Vormärz für ein Jahrzehnt konsequent aus der Politik zurück.

Gegenüber:
Deckelpokal, Silber (1833). Nach einem Entwurf von Joseph Joachim von Schnizer gefertigt von Georg Christian Friedrich Sick. (Hier nach einer vor 1937 entstandenen Fotografie, DLA Marbach). Diesen Pokal bekam Ludwig Uhland von seinen Stuttgarter Wählern überreicht; er bedankte sich dafür in der Ansprache Für deutsche Volksfreiheiten und Nationaleinheit *(1834).*

1848–1849: 5 Reden

Die Pariser Februarrevolution brachte 1848 in Europa einen Umschwung zu neuer Hoffnung auf Freiheit mit sich. Uhland trat nun in einer großen Tübinger Volksversammlung auf und präsentierte mit Datum vom 2. März 1848 unter dem emphatisch-revolutionären Titel *Erstes Product der freien Presse in Tübingen* die von ihm und anderen Professoren und Bürgern formulierte Tübinger März-Adresse, die sofort als Flugblatt verbreitet wurde. Der Text beginnt mit einem erregten poetischen Bild: „Der Sturm, der in die Zeit gefahren

ABGEORDNETEN

ist, hat die politischen Zustände Deutschlands in ihrer ganzen unseligen Gestalt, allen erkennbar, bloßgelegt." Kaum war die deutsche Revolution in Gang gesetzt, wurde der populäre Uhland in ein Vorparlament, ins höchste neue Bundesgremium der 17 Bundesräte nach Frankfurt zur Vorbereitung der Revision der Bundesverfassung berufen. Zum Abschied brachten ihm die Tübinger am 21. März 1848 einen Fackelzug dar, für den er sich mit einer Ansprache bedankte. Es ist eine kurze Gelegenheitsrede, die dennoch nicht auf revolutionäres Pathos verzichtet, wenn Uhland nach dem Ausdruck von Dank und Rührung politisch wird und wiederum die Revolutionsmetapher des Sturms aufgreift, der das Feuer der Freiheit neu entfacht habe. Verbunden wird dies mit der verklausulierten Mahnung, den Terror der Französischen Revolution in Deutschland zu vermeiden: „Der Sturm der Zeit hat verglommene Asche wieder angefacht; halten wir fest zusammen für unser Recht und unsere Freiheit, aber wachen wir auch, daß wir unbefleckt und treu aus dem Kampf hervorgehen." Am 26. April 1848, seinem 61. Geburtstag, wird Uhland im Wahlkreis Tübingen-Rottenburg zum Abgeordneten für die Frankfurter Paulskirchen-Nationalversammlung gewählt.

Auch in Frankfurt setzt man auf ihn als Parlamentsrhetoriker bei der Formulierung wichtiger Schriftstücke. Doch er hält nur zwei große Reden, in denen er sich zu den wichtigen Fragen des neu zu gründenden deutschen Bundesstaats äußert. 1848 tritt Uhland mit einer Rede gegen den Ausschluss Österreichs aus dem Reichsverbund hervor, die für den Kritiker Laube nur romantischem Denken entsprungen sein konnte. Uhland schlägt gleich zu Beginn einen pathetischen Ton an, indem er Österreich als altes „deutsches Reichsland" preist, das man nun nicht abstoßen dürfe. Nach der von der napoleonischen „Fremdherrschaft" hervorgerufenen „Schmach" und Zerrissenheit solle jetzt endlich „der Tag der Freiheit, der Tag der Ehre aufgehen", an dem man nicht daran denken dürfe „das Vaterland zu verstümmeln". Es folgt eine längere Passage mit verfassungsrechtlichen Überlegungen, an deren Ende Uhland wieder zu sprechenden bildlichen Vergleichen findet. Österreich könne in seinem Vielvölkerstaat nach Art einer „Laterne" gen Osten strahlen, „leuchten und aufklären", gen Westen aber müsse ihm die Rolle zukommen, „Pulsader zu sein im Herzen Deutschlands". Uhland bleibt bei seiner Körperorganbildlichkeit, wenn er fortfährt: „Man sagt, die alten Mauerwerke seien darum so unzerstörbar, weil der Kalk mit Blut gelöscht sei – Österreich hat sein Herzblut gemischt in den Mörtel zum Neubau der deutschen Freiheit." Mit solchen allegorischen Versatzstücken vermag Uhland Akzente zu setzen in der ansonsten von sachlicher Verfassungspolitik geprägten Rede. Am Ende geht Uhland, offensichtlich angeregt von Schillers Gedicht übers Glockengießen, noch einmal ins Bildliche. Die auch in dieser Rede vorherrschende rechtlich-politische Abstraktion wird damit endgültig abgeschüttelt, und alles kulminiert in den Allegorien von Gärung und schließlich stabiler Formwerdung des neugeschaffenen ‚Standbilds' Deutschland: Die Debatten um Österreich sollten zu verstehen sein als „heilsame Gärung, die endlich unser langwieriges Verfassungswerk zur Klärung brächte! Eben weil es gärt, müssen wir die Form bereit halten, in die das siedende Metall sich ergießen kann, damit die blanke, unverstümmelte, hochwüchsige Germania aus der Grube steige."

Im Januar 1849 stimmt Uhland für einen gesamtdeutschen Präsidenten als Staatsoberhaupt, letztlich also für die Republik und gegen die Kaisermonarchie, und als der Antrag scheitert, hält er seine berühmte Kaiserrede. Mit ihr möchte er auf dem Weg der Wahlmonarchie Österreich weiter im Spiel halten. Er wendet sich klar gegen die Erblich-

Die Paulskirche in Frankfurt. Stahlstich von Johann Poppel nach einer Zeichnung von Carl Lill (um 1850). DLA Marbach.

keit der Kaiserwürde (die später dem Preußischen König erfolglos angetragen wird). Auch in dieser Rede setzt sich Uhland hoch emotional für den Verbleib Österreichs wie auch aller anderen deutschen Gebiete im deutschen Reichsverband ein. Deutschland soll kein Ausschlussverein werden. Das tritt etwa in folgendem Ausruf mit seiner bildstarken Symboldeutung hervor: „Die deutsche Einheit soll geschaffen werden; diese Einheit ist aber nicht eine Ziffer, sonst könnte man fort und fort den Reichsapfel abschälen, bis zuletzt Deutschland in Lichtenstein aufginge." Im 21. Jahrhundert kann man diese Reduktion Deutschlands auf einen Zusammenhang von Ziffern und Liechtenstein nur mit ironischem Lächeln quittieren. Uhland jedenfalls lässt keinen Zweifel an seiner persönlichen Betroffenheit und am Wert emotionaler Erfahrungen eines Menschen, der an der Grenze Tübingens, ab Wurmlingen, das katholische Territorium des alten Vorderösterreich lieben gelernt hat. Es tut sich auch die Perspektive alteuropäischer Grenzüberschreitung auf: „Manchmal, wenn in diesem Saale österreichische Abgeordnete sprachen, und wenn sie gar nicht in meinem Sinne redeten, war mir doch, als ob ich eine Stimme von den Tiroler Bergen vernehme oder das Adriatische Meer rauschen höre. Wie verengt sich unser Gesichtskreis, wenn Österreich von uns ausgeschieden ist!" Das zu schaffende Deutschland gleiche einem „Dombau", bei dem es nicht nur den einen Turm Preußen geben dürfe, sondern auch eine Stelle für Österreichs Turm vorgesehen sein müsse. Es genüge nicht, abstrakte politisch-„staatsmännische Pläne auszusinnen und abzumessen, man muß sich in die Anschauung, in das Land selbst versetzen" und dabei auf das „Volksgefühl" achten, das im Zusammenhalt Deutschlands keine rein formale und rationale Aufgabe sehen kann. Auch diese Überlegungen wissen wir seit 1990 in Deutschland, dem die Frage emotional gesteuerter Einheitsbildung offenbar nie abhanden gekommen ist, neu zu bewerten. Der zeitgenössische, im Vergleich zu Uhland reaktionäre Parlaments-Chronist Heinrich Laube hingegen, der Uhland eher für putzig denn für politisch-seriös hielt, hebt aus Uhlands Kaiserrede die Wiederaufnahme der diesmal monarchenkritisch gewendeten Eichenallegorie hervor, die wir schon aus früheren Reden kennen. Laube:

> *Mit Freude und Zuneigung hörte man daneben einen Süddeutschen wie Uhland an, obwohl er nichts Besseres wollte als ein Wahlreich. Aber er war echt im Prinzip, treu in seinem Worte. Die Wurzel des neuen deutschen Staates sei eine demokratische; der Gipfel schieße nicht von den Zweigen empor, sondern von der Wurzel: „das wäre dem natürlichen Wachstum der neu entstehenden deutschen Eiche nicht gemäß, wenn wir in ihrem Gipfel ein Brutnest erblicher Reichsadler aufpflanzen wollten." Ja als er damit schloß: es werde kein Haupt über Deutschland leuchten, welches nicht mit einem vollen Tropfen demokratischen Öls gesalbt sei, da rief mancher dem Dichter Beifall zu, [auch] mancher, der gar nicht einverstanden war mit dem luftigen Gedankenzuge des Schwaben. Es war aber eine deutsche und poetische Ganzheit.* (Laube 1909, 216)

Das erste deutsche Parlament, bald als Professorenparlament abgetan, war 1849 längst unter dem Druck der antidemokratisch-monarchistischen Gegner desillusioniert und auch demoralisiert. Das erklärt, wieso Uhland die Kaiserrede ursprünglich mit der dann gestrichenen Einleitung beginnen wollte: „Sie sind der Reden müde. Doch wird es einem, der die Stufen dieser Rednerbühne nicht abgetreten hat, noch gestattet sein, in der vorliegenden Lebensfrage seine Abstimmungen voraus kurz zu bezeichnen und zu begründen" (Entwurf, DLA Marbach; zit. n. Reinöhl 1911, 199f.). Als der Druck der reaktionären Kräfte massiver wird, wendet sich Uhland am 30. Mai 1849 in einer Rede gegen eine Verlegung der Nationalversammlung nach Stuttgart. Doch seine Vorstellung scheitert. Das Rumpfparlament zieht sich nach Stuttgart zurück. Als die Württembergische Regierung unter seinem liberalen Freund Friedrich Römer der Revolution keine Verteidigungstruppen zur Verfügung stellen will, ergreift Uhland Mitte Juni 1849 noch einmal in einer Rede Partei für seine Landsleute und bittet um Verständnis für die Zurückhaltung Württembergs. Als man ihn daraufhin heftig attackiert und des Verrats an der revolutionären und demokratischen Sache bezichtigt, schweigt er. Uhland weiß in diesem Moment, dass der Traum vom ersten deutschen demokratischen Parlament gescheitert ist. Militärische Einsätze, die nur zu Blutvergießen führen können, will er, wie gefordert, von der Stuttgarter Landesregierung nicht mehr einklagen. Am 18. Juni 1849 besetzen Militärs den Versammlungsort der Nationalversammlung in Stuttgart. Von Uhland berichtet der *Beobachter*: „geschwungene Säbel kreuzten sich über dem greisen Haupte des Dichters, der unsern Kriegern den ‚treuen Kameraden' gesungen hat. Es wird erzählt, man habe ihn rettend in die Reihen der Soldaten flüchten wollen, er habe sich aber geweigert, von dem Schicksal der Nationalversammlung das seinige zu trennen" (zit. n. Reinöhl 1911, 222). Nach dieser endgültigen Sprengung des deutschen Parlaments zieht sich Uhland aus dem politischen Leben zurück. Spätere Ordensehrungen will er von den monarchischen Regierungen Preußens und Bayerns nicht entgegennehmen.

1859: Ansprache zum Schillertag

Noch einmal, nach weiteren zehn Jahren, äußert sich Uhland öffentlich politisch. „Ganz der Wissenschaft zugewandt verbrachte Uhland den Rest seines Lebens. Nur einige gelegentliche politische Aeußerungen sind erhalten", schreibt Reinöhl 1911 (238) über die

Jahre nach 1849 in seiner umfassenden Monografie zum Politiker Uhland. Dazu gehört der Trinkspruch vom 10. November 1859 auf einem Festmahl zur Jahrhundertfeier von Schillers Geburtstag. Uhland beachtet darin die Gattungsvorgaben einer Festrede, die den Gemeinschaftsgeist erneuern soll. Wieder stellt er ein Bild in den Mittelpunkt, bei dem imaginativ ein Aufschwung nachgezeichnet wird. Ausgangspunkt ist das gesenkte Haupt Schillers, über dem sich, bei der Stuttgarter Kranzniederlegung von der Sonne beleuchtet, ein weitschallender Glockenklang in alle Richtungen erhebt. Dieser geht materiell gesehen von der Festglocke aus, doch geistig von Schillers *Glocke* als dem „Symbol einer umfassenden dichterischsittlichen Weltanschauung". Uhland erkennt darin den Widerhall der 1848er-Revolution, der immer noch bis zu den damals nach Amerika emigrierten „Deutschen" reicht, „die nun seit zehn Jahren in der Verbannung leben". Dieser Glockenklang schallt aber auch in die deutsche Zukunft, in der er die dann erlangte „F r e i h e i t" und die Überwindung der „Zerrissenheit des deutschen Gesamtvaterlandes" in einer großen „Einigung der Herzen" begleitet.

Ausweislich der Parlamentsprotokolle war Uhland in allen Phasen seines politischen Wirkens ein engagierter und kenntnisreicher Politiker, gesegnet mit den Gaben politischer Urteilskraft und rhetorischen Textgestaltungsvermögens, dabei aber ohne Neigung zum nachgiebigen Pragmatismus. Uhlands Engagement muss selbst sein zeitgenössisch-monarchistischer Kritiker Heinrich Laube, selbst Schriftsteller, der Uhland emotional eigentlich durchaus zugetan ist, einräumen: „‚Wohl präpariert, Paragraphos wohl einstudiert', ein gewissenhafter Abgeordneter erschien er täglich an seinem Platze und auch einige Male auf der Rednerbühne" (Laube 1909, 61). Laube hatte als Antirepublikaner, dem klare Parteinahmen außerhalb des monarchistischen Spektrums prinzipiell suspekt waren und in dessen Weltbild interessengeleitete Parteiendifferenz nicht vorkam, große Schwierigkeiten, die beharrliche liberale und demokratisch-linke Position Uhlands einzuordnen. Er greift zu zwei merkwürdigen Erklärungsansätzen, die zeigen, wie weit damals das politische Denken auseinanderdriften konnte, bis hin zur völligen Verständnislosigkeit:

1. Uhland war angesichts der gesamtdeutschen Perspektive der Paulskirche eben einfach ein naiver schwäbischer Provinzler oder gar Hinterwäldler: „Er stimmte konsequent mit der Linken, soweit sie nicht unpatriotisch war und nicht parteiische Exzesse beging. Er ging eines festen, einfachen Schrittes," verstand aber als Abkömmling eines „kleinen süddeutschen Staates" nichts von den „faktischen Verhältnissen deutscher Mächte", weil er davon „nichts weiß, nichts wissen mag, nichts wissen kann" (Laube 1909, 60f.).

2. Uhland verstand die Welt nur als weltfremder Lyriker, machte also keinerlei mentale Entwicklung durch, blieb hinsichtlich des Politikgeschäfts ein naiver Romantiker:

> *In der Paulskirche hörte man oft die Klage, daß Uhland durch seine öffentliche Erscheinung beim Parlamente die schöne Illusion zerstört habe, welche man vom Dichter Uhland gehegt. Für mich hat er sie eher erhöht. Daß er ein rötliches, unbehagliches Antlitz hat, was tut denn das einer Illusion, die den Poeten doch nicht zum Frauenzimmer machen will. Daß er standhaft links gestimmt, das ist ja einem Lyriker angemessen. Der Lyriker hat seine Kraft darin, daß er die Stärke der Dinge empfindet und den Umkreis derselben dahingestellt sein läßt. Unbeirrt von den Einwendungen und Beschränkungen der Prosa geht er seinen Fußpfad und sieht und hört nur, was in den schmalen Rahmen eines lyrischen Gedichtes paßt. Ein guter*

Politiker wird er freilich nicht sein, aber in einer Nationalversammlung mag es auch schlechte Politiker geben, wenn ihre lyrische Bahn von patriotischem Drange vorgezeichnet und so streng wie einfach innegehalten wird. Das war bei Uhland der Fall. (Laube 1909, 60)

Diese Einschätzungen halten der heutigen Sicht nicht mehr stand. Nach weiteren 150 Jahren deutscher Parlamentarismus- und Demokratiegeschichte tritt der Politiker heute recht deutlich als „unser" Uhland hervor. Er kann seit den 1830er Jahren als politisch weitblickend und seiner Zeit weit voraus denkend gelten. In seinen Reden geben das liberale Politikprogramm die Richtung und ein feines rhetorisches Gespür die Struktur der Textgestaltung vor, die poetische Einbildungskraft aber setzt die persönlichen Akzente der Texte. Diese von den Zeitgenossen erkannten poetischen Redeelemente sind als Versuch zu werten, ihnen das politisch Neue, ja den anstehenden Systemwechsel, emotional im Bild sowie durch den Gestus persönlicher Betroffenheit zu erschließen, näherzubringen und akzeptabel zu machen. Aus diesem Grund sind seine Reden auch bewusst wenig unterkühlt und technizistisch gehalten. Heutige Politiker könnten davon lernen.

Joachim Knape

In die Werkausgabe von 1984 aufgenommene Reden

1. Gegen das Zweikammersystem 1819, Protokoll der verfassunggebenden Ständeversammlung
2. Prüfung der Organisationsedikte 1820, Landtagsprotokoll
3. Festansprache an seine Stuttgarter Wähler 1832, Druck: Der Hochwächter 1832
4. Ungeschmälerte Rechte der Abgeordneten 1833, Landtagsprotokoll
5. Für die Pressefreiheit 1833, Landtagsprotokoll
6. Für die Einschränkung des Militärs 1834, Landtagsprotokoll
7. Festrede für deutsche Volksfreiheit und Nationaleinheit 1834, Druck: Der Beobachter 1834
8. Gegen den Verfassungsbruch des Königs v. Hannover 1838, Landtagsprotokoll
9. Erste Rede gegen die Todesstrafe 23. Januar 1838, Landtagsprotokoll
10. Zweite Rede gegen die Todesstrafe 24. Januar 1838, Landtagsprotokoll
11. Gegen die Denunziationspflicht 1838, Landtagsprotokoll
12. Gegen die Verfolgung politischer Vereinigungen 1838, Landtagsprotokoll
13. Rede beim Tübinger Fackelzug 1848, Druck: Der Beobachter 1848
14. Gegen Österreichs Ausschluss, 1848, Protokoll der Nationalversammlung, Frankfurt
15. Gegen das Erbkaisertum, 1849, Protokoll der Nationalversammlung, Frankfurt
16. Gegen die Verlegung der Nationalversammlung, 1849, Protokoll der Nationalversammlung, Frankfurt
17. Rede für Minister Römer, 1849, Protokoll der Nationalversammlung, Stuttgart
18. Trinkspruch beim Schiller-Festmahl 1859, Druck: Ludwig Uhland: eine Gabe für Freunde; zum 26. April 1865. Als Handschrift gedruckt. Stuttgart 1865, S. 462

Weiteres

Adresse der Tübinger Bürgerschaft 1848, zusammen mit anderen Bürgern entworfen, Druck: Flugblatt.

Aufruf der Deutschen Nationalversammlung, im Auftrag der Abgeordneten formuliert, Frankfurt 1849, Protokoll der Nationalversammlung

Redeentwürfe in: Uhland: Werke 1984, S. 691, 702, 708

Literatur

Ludwig Uhland: Werke. Hrsg. von Hartmut Fröschle und Walter Scheffler. 4 Bde. München 1980–1984, Bd. 4: Wissenschaftliche und poetologische Schriften, politische Reden und Aufsätze (1984).

Ludwig Uhland: Ludwig Uhlands freiheitliches Vermächtnis. Seine wichtigsten politischen Reden, Aufrufe, sonstigen Kundgebungen und Briefe nebst den Vaterländischen Gedichten u.a. Hrsg. von Ludwig Fränkel. München 1912 (Vorkämpfer deutscher Freiheit, 37).

Ludwig Uhland: Gedichte und Reden. Hrsg. von Hermann Bausinger. Tübingen 2010 (Eine kleine Landesbibliothek, 14).

Heinrich Laube: Das erste deutsche Parlament. 3 Bde. Leipzig 1909 (1. Aufl. 1849), Bd. 3 (Heinrich Laubes gesammelte Werke in fünfzig Bänden, 38).

Wilhelm Bernhardt: Ludwig Uhlands politische Betätigungen und Anschauungen. Diss. Leipzig 1910.

Günter Großbach: „...und aufrecht, wie ihn Gott erschuf." Uhland in den württembergischen Verfassungskämpfen 1815–1819 und als württembergischer Abgeordneter. In: Ludwig Uhland. Werk und Wirkung. FS des Uhland-Gymnasiums Tübingen zum 200. Geburtstag des Politikers, Gelehrten, Dichters. Tübingen 1987, S. 19–39.

Walter Jens: Unser Uhland. Nachdenken über einen vergessenen Klassiker. In: Walter Jens: Feldzüge eines Republikaners. Ein Lesebuch. Hrsg. von Gert Ueding und Peter Weit. München 1988, S. 293–309.

Joachim Knape: Rede2, Redegattungen. In: Reallexikon der deutschen Literaturwissenschaft. Bd. 3: R–Z. Berlin u. a. 2003, S. 233–235.

Dieter Langewiesche: Der deutsche Frühliberalismus und Uhland. In: Ludwig Uhland. Dichter, Politiker, Gelehrter. Hrsg. von Hermann Bausinger. Tübingen 1988, S. 135–148.

Walther Reinöhl: Uhland als Politiker. Tübingen 1911 (Beiträge zur Parteigeschichte, 2).

Gottfried Schwemer: „Ich ziehe einstweilen ausharrend an meinem Ruder fort." Ludwig Uhland in der Nationalversammlung in Frankfurt. In: Ludwig Uhland. Werk und Wirkung. FS des Uhland-Gymnasiums Tübingen zum 200. Geburtstag des Politikers, Gelehrten, Dichters. Tübingen 1987, S. 45–72.

Walther von der Vogelweide,

ein

altdeutscher Dichter,

geschildert

von

Ludwig Uhland.

Herr Walther von der Vogelweide,
Wer des vergäße, thät' mir leide.
Der Renner.

Stuttgart und Tübingen,
in der J. G. Cotta'schen Buchhandlung.
1822.

Ludwig Uhlands wissenschaftliches Werk und die Entstehung der Germanistik

I.

Uhland war bekanntlich Jurist von Beruf. Man erinnert sich an Uhland jedoch nicht wegen seines Berufs, sondern wegen der Dinge, die er aus Berufung betrieb – als Dichter, Politiker und Gelehrter. Diesen Tätigkeiten konnte Uhland zunächst nur in seiner Freizeit nachgehen: Der Großteil seines dichterischen Werks entstand neben seiner Arbeit als Advokat vor 1820, auch die Anfänge seiner politischen Betätigung mit den ab 1815 entstehenden *Vaterländischen Gedichten* sowie die ersten wissenschaftlichen Aufsätze fallen in diese Zeit. 1820 heiratete Uhland die aus wohlhabendem Hause stammende Emilie Vischer; durch das Vermögen, das seine Frau in die Ehe mitbrachte, brauchte er sich um das Geldverdienen keine Sorgen mehr zu machen. Weder seine politische Tätigkeit noch die Veröffentlichung seiner Forschungen dürften ihn reich gemacht haben; erst im Alter konnte er an den sich immer rasanter verkaufenden Gedichten verdienen, die er als junger Mann geschrieben hatte.

Unter seinen drei Betätigungsfeldern stand spätestens nach 1820 zweifellos die Erforschung der Literatur des deutschen Mittelalters im Zentrum von Uhlands Schaffen. Das damalige Publikum, dessen Bewunderung für den Dichter Uhland desto mehr wuchs, je länger dieser schwieg, musste ratlos hinnehmen, dass Uhland sich nicht drängen ließ, das Dichten wieder aufzunehmen oder sich überhaupt weiterhin der zeitgenössischen Literatur zugehörig zu fühlen. Noch heute ist Uhlands gelehrtes Werk weitgehend unbeachtet. Dennoch: Schon mengenmäßig machen seine gelehrten Studien den weitaus bedeutendsten Teil seines in Marbach und Tübingen verwahrten Nachlasses aus. Zu Lebzeiten veröffentlichte er nur einen Bruchteil davon, wichtige Texte, die der gewissenhafte und skrupulöse Uhland nicht zur Veröffentlichung bestimmt hatte, wurden von seinen Schülern erst nach seinem Tod herausgegeben; der Hauptteil seiner Studien liegt in riesigen Konvoluten von Exzerpten, Manuskripten, Notizen, Plänen, Halbfertigem im Nachlass begraben.

II.

Mehrmals hat Uhland sich als Gelehrter um ein Amt beworben. Zuerst geschah dies in den Jahren vor seiner Heirat 1820, als er, um sich als Ehemann würdig zu erweisen, eine Stellung brauchte und sich in Basel, Bonn, Frankfurt und Karlsruhe nach freien Posten an Universitäten oder Bibliotheken erkundigte. Auch an der Universität seiner Heimatstadt Tübingen war er 1817 als Professor für deutsche Sprache und Literatur im Gespräch – sein Vater, als Universitätssekretär selbst in die Vorgänge involviert, hielt ihn auf dem Laufenden. Die Sache verlief sich jedoch nach Meinungsverschiedenheiten in der Fakultät und im Ministerium im Sande. 1827, nachdem er sich nicht mehr in die Württembergische Ständekammer wiederwählen lassen wollte, versuchte es Uhland noch einmal und bewarb sich erneut um die noch immer vakante Tübinger Professur – diesmal, wenn auch nach erneuter zweijähriger Verzögerung, mit Erfolg. Als er 1829 endlich nach Tübingen berufen

Gegenüber:
Walther von der Vogelweide, ein altdeutscher Dichter, geschildert von Ludwig Uhland. Stuttgart und Tübingen, in der J. G. Cotta'schen Buchhandlung. 1822. DLA Marbach. Die erste Monografie zu einem mittelalterlichen deutschen Dichter überhaupt.

wurde, hatten Lehrveranstaltungen zu germanistischen Themen dort schon eine längere Tradition. Bereits im 18. Jahrhundert hatten einzelne Professoren für Beredsamkeit regelmäßig Vorlesungen oder Übungen zur deutschen Literatur angeboten; auch die Altphilologen David Friedrich Seybold und Karl Philipp Conz hatten diese Tradition fortgesetzt – von beiden hat Uhland zahlreiche Anregungen erhalten. Der erste Tübinger Professor für deutsche Sprache und Literatur war 1811 Salomo Michaelis gewesen, der allerdings bereits 1817 beschlossen hatte, sich ganz der Politik zu widmen. Als sein Nachfolger war neben Friedrich Rückert und anderen, wie bereits erwähnt, auch Uhland in Erwägung gezogen worden – gerade zwei einschlägige Aufsätze hatte Uhland zu diesem Zeitpunkt publiziert. Erst als 1827 Conz gestorben war, wurde ein Extraordinariat frei, für das nun Gustav Schwab und wieder Ludwig Uhland, der sich beim Ministerium ja bereits um den Posten beworben hatte, in die engere Wahl gefasst wurden. Da Schwab ablehnte, wurde Uhland berufen, auch deshalb, weil er mittlerweile mit seinem Buch über Walther von der Vogelweide von 1822 einen Nachweis seiner Befähigung für dieses Amt geliefert hatte. Allerdings legte Uhland bekanntermaßen auf Drängen des Königs bereits 1832 seine Professur wieder nieder, um sein Mandat im Landtag wahrnehmen zu können. Danach verfiel die Tübinger Germanistik erneut in einen Dornröschenschlaf, bis 1844 endlich ein ordentlicher Lehrstuhl für deutsche Philologie eingerichtet wurde, der mit Uhlands Schüler Adelbert von Keller besetzt wurde (Burkhardt 1976, 8–13).

III.

Es ist heute ein der Erklärung bedürftiger Umstand, dass ein promovierter Jurist, der ein paar Aufsätze und eine Monografie zur mittelalterlichen Literatur veröffentlicht hat, eine Professur für deutsche Sprache und Literatur bekommt. Tatsächlich wird hier erkennbar, wie jung das Fach damals noch war – Uhlands Gelehrtenlaufbahn fällt mit der Entstehung und Etablierung der Germanistik zusammen. Als Uhland anfing, sich für die Literatur des Mittelalters zu interessieren, lagen die ersten Unternehmungen in diese Richtung nur wenige Jahre zurück oder erschienen erst noch: August Wilhelm Schlegels (zunächst noch unveröffentlichte) *Vorlesungen über schöne Kunst und Literatur*, 1801–1804 in Berlin gehalten, stellen in einem großen Entwurf die Literatur des europäischen Mittelalters, also die „romantische" Poesie, der Dichtung der Antike, also der „klassischen Poesie", als gleichwertig zur Seite, wobei der deutschen Dichtung des Mittelalters, vor allem dem *Nibelungenlied*, ein besonderer Rang zugewiesen wird. Ludwig Tiecks Sammlung *Minnelieder aus dem Schwäbischen Zeitalter* (1803), die von Uhland und seinem Freund Kerner tief verehrte Sammlung deutscher Volkslieder Achim von Arnims und Clemens Brentanos, *Des Knaben Wunderhorn* (1806–1808), die von Arnim herausgegebene *Zeitung für Einsiedler* (1808), zu der auch Uhland und Kerner Beiträge lieferten, sowie andere Unternehmungen dieser Art sind das Werk von Enthusiasten, Autodidakten, von Dilettanten im besten Sinne. An den Universitäten war die deutsche Literatur noch kein ordentliches Lehrfach, es gab sie entweder gar nicht, oder sie wurde von den Philologen – den heutigen Altphilologen – mit abgedeckt, wie es in Tübingen Seybold und nach ihm Conz taten.

Die erste germanistische Professur wurde 1805 in Göttingen für den Bibliothekar Georg Friedrich Benecke eingerichtet, der zugleich die erste Vorlesung über mittelalterliche Literatur an einer deutschen Universität hielt. 1810 wurde als zweiter Friedrich Heinrich von der Hagen in Berlin auf eine unbesoldete außerordentliche Professur berufen. Von der

Hagen war bereits mit Editionen des *Nibelungenliedes* und verschiedenen Textsammlungen mittelalterlicher Texte hervorgetreten, die auch auf Uhland einen starken Einfluss ausgeübt haben. Er vertrat einen wissenschaftlichen Standpunkt, der dem Uhlands vergleichbar ist: Für ihn waren das *Nibelungenlied* und andere Texte des deutschen Mittelalters in erster Linie Dokumente, die von der damaligen Lebensweise erzählten und zur „Erhebung, Gemüthsergetzung und sonstigen guten Wirkung" (Weimar 1989, 225) für das deutsche Volk fruchtbar gemacht werden sollten. Seine Ausgaben wollten daher in erster Linie die Texte und deren Werte populär machen, an Fragen der Textpräsentation hatte er nur geringes Interesse und seine Editionen begnügten sich meist mit einer zurückhaltenden Modernisierung des Sprachstandes, der dem zeitgenössischen Leser das Verständnis erleichtern sollte.

Demgegenüber bildete sich in Göttingen mit Benecke und später den Brüdern Grimm eine Richtung aus, welche die alten Texte primär als „Sprachdenkmale" begriff, die es sprachlich (und nicht inhaltlich) verständlich zu machen galt – eine Richtung, die sich im Lauf der 1820er Jahre durchzusetzen begann. Fragen der Textpräsentation und -kritik nahmen hier einen viel breiteren Raum ein. Seit der 1819 erschienenen *Deutschen Grammatik* von Jacob Grimm, die als Gründungsdokument dieser Richtung gelten kann, wurde das wissenschaftliche Renommee immer mehr von dem Grad der Philologisierung und also der „Wissenschaftlichkeit" der Arbeiten abhängig gemacht. Es begann eine dezidierte Abgrenzung der „professionellen" Germanisten von den Dilettanten und Amateuren, zu denen nun auch von der Hagen gezählt wurde. Besonders der mit den Brüdern Grimm befreundete Karl Lachmann – seit 1825 in Berlin Professor für lateinische Philologie, aber größtenteils mit altdeutschen Texten beschäftigt – betrieb diese Wendung der akademischen Germanistik ins Elitäre und somit die Ablösung wissenschaftlicher Publikationen vom breiten Publikum mit besonderem Nachdruck. Seine teilweise noch heute gültigen Editionen mittelhochdeutscher Texte, bei denen ein mit zahlreichen literaturhistorischen und grammatischen Exkursen versehener Lesartenapparat im Mittelpunkt steht, verlangen von ihren Lesern, dass sie in der Lage sind, die kryptischen Zeichen seiner allerdings äußerst genauen textkritischen Apparate ohne weitere Hilfestellung zu entziffern.

Ludwig Uhland hat diese Wendung des Faches ins Sprachhistorisch-Philologische nicht mitgemacht. Obwohl er durchaus auch etymologisch argumentierte und sich leicht tat, neue Sprachen zu lernen, war er weder Grammatiker noch Sprachhistoriker, also auch kein strenger Philologe in diesem neuen Sinn. Ein Brief Uhlands vom 23. Juli 1828 an W. H. Koller, einen deutschen Buchhändler in London, macht seinen Standpunkt und sein Bedauern über die Entwicklung in seinem Fach deutlich. Uhland erklärt dem Buchhändler, der von ihm eine Liste der „besten Leistungen für altdeutsche Poesie" erbeten hatte,

> *daß die neuesten Arbeiten in diesem Fache vorzüglich dem Grammatischen und Lexikographischen und der kritischen Behandlung schon bekannter Dichtwerke* [...] *gewidmet sind. Dieses ist an sich sehr löblich, da man es früher hierin gar zu oberflächlich genommen hat. Dagegen wird der Abdruck weiterer, nie zuvor publicirter Dichtungen fast allzusehr verabsäumt, was um so mehr zu bedauern ist, als viele bedeutende, in einzigen oder wenigen Handschriften vorhandene Gedichte noch ungedruckt daliegen und, wenn diese Handschriften auch nicht zu den besseren gehören, doch der poetische Stoff zum mindesten eben so vielen Werth hat, als die Reinheit der alten Sprache.* (Briefwechsel II, 283)

Indem er dem „poetischen Stoff" eine so große Bedeutung beimisst, steht Uhland in Tradition seiner romantischen Anfänge; er beurteilt die alten Texte noch immer auch als Dichter (was weder die Grimms noch Lachmann waren). Für ihn wie für A. W. Schlegel oder Tieck ist die Poesie des europäischen Mittelalters eine formale und inhaltliche Fundgrube für das eigene Werk – man denke an Uhlands Balladen und den *Fortunatus*, an Schlegels Gedichte und sein Fragment gebliebenes *Tristan*-Epos, an Tiecks Bearbeitungen der deutschen Volksbücher.

Obwohl er ihre Vorstellungen nicht teilte, kam Uhland mit den Brüdern Grimm und mit Lachmann gut aus und stand in einem nicht intensiven, aber doch sehr freundlichen und von gegenseitigem Wohlwollen geprägten Briefwechsel mit ihnen. Dennoch konnte er auch den Brüdern Grimm gegenüber seine Enttäuschung über den Weg, den sein Fach eingeschlagen hatte, nicht verbergen. So schrieb er am 28. November 1839 den Brüdern Grimm:

> *Wenn ich erwäge, wie das Studium der deutschen Vorzeit, so weit ich zurückdenken kann, so völlig ein anderes geworden, was seitdem für Erschließung und Vereinigung der Quellen, für Ergründung der Sprache und für richtige Auffassung der Alterthümer jeder Art geschehen und fortwährend im Werk ist, so sollte mir ein künftiges Geschlecht, dem die Früchte aller dieser Arbeit schon ausgebreitet vorliegen, als ein sehr begünstigtes erscheinen.* […] *Außerdem aber hat gerade jenes selbständige Arbeiten mit geringeren Mitteln, jenes allmählige Entdecken eines kaum geahnten Reichthums, seinen eigenthümlichen Reitz und ich zweifle nicht, daß Ihnen die frische Lust des ersten brüderlichen Zusammenforschens nicht bloß eine schöne Erinnerung, sondern daß sie der lebendige Keim ist, aus dem Ihnen beiden für die nachfolgenden mühevollen und umfassenden Leistungen Kraft und Ausdauer zugieng und nachhaltig zuwächst.* (Briefwechsel III, 143f.)

IV.

Uhland denkt in dem Brief an die Grimms an das unbestellte Feld der mittelalterlichen Literatur, wie er es um 1805 noch vorgefunden hatte: Überall gab es etwas zu entdecken, in den Bibliotheken lagen zahlreiche ungehobene Schätze; was man fand, war neu, reizvoll und aufregend, und jeder Fund machte begierig auf weitere Ausgrabungen. So flehte Uhland seinen in Paris weilenden Freund Kölle am 26. Januar 1807 „bei dem *heiligen* Mutternahmen: Teutschland!" an: „Gehen Sie in die Bibliotheken von Paris, suchen Sie hervor was da vergraben liegt von Schätzen altteutscher Poesie!" (Briefwechsel I, 20) Man ahnte mehr als man wusste, und aus dieser Diskrepanz entstand eine poetische wie philologische Produktivität, von der jene von einem noch heute bezaubernden Charme und diese von einer noch heute Erstaunen machenden Sicherheit des Urteils geprägt sind.

Wie sehr sein Aufenthalt in Paris drei Jahre später die Erfüllung dieser Träume war, kann man Uhlands *Tagbuch* entnehmen, in dem er die vorher nur erhofften Manuskriptfunde in der Bibliothek, die Käufe bisher nur vom Hörensagen bekannter Bücher bei den Bouquinisten an der Seine sowie die aus deren Lektüre resultierenden poetischen wie wissenschaftlichen Pläne festhielt. Das wissenschaftliche Ergebnis von Uhlands Aufenthalt in der Weltstadt war der Aufsatz *Über das altfranzösische Epos*, der 1812 leider unbeachtet in der kurzlebigen Zeitschrift *Die Musen* seines Freundes Fouqué erschien. Uhlands Blick auf die Zusammenhänge der einzelnen Textzeugen ist angesichts der vergleichsweise ge-

Gegenüber: *Jacob Grimm an Ludwig Uhland, Berlin, 13. Juli 1847. DLA Marbach.*

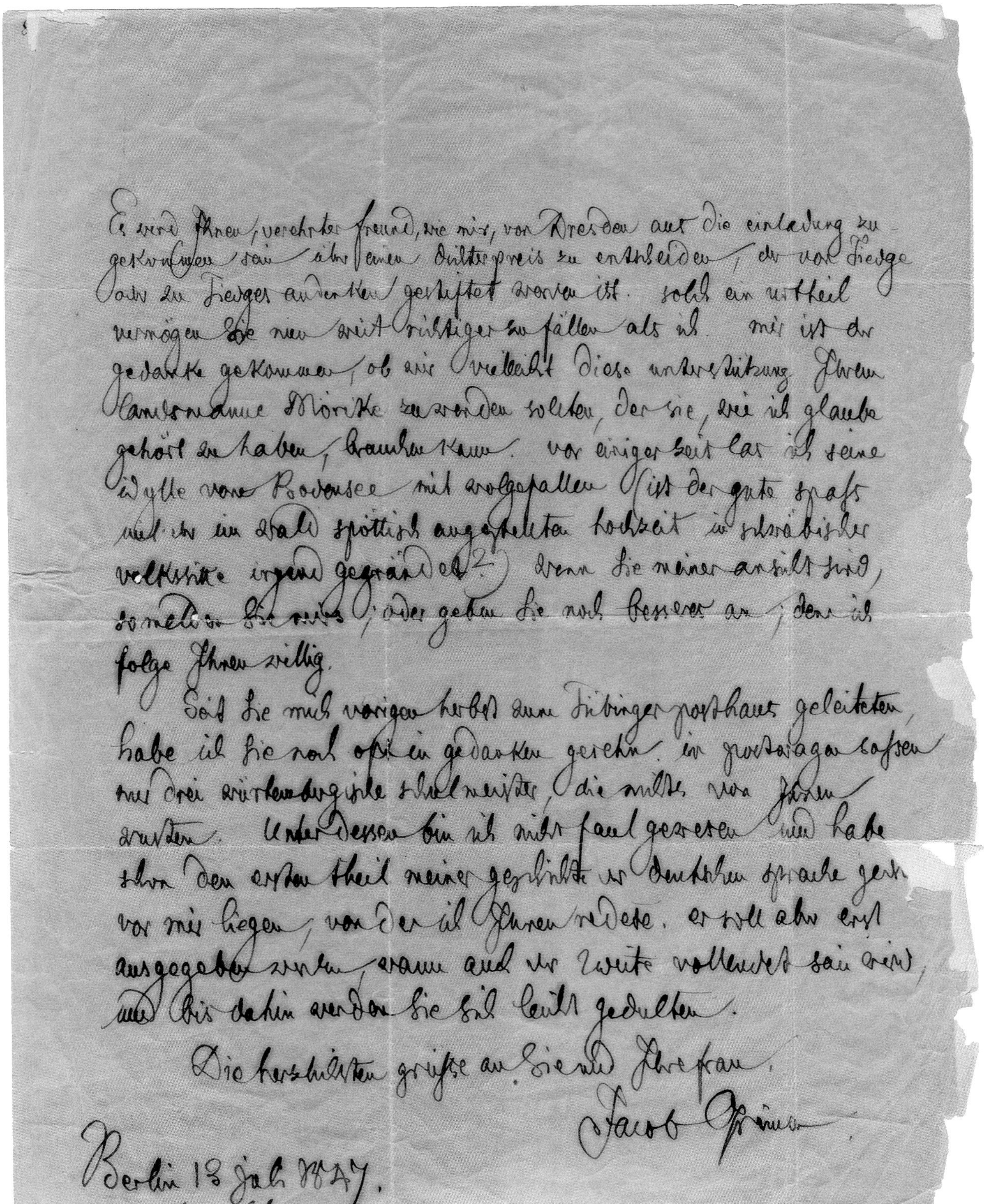

Es wird Ihnen, verehrter freund, wie mir, von Dresden aus die einladung zugekommen sein über einen dichterpreis zu entscheiden, der von Tiedge oder zu Tiedges andenken gestiftet worden ist. solch ein urtheil vermögen Sie nun weit richtiger zu fällen als ich. mir ist der gedanke gekommen, ob wir vielleicht diese unterstützung Ihrem landsmanne Mörike zuwenden sollten, der sie, wie ich glaube gehört zu haben, brauchen kann. vor einiger zeit las ich seine idylle vom Bodensee mit wolgefallen (ist der gute spass mit der im wald spöttisch angestellten hochzeit in schwäbischer volkssitte irgend gegründet?) wenn Sie meiner ansicht sind, so melden Sie mirs, oder geben Sie noch besseres an; denn ich folge Ihnen willig.

Seit Sie mich vorigen herbst zum Tübinger posthaus geleiteten, habe ich Sie noch oft in gedanken gesehn. im postwagen saßen nur drei würtembergische schulmeister, die nichts von Ihnen wussten. Unterdessen bin ich nicht faul gewesen und habe schon den ersten theil meiner geschichte der deutschen sprache gedruckt vor mir liegen, von der ich Ihnen redete. er soll aber erst ausgegeben werden, wann auch der zweite vollendet sein wird, und bis dahin werden Sie sich leicht gedulden.

Die herzlichsten grüße an Sie und Ihre frau.

Jacob Grimm

Berlin 13 juli 1847.

Joseph Freiherr von Laßberg. Stich von Carl August Deis nach einer Zeichnung von Richard Lauchert (1853). DLA Marbach.

ringen Zahl der Handschriften und Drucke, die er in Paris tatsächlich gesehen hatte, verblüffend; so ahnte er etwa die Existenz des damals noch nicht entdeckten *Rolandsliedes* ganz richtig.

1820 lag Uhlands lyrisches Werk bereits fast vollständig vor; danach verfolgte er seine literaturhistorischen Pläne wieder engagierter. Innerhalb weniger Monate entstand sein Buch über *Walther von der Vogelweide*, das 1822 erschien – es ist das erste Buch über einen einzelnen Dichter des deutschen Mittelalters. Man hat Uhland vorgeworfen, dass er sich Walther als ein alter ego konstruiert, indem er die auch heute noch das Walther-Bild prägenden Liebesgedichte weitgehend ignoriert und sich an die politische Spruchdichtung hält, die er ganz im romantischen Sinne als Dokumente von religiösem Gefühl und deutschem Patriotismus deutet. Davon abgesehen dürften zwei Aspekte die Mitglieder der streng philologischen Schule besonders gestört haben: Erstens, dass er die Erklärung von Walthers Gedichten in dessen Biografie einbettet, und zweitens, dass er Walthers Gedichte für den Abdruck sprachlich modernisiert. Verständlichkeit und Popularität waren für Uhland nicht unvereinbar mit Wissenschaftlichkeit, zumal er ein anderes Publikum zu bedienen hatte als die Universitätsgermanisten, denn natürlich verfolgten viele der zahlreichen Verehrer seiner Dichtungen auch seine wissenschaftlichen Veröffentlichungen. Erstaunlicherweise nahmen ihm die professionellen Gelehrten diese Leserfreundlichkeit nicht übel. Die Widmung der zweiten Auflage von Lachmanns Walther-Edition (1843) an Uhland macht deutlich, dass im Falle Uhlands neben der Forschung eben noch zwei andere, bedeutendere Aspekte eine Rolle spielten; sie lautet: „Ludwig Uhland zum Dank für deutsche Gesinnung Poesie und Forschung gewidmet".

Nach der Arbeit über Walther hatte Uhland vor, wie er am 17. Mai 1821 an Laßberg schreibt, zur „Untersuchung andrer altdeutscher Sänger überzugehen, und zwar zunächst derjenigen, welche den Stil des Minnesangs an den des *Nibelungenliedes* anknüpfen." (Briefwechsel II, 189f.) Am 8. April 1822 ist dieser Plan noch einmal größer, fast riesenhaft geworden: „Es ist meine Absicht, eine Darstellung der gesammten Poesie des zwöften und dreizehnten Jahrhunderts zu entwerfen, die, durchaus auf Quellenstudium gegründet, doch von allem gelehrten Apparat entkleidet, das poetische Leben jener Zeit in klaren Bildern entfalten soll." (Briefwechsel II, 200) Was er dergestalt als „Geschichte der deutschen Poesie im Zeitalter der Hohenstaufen", später auch unter dem Titel „Sang und Sage des Mittelalters" plante, beschäftigte ihn in den Mußestunden, die ihm sein politisches Engagement ließen, und nach 1826, als er auf die Wiederwahl in die Stuttgarter Ständekammer verzichtete, fast ausschließlich. Seine übergroße Genauigkeit, seine Detailversessenheit, auch sein Zögern, ein Werk für fertig zu erklären und sich zu seiner Veröffentlichung zu entschließen, wurden ihm jedoch zum Verhängnis: Als 1829 Wilhelm Grimms *Die deutsche Heldensage* erschien, musste Uhland feststellen, dass dieses „reichhaltig-gedrängte Werk" kaum noch etwas übrig gelassen hatte, zu dem ihm „noch einiges Neue zu sagen" bliebe, denn: „was ich darüber gedacht und, fast bis zur letzten Ausarbeitung, niedergeschrieben habe, finde ich hier in wesentlichen Momenten aus der gründlichsten und schärfsten Forschung bestätigt, und das ist auch ein schöner Gewinn." Er bescheidet sich mit einem Gedanken, der sich oft in seinen wissenschaftlichen Schriften finden lässt: Nicht wer etwas sage, sei von Bedeutung, sondern, „daß in diesem wichtigsten Theile der Geschichte altvaterländischer Poesie endlich einmal die volle, gesunde Wahrheit hervortrete." (Briefwechsel II, 313)

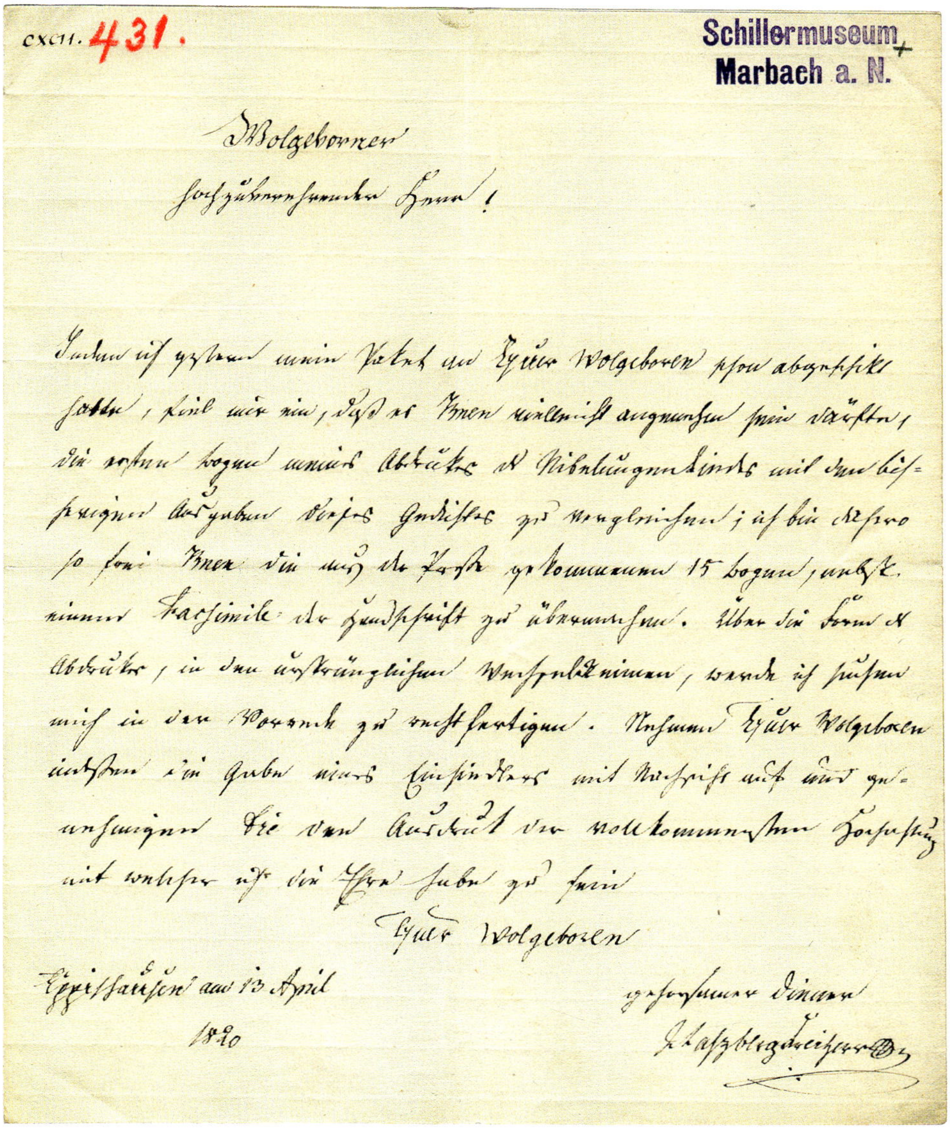
CXCII. 431.

Schillermuseum Marbach a. N.

Wolgeborner
Hochzuverehrender Herr!

Indem ich gestern mein Paket an Euer Wolgeboren schon abgeschikt hatte, fiel mir ein, daß es Ihnen vielleicht angenehm sein dürfte, die ersten Bogen meines Abdrukes des Nibelungenliedes mit den bisherigen Ausgaben dieses Gedichtes zu vergleichen; ich bin daher so frei Ihnen die aus der Presse gekommenen 15 Bogen, nebst einem Facsimile der Handschrift zu übersenden. Über die Form des Abdrukes, in den ursprünglichen Verhältnissen, werde ich suchen mich in der Vorrede zu rechtfertigen. Nehmen Euer Wolgeboren indessen die Gabe eines Einsiedlers mit Nachsicht auf und genehmigen Sie den Ausdruk der vollkommensten Hochachtung mit welcher ich die Ehre habe zu sein

Euer Wolgeboren

Eppishausen am 13 April 1820

gehorsamer Diener
J. Laßberg Freiherr

Joseph von Laßberg an Ludwig Uhland, Eppishausen, 13. April 1820. DLA Marbach.

Im Folgejahr, 1830, wurde Uhland endlich zum Professor in Tübingen ernannt. In den drei- bis vierstündigen Vorlesungen, die Uhland während seiner fünf Semester als Tübinger Professor hielt, verwendete er zunächst das Material seiner zehnjährigen Arbeit, deren Veröffentlichung Grimms Buch verhindert hatte: Im Sommersemester 1830 las er über die *Geschichte der altdeutschen Poesie*, im Wintersemester 1830/31 über das *Nibelungenlied*, im darauf folgenden Sommer über die *Geschichte der deutschen Literatur im 15. und 16. Jahrhundert*, schließlich deutete sich mit der seine letzten beiden Semester ausfüllenden Vorlesung über die *Sagengeschichte der germanischen und romanischen Völker* bereits der Hauptgegenstand seiner Beschäftigung in den folgenden Jahren an. In den Kontext dieser akademischen Vorlesungen gehört auch seine Inauguralrede *Über die Sage vom Herzog Ernst*, in der Uhland, wie so oft, ein Thema, das er bereits dichterisch bearbeitet hatte, nun auch wissenschaftlich ausdeutet.

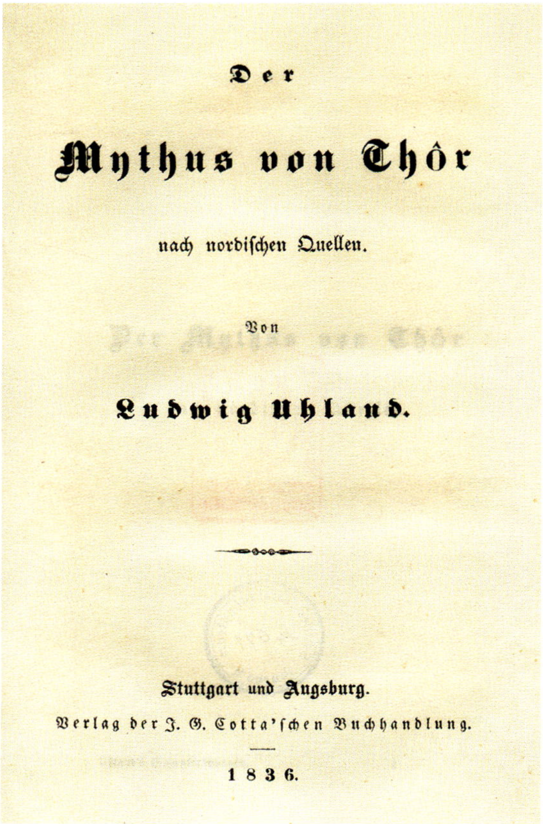
Der

Mythus von Thôr

nach nordischen Quellen.

Von

Ludwig Uhland.

Stuttgart und Augsburg.

Verlag der J. G. Cotta'schen Buchhandlung.

1836.

Der Mythos von Thôr nach nordischen Quellen. Von Ludwig Uhland. Stuttgart und Augsburg. Verlag der J. G. Cotta'schen Buchhandlung. 1836. DLA Marbach.

Neben seiner Tätigkeit im Landtag entstand als nächstes die Abhandlung *Der Mythus von Thôr nach nordischen Quellen*, die er 1836 als ersten Band einer dann nicht fortgeführten Reihe mit *Sagenforschungen* veröffentlichte. Einerseits gilt diese Schrift als Uhlands schönstes und originellstes wissenschaftliches Werk (vgl. Schneider, 347f.); sie zeigt die Vorzüge von Uhlands Methode, mit der er einleuchtend und immer überraschend einzelne mit dem Vegetationsgott Thor in Verbindung stehende Mythen auf einfache Naturvorgänge zurückführt. Andererseits offenbart sich hier ein grundsätzliches Problem von Uhlands gelehrten Arbeiten: Sein Blick auf die Quellen ist unkritisch. Bei der Rekonstruktion der Mythologie „aus den Tiefen einer Vorzeit, in die keine äußere Geschichte hinabreicht" (Werke IV, 203) ist ihm jeder Beleg gleich von Bedeutung; er übersieht dabei zudem, dass Sage, einmal Literatur geworden, sich von den Ursprüngen bereits unrettbar entfernt hat.

Uhlands nächstes wissenschaftliches Projekt ist sicherlich sein ambitioniertestes: die Sammlung *Alte hoch- und niederdeutsche Volkslieder*. Auch hiermit kehrte Uhland zu seinen poetischen Anfängen zurück, als er, beeindruckt von *Des Knaben Wunderhorn* und ähnlichen Werken, angefangen hatte, im Volksliedton zu dichten. Der Grundgedanke seiner Ausgabe ist ganz romantisch: Poesie und Leben waren ursprünglich eins; Poesie ist daher nicht der Ausdruck der künstlerischen Individualität eines Einzelnen, sondern des Volkes: Poesie ist volkhaft und andersherum. Dieser Einheit wollte Uhland in den von ihm zusammengetragenen Liedern nachspüren; unter verschiedenen Fassungen galt es, die älteste ausfindig zu machen, in der sich die Ureinheit von Poesie und Volk noch unverfälscht zeige. Der Aufwand, mit dem er dieses Unternehmen betrieb, war enorm. Im gesamten deutschen Sprachraum forschte er nach solchen Liedern, korrespondierte mit Freunden, Kollegen oder Bibliothekaren, kaufte, schrieb ab, ordnete und kommentierte. Geplant war eine mehrbändige Ausgabe, welche die Sammlung der Lieder, einen Anmerkungsapparat sowie eine ausführliche Abhandlung umfassen sollte. Nur die Sammlung ist zu Uhlands Lebzeiten erschienen, mehr aus Resignation als aus Überzeugung hat er sie in Druck gegeben, als abzusehen war, dass sein Unternehmen unabschließbar war.

Die Entwicklung des Fachs kam Uhlands Arbeitsweise nicht zugute. Die enorme Vermehrung des Wissens um die mittelalterliche Dichtung durch die Erschließung öffentlicher und privater Bibliotheken sowie die massive Zunahme der Forschungsliteratur forderten seine Gründlichkeit heraus; seine gute Vernetzung in dem sich herausbildenden literaturwissenschaftlichen Betrieb und auch mit interessierten Laien – sie wurde noch durch die ihm entgegengebrachte Verehrung als Dichter verstärkt – führten dazu, dass Briefwechsel und Anfragen zusätzliche Arbeitszeit kosteten. Dennoch nahm er zwei weitere Großunternehmen in Angriff, denen er seine letzten Lebensjahre widmen sollte. Zum einen eine *Schwäbische Sagenkunde*, mit der er die Orte, die er sich als junger Mann wandernd und dichtend angeeignet hatte – Wurmlingen, Lustnau, Schwärzloch – nun als Sagenforscher erschloss. Zum anderen eine Gesamtdarstellung der *Deutschen Heldensage* –

auch dies ein Thema, das bis auf seine frühesten Veröffentlichungen zurückreicht. Beides blieb unvollendet, nur einzelne Abhandlungen daraus veröffentlichte er in der Zeitschrift *Germania* seines Freundes Franz Pfeiffer und in anderen Blättern. In diesen wird deutlich, dass Uhland auch weiterhin versucht hat, sowohl der sich weiter spezialisierenden Wissenschaft als auch seiner alten Leserschaft gerecht zu werden, indem er Nach- und Verweise in einen aufgeschwemmten Fußnotenapparat packte, um seinen Haupttext weiterhin allgemeinverständlich zu halten. Andererseits ist es gerade ihre Materialfülle, die diese spröden Texte auch heute noch schätzbar macht.

V.

Der heutige Leser wird sich Uhlands gelehrten Schriften kaum noch ohne Weiteres nähern wollen. Wissenschaftlich sind sie an vielen Stellen dann doch überholt, ihre Gegenstände stehen dazu nicht mehr im Fokus der gegenwärtigen Forschung. Wer sich jedoch mit Uhlands Dichtung beschäftigt, sich für sein politisches Engagement interessiert oder etwas über den Charakter dieses seinerzeit hochberühmten Mannes erfahren will, der wird nach der Lektüre von Uhlands germanistischen Arbeiten seine Kenntnis um eine wichtige Dimension erweitert finden. Auch für die Geschichte der Germanistik in Tübingen wie in Deutschland sind sie wichtige Zeugen. Günther Schweikle hat zudem auf Uhlands Haltung als Gelehrter aufmerksam gemacht (Schweikle 1988, 178–181): Seine Weigerung, den Fachkollegen in den Elfenbeinturm der reinen Philologie zu folgen, sein präziser wie anschaulicher Stil, sein ideologisch unverstellter Blick sowie die klare und nachvollziehbare Darstellung seiner Forschungsergebnisse könnten auch dem heutigen Germanisten noch zum Muster dienen.

Stefan Knödler

Literatur

Ludwig Uhland: Werke. Hrsg. von Hartmut Fröschle und Walter Scheffler. 4 Bde. München 1980–1984.

Ludwig Uhland: Briefwechsel. Im Auftrag des Schwäbischen Schillervereins hrsg. von Julius Hartmann. 4 Bde. Stuttgart und Berlin 1911–1916 (Veröffentlichungen des Schwäbischen Schillervereins, 4–7).

Ursula Burkhardt: Germanistik in Südwestdeutschland. Die Geschichte einer Wissenschaft des 19. Jahrhunderts an den Universitäten Tübingen, Heidelberg und Freiburg. Tübingen 1976 (Contubernium, 14).

Hermann Schneider: Uhland. Leben, Dichtung, Forschung. Berlin 1920.

Günther Schweikle: Ludwig Uhland als Germanist. In: Ludwig Uhland. Dichter – Politiker – Gelehrter. Hrsg. von Hermann Bausinger. Tübingen 1988, S. 149–182.

Klaus Weimar: Geschichte der deutschen Literaturwissenschaft bis zum Ende des 19. Jahrhunderts. München 1989.

Verzeichniß
der Beiträge für die stylistischen Uebungen
im Winterhalbjahr 1830/31

No.	Verfasser.	Bezeichnung des Aufsatzes.	Tag der Mittheilung.
1.	Dinzinger, Theol. A.	Gedichte.	4. Nov.
2.	Westermann, Theol. A.	Ueber den Grund der neueren Unruhen &c.	2. Dec. 18. Nov.
3.	Weigand, Theol. A.	Gedichte.	18. Nov.
4.	Dillenhofer, Med. A.	Schreiben über dem Schönen in der Kunst.	18. Nov.
5.	Hiltwein, Theol. A.	2 Gedichte: Maienmorgen, Jünglingsnacht.	18. Nov.
6.	Köstlin, Jur. A.	Gedicht.	13. Jan. 18. Nov.
7.	Fallati, Jur. A.	Gedicht: die Berge.	25. Nov.
8.	Fischer, Theol. A.	2 Gedichte: die 3 Damen. der Schwan.	25. Nov. 2. Dec.
9.	Westermann, Theol. A.	Ueber das Schöne u. dessen Verhältniß zu dem Wahren.	25. Nov.
10.	Rapp, Med. A.	Ueber die Ursachen der neuesten Zeit.	25. Nov.
11.	Hölderlin, Theol. A.	3 Gedichte.	25. Nov.
12.	Köstlin, Jur. A.	4 Gedichte.	25. Nov.
13.	Strauß, Theol. Stud.	Ueber die leitende Idee der Wartburgsschriften. 9. Dec.	25. Nov.
14.	Rauh, Theol. A.	Was ist wahr? was ist schön? was ist gut?	2. Dec.
15.	ebendaß.	Macht der Sprache, Gedicht.	9. Dec.
16.	Fallati, Jur. A.	Das Kreuz in der [illegible] Legende.	2. Dec.
17.	Widmann, Med. A.	Ueber das Schöne und sein Verhältniß zum Wahren und Guten.	16. Dec.
18.	N. im Conv. Kl.	Der Wein der Freundschaft, Gedicht.	2. Dec.
19.	Wurster, Theol. A.	Ueber Entstehung und Zulassung des Bösen.	9. Dec.
20.	Ostertag, Theol. A.	Einige Gedanken über das Wesen des Schönen.	9. Dec.
21.	Dillenhofer, Med. A.	Fortz. Untersuchungen aus [illegible] &c.	30. Dec.
22.	Lämmert, Theol. A.	Mensch und Leben, allegor. Gemälde.	9. Dec. 16. Dec. 30. Dec.

Ludwig Uhland und sein „Stylisticum"

Übungen im Verfassen von Texten gehörten seit der Antike zu den grundlegenden rhetorischen Übungsformen. In seinem Dialog *De oratore* (*Über den Redner*) schreibt der römische Meisterredner und Rhetoriktheoriker Cicero: „Der Griffel ist der beste und vorzüglichste Urheber und Lehrmeister für die Rede" (*De oratore* I, 150). Nur durch das Schreiben nämlich bekommt der Redner jene Sicherheit im Sprechen, die ihn auch in unkalkulierbaren Situationen überzeugend und sicher auftreten lässt. Schon der antike Rhetorikunterricht hat eine mehr oder weniger feste Zahl von Übungen hervorgebracht, zu denen unter anderem Übersetzen, Nacherzählen und Beschreiben ebenso wie das Erörtern, Loben oder Tadeln gehören, schließlich das Nachahmen musterhafter Autoren überhaupt. Über mehr als zwei Jahrtausende hinweg haben solche Übungsformen den Rhetorikunterricht in ganz Europa geprägt. Man ging von der Grundüberzeugung aus, dass sich schlüssige Argumentation und wirkungsvoller Stil am besten in Auseinandersetzung mit vorbildlichen Texten lernen lassen. Der Rhetorikunterricht hat daraus die Trias von Theorieschulung (lat. *ars*), Lektüre und Analyse von Beispielen (lat. *exempla*) sowie Textproduktion der Schüler abgeleitet. ‚Kreativität' bedeutet also, sich an Vorbildern abzuarbeiten, diese zu imitieren und, wo möglich, sogar zu übertreffen.

Im Bildungswesen der Frühen Neuzeit (also vom 16.–18. Jahrhundert) spielte die Rhetorik eine zentrale Rolle und mit ihr die basalen Übungsformen des Lesens, Analysierens und Schreibens von Texten, sei es in gebundener (Poesie) oder ungebundener (Prosa) Form. Hinzu kam als eigentlicher *scopus* des Unterrichts der öffentliche Vortrag der von den Zöglingen oder, weitaus häufiger, ihren Lehrern verfassten Texte. Anlässe waren Aufführungen des Schultheaters oder öffentliche Rededarbietungen, die sogenannten „Schulactus". In den Jahrhunderten, die auf die nachreformatorischen Bildungsreformen folgten, rückte die Rhetorik als Grundlage der Bildung ins Zentrum des Schul- und Universitätswesens. Einen Sachverhalt schriftlich wie mündlich argumentativ und ästhetisch überzeugend vorbringen zu können, waren zentrale Fertigkeiten, die von allen Absolventen einer höheren Bildungseinrichtung verlangt wurden. Dass dies alles auf die Sprachfertigkeit im Lateinischen zielte, war den Pädagogen der Epoche vielfach keiner besonderen Hervorhebung wert (Barner 1970, 275): Latein war gelehrte Weltsprache, und der Schulunterricht sollte die Absolventen einer höheren Schule zuallererst in die Lage versetzen, an der Welt der Wissenschaft teilzuhaben. Wo Deutsch in den Unterrichtsplänen und Schulordnungen auftauchte, hatte es allenfalls propädeutische Funktion.

An der bestimmenden Stellung des Lateinischen änderte sich über Jahrhunderte nur wenig. Überhaupt ist das Bildungssystem der Frühen Neuzeit durch eine heute kaum mehr zu begreifende Persistenz gekennzeichnet. Die Schulordnungen des 16. Jahrhunderts, welche die Inhalte der einzelnen Klassenstufen und die didaktischen Formen des Unterrichts bis in Einzelheiten regulierten, galten in vielen Territorien bis ins 18. Jahrhundert hinein und in Einzelfällen sogar noch darüber hinaus. Das kanonische Lehrbuch für

Gegenüber:
Ludwig Uhland: Verzeichniß der Beiträge für die stylistischen Uebungen im Winterhalbjahr 1830/31. DLA Marbach. An bekannteren Namen figurieren hier etwa der Jurist Reinhold Köstlin, der Nationalökonom Johannes Fallati oder der Theologe Eduard Eyth.

den Unterricht an den jesuitischen Gymnasien, *De arte rhetorica* des Cyprianus Soarez, zuerst um 1560 erschienen, wurde bis ins 18. Jahrhundert über zweihundert Mal aufgelegt (Barner 1970, 336ff.).

Doch es gab auch Krisenphänomene: Die Ausrichtung des Unterrichts auf die Lateinkompetenz der Schüler geriet gegen Ende des 17. Jahrhunderts immer mehr unter Druck. Zwischen der Rhetorikausbildung an Gymnasium und Universität und den Erfordernissen des Alltags im territorialen Absolutismus tat sich ein Hiat auf, der nur durch eine Neugestaltung des Bildungswesens wieder zu schließen war. Das höhere Schulwesen allerdings erwies sich zunächst als nur bedingt reformwillig. Es entstand vielmehr mit den Ritterakademien im Reich (in Tübingen: das *Collegium illustre,* das heutige Wilhelmsstift) ein neuer Schultypus, der seine Inhalte auf die praktischen Erfordernisse des Hoflebens ausrichtete. Neben Fechten, Tanzen und Reiten spielte der Unterricht in der neueren Geschichte und auch die Ausbildung kommunikativer Fertigkeiten in der Muttersprache eine zentrale Rolle.

Schließlich kündigte 1687 an der neugegründeten Universität in Halle der Jurist Christian Thomasius ein Kolleg in deutscher Sprache über das *Handorakel* des Jesuiten Baltasar Gracián an. Es war gewiss nicht die erste Vorlesung in der Volkssprache an einer deutschen Universität, doch kommt Thomasius' Kolleg eine wichtige Initialfunktion zu. Der Hallenser Jurist richtete seinen Unterricht konsequent an den praktischen Bedürfnissen der Studierenden aus. Im Zentrum stand die Lehre von der ‚Klugheit' (*prudentia*) im Umgang bei Hofe, die mit dem Komplimentieren auch eine eigenständige Rhetorik hervorgebracht hatte, die sich mit den antiken Theorien nicht erklären ließ. Thomasius bot zudem deutschsprachige Stilübungen, *collegia styli*, an, über die er einmal schrieb:

> *Ich kann durch zwölfjährige Erfahrung bezeugen, daß die meisten unter meinen Auditoribus [Hörern], auch diejenigen, die ihr gut Latein von Schulen mitgebracht, wenig oder gar kein Teutsch gekonnt, das ist, daß sie gar selten capabel gewesen, einen deutlichen artigen Brief zu schreiben oder einen kleinen Satz förmlich vorzubringen.* (zit. n. Paulsen 1921, Bd. 1, 530f.)

Thomasius bot Übungen im Schreiben von Texten und im Vortrag an, durch die seine Studenten in die Lage versetzt wurden, „einen Brief, eine Hochzeit- oder Leichenrede, oder was sonsten im bürgerlichen Leben, bei Antretung eines Amts oder bei Niederlegung desselbigen, bei Bewerbung um eine Braut usw. vorzugehen pfleget, oder eine kurze Erzählung aufzusetzen." (zit. n. Paulsen 1921, Bd. 1, 530f.)

Stilübungen in deutscher Sprache, die regelmäßig auch den Vortrag umfassen, gehörten bis weit ins 19. Jahrhundert zum Lehrprogramm der Abschlussklassen des Gymnasiums (Ludwig 1988, 123ff.) und wurden auch an Universitäten angeboten. Diese Tradition setzte sich auch nach dem institutionellen Ende der Rhetorik fort (bis zum Aufsatzunterricht an den Schulen, der ebenfalls ein Rudiment der Rhetorik ist). In Tübingen etwa wurden solche Lehrveranstaltungen nach der Abschaffung des eigenständigen Rhetorik-Ordinariats in Folge der Universitätsreform von 1752 (Thümmel 1975) von Professoren der Philosophie angeboten: Ausweislich der Lektionskataloge bot 1752 Johann Gottlieb Faber ein solches Seminar an, sein Nachfolger Christoph Friedrich Schott führte die Lehrtätigkeit bis Ende der 1760er Jahre fort; 1754/53 etwa kündigte er ein *Collegium stili theoretico-practicum vernacula lingua habendum* an. Seit den 1770er Jahren wurden Seminare solchen

Gegenüber:
Ludwig Uhland: Vorlesungsmanuskript zum Stylisticum vom 17. Mai 1832. DLA Marbach.

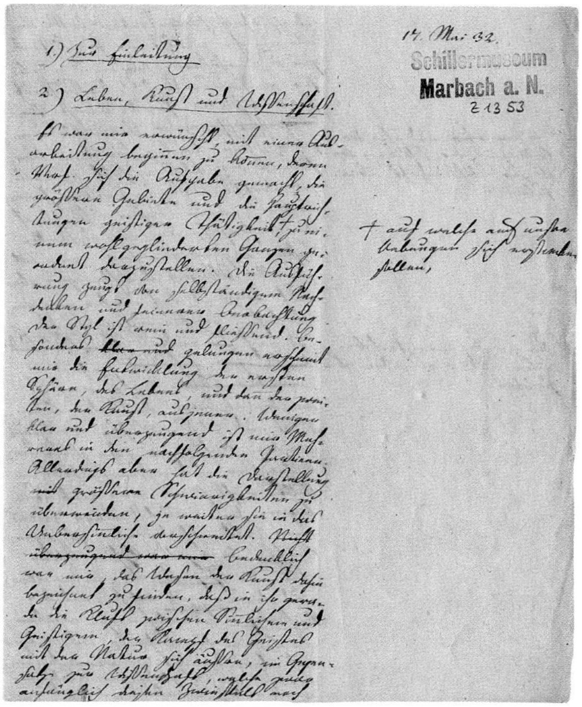
14. Mai 32.
Schillermuseum
Marbach a. N.
Z 13 53

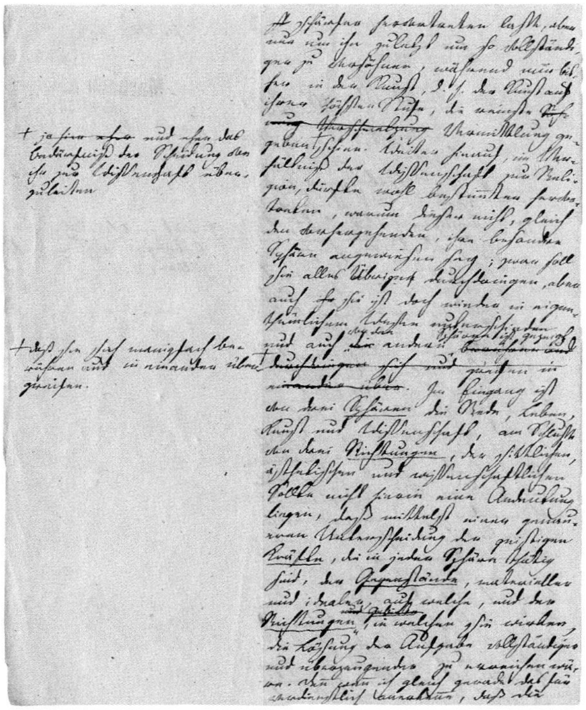

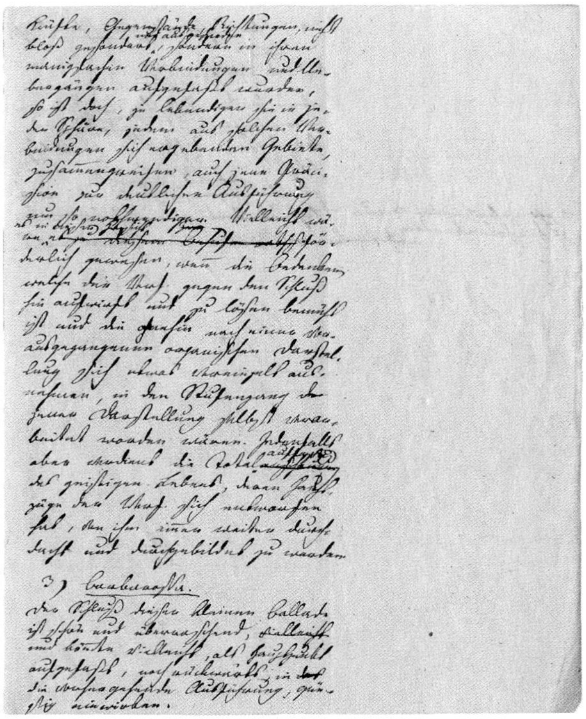

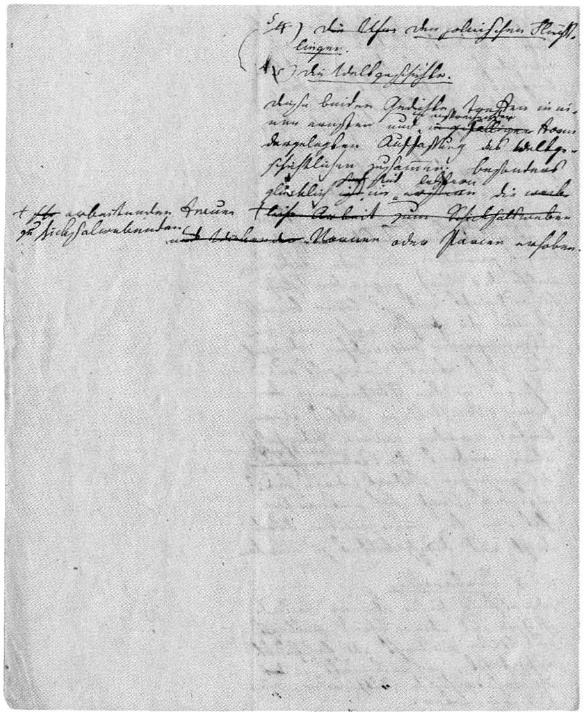

Typus zuerst von August Friedrich Boek, dann 1796 von dem Philologen David Christoph Seybold angeboten. Die Traditionsbestände der Rhetorik gingen nun in die klassische Philologie über, der seit den Universitätsreformen auch das repräsentative Amt des ‚Professor eloquentiae' zugeschlagen wurde. Schließlich hielt zu Beginn des 19. Jahrhunderts noch Uhlands akademischer Lehrer Karl Philipp Conz rhetorische Stilübungen ab.

Dass Uhland nach seiner Berufung zum Professor für deutsche Sprache und Literatur für das Sommersemester 1830 *Uebungen im schriftlichen und mündlichen Vortrage* ankündigte, war per se nicht ungewöhnlich: Das *Stylisticum* stand in einer Tradition fast gleichlautender Lehrangebote früherer Fakultätskollegen. Ob das Abhalten der Stilübungen zu seinen dienstlichen Pflichten gehörte oder ob Uhland sie freiwillig anbot, ist ungeklärt. Für Uhland selbst allerdings waren, wie der Briefwechsel dokumentiert, die altgermanistischen Vorlesungen stets wichtiger als das *Stylisticum*. Im September 1830 klagte er Joseph Freiherrn von Laßberg seine große Arbeitsbelastung und fehlende Muße, da er neben der *Geschichte der altdeutschen Poesie im Mittelalter* noch ein *Stylisticum* gehalten habe, „welches von Seiten der Studierenden lebhafte Teilnahme fand, aber eben dadurch meine Zeit vielfach in Anspruch nahm." (Brief vom 26.9.1830, Briefwechsel II, 338f.) Für Uhland waren die Prioritäten klar, doch dem Erfolg des *Stylisticums* hat dies nicht geschadet, im Gegenteil: In den vier Semestern, die Uhland in Tübingen gelehrt hatte, sind mehr als hundert Arbeiten von Studierenden eingereicht worden, die einen erheblichen Korrekturaufwand bedeuteten. An den Freund Karl Mayer schrieb Uhland im Juli 1830:

> *Die Donnerstagsstunde ist stets zahlreich besucht, sie ist auch schon polemisch lebhaft geworden. Im Ganzen zeigt sich ein erfreulicher Geist und es ist auch neuerlich einiges Ausgezeichnete, besonders von poetischen Beiträgen zum Vorschein gekommen.* (Brief vom 30.7.1830, Briefwechsel II, 335f.)

Zweifellos war es für die Studenten reizvoll, eine ‚Schreibschule' bei einem Dichter zu besuchen, der zu den damals bekanntesten und meistverkauften Autoren der Romantik zählte. Die Auflagen von Uhlands im Stuttgarter Cotta-Verlag publizierten *Gedichten* erschienen zu dieser Zeit im Jahrestakt: 1829 war gerade die vierte Auflage auf den Markt gebracht worden. Daneben war Uhland, nicht zuletzt vor dem Hintergrund seiner Gegenposition zum Württembergischen Fürstenhaus im Verfassungsstreit 1815–1819, einer der herausragenden Köpfe Württembergs überhaupt – und zudem ein Sohn der Stadt. Entsprechend groß war die Neugier.

In den vier Semestern bis zu seinem erzwungenen Abschied von der Hochschule hat Uhland Dutzende von Arbeiten in seiner „Donnerstagsstunde" – das *Stylisticum* fand jeden Donnerstag von 9 bis 10 Uhr in der Alten Aula der Universität in der Münzgasse statt – diskutiert und kommentiert. Die Uhland zur Zensur vorgelegten Texte sind vielfältig. Teils sind es noch schüchterne poetische Versuche, teils aber auch anspruchsvolle Prosaarbeiten und Übersetzungen. Im Spektrum der Gattungen scheint die Tradition der rhetorischen Übungsformen deutlich durch, die sich nicht auf das beschränkten, was wir heute „Literatur" nennen. Die besprochenen Texte stammen von einigen später durchaus bekannten Dichtern und Philosophen, vor allem aus dem württembergischen Raum, aber auch von zahlreichen Unbekannten, über die wir heute nichts mehr in Erfahrung brin-

Gegenüber:
Hermann Kurz: Den polnischen Flüchtlingen. DLA Marbach. Das Sonett ist Teil eines Konvoluts von Gedichten, das Kurz zur Beurteilung im Stylisticum *einreichte.*

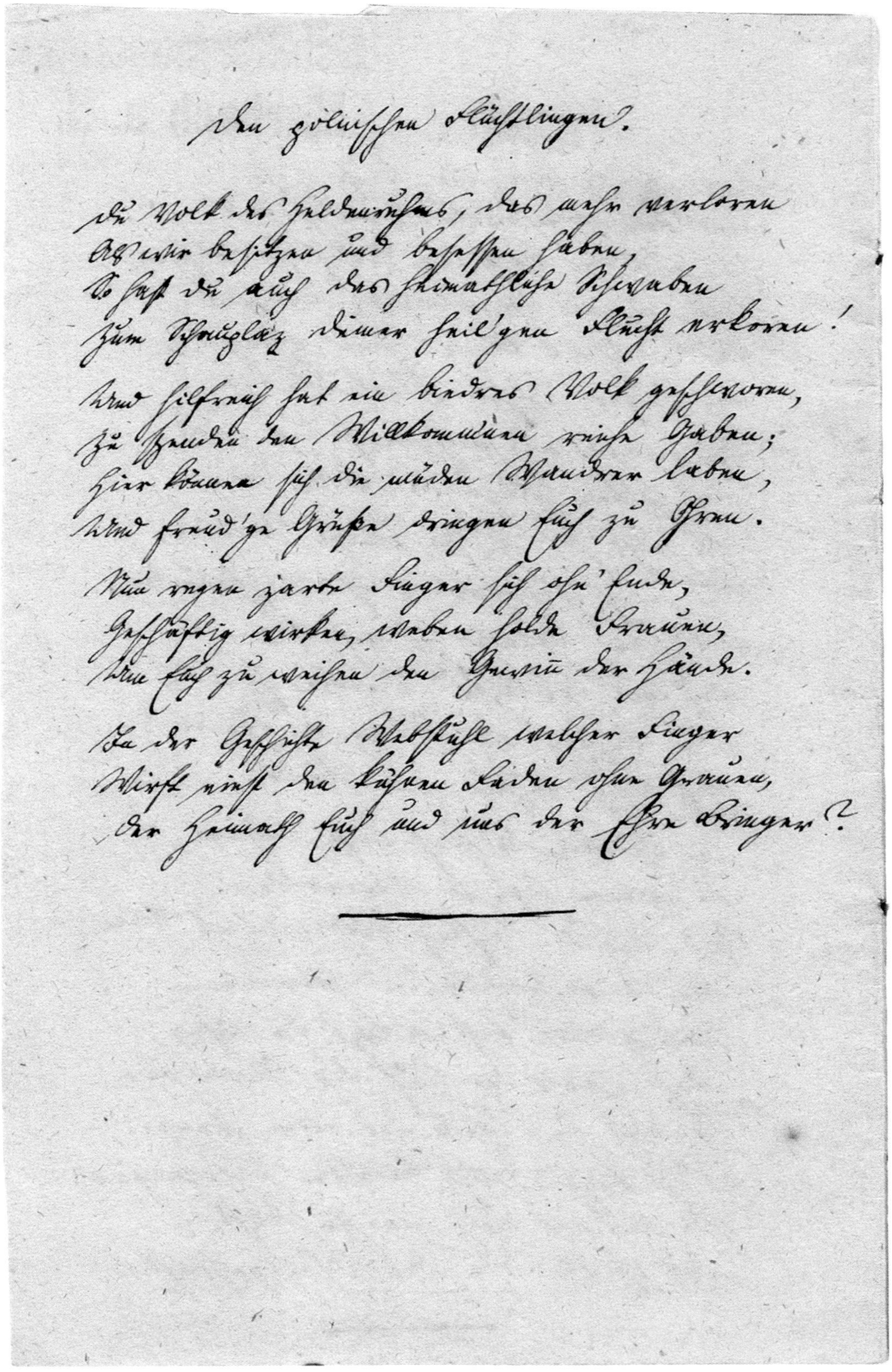
Den gälischen Flüchtlingen.
Du Volk des Heldenmuthes, das nun verloren
Was wir besitzen und besessen haben,
So hast du auch das heimathliche Schwaben
Zum Schauplatz deiner heil'gen Flucht erkoren!
Und hilfreich hat ein biedres Volk geschworen,
Zu spenden den Willkommnen reiche Gaben;
Hier können sich die müden Wandrer laben,
Und freud'ge Grüße dringen euch zu Ohren.
Wenn unsre zarten Finger sich ohn' Ende,
Geschäftig wirken, weben holde Kränze,
Um euch zu weihen den Gewinn der Hände.
In der Geschichte Weltbuch welcher Finger
Wirft einst den kühnen Thaten ihre Kränze,
Der Heimath euch und uns der Ehre bringer?

gen können. Zu den Berühmten zählen u.a. der Reutlinger Romancier Hermann Kurz, der Verfasser des Romans *Der Sonnenwirt* (1854), der aus Horb stammende Berthold Auerbach, Autor der *Schwärzwälder Dorfgeschichten* (1843–1854), Gustav Pfizer, Lyriker und später Redakteur der *Morgenblattes*, oder der bekannte Rechtswissenschaftler und Dichter-Jurist Christian Reinhold Köstlin. Sie besuchten das *Stylisticum* und legten Uhland ihre ersten dichterischen Versuche zur Beurteilung und Kritik vor.

Daneben verfassten auch Studenten Texte, die später eine erfolgreiche Laufbahn in Universität oder Verwaltung verfolgten: Eduard Eyth, nachmaliger Direktor der theologischen Seminare in Maulbronn und Blaubeuren, hatte im Wintersemester 1830/31 und im darauffolgenden Sommersemester 1831 bei Uhland das *Stylisticum* belegt, in dem er griechische Epigramme nebst Übersetzung zur Diskussion stellte. 1831 publizierte Eyth eine Sammlung griechischer Gedichte mit dem Titel *Hilarolypos*, die er Uhland, „dem vaterländischen Sänger" (Eyth 1831, Vorrede, unpag.), widmete. Johannes Fallati, ein weiterer Teilnehmer und einer der wenigen Nicht-Württemberger – er war gebürtiger Hamburger – studierte in Heidelberg und Tübingen die Rechte und war regelmäßiger Teilnehmer an Uhlands Stilübungen. 1831 publizierte er anonym das schmale Bändchen *Die Makame von El Buting*, eine fingierte Übersetzung, die mit einiger Wahrscheinlichkeit Gedichte von Fallati selbst enthält. Im *Stylisticum* äußerte sich Uhland am 3. Februar 1831 jedenfalls wohlwollend über einen der Texte Fallatis (Holland 1886, 36f.). Die romantische Modegattung der „Makame" war durch die 1826 erschienenen *50 Makâmen des Hairiri* von Friedrich Rückert bekannt geworden. Das Spektrum an eingereichten Arbeiten zeigt schon, dass Uhland den Studenten gegenüber, was die Wahl der konkreten Gattung betrifft, äußerst liberal eingestellt war. Im *Stylisticum* führt er zu dieser Frage aus:

> *Ob übrigens die Mittheilungen abhandelnd oder darstellend, ob metrisch oder in Prosa, ob sie eigene Arbeiten oder Übertragungen seien (vorausgesetzt, dass das Übersetzen, wie namentlich bei Dichterwerken fremder Sprachen, Kunstfertigkeit und angestrengtere Bemühung erfordre), in jeder dieser Formen werden sie willkommen sein.* (Holland 1886, 8f.)

Überraschend ist, dass Uhland sich konzeptionell gerade nicht am Vorbild seines Lehrers Conz orientierte, bei dem er selbst rhetorische Übungen besucht hatte (Holland 1886, 10). Conz hatte etwa seiner *Vorlesung über Stil und Beredsamkeit* im Sommersemester 1805 die aktuellen Lehrbücher von Johann Joachim Eschenburg (*Entwurf einer Theorie und Literatur der schönen Wissenschaften zur Grundlage bey Vorlesungen*, zuerst Berlin und Stettin 1783) und Georg Gustav Fülleborn (*Rhetorik. Ein Leitfaden beym Unterrichte in obern Klassen*, Breslau 1802) zugrunde gelegt. Uhland dagegen verzichtete auf Theorieschulung völlig, und hierin besteht die eigentliche Programmatik. Im Ergebnis wird Uhland dadurch als Lehrer deutlich aufgewertet. In der Eröffnungsvorlesung vom 6. Mai 1830 schrieb er:

> *Ich lade Sie nemlich ein, dasjenige, was jeder von Ihnen aus dem Kreise seiner Studien und geistigen Beschäftigungen zur Mittheilung für Andre geeignet finden sollte, zum Vortrage zu bringen. Zum Gedeihen dieses Unternehmens scheint es mir unerläßliche Bedingung, daß in Beziehung auf die Theilnahme überhaupt sowohl, als auf die Wahl der Gegenstände und die Art des Vortrags die gröste Freiheit bestehe.* (Holland 1886, 7)

Im *Stylisticum* stand nicht das Einüben von Textmustern nach rhetorischem Vorbild im Zentrum, sondern die „geistige Mittheilung“ (Holland 1886, 7) im Gespräch. Uhland greift hier auf romantische Vorstellungen von Geselligkeit zurück, wie sie von Friedrich Schlegel und Friedrich Schleiermacher vertreten worden waren. Das „Symphilosophieren“ der Frühromantiker wird bei Uhland zum „Symrhetorisieren“, was, radikal interpretiert, die Sprengung universitärer Strukturen bedeutet.

> *Denn nicht in den Bemerkungen und Urtheilen, womit ich die eingekommenen Aufsätze begleite, suche ich die Frucht dieser Stunden, sondern in dem anregenden Austausch der Ideen und Bestrebungen, der dadurch unter Ihnen selbst veranlaßt wird. Mitunter denke ich auch Einzelnes, was mir etwa anderwärts her von Freunden zukommt, mitzutheilen. Überhaupt aber wird uns Alles erwünscht sein, was dazu wirken kann, das Stylisticum über seine Grenzen hinaus zu einem vielseitigern Geistesverkehr zu erweitern und zu erheben.* (Holland 1886, 10)

Innerhalb der Universität möchte Uhland im *Stylisticum* einen Freiraum etablieren, in dem die Asymmetrie von Lehrer und Schüler, von Vortragendem und Zuhörenden aufgebrochen wird:

> *[W]enn dort [in den mediävistischen Vorlesungen] mir allein das Wort zu führen obliegt, so wünschte ich, daß hier Sie es abwechselnd mit mir nähmen, wenn dort die Verwantwortlichkeit der Leistung auf mir haftet, so möchte ich solche hier wesentlich auf Sie übertragen.* (Holland 1886, 7)

Ganz ähnlich hatte sich gut zwei Jahrzehnte früher Johann Gottlieb Fichte in seinem *Deduzierter Plan einer zu Berlin zu errichtenden höhern Lehranstalt* (1807), einem der zentralen Dokumente im Gründungsprozess der Berliner Universität zum Beginn des 19. Jahrhunderts, gefordert: „Nicht bloß der Lehrer, sondern auch der Schüler muß fortdauernd sich äußern und mitteilen, so daß ihr gegenseitiges Lehrverhältnis werde eine fortlaufende Unterredung“ (Fichte 2010 [1807], 16).

Das gesellige Gespräch prägt die „Wahl der Gegenstände“ (Holland 1886, 8) ebenso wie die „Art des Vortrags“ (Holland 1886, 8f.). Die „Fächer der Geschichte, der Alterthumskunde, der Philosophie und der schönen Künste“ hielt Uhland thematisch für geeignet, weil diese Disziplinen Gegenstände behandeln, die „für einen weitern Kreis Mittheilbares“ enthalten (Holland 1886, 8). Doch auch die „Berufswissenschaften“ – also Theologie, Jura und Medizin – möchte er nicht ausschließen: „Gegenstände“ aus diesen Fächern sollten „auf eine allgemein verständliche und ansprechende Weise“ vorgetragen werden (Holland 1886, 8). In einer Zeit der beginnenden Fächerdifferenzierung und einer immer stärker voranschreitenden Spezialisierung des Wissens sah Uhland hier eine kommununikative Aufgabe. Zugleich ist die populäre, d.h. verständliche Darstellung von Wissenschaft zugleich von besonderer Schwierigkeit: „denn sowenig die Disciplin das Popularisieren in ihrem Innern dulden kann, so gewis sie hier ihre strengern Formen, ihre abkürzende Terminologie einhalten muß, so hat doch wohl auch jede eine dem allgemein menschlichen Verständnis zugewandte Seite.“ (Holland 1886, 8) Mehr noch: Für Uhland war Spezialwissen aus den einzelnen Disziplinen nur dann relevant, wenn es so kommuniziert werden kann, dass es jedem verständlich ist:

> *Ja, es möchte Manchem selbst für den innern Betrieb seiner Wissenschaft eine nicht unersprießliche Controle sein, wenn er zuweilen den Versuch machte, wie dasjenige, was er sonst nur in bestimmten Formen und Terminologieen, in welche der Geist nur allzu leicht sich einfängt, zu denken und auszudrücken gewohnt ist, nun auch in der gemeinfaßlichen Sprache des Lebens, des geistig geselligen Verkehrs sich ausnehme.* (Holland 1886, 8)

Ist auch Geselligkeit und Liberalität ein wesentliches Kennzeichen von Uhlands Programm, so schließen sie doch den rhetorischen Wettstreit nicht aus: Denn es konnte

> *wohl auch zuweilen die Ausarbeitung des Einen Andre veranlassen, denselben Gegenstand in entgegengesetzter oder doch verschiedener Ansicht zu behandeln. Denn die fruchtbarste Polemik in wissenschaftlichen Dingen, die zugleich die Gewähr ihrer Mäßigung in sich trägt, ist die positive, diejenige, welche den Gegenstand von vorn herein neu auffaßt und auf eigenem Wege ausführt.* (Holland 1886, 9)

Uhland betonte anlässlich einer Polemik, die ein Aufsatz des später berühmten Philosophiehistorikers Eduard Zeller im *Stylisticum* ausgelöst hat, dass in der wissenschaftlichen Auseinandersetzung „[a]lles auf den Sieg [der] Überzeugung, nicht auf den der Überredung oder Übertäubung ankommt"; wichtiger sei es, „in den Gründen, in der Beweisführung energisch zu sein, als im Ausdruck." (Holland 1886, 41)

Die Studenten reichten ihre Arbeiten im Voraus bei Uhland ein. In der Sitzung selbst wurde dann der Text vorgelesen, entweder durch den Autor, einen anderen Studenten oder Uhland selbst. Dabei konnte auch die Anonymität des Verfasser für diejenigen gewahrt bleiben, die sich nicht als Autor offenbaren wollten:

> *Die Art des Vortrags ist wider durchaus freigestellt. Er wird wohl gewöhnlich im Vorlesen schriftlicher Ausarbeitungen bestehen. Zur Übung im freien, mündlichen Vortrage, dessen man sich in spätern Jahren so schwer bemächtigt, möchte ich sehr gerne Gelegenheit geben. Diejenigen, welche bei ihren schriftlichen Arbeiten nicht genannt sein wollen, könnten solche Arbeiten auch durch einen ihrer Freunde vortragen lassen und auch ich werde stets bereit sein, den Vortrag interessanter Aufsätze von mäßigem Umfange zu übernehmen. Darum ersuche ich zum voraus, mir die Ausarbeitungen, welche zum Vortrag kommen sollen, jedesmal einige Zeit vorher mitzutheilen, damit ich eine zweckmäßige Anordnung für jede Stunde treffen und über etwa erforderliche Abänderungen mit den Verfassern mich zum voraus verständigen kann.* (Holland 1886, 9)

Gegenüber:
Reinhold Köstlin an Ludwig Uhland. [Tübingen] o.D.: „Verehrtester Lehrer! / In Beziehung auf das Stylisticum am Donnerstage bin ich so frei, Ihnen Beiligendes zu senden. Ich würde mir die größte Ehre daraus gemacht haben, selbst der Überbringer zu seyn, wenn ich nicht von Hrn Prof. Schwab gehört hätte, daß Sie gegenwärtig besonders beschäftigt seyen. / Dürfte ich, wenn Beiliegendes vorgelesen werden sollte, um Anonymität bitten? / Mit der herzlichen Bitte um Ihre fernere Gewogenheit / Ihr ergebenster / Reinhold Köstlin jur. stud." DLA Marbach.

Die Kriterien der Beurteilung entnahm Uhland der Rhetorik. Er kündigte an, jeden eingereichten Text hinsichtlich der „technischen Behandlung des Stoffes" (in der Rhetorik die *inventio*, die Findung der Gedanken oder Argumente einer Rede), der „Zweckmäßigkeit der Anordnung" (die *dispositio*), der „Angemessenheit der Darstellung für ihren Gegenstand" (das *aptum* als grundlegendes Regulativ), schließlich nach „Styl und Ausdruck im Allgemeinen" (also die *elocutio* als Lehre vom wirkungsvollen Ausdruck) beurteilen zu wollen (Holland 1886, 9). Zentral ist dabei die Frage der Angemessenheit von Stil und Gegenstand: „Überhaupt ist mir der gute Styl nichts an sich, sondern der beste Style ist mir die ihrem Gegenstand angemessenste Darstellung." (Holland 1886, 14)

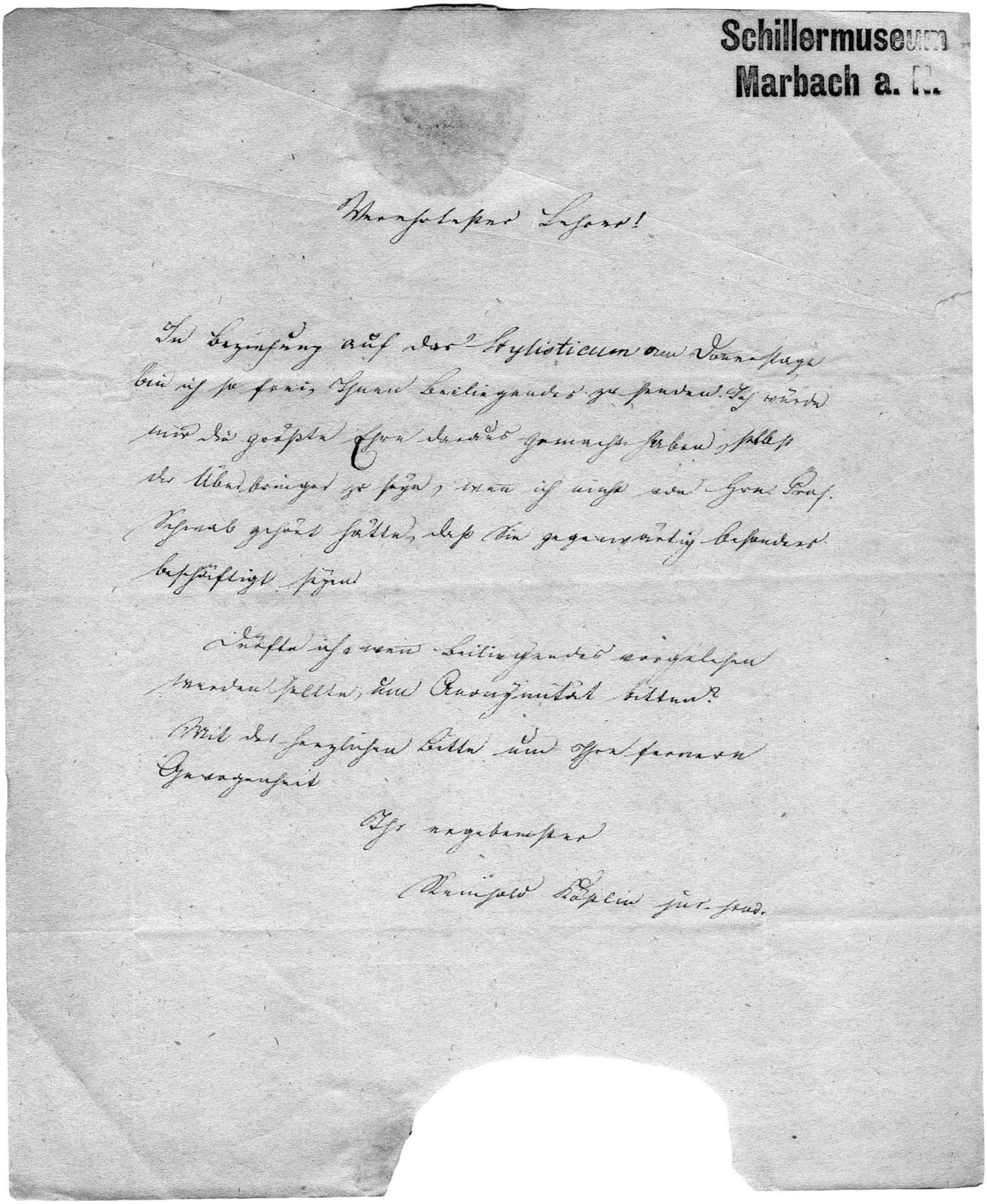

Wohlgeborner Herr!

In Beziehung auf das Stylisticum am Donnerstage bin ich so frei, Ihnen beiliegendes zu senden. Ich würde mir die größte Ehre daraus gemacht haben, selbst der Überbringer zu seyn, wenn ich nicht von Hrn. Prof. Schwab gehört hätte, daß Sie gegenwärtig besonders beschäftigt seyen.

Dürfte ich, wenn Beiliegendes vorgelesen werden sollte, um Anonymität bitten?

Mit der herzlichen Bitte um Ihre fernere Gewogenheit

Ihr ergebenster

Reinhold Köstlin jur. stud.

Auch wenn Uhland die vorgelesenen Texte lediglich als „Mittheilungen von Strebenden an Strebende" (Holland 1886, 18) bezeichnet, so standen im *Stylisticum* zweifellos seine Kommentare zu den eingereichten Texten im Zentrum. Das entsprach wohl auch der Erwartungshaltung der Studierenden, die sich hier ein kritisches Urteil über ihre Arbeiten von einem der bekanntesten Dichter der Zeit einholen konnten. Uhlands Ton ist oft lobend, bisweilen auch harsch, sein Urteil immer dezidiert. Über ein am 19. Juli 1832 im *Stylisticum* behandeltes Gedicht mit dem Titel *Die polnischen Helden* urteilt Uhland:

> *Hält sich der Gang des Ganzen zu sehr im schon Bekannten, so wird auf eine noch bedenklichere Weise im Einzelnen des Ausdrucks und der Darstellung von der herkömmlichen Dichtersprache Gebrauch gemacht. In einem langen und vielfältigen poetischen Betrieb hat sich uns allmählich ein beträchtlicher Vorrath dichterischer Bilder und Redeweisen angehäuft, der jedem neu hinzutretenden Gesanglustigen immer wider zu Gebote steht. Durch die fortwährende Anwendung aber sind diese Bilder und Redeweisen so geläufig geworden, daß Verfasser und Leser bei ihnen wenig mehr an die eigentliche und ursprüngliche Bedeutung zu denken pflegen. Ja, man hat sich gewöhnt, nach Art dieser gangbaren Ausdrücke auch andre von ähnlichem Klange neu zu bilden, über die man eben so wenig eine bestimmtere Rechenschaft gibt. Daher kommt es denn, daß in manchen Gedichten Wortbildungen vorkommen, die sich auf keinen Wortsinn zurückführen lassen, oder Bilder, welche zu keiner Vorstellung gebracht werden können oder sich unter einander aufheben, eben weil sie gar nicht aus eigener Anschauung hervorgegangen sind. Von diesen Fehlern nun kann auch das vorliegende Gedicht an einigen Stellen nicht freigesprochen werden.* (Holland 1886, 89)

Uhland klingt im Ton verbindlich, seine Kritik ist in der Sache aber vernichtend. Er wirft dem Autor vor, weder eine originelle Idee noch einen dazu passenden Ausdruck gefunden zu haben. Auditorium und der Verfasser des Gedichtes wurden Zeugen einer präzisen Analyse einzelner Verse, die allesamt völlig missglückt waren. Uhland zeigt in seiner Kritik keine Nachsicht mit dem jungen Studenten. Wer im *Stylisticum* bestehen wollte, musste Texte abliefern, die ein durchaus beachtliches ästhetisches Niveau aufwiesen.

Mit Brief vom 9. August 1832 bittet Uhland beim Württembergischen König um „Dispensation von seinem akademischen Berufe für das nächste Semester". Anfang Januar hatte Uhland bei der Wahl zur Ständeversammlung das Stuttgarter Mandat mit einer Zweidrittelmehrheit errungen, ohne eigens Wahlkampf zu betreiben. Er musste seine Professur niederlegen, da er, wie er dem König schrieb, „in Folge der auf mich gefallenen und höchsten Orts bestätigten Wahl zum Mitglieder der Ständeversammlung, voraussichtlich nicht im Stande seyn werde, während des bevorstehenden Winterhalbjahres irgend einen vollständigen Lehrvortrag bei hiesiger Universität zu halten" (Briefwechsel II, 421) Rektor Scheuerlen bestätigte im Namen des Senats die Freistellung Uhlands am 19. September 1832 (Briefwechsel II, 425). Schon einen Tag später fand die letzte Sitzung des *Stylisticums* statt. Die Studenten waren über die Beurlaubung ihres Lehrers, dem man schließlich die Rückkehr ins Amt verwehrte, gewiss betrübt. Von Hermann Kurz existiert ein Sonett, dessen beiden innere Strophen Uhlands Abschied vom Tübinger Lehramt wehmütig kommentieren:

So hört' ich, da in Stunden, schönen, reichen,
Ich lauschend unter Deinem Lehrsitz stand, –
Aus tiefen Sagen Du, mit sichrer Hand,
Den ächten Kern geschält uns mochtest reichen.

Verwaist ist nun der Saal mit jenem Stuhle,
Verwaist auch wir: anmuth'ger Lehren Duft
Verlor sich in dem dumpfen Dunst der Schule
(Kurz 1836, 131)

Dietmar Till

Literatur

Ludwig Uhland: Briefwechsel. Im Auftrag des Schwäbischen Schillervereins hrsg. von Julius Hartmann. 4 Bde. Stuttgart und Berlin 1911–1916 (Veröffentlichungen des Schwäbischen Schillervereins, 4–7).

Johann Gottlieb Fichte: Deduzierter Plan einer zu Berlin zu errichtenden höhern Lehranstalt [1807]. In: Gründungstexte. Johann Gottlieb Fichte. Friedrich Daniel Ernst Schleiermacher. Wilhelm von Humboldt. Mit einer editorischen Notiz von Rüdiger vom Bruch. Festgabe zum 200-jährigen Jubiläum der Humboldt-Universität zu Berlin. Berlin 2010, S. 9–121.

Eduard Eyth: Hilarolypos, eine kleine Sammlung griechischer Gedichte. Tübingen 1831.

Hermann Kurz: Gedichte. Stuttgart 1836.

Wilfried Barner: Barockrhetorik. Untersuchungen zu ihren geschichtlichen Grundlagen. Tübingen 1970.

Wilhelm Ludwig Holland: Zu Ludwig Uhlands Gedächtnis. Mittheilungen aus seiner akademischen Lehrtätigkeit. Leipzig 1886.

Otto Ludwig: Der Schulaufsatz. Seine Geschichte in Deutschland. Berlin und New York 1988.

Friedrich Paulsen: Geschichte des gelehrten Unterrichts auf den deutschen Schulen und Universitäten vom Ausgang des Mittelalters bis zur Gegenwart. Mit besonderer Rücksicht auf den klassischen Unterricht. 2 Bde. 2. Aufl. Berlin und Leipzig 1919–1921.

Hans-Wolf Thümmel: Die Tübinger Universitätsverfassung im Zeitalter des Absolutismus. Tübingen 1975.

Nro. LXI.

Germanistischer Lagercatalog

von

J. J. Heckenhauer in Tübingen.

Vorwiegend aus **Uhland's** Bibliothek.

I) Alt- und Mitteldeutsch und Geschichte der deutschen Sprache, sowie **Altnordisch** als: Angelsächsisch, Gothisch, Isländisch, Alt-englisch, -niederländ., -dänisch, -schwed., -friesisch.

Angehängt: 1) Mundarten u. Idiotika. 2) Sprüchwörtersammlungen.

II) Altböhmisch, Altslawisch, Altfranz., Altital., Altspanisch.

III) Varia; sämmtlich aus Uhlands Bibliothek [grössten Theils für deutsche Geschichte u. Alterth.].

[Enthält u.a. Stücke aus Uhlands Bibliothek]

Preise rheinisch.

60 Kreutzer = 1 Gulden. — 1 Gulden 45 kr. = 1 Thaler pr. Cour. — 28 Kreutzer = 1 Frank. — 36 Kreutzer = 1 Shilling.

1872.

Druck von H. Laupp in Tübingen.

Die Bibliothek Ludwig Uhlands

Im Laufe ihrer über 500-jährigen Geschichte gelangten zahlreiche Handschriften und Bücher aus privatem Besitz in den Bestand der Universitätsbibliothek Tübingen. Zumeist handelte es sich bei den Eigentümern um Wissenschaftler und Gelehrte, die mit der Universität eng verbunden waren oder deren Bücher für die Ergänzung und Abrundung des ansonsten durch den Kauf von Neuerscheinungen vermehrten Bibliotheksbestandes als wichtig angesehen wurden. In manchen Fällen handelte es sich um Schenkungen oder testamentarische Vermächtnisse, in anderen Fällen um den gezielten Ankauf von privaten Sammlungen, meist mit speziellen fachlichen Schwerpunkten. Zu den wertvollen Sammlungen, die zuvor die privaten Bibliotheken von bedeutenden Persönlichkeiten zierten, gehört die Bibliothek von Ludwig Uhland – oder jedenfalls das, was von seinem Buchbesitz von den damaligen Bibliothekaren als erwerbungswürdig angesehen wurde.

1871, etwas mehr als acht Jahre nach Uhlands Tod, bot seine Witwe Emilie Uhland (1799–1881) der Universitätsbibliothek Tübingen, die unter der Leitung des Indologen Prof. Rudolf von Roth stand, den Büchernachlass ihres Mannes als Geschenk an. Allerdings übernahm die Bibliothek daraufhin nach näherer Durchsicht nicht den gesamten Buchbestand, sondern nur etwa die Hälfte – überwiegend solche Werke, die in der Universitätsbibliothek nicht vorhanden waren und demzufolge als Lückenergänzung oder Bestandserweiterung dienen konnten. Insgesamt handelte es sich um ca. 1.750 Bände. Wie in vielen anderen Fällen auch, wurden Uhlands Bücher, da sie verschiedenen Fachgebieten zugehörten, nicht zusammenhängend aufgestellt, sondern wie andere Neuerwerbungen behandelt und in die jeweiligen Fachbestände des nach einer alten Systematik geordneten Bibliotheksbestandes eingeordnet. Somit lässt sich Uhlands Bibliothek nicht mehr direkt am Regal im Gesamtzusammenhang betrachten. Glücklicherweise aber wurde in alle übernommenen Bände ein Etikett mit der Aufschrift „Geschenk aus der Bibliothek Ludwig Uhlands 1871“ eingeklebt. Etliche, aber nicht alle Bände tragen überdies Uhlands handschriftlichen Namenszug und in manchen Fällen auch das Datum, wann er ein bestimmtes Buch erhalten hatte. Somit halten Bibliotheksbenutzer bei ihrer Arbeit mit historischen Buchbeständen einst wie heute immer wieder einzelne Exemplare aus dem Besitz Uhlands in der Hand.

Ein aus heutiger Sicht weiterer Glücksfall ist die separate Verzeichnung der übernommenen Bände in das für das Jahr 1870/71 gedruckte *Zuwachsverzeichnis* der Universitätsbibliothek, entsprechend der von ihr vergebenen Signaturenfolge, innerhalb der jeweiligen Signaturgruppen alphabetisch nach Verfassern geordnet. Diese besondere Verzeichnung lässt erkennen, dass die Erwerbung von Uhlands Büchern damals als etwas ganz Besonderes angesehen wurde. Eine zahlenmäßige Auswertung dieses Verzeichnisses ergibt 1.497 Werke. Die meisten (852) gehören zur Gruppe der Literaturwissenschaft (Schöne Künste, Belletristik), gefolgt von der Fachgruppe Geschichte (345 Werke) und Philologien (101 Werke). Innerhalb der Gruppe Belletristik liegt der Schwerpunkt auf den germanisch-

Gegenüber: *Germanistischer Lagercatalog von J.J. Heckenhauer in Tübingen. 1872. Universitätsbibliothek Tübingen.*

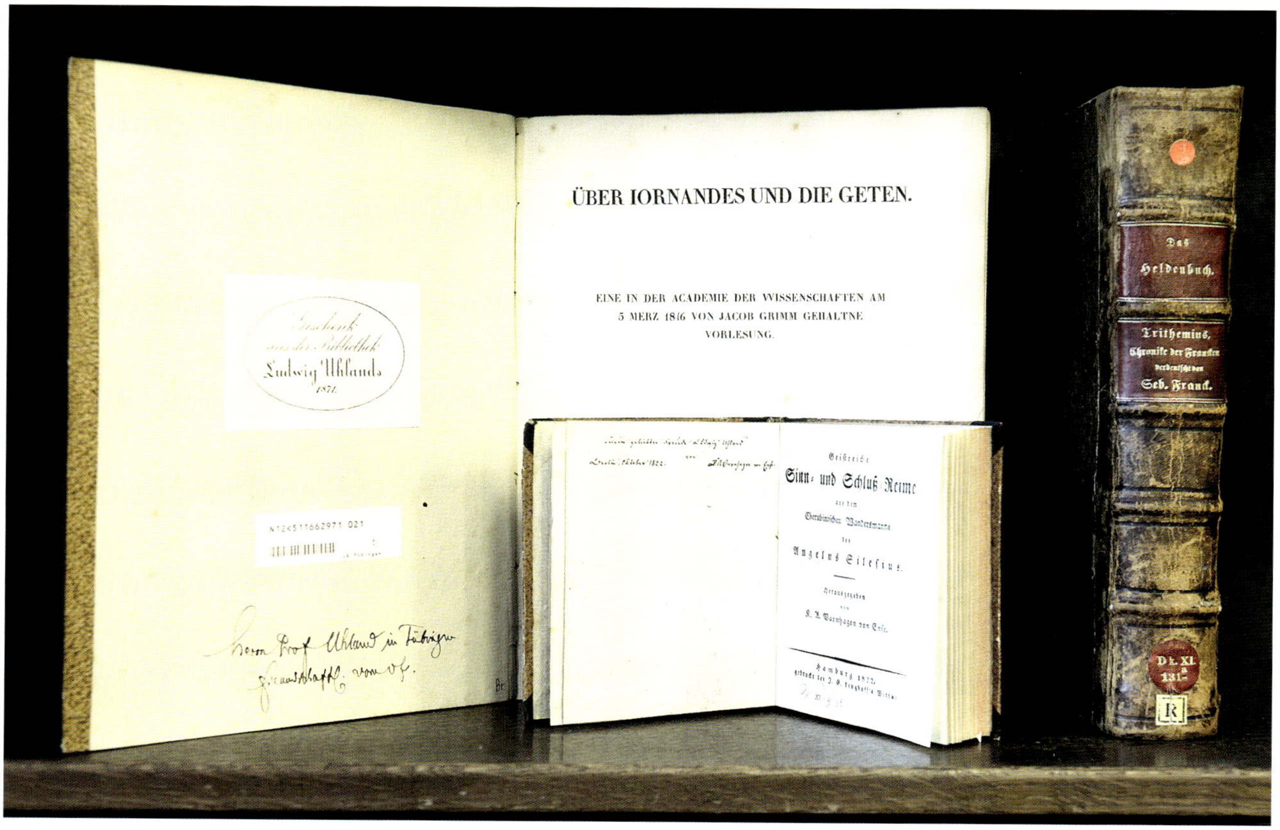

Bücher aus Uhlands Bibliothek. Universitätsbibliothek Tübingen.

deutschen Sprachen, gefolgt von französischer Literatur. Somit lassen sich Uhlands Bücher anhand dieser Liste schnell ausfindig machen, und sie gibt dem Leser sogleich einen Eindruck von der großen Vielfalt und fachlichen Breite von Uhlands Interessen.

Beispielhaft seien einzelne Werke aus Uhlands Büchersammlung hier genannt:

Achim von Arnim / Clemens von Brentano: Des Knaben Wunderhorn, Heidelberg: Mohr (1806)
Berthold Auerbach: Spinoza. Ein Denkerleben, Mannheim: Bassermann (2. Aufl. 1855)
Friedmund von Arnim: Hundert neue Mährchen, Charlottenburg (1844)
Ludwig Bechstein: Deutsches Sagenbuch, Leipzig: Wigand (1853)
Friedrich Christoph Dahlmann: Denkschrift der Prälaten und Ritterschaft des Herzogthums Holstein, enthaltend die Darstellung ihrer in anerkannter Wirksamkeit bestehenden landständischen Verfassung, Frankfurt/M. (1822)
Immanuel Hermann Fichte: Grundsätze für die Philosophie der Zukunft, Stuttgart: Metzler (1847)
Theodor Fontane: Balladen, Berlin: Hertz (1861)
Erik Gustav Geijer / Arvid August Afzelius: Schwedische Volkslieder der Vorzeit, Leipzig: Brockhaus (1857)

Jacob Grimm: Über das Verbrennen der Leichen, Berlin: Dümmler (1850)
Wilhelm Hauff: Kriegs- und Volks-Lieder, Stuttgart: Metzler (1824)
Friedrich Hebbel: Judith – ein Trauerspiel, o.O. (1840)
Das heldenbuch mit synen Figuren, Straßburg: Knoblauch 1509
Johann Gottfried Herder (Hrsg.): Volkslieder, Leipzig: Weygand (1779)
August Heinrich Hoffmann von Fallersleben: Unpolitische Lieder, Hamburg: Hoffmann u. Campe (1840)
Friedrich Hölderlin: Gedichte, Stuttgart: Cotta (1826)
Gottfried Keller: Gedichte, Heidelberg: Winter (1846)
Justinus Kerner: Franz Anton Mesmer aus Schwaben, Entdecker des thierischen Magnetismus, Frankfurt/M: Rütten (1856)
Justinus Kerner: Gedichte, Stuttgart / Tübingen: Cotta (1826)
Karl Friedrich Kronbiegel: Über die Sitten, Kleidertrachten und Gebräuche der Altenburgischen Bauern, Altenburg: Petersen (1806)
Wolfgang Müller von Königswinter: Lorelei. Rheinisches Sagenbuch, Köln: DuMont-Schauberg (2. Aufl. 1857)
Niederdeutsches Liederbuch, Lübeck: Balhorn (1595)
Adam Gottlob Oehlenschläger: Gamle danske folkeviser, Kiöbenhavn (1840)
Hermann Püttmann / Georg Weerth: Album. Originalpoesieen, Borna (1847)
Carl Russwurm: Nordische Sagen der deutschen Jugend, Leipzig (1842)
Saxo Grammaticus: Historia Danica, Sorö: Moltkenius (1645)
Friedrich Schleiermacher: Über das liturgische Recht evangelischer Landesfürsten, Göttingen (1824)
Gustav Schwab: Die Controverse des Pietismus und der spekulativen Theologie in Württemberg, o.O. (1840)

„Seinem Uhland. Gustav Schwab". Eine Widmung mit sehr persönlicher Note. Universitätsbibliothek Tübingen.

Gustav Schwab: Romanzen aus dem Jugendleben Herzog Christophs von Würtemberg, Stuttgart / Tübingen: Cotta (1819)
Karl Simrock: Wieland der Schmid. Deutsche Heldensage, Bonn: Weber (1835)
Ludwig Tieck: Leben und Tod der heiligen Genoveva, Jena: Frommann (1800)
Carl Ullmann / Gustav Schwab: Der Cultus des Genius, mit besonderer Berücksichtigung auf Schiller und sein Verhältnis zum Christenthum, Hamburg: Perthes (1840)
Johann Georg August Wirth: Die Geschichte der Deutschen, Stuttgart: Hoffmann (1846)
Wilhelm Zimmermann: Allgemeine Geschichte des deutschen Bauernkrieges, Stuttgart: Köhler (1841–1847)

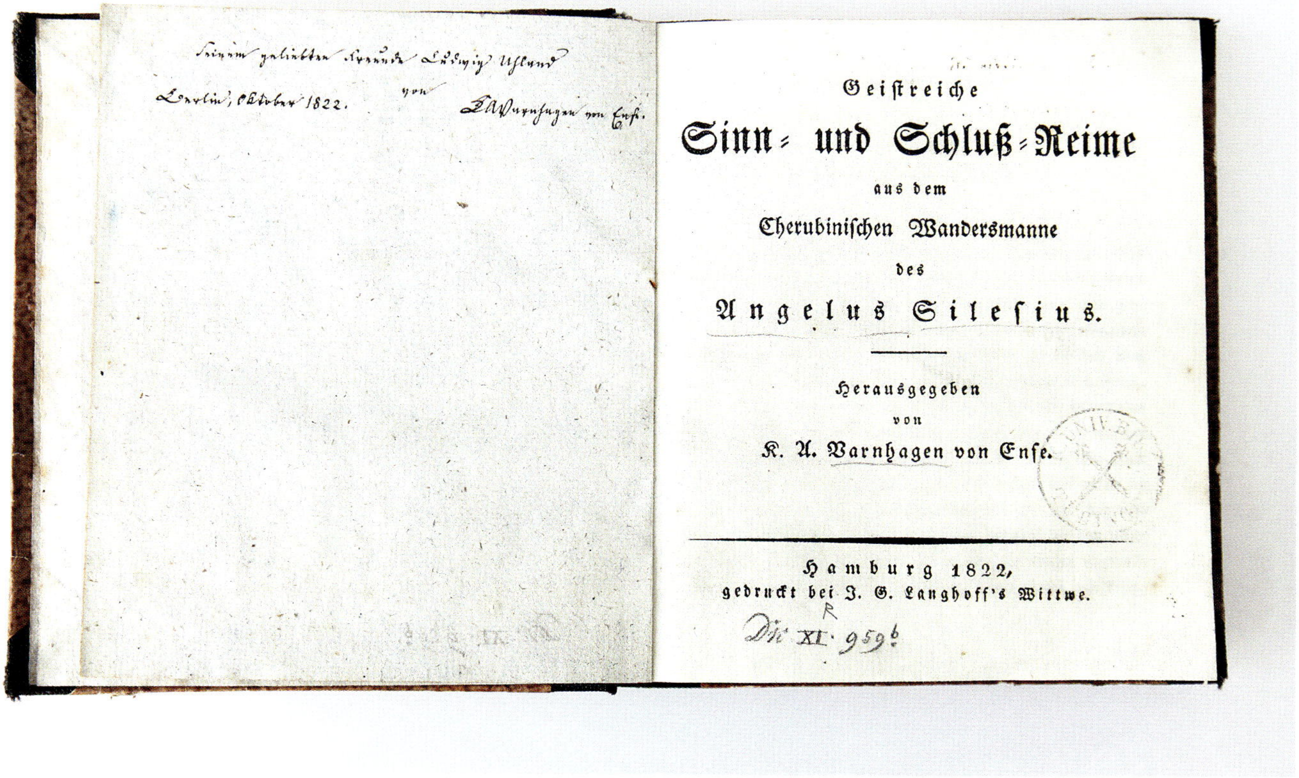

„Seinem geliebten Freunde Ludwig Uhland" gewidmetes Exemplar des von Karl August Varnhagen von Ense herausgegebenen Cherubinischen Wandersmannes. *Universitätsbibliothek Tübingen.*

Uhlands Bibliothek ähnelt in ihrer Art und Zusammensetzung vielen anderen Gelehrten- und Schriftstellersammlungen ihrer Zeit. Etliche ältere Werke erwarb er auf antiquarischem Wege. Prominentestes Beispiel hierfür ist das 1509 in Straßburg gedruckte *heldenbuch mit synen Figuren*, das Uhland nach seinem eigenhändigen Vermerk auf dem Vorsatzblatt am 30. Juli 1805 für 45 Kreuzer aus dem Verkauf der Bibliothek von Johann Gottfried Herder erwarb. Es stammte laut Vorbesitzervermerk aus der Bibliothek des Augsburger Ratskonsulenten Johann Heinrich von Prieser (1749–1801), der es 1786 erworben hatte und dessen umfangreiche Privatbibliothek 1803 zum Kauf angeboten wurde. Daneben gibt es zahlreiche Schenkungen von Widmungsexemplaren. Manchmal sind die meist knappen persönlichen Widmungen der Autoren, Herausgeber oder Übersetzer vorn in die Bände eingetragen. Gustav Schwab eignete „seinem Uhland" seine Übersetzung von Alphonse de Lamartines *Auserlesene Gedichte* (1826) und das von ihm herausgegebene *Commers- und Liederbuch* (1815) zu. Karl August Varnhagen von Ense, der 1808 zu Besuch in Tübingen weilte, widmete „seinem geliebten Freunde Ludwig Uhland" seine Ausgabe von Reimen aus dem *Cherubinischen Wandersmann* von Angelus Silesius (1822). Ferdinand Freiligrath legte seinem 1844 erschienenen *Glaubensbekenntnis*, einer Sammlung von Zeitgedichten, ein Blatt bei mit dem Text „Zum Zeichen hochachtungsvoller Verehrung und freundschaftlicher Ergebenheit, 18. Aug. 1844", dessen Erhalt Uhland auf dem gleichen Blatt am 16. Oktober vermerkte. In der Widmung von Jacob Grimms Vorlesung *Über Jornades und die Geten* (1846) an „Prof. Uhland“ klingt eher die Ansprache des Fachkollegen an.

Uhland selbst hat in seinen Büchern allerdings nur ganz wenige Spuren seines Lesens und Arbeitens hinterlassen, die für heutige Forscher von Interesse sein könnten. Man findet kaum Bände mit umfangreicheren Randnotizen, höchstens hier und da einige zarte Bleistiftstriche am Textrand. Offensichtlich behandelte er seine Bücher mit großer Sorgfalt und nicht wie manch andere Kollegen, die der Nachwelt in ihren Büchern umfangreiche Randbemerkungen, Notizen und Ergänzungen hinterließen. In der Vielfalt seiner Sammlung spiegeln sich Uhlands breite wissenschaftliche Interessen wider. Viele Bände stellen Materialsammlungen und Quellen für seine eigenen Studien und Veröffentlichungen dar, vor allem im Bereich Volkslied, Märchen und Sagen. Auffällig ist Uhlands großes Interesse für die altnordische und romanische Literatur. Die in seiner Sammlung enthaltenen Neuerscheinungen vermitteln uns ein Kaleidoskop der damaligen germanistischen und romanistischen Fachwissenschaft.

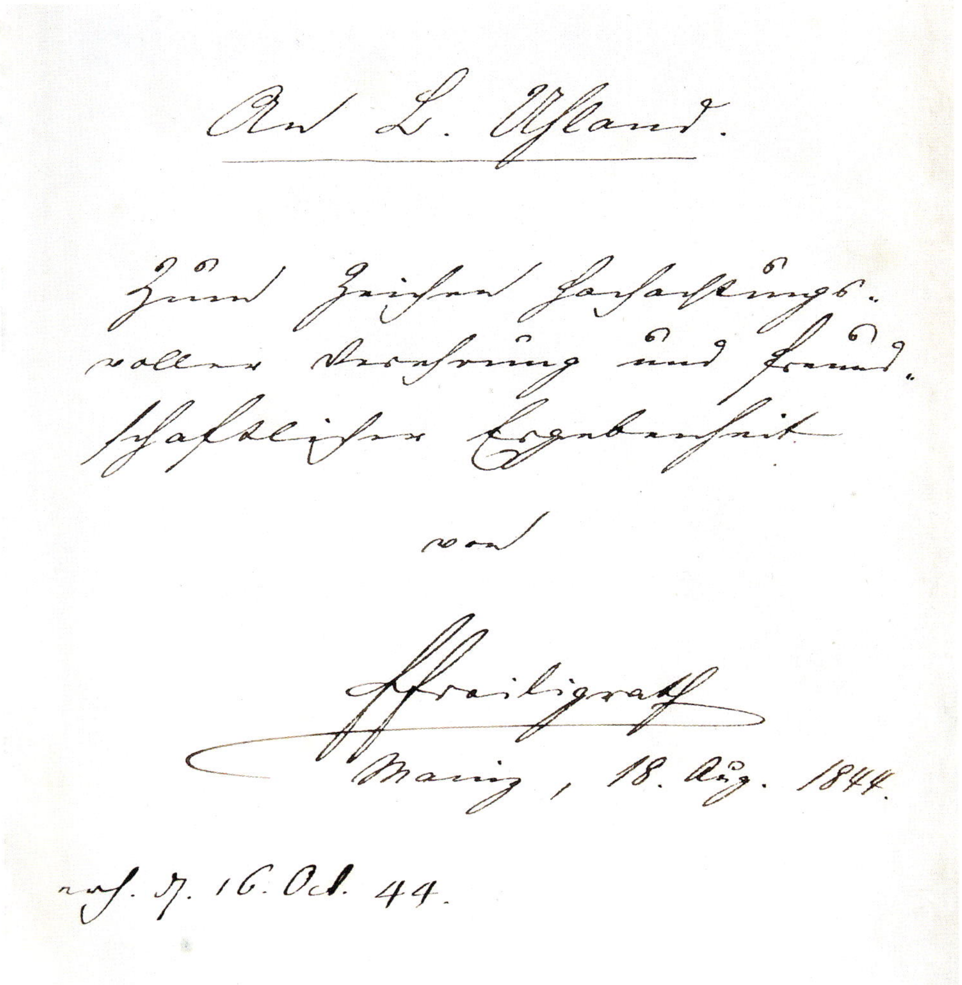
An L. Uhland.
Zum Zeichen hochachtungsvoller Verehrung und freundschaftlicher Ergebenheit
von
F Freiligrath
Mainz, 18. Aug. 1844.
erh. d. 16. Oct. 44.

„An L. Uhland. Zum Zeichen hochachtungsvoller Verehrung und freundschaftlicher Ergebenheit von F Freiligrath“ – mit diesem eingelegten Blatt übersandte Freiligrath Uhland seine revolutionären „Zeitgedichte“ Ein Glaubensbekenntniß, *mit denen der populäre Lyriker als politischer Dichter hervortrat. Universitätsbibliothek Tübingen.*

Wohin ist die andere Hälfte von Uhlands Buchbesitz gelangt? 1872 erschien im Tübinger Antiquariat von J.J. Heckenhauer ein *Germanistischer Lagercatalog*. Er umfasst insgesamt 1.565 Nummern, „vorwiegend aus Uhland's Bibliothek". Die Abteilung I „Alt- und Mitteldeutsch und Geschichte der deutschen Sprache, sowie Altnordisch... [einschl.] Mundarten und Idiotika, Sprüchwörtersammlungen" besteht aus 746 Nummern, die Abteilung II „Altböhmisch, Altslawisch, Altfranz., Altital., Altspanisch" aus 69 Nummern und die Abteilung III „Varia; sämmtlich aus Uhlands Bibliothek [grössten Theils für deutsche Geschichte u. Alterth.]" 748 Werke. In den Abteilungen I und II des Heckenhauer-Katalogs werden 126 Werke genannt, in denen Uhlands eigenhändiger Namenszug zu finden ist; sicher stammen wohl auch noch weitere Werke in diesem Katalog aus seinem Besitz, die er nicht eigens gekennzeichnet hat. Im gesamten Verzeichnis werden 71 Dedikationsexemplare aufgeführt. Wie bedauerlich, dass gerade diese bei der damaligen Sichtung durch die Tübinger Universitätsbibliothek übergangen wurden. Als kleines Kuriosum erwähnt der Heckenhauer-Katalog am Ende noch „3 Landschaften eigenhändig gemalt von L. Uhland" – diese können eigentlich nur von Uhlands Schwester Luise angefertigt worden sein, von der noch weitere Bilder bekannt sind.

111 bisher identifizierte Bände aus diesem Antiquariatsangebot Heckenhauers wurden von der 1871 neu gegründeten Universitäts- und Landesbibliothek Straßburg erworben. Nachdem die wertvollen historischen Bestände der Straßburger Stadtbibliothek während des deutsch-französischen Kriegs von 1870/71 vollkommen zerstört worden waren, wurden daraufhin auf Initiative des Fürstenbergischen Hofbibliothekars in Donaueschingen, Karl August Barack (1827–1900), zahlreiche in- und ausländische Bibliotheken um Hilfe beim Wiederaufbau eines Bibliotheksbestandes und die Überlassung von Dubletten gebeten. Barack, der 1871 zum Direktor der neuen Straßburger Bibliothek ernannt wurde, versuchte zunächst, die gesamte bei Heckenhauer angebotene Sammlung zu erwerben, stellte jedoch bei näherer Prüfung fest, dass durch die mittlerweile zahlreich fließenden Bücherspenden viele Werke bereits vorhanden waren. Den Kauf der Bände aus Uhlands Besitz ermöglichte eine Sonderzuweisung des Oberpräsidenten für das vom Deutschen Reich annektierte Elsass-Lothringen, Eduard von Möller.

Bei der Verwertung von Uhlands Bibliothek könnte u.U. auch der Orientalist Julius Euting (1839–1913) vermittelnd tätig gewesen sein, der, aus Tübingen kommend, 1871 eine Bibliothekarsstelle an der neuen Straßburger Bibliothek antrat. Jedenfalls weist Eutings *Fremden- und Freundesbuch* im Mai 1871 in Tübingen die Besuche von Wilhelm Ludwig Holland (1. Mai), des früheren Oberbibliothekars und Literaturwissenschaftlers Adelbert von Keller (3. Mai) und Christoph Friedrich von Stälin (19. Mai) nach; letzterer war seit 1869 Direktor der Königlichen Bibliothek in Stuttgart. Alle drei Besucher besaßen großes Interesse an Uhlands Bibliothek. Und so fanden schließlich auch insgesamt 153 Bände aus Uhlands Besitz, an denen die Universitätsbibliothek Tübingen kein Interesse gezeigt hatte, als Schenkung von Emilie Uhland ihren Weg in die Stuttgarter Bibliothek, die in diesen Büchern vor allem einen großen „Affectionswerth" sah.

Nach dem Tod des Tübinger Germanisten und Romanisten Prof. Wilhelm Ludwig Holland (1822–1891), der sich vor allem als Herausgeber von Uhlands Gedichten und seiner *Schriften zur Geschichte der Dichtung und Sage* betätigte und Hausnachbar des von ihm sehr verehrten Uhland in der Gartenstraße war (er wohnte einige Zeit in der Gartenstr. 5, also gleich neben Uhlands Wohnhaus), kaufte die Universitätsbibliothek Tübingen dessen umfangreiche Bibliothek, die etwa 2.600 Bände umfasste, für 6.000 Mark an. Sie enthält neben wichtigen Fachpublikationen, die in der Universitätsbibliothek fehlten, zahlreiche Literatur über Uhland, die Holland zusammengetragen hatte. Verbunden mit diesem Kauf war die von dem Erben ausgesprochene Schenkung einer größeren Menge von Handschriften aus Uhlands wissenschaftlichem Nachlass, den Holland übernommen hatte. Dieser Nachlassteil umfasst zum einen „Exzerpte und Materialien zur Geschichte und Literaturgeschichte", sodann Abschriften und Auszüge aus Handschriften, die Uhland bei seinen zahlreichen Bibliotheksreisen angefertigt hatte – diese wissenschaftlichen Zwekken dienende Betätigung war Uhland ganz besonders wichtig –, Materialsammlungen zu Volksliedern, zur Sagenkunde, zum altfranzösischen Epos, seine Tübinger Vorlesung über das *Nibelungenlied,* Ausarbeitungen zum Minnesang sowie die Manuskripte zu den Trauerspielen *Thyest* und *Benno.*

Wilfried Lagler

Folgende Seite:
Ehrendiplom des Allgemeinen Vereins der Carnevalsfreunde zu Düsseldorf für Herrn Uhland, Wohlgeboren. Düsseldorf am Dreikönigstage des Jahres (XVII) 1846. DLA Marbach. Unter den vielen Ehrendiplomen Uhlands ist dies das bei Weitem ungewöhnlichste. So rätselhaft seine Verleihung an Uhland bleibt, so unklar ist, wo man ihn in dem dargestellten Kampf der Narren gegen die Beamten und Schreiber wiederfinden würde. In der Person des Hanswurst sicherlich nicht, eher schon in der Figur des an einen Folianten geketteten traurigen Narren, am wahrscheinlichsten aber in Gestalt des von rheinländischer Lebensfreude und Ausgelassenheit zerquetschten Froschs.

Literatur

Achtzehntes Zuwachsverzeichnis der Königlichen Universitätsbibliothek zu Tübingen. Tübingen 1872.

Germanistischer Lagercatalog von J.J. Heckenhauer in Tübingen. Tübingen 1872.

Impressions d'Europe. Trésors de la B.N.U.S. entre France et Allemagne. Catalogue réalisé sous la direction de Christophe Didier avec la collaboration de Daniel Bornemann. Strasbourg 2003, S. 28–33.

Norbert Martin: Die Tübinger Universitätsbibliothek unter der Leitung Rudolf von Roths (1856–1895). Hausarbeit zur Prüfung für den höheren Bibliotheksdienst. Köln 1987.

Ungedruckte Quellen:

Fremden- und Freundesbuch Julius Eutings im Schlossturm auf Hohentübingen, Tübingen/Straßburg 1869–1873 (UB Tübingen, Sign: Md 676 g).

Universitätsarchiv Tübingen, Nr. 167/61, Nr. 167/234 und Nr. 167/260

Allgemeiner
Verein
der
Carnevalsfreunde zu Düsseldorf
Motto
Witz ist Witz, Dumm aber dumm!
Nº 66
PROTEST

Katalog

Ludwig
Uhland.

Abteilung 1
Uhlands Herkommen

Ludwig Uhland war einer von hier. Das heimelt einerseits an, andererseits gilt der Prophet ja nichts im eigenen Vaterlande – vielleicht ist man hierorts besonders kritisch mit ihm und schneller dazu bereit einzustimmen, wenn die Rede von dem altbackenen, dem unzeitgemäßen, dem zu Recht vergessenen Uhland geht. Zumal die Tendenz zur Musealisierung des Dichters in seiner Heimatstadt Tübingen besonders ausgeprägt war, wo es ein Denkmal gibt, wo Schulen, Straßen, Bäder, Universitätsinstitute und Apotheken nach ihm benannt sind. Dabei bietet die lokale Verbundenheit zweifellos einen Zugang zu der ja tatsächlich etwas fremd gewordenen Gestalt: Uhland stammte aus Tübingen und verbrachte den größeren Teil seiner Lebenszeit hier, man kann den Spuren seines Daseins noch heute folgen, ohne allzu großen Veränderungen Rechnung tragen zu müssen. Man kann sich die Gegebenheiten der Familie, das Milieu der bildungsbürgerlichen schwäbischen Ehrbarkeit vergegenwärtigen, Uhlands schulischen und akademischen Werdegang, auch sein Erwachen zum Dichter. Uhlands Gedichte sind zum großen Teil in Tübingen entstanden, manche enthalten eine markante örtliche Prägung – Stichwort Wurmlinger Kapelle – und sie entstammen den Konstellationen eines romantischen Studentenzirkels, der sich im Neuen Bau in der Münzgasse, wo Justinus Kerner als Student wohnte, lokalisieren lässt.

Allerdings gibt es bei dem heranwachsenden Uhland und im Verlauf seiner literarischen Entwicklung auch einen räumlichen Gegenpol zu Tübingen – Paris, wo der schüchterne Schwabe hinreiste, um die große und ferne Welt kennenzulernen, sich stattdessen aber in der Bibliothek den Kosmos der mittelalterlichen Literatur erschloss, der seinerseits mit seinen romantischen – und noch ferneren – Fantasiewelten bestimmend für Uhlands Dichtertum werden sollte. In dieser Abweichung vom Programm des eigentlich für das Fachstudium vorgesehen Bildungsaufenthalts deutet sich schon der schwelende Konflikt zwischen der von den Eltern bestimmten Laufbahn und seiner Neigung zur Poesie an, der für Uhland in den darauf folgenden Jahren virulent werden sollte, weil da einer Dichter sein wollte, ohne jedoch sein bürgerliches Auskommen zu haben. Und in einem solchen Konflikt tritt auch eine Seite Uhlands zutage, die man sonst wie selbstverständlich unterschlägt: Er war damals jung. Die bekanntesten Portraits und Fotografien stellen ihn streng, ältlich oder zumindest ernsthaft-reserviert dar und dementsprechend ist das Bild, das man von ihm hat, in der Regel das eines gesetzten, überseriösen Menschen. Einen deutlichen Kontrast dazu bildet der nebenstehende Schattenriss von Justinus Kerner, der Uhland als Student zeigt und als jugendlichen, romantischen Dichter. Uhland bemerkte dazu, dass die Darstellung von Kerner „nach eigenem Gutfinden retouchirt und verbessert" wurde, was Zweifel an der Ähnlichkeit des Portraits andeutet. Möglicherweise macht aber gerade das den Reiz des Bildes aus, dass Kerner hinter die Äußerlichkeiten, hinter Uhlands Fassade zu blicken vermochte. Vielleicht muss unsere heutige Vorstellung von Uhland ja auch wieder etwas „retouchirt und verbessert" werden, um ihn als den zu erkennen, der er seinen Zeitgenossen tatsächlich war – und als den, der er uns heute sein könnte!

Helmuth Mojem

Gegenüber:
Uhland als Student: Schattenriss von Justinus Kerner, hier nach einer Fotografie (vor 1911). DLA Marbach. Auf der Rückseite der Fotografie ist vermerkt: „Von J. Kerner am neuen Bau mit dem Storchschnabel abgebildet". Der Storchschnabel oder Pantograf ist ein Gerät zum Übertragen von Zeichnungen in anderem Maßstab.

Georg Hisler: Tübingen, eine dem Herzog von Würtenberg an Wein und Korn ser fruchtbar zugehörige Stadt. Kolorierter Kupferstich, 18 x 29,5 cm

Stadtmuseum Tübingen

„Ich kenne keine Stadt in Deutschland von einiger Bedeutung, deren äußeres Ansehen so häßlich wäre als diese" – so lautet gegen Ende des 18. Jahrhunderts das vernichtende Urteil des Berliner Aufklärers Friedrich Nicolai über die Universitätsstadt Tübingen.

Der vorliegende kolorierte Kupferstich von Georg Hisler, der eine Südansicht dieser angeblich so hässlichen – weil alten – Stadt um das Jahr 1784 zeigt, ist mit einer Legende versehen, worin ihre bedeutendsten Bauwerke benannt sind. In der Nähe des Neckars, beim Hirschauer Tor (3), kann man die Neckarhalde erkennen, in der Ludwig Uhlands Geburtshaus steht. Jedoch zog die Familie bereits in seinem ersten Lebensjahr 1787 in die Hafengasse um, die man sich irgendwo hinter der Stiftskirche (7) zu denken hat. Im Westen erblickt man das Schloss (1), welches majestätisch über der Stadt thront; die Bebauung reichte damals noch nicht bis auf den Schlossberg hinauf. Direkt zwischen dem Rathaus (5) und der Stiftskirche (7), jedoch mehr im Vordergrund, befindet sich die später so benannte Alte Aula (6), ein Gebäude der noch sehr kleinen Landesuniversität, in der bereits im Oktober 1477 die ersten Vorlesungen gehalten wurden und wo auch Ludwig Uhland später studieren und dozieren sollte. Daneben bestand die Eberhard-Karls-Universität im 18. Jahrhundert nur noch aus einem weiteren Haus in der Münzgasse sowie der Burse, die auf dem Kupferstich vor der Stiftskirche zu sehen ist. Hier hatte die Artistenfakultät ihren Platz, die der 14-jährige Student vor seinem eigentlichen Fachstudium – Rechtswissenschaft – besuchte.

Im ausgehenden 18. Jahrhundert hatte Tübingen rund 6500 Einwohner, die Universität zählte weniger als 200 Studierende. Der ans Schloss angrenzende westliche Altstadtkern, in dem Uhland geboren wurde, hatte sich sein altertümliches Aussehen stärker bewahrt. Im östlichen Stadtteil um die heutige Neue Straße, ganz in der Nähe des Hauses, in dem er aufwuchs, brannten 1789 jedoch 56 Gebäude ab, so dass ein neues, moderneres Viertel entstehen konnte. Der Österberg und die östlich vom Neckartor (8) gelegene Gegend waren noch so gut wie unbewohnt und zusammen mit dem Schloss ein beliebter Spielplatz für den jungen Uhland und seine Freunde. Ebenso wenig wie das Stadtbild entsprach das Interieur der alten, oft unbequemen Häuser norddeutschen Ansprüchen. Uhlands Studienfreund Karl August Varnhagen von Ense lästerte, dass das Sofa, das er zu seiner Überraschung im Wohnzimmer des reichen Verlegers Cotta gesehen habe, wohl das einzige in ganz Tübingen sei. Auch die alten Stadtmauern waren noch vorhanden und schützten die Bewohner Tübingens während der Revolutions- und Koalitionskriege. Eine der schönsten Jugenderinnerungen des alten Uhland soll gewesen sein, wie das siegreiche, österreichische Heer jubelnd in Tübingen begrüßt wurde. Zerstört wurde die Stadt während solcher Kriegszüge und Besetzungen jedoch nie, erst im Zweiten Weltkrieg traf eine Bombe ausgerechnet das Haus Ludwig Uhlands direkt an der Neckarbrücke.

Die freie Fläche diesseits des Flusses, die auf dem Stich mit Landleuten, Hirten und zwei Reitern bevölkert ist, wurde später auch bebaut. Dort verläuft heute die Uhland-Straße, an deren Rand sich das Denkmal erhebt, das die Stadt Tübingen ihrem berühmten Sohn errichten sollte.

Juliane Freese

Tübingen, eine dem Herzog von Würtenberg an Wein und Korn ser
fruchtbar zugehörige Stadt. 1. das Fürstl. Schlos. 2. die Schlos Brücke.
3. Hirschauer Thor. 4. das Kloster. 5. das Rathhaus. 6. Universitäts Haus. 7. die
Stadt Kirche. 8. das Necker Thor. 9. das Brücken Wirthshaus. 10. der Necker Flus.
MAXIMILIANVS II

Stammbucheintrag von Ludwig Joseph Uhland für Johann Friedrich Uhland. Tubingae d. XXI. Aug. 1779

Universitätsbibliothek Tübingen

An Stammbucheinträgen lässt sich mancherlei Interessantes ablesen. Zunächst einmal, wer da wem was ins Stammbuch schreibt. Außerdem, wann und wo dies geschieht, bezeichnet der Zeitpunkt des Eintrags doch meist die Abreise des Stammbuchinhabers; in akademischen Kontexten, um die es sich meist handelt, seinen Abgang von der Universität. Stammbücher wurden im 18. Jahrhundert meist von Studenten geführt und ihren Professoren und Kommilitonen vorgelegt, so dass sie oft aufschlussreiche Quellen für die jeweilige Universitätsgeschichte darstellen. Man kann auch die Stammbuchsprüche selbst untersuchen und nachverfolgen, wie sehr sie sich bis hin zu den heutigen Poesiealben der kleinen Mädchen – die bislang letzte Stufe des Genres – verändert haben. Antiquare sind eher an den vorkommenden Namen interessiert, garantieren doch prominente Personen mit möglicherweise noch unentdeckten Einträgen – Stammbuchblätter Hölderlins haben da eine gewisse Berühmtheit – einen hohen Preis für das jeweilige „album amicorum", wie die Büchlein in der Fachterminologie meist genannt werden. Das vorliegende Blatt kann gleich zweimal mit dem bekannten Namen Uhland aufwarten, allerdings sind es die falschen Uhlande, nämlich Vater und Großvater des auf dem antiquarischen Markt dann doch lukrativeren Dichters. Dem Vater gehörte das Stammbuch, von dessen Vater wiederum rührt der Eintrag, die lateinische Fassung zweier Psalmenverse: „Der Herr behüte dich vor allem Übel; er behüte deine Seele. Der Herr behüte deinen Ausgang und Eingang von nun an bis in Ewigkeit" (Ps. 121, V. 7/8). Ein väterlicher Wunsch, der jedoch auch die berufliche Sphäre des Eintragenden nicht verleugnet, war doch Uhlands Großvater (1722–1803) nach einer Zwischenzeit als Professor der Geschichte ordentlicher Professor der Theologie sowie Ephorus und Superattendent des Stifts.

In diesem Stammbucheintrag spiegelt sich das gelehrte familiäre Herkommen Ludwig Uhlands. sein Vater, dem der Eintrag ja galt, sollte nachfolgend Universitätssekretär werden, ein Amt, das in etwa dem des späteren Kanzlers entspricht und das er von seinem Schwiegervater Jakob Samuel Hoser (1714–1796), also Ludwig Uhlands zweitem Großvater, übernahm. Eine durch und durch akademisch geprägte Familie also, der der kleine Ludwig wohl mancherlei Anregung zu verdanken hatte. Umgekehrt hat man im Charakter des Großvaters Uhland etliche Züge zu entdekken geglaubt, die dem berühmteren Enkel zu eigen waren: Geradlinigkeit im Auftreten, ein empfindsames Gemüt und eminenten Fleiß bei der wissenschaftlichen Arbeit; auch das etwas ungelenke Benehmen soll Ludwig Uhland von ihm geerbt haben. Vielleicht sogar einiges von der Pedanterie und Umständlichkeit des Großvaters, was sich dann aber im dritten Glied merklich abgemildert haben muss, waren doch von Ludwig Joseph Uhland recht kuriose Geschichten im Umlauf. So soll der von den Studenten „Speckle" genannte Professor nicht weniger als drei Vorlesungsstunden benötigt haben, allein um die Krüge bei der Hochzeit zu Kanaa zu beschreiben; auch verwendete er angeblich in seinem Kolleg zur Weltgeschichte ein volles Semester auf die Betrachtung des Menschen *vor* Adam. Solche Weitschweifigkeit ist dem vorliegenden Stammbucheintrag nicht anzumerken; freilich war der Platz dafür auch beschränkt. So leitet man Uhlands Abstammung denn auch nicht von Adam und Eva her – oder gar der Zeit davor –, sondern lediglich von seinen gelehrten Tübinger Vorfahren.

Antonia Vollmost

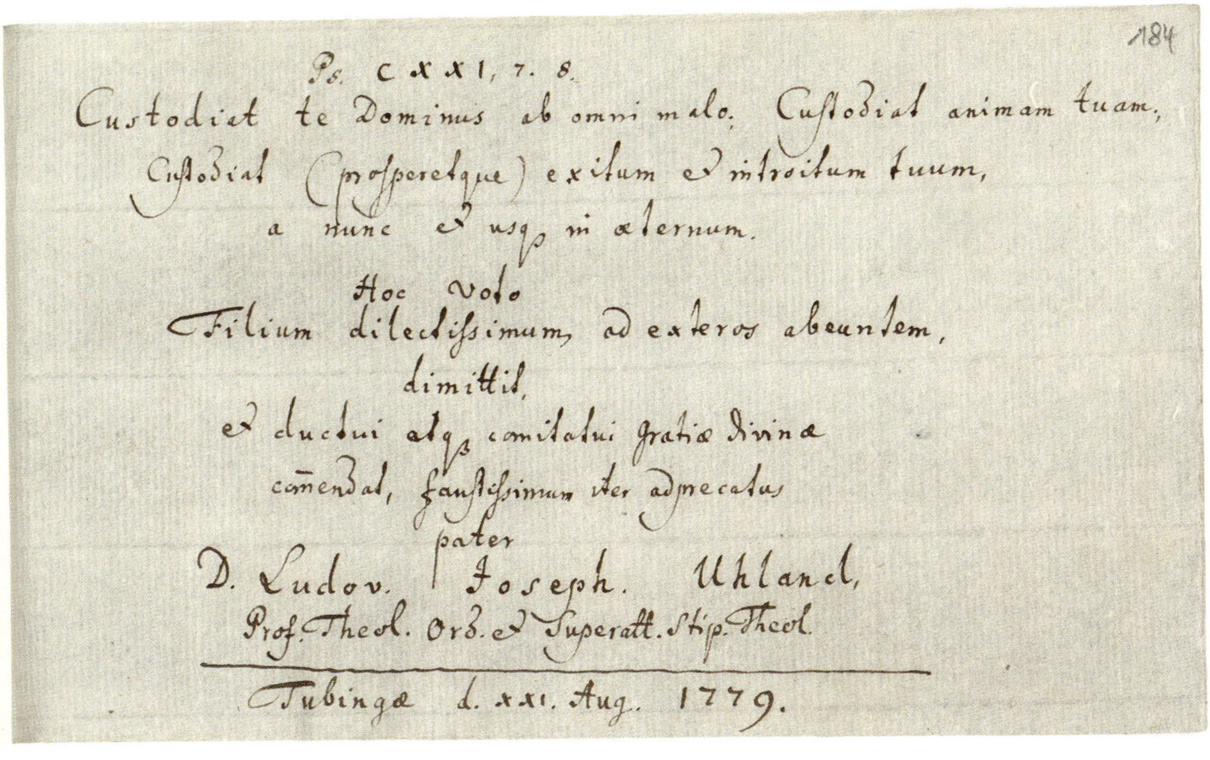

184

Ps. CXXI, 7. 8.

Custodiat te Dominus ab omni malo. Custodiat animam tuam,

Custodiat (prosperetque) exitum & introitum tuum,

a nunc & usq; in æternum.

Hoc voto

Filium dilectissimum, ad exteros abeuntem,

dimittit,

& ductui atq; comitatui gratiæ divinæ

cōmendat, faustissimum iter adprecatus

pater

D. Ludov. Joseph. Uhland,

Prof. Theol. Ord. & Superatt. Stip. Theol.

Tubingæ d. XXI. Aug. 1779.

Taufgarnitur von Ludwig Uhland: Häubchen, Jäckchen und Kissenbezug

DLA Marbach

Am Donnerstag, dem 26. April 1787 erblickte das dritte Kind des Ehepaares Johann Friedrich Uhland (1756–1831) und Rosine Elisabeth, geb. Hoser (1760–1831) das Licht der Welt: Johann Ludwig Uhland. Noch ahnte niemand, zu welcher Berühmtheit als Dichter, Gelehrter und Politiker es der Säugling dereinst bringen sollte. Die besten Voraussetzungen dafür, eine gute Bildung und die Erziehung im christlichen Geist, waren ihm von seiner traditionsreichen Gelehrtenfamilie jedoch bereits in die Wiege gelegt worden. Die Taufe bildete zu diesem Werdegang gewissermaßen den Auftakt. Dabei zog man dem kleinen Uhland ein prächtiges Jäckchen aus gold-gelber Seide an, das reich mit Tüll-Stickerei verziert war; um so auffälliger, als die Grundfarbe solcher Taufkleider in der Regel weiß war. Das abstrakt gemusterte Innenfutter aus Baumwolle dürfte das Kind warm gehalten haben, die Spitze am Hals könnte jedoch etwas kratzig gewesen sein. Das Taufhäubchen, gleichfalls aus gold-gelber Seide mit Spitze, weist hingegen kein Innenfutter auf; man ist versucht zu kalauern, dass es Uhland schon damals einen kühlen Kopf bewahrt hat. Es fehlt der Rock, der den unteren Teil des Körpers bedeckt haben muss. Dafür ist eine mit demselben Pflanzenmotiv verzierte Hülle erhalten, die vielleicht der Überzug des Taufkissens war, auf dem der Täufling in die Kirche und zum Taufbecken getragen wurde.

Solchermaßen mit dem Segen Gottes versehen trat Ludwig Uhland seine Lebensbahn an, die ihn, zumindest für einige Zeit, bis in die Unsterblichkeit führen sollte. So ist es nicht weiter verwunderlich, dass die Taufgarnitur, die man zunächst wohl aus Familienpietät aufgehoben hatte, allmählich die Qualität einer Dichterreliquie annahm. Im Jahr 1931 wurde sie von den Erben dem Marbacher Schiller-Nationalmuseum übergeben, wo sich der dichterische Nachlass Uhlands bereits befand.

Zweifellos kann man solchen Erinnerungsstücken über ihren Devotionaliencharakter hinaus in literarhistorischem Kontext mancherlei biografische und sozialgeschichtliche Erkenntnis abgewinnen. Dennoch provoziert ihre Musealisierung regelmäßig Spott. Als der Leipziger Schillerverein im Jahr 1841 eine Weste des Dichters erwarb, reagierte der junge Theodor Fontane mit einem satirischen Gedicht darauf, dass „man mit einer Schillerschen Weste Götzendienst trieb“. Der Pointe zuliebe beließ er es aber nicht bei der Weste, sondern erfand einen Strumpf Shakespeares. Im Übrigen sei es eingestanden, dass das Marbacher Literaturarchiv mittlerweile tatsächlich auch Strümpfe Schillers im Bestand hat.

Laut gesungen, hoch gesprungen,
Wenn verschimmelt auch und dumpf,
Sei's! wir haben ihn errungen,
William Shakespeares wollnen Strumpf.

Sieg! wir haben jetzt die Strümpfe,
Haben jetzt das heilge Ding,
Drinnen er durch Moor und Sümpfe
Sicher vor Erkältung ging.

Sieg! wir haben jetzt die Strümpfe,
Dran er putzte, wischte, rieb
Manchesmal die Federstümpfe,
Als er seinen Hamlet schrieb.

Euern Enkeln wird man melden:
„Euer Ahn, daß ihr es wißt,
War auch einer von den Helden,
Die den Shakespeare-Strumpf geküßt.“

Hätte der freche Fontane schon wissen können, dass heutzutage in Marbach nicht nur Uhlands Taufzeug, sondern sogar Strümpfe von dessen Frau Emilie aufbewahrt werden, wäre ihm dies alles sicherlich Stoff für neue Anzüglichkeiten geworden. Dazu ist lediglich zu sagen: „Honi soit qui mal y pense!“

Elena Pelzer

Bildnisse Ludwig und Friedrich Uhlands von unbekannter Hand. Öl auf Leinwand, jeweils 52 x 39 cm
DLA Marbach

Der Dichter als Kind! Betrachtet man auch heute das frühe Portrait Ludwig Uhlands im Wissen um seine spätere Berühmtheit, so stand es ursprünglich doch ganz und gar in einem privaten, in familiärem Kontext. Darauf verweist schon sein Gegenstück, das Bildnis des älteren Bruders Friedrich. Die beiden Geschwister dürften bei der Portrait-Sitzung vielleicht vier bis sechs Jahre gezählt haben, wobei auffällt, dass der eigentlich Ältere im Bild der Jüngere ist. Der 1784 geborene Friedrich dürfte in früherem Alter gemalt worden sein als der 1787 zur Welt gekommene Ludwig, also wohl gegen Ende der 1780er Jahre, wohingegen man dessen Darstellung auf etwa 1793 ansetzt. Auf diesen Altersunterschied deutet auch die Kleidung der Knaben, die im Fall Friedrichs etwas kindlicher anmutet. Dass dieser auch freundlicher und fröhlicher war als Ludwig, wie überliefert wird, ist auf den Bildern nicht unbedingt zu erkennen. Allerdings soll er im Verwandtenkreis eindeutig der Beliebtere gewesen sein. Emilie Uhland berichtet, dass es bei Besuchen stets geheißen habe: „Grüß Gott, lieber Fritz, das ist schön, dass du zu uns kommst! und dann eine Octave tiefer: So Louis, du kommst auch mit". Doch war Ludwig keinesfalls ein mürrisches, verschlossenes oder auch überbraves Kind, wie man vielleicht von der Sprödigkeit und Korrektheit seines Wesens im Erwachsenenalter ausgehend vermuten könnte. Er scheint vielmehr ein wilder und ungebärdiger Junge gewesen zu sein, dem insbesondere die vorgeschriebene Kleiderordnung zuwider war. So soll er sich oft das gepuderte Haar ausgeklopft oder sich später noch mit Genugtuung daran erinnert haben, wie ihm einmal bei einer allgemeinen Rauferei auf dem Österberg das Zopfband weggerrissen worden sei.

Die Gemeinschaft der beiden Brüder, die das Portrait-Paar suggeriert, blieb nicht lange erhalten: Friedrich Uhland starb bereits im Alter von zehn Jahren an Scharlach, der Bruder, ebenfalls schwer erkrankt, überlebte. Ludwig und seine 1795 geborene Schwester Luise blieben die einzigen Kinder des Ehepaars Uhland, allerdings ist von letzterer kein so frühes Bildnis überliefert.

Der ovale Bildausschnitt der beiden Portraits ist typisch für die Zeit des ausgehenden 18. Jahrhunderts. Auffällig erscheint indessen die Betonung der Stofflichkeit der Kleidung; dass keine Hände zu sehen sind, läßt auf eine geringere Qualifikation des Künstlers schließen. Aufgrund der Bindung der Familie an die Universität – Professoren, Universitätssekretäre – liegt es nahe, dass der damalige Universitätsmaler die Gemälde angefertigt hat, jedoch ist der unmittelbare Nachfolger von Jakob Friedrich Dörr (1750–1788) namentlich nicht bekannt.

In jener Zeit war es eher noch unüblich, dass eine bürgerliche Familie Portraits ihrer Kinder malen ließ; entsprechende Bildnisse sind meist nur aus Adelsgeschlechtern überliefert. Erst nach der Französischen Revolution nahm aufgrund eines neuen Selbstverständnisses des Bürgertums die Anzahl von Portrait-Aufträgen, in Württemberg nicht anders als anderswo, stark zu. Die auch in dieser Hinsicht frühen Bildnisse Ludwig Uhlands und seines Bruders lassen akademisch befestigten Familienstolz erkennen. Dass aus diesem Beamten- und Gelehrtenmilieu ein romantischer Dichter entspringen würde, konnte man damals noch nicht wissen, und das Portrait verrät es auch nicht der Perspektive der Nachgeborenen. Zu sehen ist nicht der spätere Dichter, zu sehen ist ein Kind.

Juliane Freese

Johann Georg Hutten: Schulzeugnis für Ludwig Uhland. Tübingen. 7. Dezember 1797

DLA Marbach

Johann Ludwig Uhland, Sohn des S. T. Herrn Johann Friederich Uhland, J. U. L. und Sekretarius hiesiger Universität, gebohr. d. 26. Apr. 1787 frequentirt bereits seit mehr als einem Jahr, nach vorheriger ordentlicher Besuchung der sämtlichen untern Klassen, die meinige, als die vierte Klasse der anatolischen Schule. Schon die Möglichkeit, ihn so frühe in dieselbe befördern und aufnehmen zu können, ist der redendste Beweiß nicht nur von treflichen Naturanlagen, sondern auch von gesegnetem Erfolg aller häuslichen und öffentlichen Bemühung für zweckmäsige Bildung derselben. Noch mehr aber sprechen dafür die glücklichen Fortschritte, die Ebenderselbe in allen Sach- und Sprachkenntnissen durch Fleiß und Aufmerksamkeit auf meinen Unterricht bißher ungehindert gemacht hat, so daß er bereits der bessern Abtheilung meiner Klasse beigezählt werden mußte. Der Lehrer eines solchen, die Mühe des Unterrichts mit dem erfreulichsten Erfolg lohnenden Schülers hat die gegründetsten Ursachen, von gleicher Fortsetzung des Fleisses die schönsten Früchte für glückliche Betreibung der höhern Studien dereinst zuzusichern.
Dieses wollte auf geäusertes Verlangen nach Amt und Pflicht der Wahrheit gemäß bezeugen, auch mit eigener NahmensUnterschrift und beigedrucktem gewöhnlichen Sigill bekräftigen

Tübingen d. 7. Decemb. 1797

M Johann Georg Hutten
Rector Scholae anat.

Ein gutes Zeugnis, das der zehnjährige Uhland hier ausgestellt bekam, vier Jahre nachdem er in die Tübinger Lateinschule, die auf dem Schulberg neben dem Österberg gelegene Schola anatolica, eingetreten war und vier Jahre bevor er sie 1801 verlassen sollte, um sich bei der Artistenfakultät auf das Fachstudium an der Universität vorzubereiten. Denn ebenso wenig wie die damaligen vier Klassen der Tübinger Lehranstalt unseren heutigen Jahrgangsstufen entsprachen, vielmehr Leistungsklassen bildeten, ebenso wenig führte die Lateinschule unmittelbar zur Hochschulreife. Ihr Ausbildungsziel war, fernab jeglicher Naturwissenschaften, die Beherrschung der lateinischen Sprache und die Eloquentia, die Fähigkeit zu freier Rede und schriftlichem Ausdruck. Solche Einseitigkeit kam Uhland sicherlich entgegen. Obwohl aus ihm nie ein großer Redner wurde, war er doch schriftlich und wohl auch mündlich beider Sprachen mächtig, und das in ganz besonderem Maß. Er schmiedete die als Hausaufgaben geforderten Verse mit Leichtigkeit, sprang im Bedarfsfall damit auch seinen Mitschülern bei und verfasste als eines seiner ersten Gedichte überhaupt die dem Klassenprimus obliegende *Bitte um die Frühjahrsvakanz*. Auch lateinische oder deutsche Glückwunschgedichte im Familienkreis gingen ihm leicht von der Hand. Uhland war ein fleißiger und strebsamer Schüler, der mehrfach als Klassenbester ausgezeichnet wurde und dafür jeweils einen Preis von einem Gulden davontrug, es wird aber auch berichtet, dass er bei einem schweren Scharlachanfall – sein Bruder sollte damals der Krankheit erliegen – im Fieber pausenlos lateinische Konjugationen aufgesagt habe, bis ihm die Stimme erloschen sei. Ob solch obsessives Lernen nun kennzeichnend für die Atmosphäre der Schola anatolica oder eher im Naturell Uhlands begründet war, sei dahingestellt. Er selbst erinnerte sich seiner Schulzeit jedenfalls gern und Emilie Uhland vermachte der damals schon zum Gymnasium erhobenen Lehranstalt, die später den Namen ihres Mannes tragen sollte, eine beträchtliche Summe. Erscheint dies alles im Rückblick auch harmonisch und wohlgefällig, so dürfte der Schulalltag zuweilen doch anders ausgesehen haben. Von dem Rektor Hutten, der für die Vorzüge Uhlands so lobende Worte fand, ist jedenfalls als ständiger Stoßseufzer gegenüber seinen Schülern überliefert – und es dürfte mancher geplagte Pädagoge auch heute noch darin einstimmen: „Ihr Nägel meiner Bahre! Ihr Teufel meiner Gesundheit!"

Antonia Vollmost

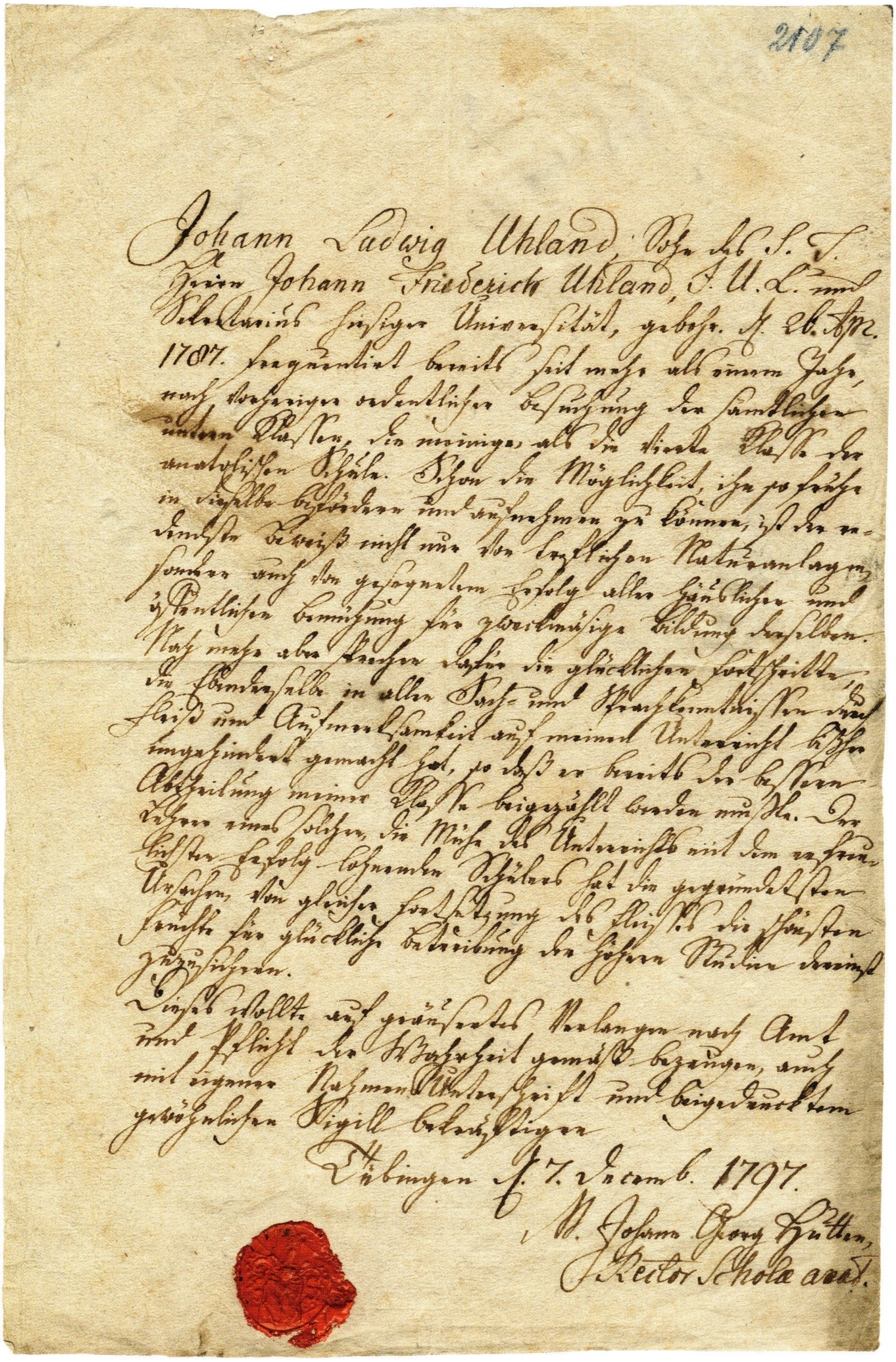

2107

Johann Ludwig Uhland, Sohn des S. T.
Herrn Johann Friderich Uhland, J. U. L. und
Secretarius hiesiger Universität, gebohr. d. 26. Apr.
1787. frequentirt bereits seit mehr als einem Jahr,
nach vorheriger ordentlicher besuchung der sämtlichen
untern Classen, die [illegible] als die vierte Classe der
anatolischen Schule. Schon die Möglichkeit, ihn so frühe
in dieselbe befördern und aufnehmen zu können, ist ein re-
dender Beweiß nicht nur der trefflichen Naturanlagen,
sondern auch des gesegneten Erfolgs aller häuslichen und
öffentlichen bemühung für zweckmäßige bildung desselben.
Noch mehr aber sprechen dafür die glücklichen Fortschritte,
die derselbe in allen Sach- und Sprachkenntnissen durch
Fleiß und Aufmerksamkeit auf meinen Unterricht bisher
ungehindert gemacht hat, so daß er bereits der besten
Abtheilung meiner Classe beigezählt werden mußte. Der
Lehrer eines solchen, die Mühe des Unterrichts mit dem erfreulichsten Erfolg lohnenden Schülers hat die gegründetsten
Ursachen, von gleicher Fortsetzung des Fleißes die schönsten
Früchte für glückliche betreibung der höheren Studien dereinst
zuzusichern.

Dieses wollte auf geäußertes Verlangen nach Amt
und Pflicht der Wahrheit gemäß bezeugen, auch
mit eigener Nahmens Unterschrift und beigedrucktem
gewöhnlichen Sigill bekräftigen

Tübingen d. 7. Decemb. 1797.

M. Johann Georg Hutten,
Rector Scholae acad.

Ludwig Uhland: Meinen Eltern am Neujahr 1802

DLA Marbach

Meines Lebens zarte Blüte
Hat die Zeit nun abgestreift,
Und, bewahrt durch Gottes Güte,
Sind die Früchte bald gereift.

Der dies schrieb, war ein 14-jähriger, doch klingen die Verse weniger wie ein kindliches Glückwunschgedicht an die Eltern denn wie eine frühreife, aber um so auftrumpfendere Selbstdarstellung. Zwar folgt noch gattungsgemäß der obligate Dank an die Eltern für eine glückliche Kindheit, indessen wird deutlich, dass diese Zeit in der Vergangenheit liegt und hier und jetzt ein neu erwachtes Bewusstsein spricht. Dies ist auch zu erkennen, wenn man die lange Reihe der Uhland'schen Glückwunschgedichte an seine Eltern betrachtet, die jenseits von zwei lateinischen Briefen an den Vater von 1795 und 1799 und einem deutschen an die Mutter von 1800 im Jahr 1801 einsetzt und bis 1806 reicht; daneben existiert noch ein nicht datiertes früheres. Und es hat noch weitere gegeben, wie Emilie Uhland von ihrem Gatten überliefert: „Ich machte auch gerne meine Neujahrsgedichte für den Großvater in horazischen Versen. Überhaupt war ich Familiendichter. Auch für Onkel Doctors Mädchen machte ich ihre Geburtstagswünsche. Die deutschen Verse wurden zu Hause und bei Behörden gerne gesehen, um – den Styl zu bilden." Seinen Stil bildete Uhland bei solchen Gelegenheitsgedichten tatsächlich und es ist wohl auch kein Zufall, dass seine erste Veröffentlichung überhaupt, ein Leichencarmen, diesem Genre angehört: „Dem Andenken unserer unvergeßlichen Wilhelmine Gmelin, gestorben den 7. August 1806. Von ihren Freundinnen".

An dem vorliegenden Gedicht, das zunächst in zwei verschiedenen Handschriften Gestalt annahm, bevor es in der Reinschrift im Liederbuch zu seiner endgültigen Form fand, fällt die wechselnde Überschrift auf: Zuerst lautet die Anrede „Liebste Mutter!", dann „Liebster Vater!", ehe der zusammenfassende endgültige Titel die beiden Varianten vereinte. Dabei sollte es in den Neujahrsgedichten für die nächsten Jahre auch bleiben, während die früheren Briefe oder Glückwunschgedichte entweder an den Vater oder an die Mutter adressiert waren. Ob man an solcher Differenzierung etwas ablesen kann, außer dass Uhland an seinen Vater lateinisch und an seine Mutter deutsch schrieb, scheint zweifelhaft. Auch die pauschale Adressierung an das Elternpaar könnte schlicht praktische Gründe, nämlich solche der Zeitersparnis, gehabt haben. Denkbar wäre vielleicht noch, dass Uhlands Schwester Luise sich mit dem gleichen Gedicht an die Mutter wandte, das der Bruder dem Vater darbrachte, so wie es bei ähnlicher Gelegenheit heißt: „Was des Bruders Lieb' ersann, / Das steht wohl auch der Schwester an". Doch passt der Inhalt der Verse schwerlich zu der damals gerade 6-jährigen Luise, besonders der Text der in der ersten Fassung („Liebste Mutter!") gestrichenen Strophe:

So, durch graue Dunstgeflechte
Seh' ich oft der Kindheit nach,
Die die Zeit mit strenger[m] Rechte
Ach! zu früh mir unterbrach.

Der elegische Rückblick auf die Kindheit steht nur einem ihr Entwachsenen zu. Während Uhlands Mutter den Sohn auch noch viel später mit zärtlichen Liebesbekundungen überschüttete – „Es tut mir so Ahnd nach dir" – versuchte dieser, den Anforderungen „der Zeit", also des Erwachsenenlebens Genüge zu tun. Nach bürgerlichen Maßstäben gelang ihm dies lange nicht, nach literarischen hingegen schon bald. Nur vier Jahre später lagen etliche gültige Gedichte von ihm vor, darunter das Meisterwerk *Die Kapelle*.

Elena Pelzer

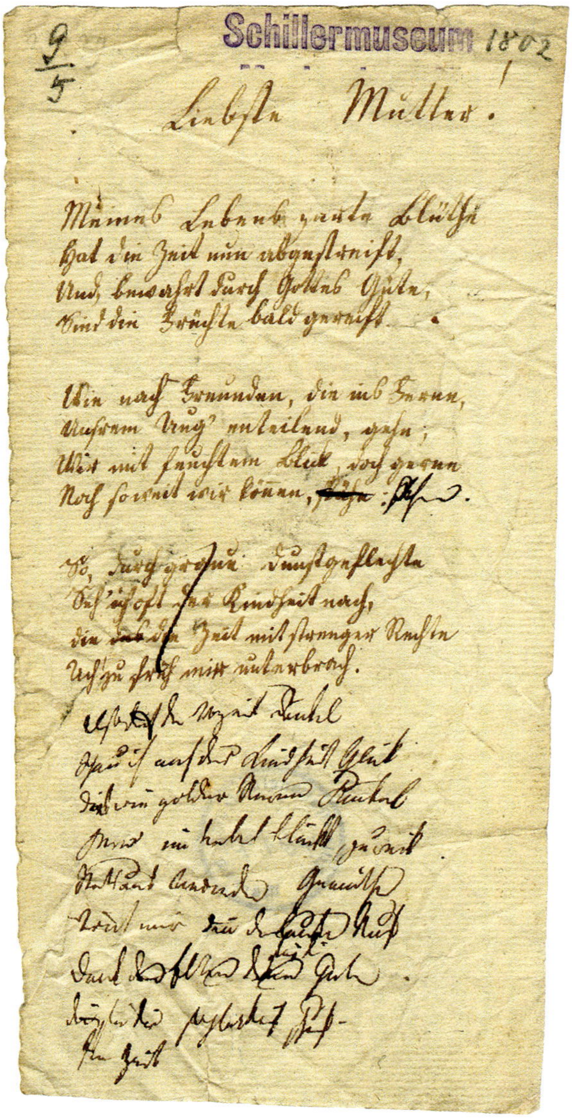

9/5

Liebste Mutter!

Meines Lebens zarte Blüthe
Hat die Zeit nun abgestreift,
Und, bewahrt durch Gottes Güte,
Sind die Früchte bald gereift.

Wie nach Freunden, die ins Ferne,
Unserm Aug' enteilend, gehn;
Wir mit sanftem Blick, doch gerne
Noch soweit wir können, ~~[illegible]~~ sehn.

So, durch grauen Dunstgeflechte
Schau ich oft der Kindheit nach,
Die der ~~[illegible]~~ Zeit mit strenger Rechte
Uns zu früh mitt unterbrach.

[illegible] Vorzeit Dunkel
Schau ich nach der Kindheit Glück
Das wie goldner Sterne Funkel
[illegible] zurück
[illegible] Gemüthe
Tönt mir [illegible] Ruf
Dank [illegible] Güte
[illegible]
[illegible]

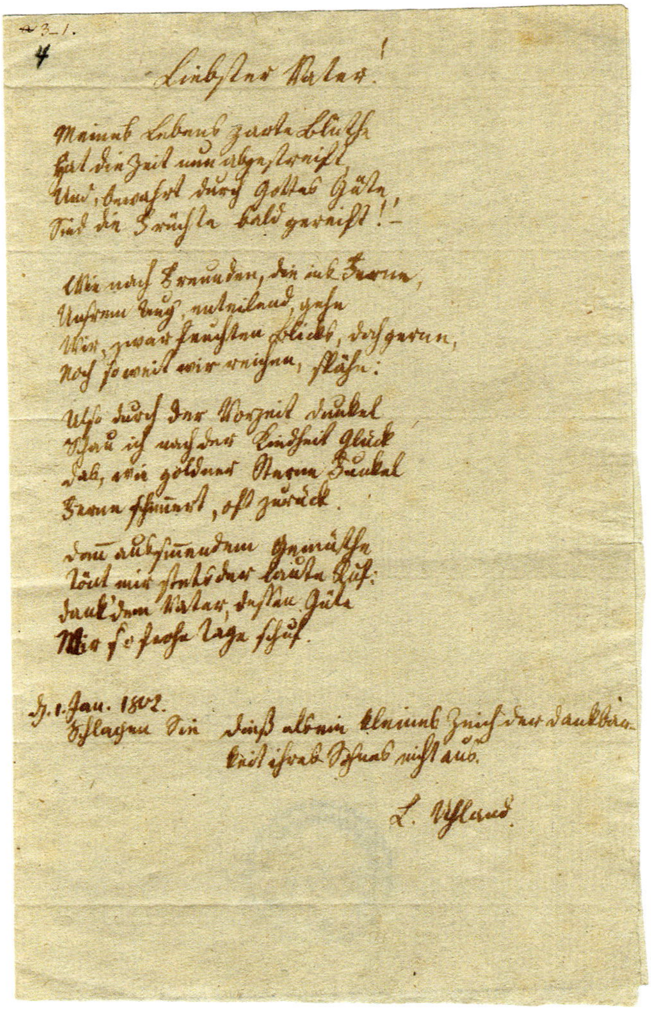

43-1.

4

Liebster Vater!

Meines Lebens zarte Blüthe
Hat die Zeit nun abgestreift,
Und, bewahrt durch Gottes Güte,
Sind die Früchte bald gereift! –

Wie nach Freunden, die ins Ferne,
Unserm Aug', enteilend, gehn,
Wir, zwar sanften Blicks, doch gerne,
Noch soweit wir reichen, sehn:

So durch der Vorzeit Dunkel
Schau ich nach der Kindheit Glück
Das, wie goldner Sterne Funkel
Fern schimmert, oft zurück.

Dem entschwundenen Gemüthe
Tönt mir stets der traute Ruf:
Dank dem Vater, dessen Güte
Mir so frohe Tage schuf.

D. 1. Jan. 1802.
Schlagen Sie dieß [illegible] kleines Zeichen der dankbaren Liebe ihres Sohns nicht aus.

L. Uhland.

Bescheinigung über die Ernennung Uhlands zum Königlichen Advokaten. Tübingen 27. Oktober 1808

DLA Marbach

Nachdem Seine Königliche Majestät den Kandidaten der Rechte, Johann Ludwig Uhland von Tübingen gebürtig, auf seine allerunterthänigste Bitte hin zu einem Königlichen Advokaten anzunehmen allergnädigst geruht haben, auch derselbe hierauf mittelst Abschwörung eines feierlichen Amts-Eides vor diesem Königlichen Ober-Tribunal verpflichtet und daselbst immatrikulirt worden ist:
So hat man ihm zu seiner Beglaubigung gegenwärtiges Diplom ausfertigen – und zu dessen Bekräftigung das grösere Königliche Ober-Tribunals-Insiegel hier beidruken lassen.
So geschehen, Tübingen, d. 27.ⁿ Oktober 1808.
Königliches Ober-Tribunal.
von Kapff

Diese Urkunde markiert gewissermaßen das Ende von Uhlands juristischer Ausbildung – danach sollte lediglich noch die Promotion am 3. April 1810 folgen –, und er hätte, mit diesem Zeugnis versehen, ohne Weiteres in die Fußstapfen seines Vaters und Großvaters treten können, die beide Juristen und Advokaten waren. Was indes so folgerichtig aussieht, war ursprünglich anders geplant gewesen: Ludwig Uhland sollte, dem Vorbild des Onkels folgend, Medizin studieren. Als er jedoch Gelegenheit bekam, ein beträchtliches Stipendium zu erhalten, von dessen Genuss allerdings Mediziner ausgeschlossen waren, weil der Stifter auf diese Weise die Ärzteschaft als Ganzes bestrafen wollte, die ihm in seiner Krankheit nicht helfen konnte, da wandte sich der Knabe auf Wunsch seiner Eltern der Rechtswissenschaft zu. 1801, im Alter von 14 Jahren, bezog er die Universität, zunächst allerdings die Artistenfakultät, die man am ehesten mit einer heutigen gymnasialen Oberstufe vergleichen kann, und die die Grundlagen für das anschließende Fachstudium schaffen sollte. Dieses absolvierte Uhland mit guten Zeugnissen, doch während seine Freunde aus dem Tübinger Romantikerzirkel ihre jeweiligen Studienfächer anschließend auch zum dauernden Beruf machen sollten – der Jurastudent Karl Mayer wurde Oberamtsrichter, der Theologiestudent Gustav Schwab Gymnasialprofessor und Pfarrer sowie schließlich Konsistorialrat, der Medizinstudent Justinus Kerner Oberamtsarzt – blieb die Juristerei für Uhland ein ungeliebter Gegenstand. Zwar schrieb er eine lateinische Dissertation, trat nach seiner Rückkehr von der Pariser Reise in die väterliche Kanzlei ein, nahm später eine (unbesoldete) Stelle im Stuttgarter Justizministerium an und wurde schließlich sogar selbständiger Advokat – im Innern seines Wesens blieb er aber stets ein Dichter. Schon zum Zeitpunkt dieses Zeugnisses, das ihm den Eintritt in die Berufslaufbahn eröffnen sollte, hatte Uhland Gedichte im Seckendorff'schen *Musenalmanach* und in Achim von Arnims *Zeitung für Einsiedler* veröffentlicht und seinen Teil zu der romantischen Unternehmung des *Sonntagsblatts* beigetragen. In der Folge wurde die Hinwendung zur Poesie eher noch stärker. Wie die Verhältnisse zwischen Pflicht und Neigung bei Uhland damals lagen, veranschaulicht aufs Schönste ein Traum, den er unter dem 15. Juni 1811 in sein Tagebuch notierte: „Wie mir Prokurator Schott zuerst den Riß eines Dorfes für eine Prozeßsache zeichnen wollte, wie er dann zum Schlosse kam u. dieses sich nach u. nach zum Schlosse in den Wahlverwandtschaften ausbildete, mit großer Eleganz u. Reinlichkeit u. romantischer Umgebung mit einer Ruine, deren Entdeckung mir besondere Freude machte."

Das „grösere Ober-Tribunals-Insiegel" bekräftigt, dass Uhland zum Juristen bestimmt war, das Dokument gleicht dadurch äußerlich beinahe einem Vertrag, doch war diese Bindung an die Rechtswissenschaft keineswegs so stark, dass Uhland sie nicht alsbald zugunsten der ihm wahlverwandten Dichtkunst zurückgedrängt hätte. Und wenn dieses neue Verhältnis auch kein lebenslanges blieb, so nahm es doch ein weniger trauriges Ende als in Goethes Roman.

Antonia Vollmost

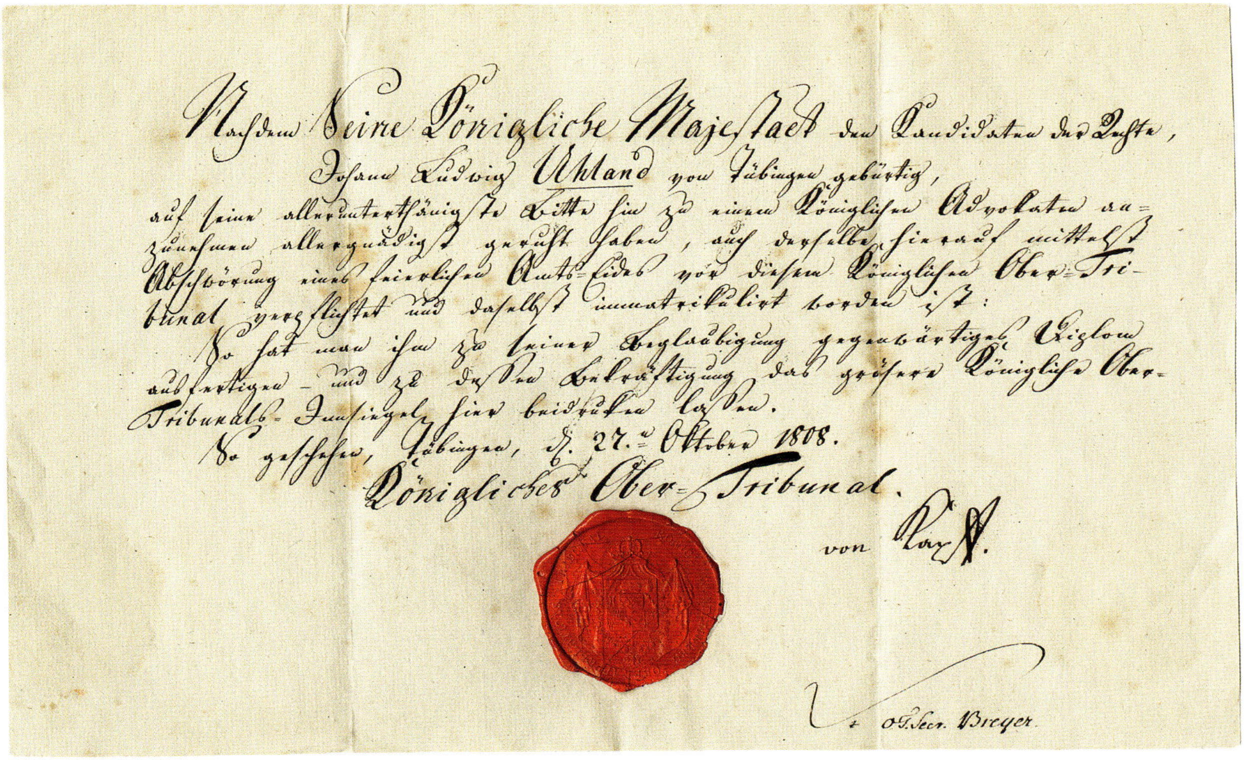
Nachdem Seine Königliche Majestaet den Candidaten der Rechte,
Johann Ludwig Uhland von Tübingen gebürtig,
auf seine allerunterthänigste Bitte hin zu einem Königlichen Advokaten anzunehmen allergnädigst geruht haben, auch derselbe hierauf mittelst Abschwörung eines feierlichen Amts-Eides vor diesem Königlichen Ober-Tribunal verpflichtet und daselbst immatrikulirt worden ist:
So hat man ihm zu seiner Beglaubigung gegenwärtiges Diplom ausfertigen – und zu dessen Bekräftigung das größere Königliche Ober-Tribunals-Insiegel hier beidrucken lassen.
So geschehen, Tübingen, d. 27.ten Oktober 1808.
Königliches Ober-Tribunal.
von [illegible]
O.T. Secr. Breyer.

Christoph Friedrich Dörr: Bildnis Ludwig Uhlands. Öl auf Leinwand, 45,5 x 37 cm
DLA Marbach

Von der oft bezeugten Hässlichkeit Uhlands, die „beim Parlamente die schöne Illusion zerstört habe, welche man vom Dichter Uhland gehegt“ (Heinrich Laube), ist auf diesem Portrait nichts zu sehen. Der schwungvolle Mund, die geradlinige Nase und die weichen Gesichtszüge zeigen kaum ein realistisches Abbild des berühmten Autors, bei dem die Zeitgenossen nicht müde wurden „Zartheit und Kraft seiner Werke“ zu loben, die sie doch als so unvereinbar mit seinen „groben Gesichtsformen“ und seinem „ganz kahlen spitzen Schädel empfanden“ (Fanny Lewald). Auch wenn die zitierten Beschreibungen sich auf den alten Uhland beziehen und man seiner jugendlichen Erscheinung mehr Charme (und auch mehr Haare) zubilligen wird, darf man doch davon ausgehen, dass das vorliegende Bildnis eine schmeichelhafte, eine geschönte Version seines Äußeren bietet.

Es stammt von Christoph Friedrich Dörr (1782–1841) und ist höchstwahrscheinlich zwischen Uhlands Doktorexamen im April und seiner Abreise nach Paris im Mai 1810 entstanden. Da er am 6. Mai in die französische Hauptstadt aufbrach, dürfte das Gemälde spätestens Anfang Mai fertig gestellt worden sein, allerdings erwähnt es Uhland in seinem Tagebuch oder in seinen Briefen mit keinem Wort. Der in Tübingen wirkende Dörr war seinerzeit ein sehr angesehener Maler, mit Gottlieb Schick befreundet und Lieblingsschüler von Philipp Friedrich Hetsch. Bevor er 1809 eine feste Anstellung als Zeichenlehrer an der Universität erhielt, erteilte er privaten Unterricht, so auch an Uhlands Schwester Luise, von der er übrigens gleichfalls ein Bildnis schuf. Dörrs eigenes Werk enthält viele Portraits; da seine Stelle längere Zeit unbesoldet blieb, war er auf solche Aufträge aus dem Tübinger Universitätsbürgertum oder der Stuttgarter guten Gesellschaft angewiesen.

Der Maler wählte für das Portrait des jugendlichen Uhland einen sehr engen Bildausschnitt, das sogenannte Brustbild ohne Attribute. Mit der schräg gestellten Figur übernahm er eine barocke Kompositionsweise, die den Fokus noch zusätzlich auf das ohnehin durch Lichteinfall erhellte Gesicht richtet. Vor dem hellgrauen Hintergrund blickt der Portraitierte den Betrachter direkt mit seinen braunen Augen an – was etwas befremdet, da Blau als Uhlands Augenfarbe gut belegt ist. Am auffälligsten an diesem Bildnis ist indessen der breite, offene Kragen, der einen Eindruck von jener Freiheit und Ungezwungenheit vermittelt, wie sie Studenten gut ansteht, ebenso jedoch auch romantischen Dichtern. Uhland war ja beides, und wenn von seiner akademischen Lebensführung auch wenig Ungebärdiges überliefert ist, so lag doch ein Gutteil seiner poetischen Produktion damals schon vor, so dass er die Pose auf dem Bild mit gewissem Selbstbewusstsein einnehmen konnte.

Auf diese Weise hat zumindest die Nachwelt ein Bild des Dichters, das sie mit seinen lyrischen Schöpfungen in Einklang bringen kann. Den Zeitgenossen gelang dies nicht. Der 17-jährige Wilhelm Waiblinger äußerte sich darüber in einem Brief an Eduard Mörike in so drastischer Weise, dass hinter der Derbheit des Ausdrucks die Enttäuschung über dieses Missverhältnis von Poesie und Wirklichkeit deutlich hervortritt:

> *Du willst etwas von Uhland wissen? Stell Dir einen recht verlumpten Substitut [Dorfschreiber] vor, dann hast Du das lebhafteste Konterfei seines Äußern – Sein – Gott verzeih mirs – sein anscheinender Baurenstolz, seine Trockenheit im Umgang, seine karg-gemessenen Worte deuten nicht auf den wohlverdienten Lyrisch-Epiker hin – kurz – er hat nicht einen Dreck Grazie im Äußern.*

Juliane Freese

Ludwig Uhland an die Eltern. Paris. d. 13. Jun. 10

DLA Marbach

Meine gewöhnliche Lebensweise ist diese: ich frühstücke entweder zu Hause oder gehe ich gegen 10 Uhr auf ein Caffé, wo man die Zeitungen antrifft, von 10–2 Uhr gehe ich auf die Bibliothek, oder wenn ein merkwürdiger Fall vorkommt von 12–2 Uhr ins Palais de Justice, von 2–4 Uhr ins Museum, zu den Antiken und Gemälden; um 4, halb 5 Uhr speisen wir zu Mittag, dann machen wir einen Spaziergang, oder sehen sonst was Merkwürdiges, oder gehen ins Theater, wo ich bis jetzt nur 2 mal war. Was meine Beschäftigungen anbelangt, so lese ich zu Hause meist französische Bücher, besonders solche, die Paris betreffen. Den Code Napoléon werd' ich anfangen, nur konnte ich in den ersten Wochen, wo man so vieles zu sehen hat, nicht zu einem ruhigen Studium kommen. Auch die spanische Sprache habe ich für mich angefangen. Auf der Bibliothek beschäftige ich mich vorzüglich mit ältern französischen und teutschen Manuskripten. Was das Oekonomische anbetrifft, so kann ich, da der Monat noch nicht vorbei ist, noch keinen vollständigen Ueberschlag machen, Sie werden aber aus dem Folgenden ungefähr ersehen, wie viel ich brauche. Logis, wie Sie wissen, 24 Fr. Bedienung, d.h. Stiefelputzen, Kleiderausklopfen u.s.w. ungefähr 8 Fr. monatlich. Da man so spät zu Mittag speist, so kann man nicht ohne ein solides Frühstück seyn. Wir nehmen entweder zu Hause ein Butterbrod zu einem Glase Wein oder gehen wir auf ein Caffé, wo man den Vortheil hat, die Zeitungen zu lesen. Man mag es fast einrichten, wie man will, so kommt das Frühstück auf 15 bis 17 Sols. Zu Mittag speisen wir, Pregitzer und ich, gewöhnlich um 30–40 Sols. Um diesen Preis haben wir aber noch gar nichts besonderes und es ist gerade um satt zu seyn. Wir haben aber auch schon einigemale theurer gespeist. Eine ganz bestimmte Kost haben wir zwar nicht gewählt, was besonderes für den Anfang nicht thunlich ist, wo man noch Vieles zu sehen hat, also um Essenszeit bald in dieser, bald in jener Gegend der Stadt ist; allein wir speisen doch gewöhnlich bei einem Traiteur, der nahe beim Museum wohnt, das gerade um 4 Uhr geschlossen wird. Abends trinken wir gewöhnlich noch eine Bouteille Bier u. dgl. ungefähr zu 15 Sols. Dieß sind die nothwendigsten Lebensbedürfnisse, welche Sie hiernach schon ungefähr werden berechnen können. Ich bitte Sie nun, mir weiter zu bestimmen, wie viel ich überdieß für Theater, und andre Sehenswürdigkeiten, die zwar nicht nothwendig sind, aber doch den Aufenthalt angenehm und zugleich nützlich machen, monatlich verwenden dürfe. Auch wäre es mir angenehm, wenn Sie mir über die Dauer meines Aufenthalts schreiben wollten, damit ich mich in mehrerer Rücksicht darnach einrichten könnte. Uebrigens werden mich wahrscheinlich die folgenden Monate weniger kosten, als der erste, wo man sich so Manches anschaffen muß. Man kann fast nichts brauchen was man hieher bringt, wenn man nicht überall als ein Neuling auffallen will, was nicht immer angenehm ist. Einen Hut à 11 fl. mußte ich mir anschaffen, weil mein alter durch die Reise verdorben und von einer hier längst nicht mehr gewöhnlichen Form ist, Schuhe zu 7 Franks, ein Paar Hosen mit Gamaschen von Sommerzeug u.s.w. Mit weißen Strümpfen kann man hier gar nicht auskommen, weil die engern Straßen immer schmuzig u. die freiern voll Staub sind, auch wird man jeden Augenblick von den Fiakres besprüzt. Ein Schirm steht mir auch noch bevor. Sodann mußte ich mir einige Bücher anschaffen, besonders die Kataloge von den Galerien u. dgl. ohne welche man diese Sammlungen nicht mit Nutzen sieht.

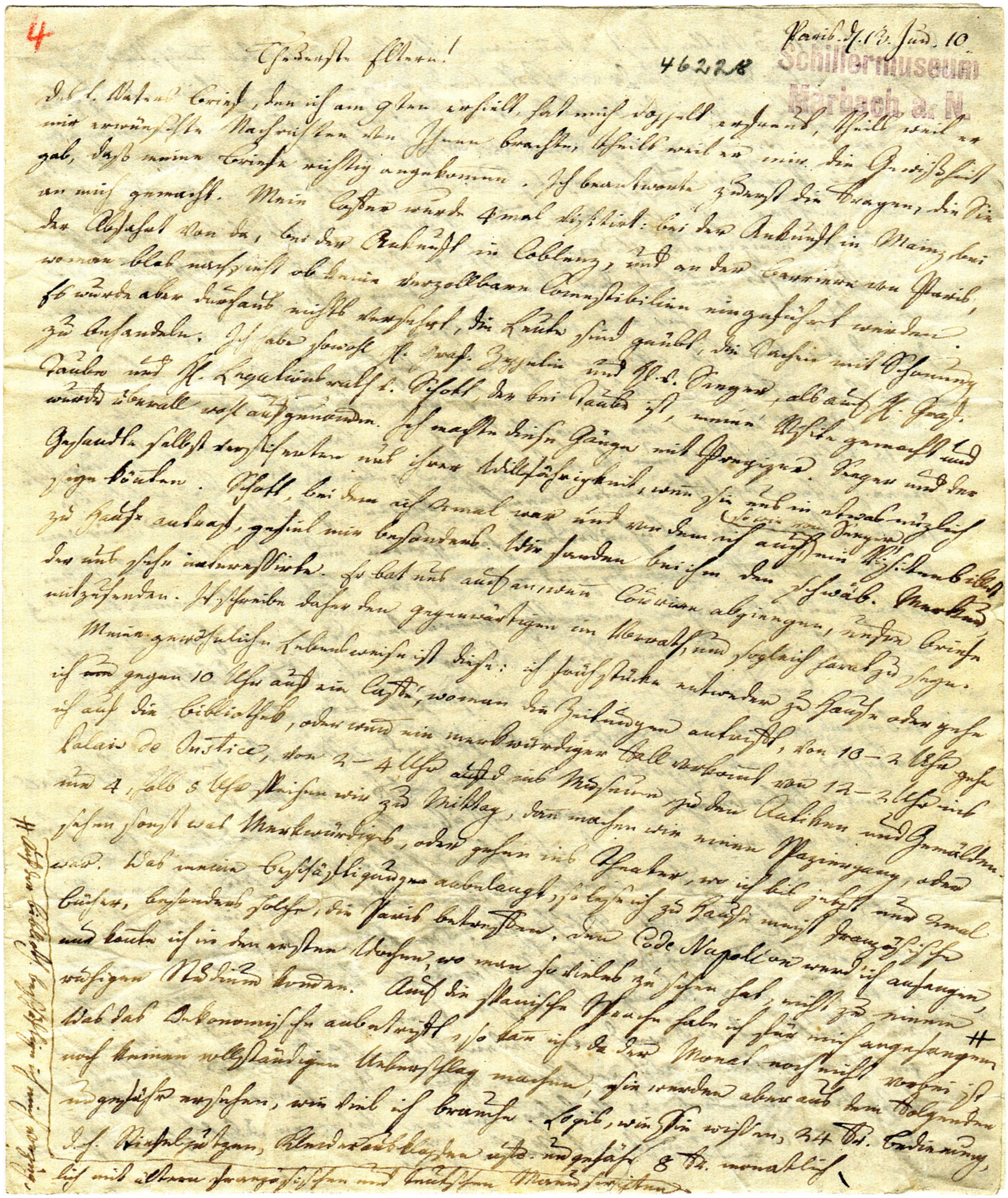
4
Paris d. 13. Jun. 10.
Theuerste Eltern!
46228
Schillermuseum Marbach a. N.

Jean Castilhon: Histoire de Robert le diable, duc de Normandie, et de Richard sans peur, sons fils. Paris 1769. Daran angebunden: ders.: Histoire de Fortunatus et de ses enfans. Paris 1770; ders.: Nouvelle histoire de Pierre de Provence et de la belle Magelonne. Paris 1770; ders.: Histoire de Jean de Calais, sur de nouveaux mémoires. Paris 1770. Aus der Bibliothek Uhlands
Universitätsbibliothek Tübingen

Einen Teufelspakt, wie er in den mittelalterlichen Legenden häufiger vorkommt, dürfte Uhland während seiner Parisreise nicht geschlossen haben. Doch ähnlich wie mancher auf die Probe gestellte Ritter und Heilige, erlag er bei seinem Aufenthalt in der französischen Hauptstadt dann doch deren Verlockungen. Zwar war sich Uhlands Mutter sicher, dass die moralischen Grundsätze ihres Sohnes auch im Sündenbabel Paris Bestand haben würden; den Versuchungen der kaiserlichen Bibliothek vermochte er jedoch nicht zu widerstehen: Statt den Code Napoleon zu studieren, wie seine Eltern wünschten und wie es seiner juristischen Ausbildung zuträglich gewesen wäre, studierte Uhland alte Handschriften, und statt in Gerichtssälen verkehrte er in literarischen Kreisen. So stand er etwa in näherem Umgang mit Karl August Varnhagen von Ense, mit Adelbert von Chamisso oder mit dem Philologen Immanuel Bekker. Ein weiterer Gegenstand seiner Neigung waren altfranzösische Volksromane, die er gelegentlich bei den Büchertrödlern an den Seinebrücken erstand; offenbar mit der großen inneren Anteilnahme des Forschers und Sammlers. Im Tagebuch notierte er die als fast magisch empfundenen Umstände eines solchen Funds: „Ich hatte Morgens in Lope de Vega die Romanze von Kaiser Karl etc. gelesen; mit dem Gedanken an diesen Fabelkreis gieng ich gegen die Notredamekirche, auf dem Pont Michel vergeblich nach alten Büchern suchend, bis ich endlich ganz unvermuthet beim Louvre den Volksroman von Karl dem Großen fand“. Bei Gelegenheit eines anderen solchen Kaufs heißt es: „Da mir schon oft von alten Büchern, die ich fände, geträumt, so zweifelte ich im ersten Augenblick beinahe, ob es nicht ein Traum wäre“. Ganz real indessen erwarb er am 27. September 1810 das vorliegende Exemplar, die von Jean Castilhon herausgegebene „Geschichte von Robert dem Teufel, Herzog der Normandie, und von Richard Ohnefurcht, seinem Sohn“. Uhland hat das Buch später mit drei anderen, ebenfalls in Paris gekauften modernisierten Fassungen mittelalterlicher Stoffe aus der wegen ihres blauen Umschlags *Bibliothèque bleue* genannten Reihe zusammenbinden lassen. Im Geist jener typisch romantischen Dichterphilologie, wie sie auch die Schlegels, Brentano oder die Brüder Grimm beseelte, erwog er unverzüglich eine Bearbeitung. Sie blieb allerdings Fragment, im Nachlass fanden sich lediglich wenige Verse davon. Ausgeführt wurde hingegen die im Tagebuch festgehaltene „Idee zu einer Romanze aus dem französischen Volksroman Richard sans peur“; es sind dies die beiden Gedichte von *Graf Richard Ohnefurcht* mit den schmissigen Eingangsversen: „Graf Richard von der Normandie / Erschrak in seinem Leben nie“. Uhlands literarische Studien zeitigten jedoch auch fachwissenschaftliche Ergebnisse. Gleich nach seiner Rückkehr aus Paris schrieb er die Abhandlung *Über das altfranzösische Epos*, die 1812 in Fouqués Zeitschrift *Die Musen* veröffentlicht wurde und die als eine der Initialzündungen für die damals entstehende Romanistik betrachtet werden darf.

Ob aber Uhland in Paris Juristerei trieb oder Philologie, ob er die reichen Kunstsammlungen der Stadt besuchte oder in der Seine Schwimmunterricht nahm, ob er im gesellschaftlichen Verkehr mit Literaten stand oder eher mit schwäbischen Landsleuten ins Theater ging, für seine 14-jährige Schwester Luise waren dies alles Nebensächlichkeiten:

> *Du bist und bleibst auch in Paris immer noch der alte trokkene Vetter, schreibst nur immer von Bibliotheken, Museen u.s.w., Sachen, die mich ganz und gar nicht interessieren. Schreibe lieber auch von den Pariser Mädchen, was sie für Kleider anhaben, wie sie gemacht sind u. dgl. Auch von der Kaiserin und von ihrem Anzug möchte ich viel wissen, was freilich für dich blinden Heß schwere Fragen sind. Doch für was hast Du Deine Brille? Auch von der Kocherei möchte ich hören.*

Elena Pelzer

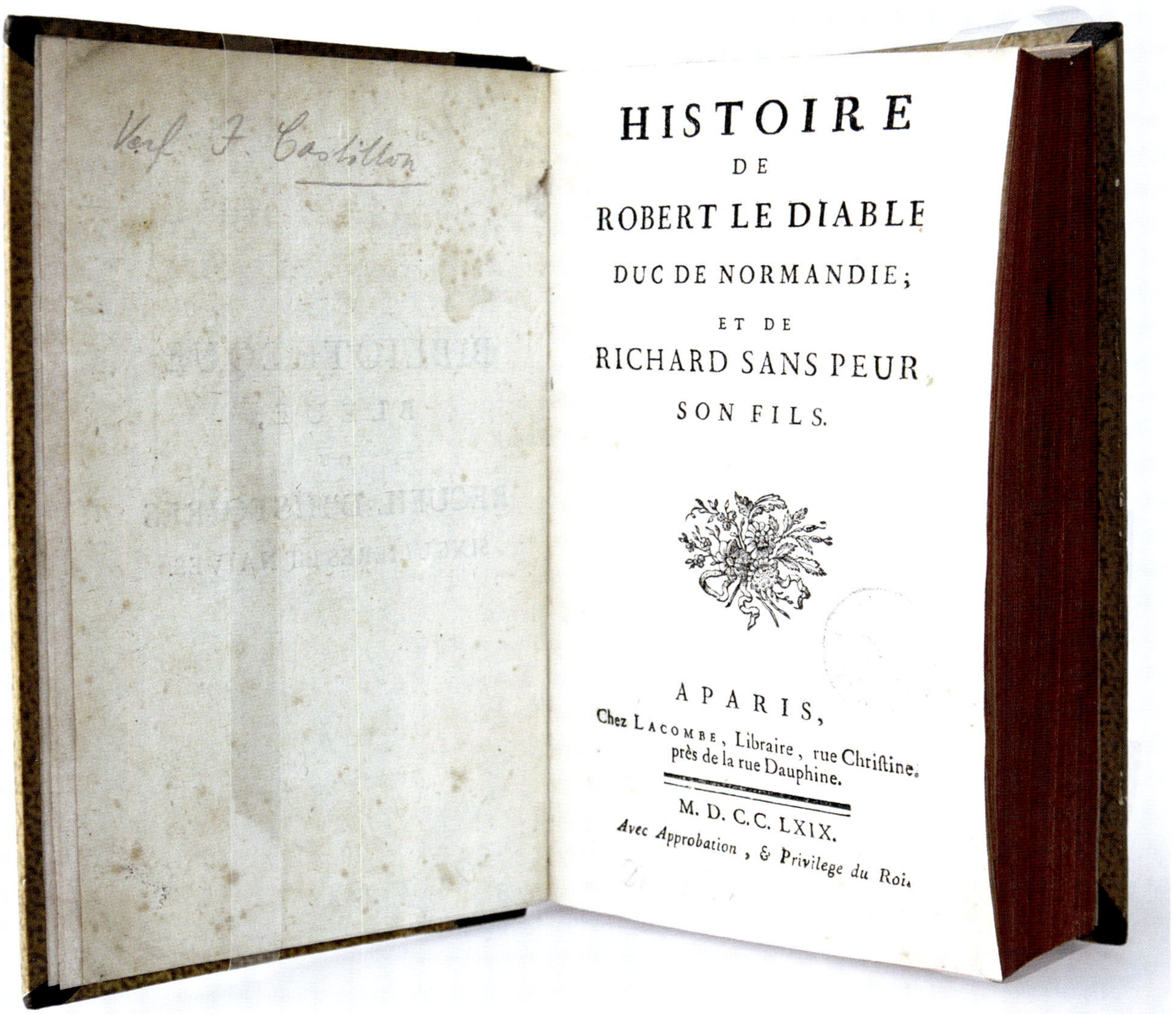
Verf. J. Castillon
HISTOIRE
DE
ROBERT LE DIABLE
DUC DE NORMANDIE;
ET DE
RICHARD SANS PEUR
SON FILS.
A PARIS,
Chez LACOMBE, Libraire, rue Chriftine,
près de la rue Dauphine.
M. D. C.C. LXIX.
Avec Approbation, & Privilege du Roi.

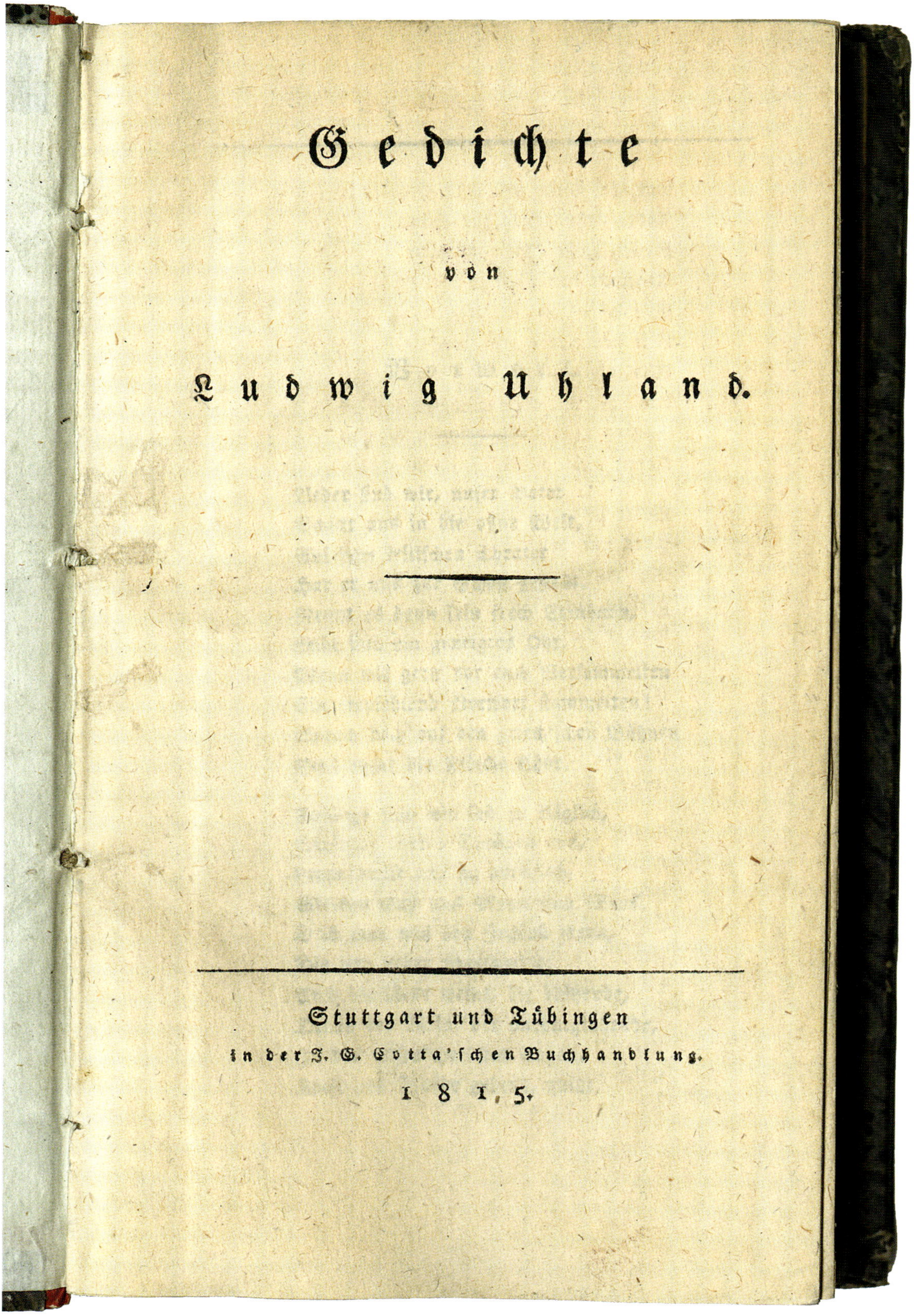
Gedichte
von
Ludwig Uhland.
Stuttgart und Tübingen
in der J. G. Cotta'schen Buchhandlung.
1815.

Abteilung 2
Der Dichter

Uhlands Leben war bekanntlich wenig aufregend: Er schätzte die Sicherheit, was etwa seine Ehe (keine Affären) wie seinen Tagesablauf (keine Störungen), seine wissenschaftliche Arbeit (keine Ablenkungen) wie seine politische Tätigkeit (kein Abweichen von der einmal gefassten Meinung) angeht. Auch als Dichter war er durchaus ein Pedant: Sorgsam bewahrte er alle seine Entwürfe auf, ordentlich trug er die fertigen Gedichte in Reinschrift in eigens dafür angelegte Hefte ein und er vergaß dabei auch nicht, sie mit dem Datum und nicht selten mit der Uhrzeit ihrer Entstehung zu versehen. Und doch feiern diese Gedichte das Unsichere und Ungewisse: Die lyrischen unter ihnen handeln von unglücklicher oder misslingender Liebe, die Balladen sind voller Abenteuer und werden von mutigen Rittern, finsteren Bösewichten und schönen Frauen bevölkert. In dieser Diskrepanz zeigt sich, wie sehr Uhlands Dichtung eine Flucht vor der Monotonie und den Mühen des Alltags als Advokat war, ein anarchisches Pendant zur eigenen Pedanterie, der Versuch, wenigstens im Gedicht festzuhalten, was ihm die eigene charakterliche Disposition im Leben verwehrte. Glaubt man seinem Sonett *Entschuldigung*, so war sich Uhland dieses Verhältnisses sehr wohl bewusst:

Was ich in Liedern manchesmal berichte
Von Küssen in vertrauter Abendstunde,
Von der Umarmung wonnevollem Bunde,
Ach! Traum ist leider alles und Gedichte.

Der Erfolg von Uhlands Gedichten im 19. Jahrhundert könnte mit einem verbreiteten Bedürfnis nach solchen Fluchten, wie sie Uhlands Lyrik erlaubte, zusammenhängen; auch in dieser Hinsicht war er ein maßvoller Dichter. Er bediente sich der Elemente der romantischen Poesie, jedoch ohne das Dunkle und Verstörende eines Novalis, das Akademische und formal Gewagte eines August Wilhelm Schlegel, das Frivole und Provozierende eines Friedrich Schlegel, das Übermütige und Genialische eines Clemens Brentano zu übernehmen – was allerdings kein Urteil über die Qualität seiner Gedichte darstellt, sondern lediglich die Gründe für deren hohe Anschlussfähigkeit beim zeitgenössischen Publikum erklärt. Die seltene Eigenart von Uhlands Poesie, die technisch und formal anspruchsvoll und dennoch in einem schlichten und volkstümlichen Ton gehalten ist, wurde von Adelbert von Chamisso, in manchem ein Geistesverwandter, auf den Punkt gebracht: „Das sind Gedichte, wie sie keiner macht und jeder sie liest."

Uhlands literarischer Erfolg basierte auf einem einzigen Buch – eben der Sammlung seiner Gedichte, die 1815 erstmals erschien und von da an noch einmal deutlich für die zweite Auflage von 1820 um neue Stücke vermehrt wurde. Danach versiegte seine lyrische Schöpferkraft fast gänzlich, sieht man von dem recht produktiven Jahr 1834 ab.

Versuche in anderen Gattungen stockten bald. Der große Erfolg als Dramatiker, der Uhland von Anfang an zu sein sich bemühte, blieb ihm versagt. Dem Stück *Ernst Herzog von Schwaben* war ein bescheidener Erfolg und das Lob etwa Hebbels, Heines oder Gutzkows vergönnt, als wirklich bühnentauglich hat es sich nicht erwiesen. Der Nachfolger *Ludwig der Bayer* missriet und zahlreiche Fragment gebliebene Ansätze zeigen, wie sehr Uhland sich anstrengte, ein weiteres Drama fertigzustellen. Der 1808 begonnene Roman *Hermann von Sachsenheim* blieb gleichfalls stecken, auch das nach dem Volksbuch gebildete furios beginnende Stanzenepos *Fortunatus* führte Uhland nach dem zweiten Gesang nicht fort und veröffentlichte es 1820 als Bruchstück in der zweiten Ausgabe seiner Lyriksammlung. Eine Biografie unter der Signatur dichterischen Misslingens, könnte man meinen – wären da nicht diese einfachen, haltbaren und schönen Gedichte.

Stefan Knödler

Gegenüber:
Titelblatt der Gedichte. *DLA Marbach. Die erste von insgesamt 43 zu Lebzeiten des Autors erschienenen Auflagen.*

Ludwig Uhland: Die Kapelle. In: Liederbuch 1805–1807

DLA Marbach

„Droben stehet die Kapelle / Schauet still ins Tal hinab" – so lauten die beiden ersten Verse von Uhlands vielleicht bekanntestem und schönstem Gedicht, *Die Kapelle*, entstanden im Jahr 1805. Die auffällige Kontrastierung in der Blickrichtung des Dichters (von unten) und der Kapelle (von oben) lässt sich über 200 Jahre später noch nachvollziehen, wenn man sich zu der zwischen Tübingen und Rottenburg gelegenen Wurmlinger Kapelle St. Remigius aufmacht. Hat man den 475 Meter hohen Berg erstiegen, kann man den Blick an Weinreben und Feldern entlang ins Neckartal hinab schweifen und sich in der Ferne verlieren lassen; Hirtenknaben wird man dabei allerdings keine sehen.

Die Kapelle wurde von dem 18-jährigen Uhland in sein Liederbuch 1805–1807 eingetragen, das insgesamt 95 Gedichte enthält. Wie jedes seiner Gedichte datierte Uhland auch dieses überaus penibel, und so ist rechts oben das Datum der ersten Niederschrift zu lesen: „Matthias. Feiert. Samst. d. 21. Sept", der Gedenktag des Evangelisten Matthäus. Da Uhland seine Gedichte erst in die Liederbücher eintrug, wenn er damit zufrieden war, handelt es sich um eine Reinschrift – dennoch hat der Autor noch einige Veränderungen an dem dreistrophigen Gebilde vorgenommen. Im zweiten Vers der zweiten Strophe hat er über der Zeile das Wort „Totenchor" mit Bleistift in „Leichenchor" verbessert, eine Änderung, die auch in der gedruckten Fassung übernommen wurde. Eine weitere Korrektur steht im dritten Vers der zweiten Strophe, den Uhland von „Still sind nun die frohen Lieder" in das feierlichere „Stille sind die frohen Lieder" verwandelt hat. Besondere Aufmerksamkeit ist auf den dritten Vers der ersten Strophe zu richten: Während Uhland in der vorliegenden Reinschrift deutlich „Drunten singt bei Wies' und Quelle" geschrieben hat, ist im Erstdruck von 1807, dem *Musenalmanach* von Leo von Seckendorff, auf Seite 156 zu lesen: „Drunten singt bei Vieh' und Quelle". Uhland wird sich geärgert haben über diesen „infamen Druckfehler", der das idyllische Bild ins Konkret-Bäuerliche verzerrt, erst mehrere Jahre später aber konnte er in der ersten Ausgabe seiner Gedichte, die 1815 bei Cotta erschien, die richtige Fassung wieder herstellen; die nachgetragene Korrektur der Stelle im *Musenalmanach* von 1808 war hierfür kein adäquater Ersatz.

Fast vierzig Jahre nach der Niederschrift seines Gedichts, am 9. September 1844, sandte Uhland dem Freund Justinus Kerner seine Sammlung *Alte hoch- und niederdeutsche Volkslieder* zu. Der Brief, den er der Sendung beilegte, stilisiert *Die Kapelle* und die Geschichte ihrer Entstehung zur Keimzelle von Uhlands gesamtem literarischem wie philologischem Werk:

> *Lieber Kerner! Als wir in jungen Jahren einmal von der Wurmlinger Kapelle herabkamen, hörten wir auf einem Hügel unter dem Kreuz einige Hirtenknaben volksmäßige Lieder singen. Wir giengen hinauf, ihnen die Lieder abzufragen, aber die Knaben wollten keinen Laut geben. Kaum waren wir wieder unten, so sangen sie uns zum Hohne von neuem mit heller Stimme. Noch in späterem Alter bin ich diesen Liedern nachgegangen und habe deren viele eingehascht, aber der romantische Duft, im dem sie uns damals erglänzten, ist ihnen hie und dort von den Flügeln gestreift, sie sind leibhafter, geschichtlicher, selbst gelehrter anzusehen. Doch sind sie damit wahrer und echter geworden, wie sie aus dem Leben ihrer Zeit hervorsprangen. Ich kann andern nicht zumuten, diese lang genährte Vorliebe für das alte Liedwesen mit mir zu teilen, aber ich hoffe, daß Du in Erinnerung vergangener Tage die beiliegende Sammlung freundlich aufnehmen werdest.*

Ariane Hopp

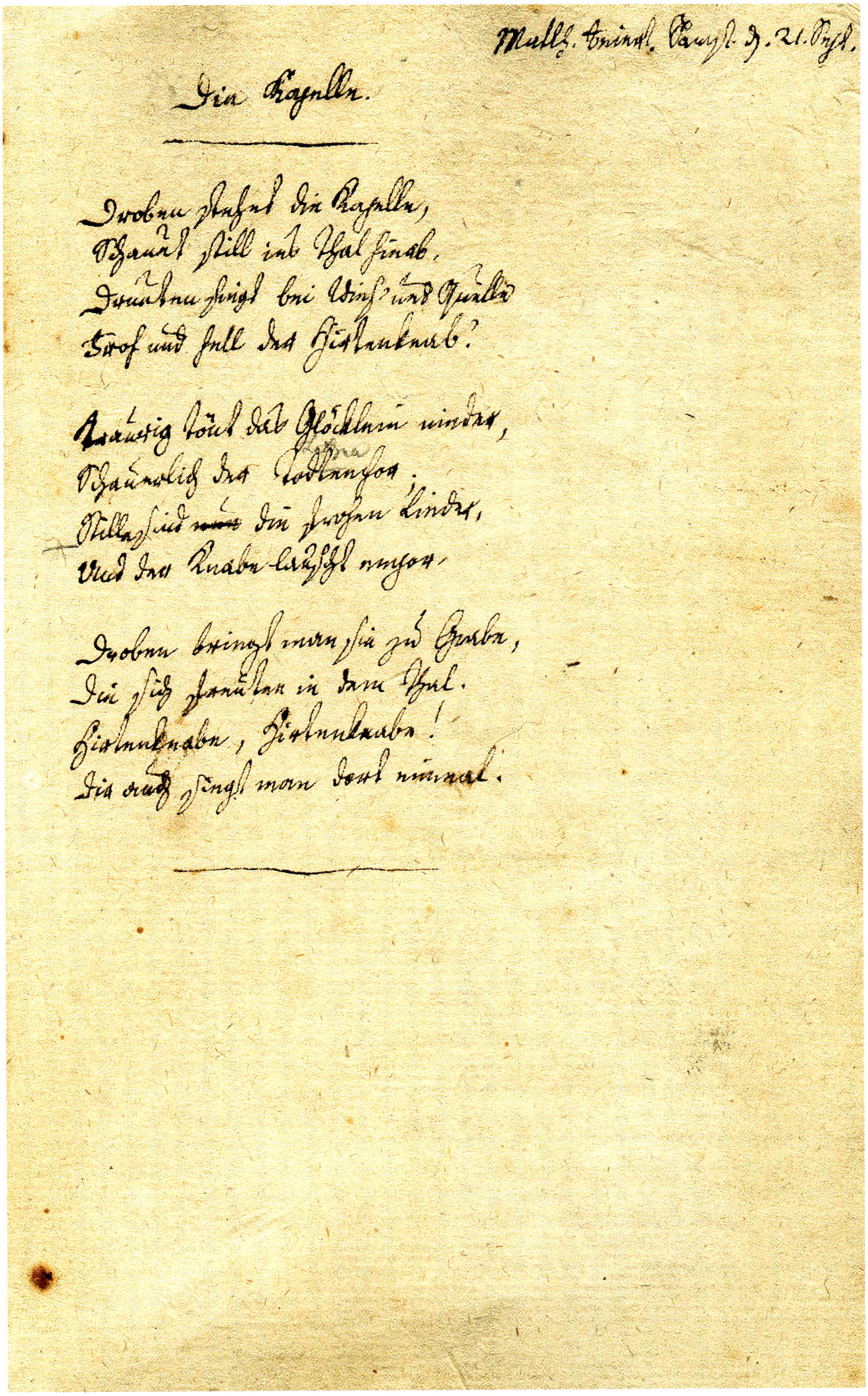
Die Kapelle.
Droben stehet die Kapelle,
Schaut still ins Thal hinab.
Drunten singt bei Wies' und Quelle
Froh und hell der Hirtenknab'.
Traurig tönt das Glöcklein nieder,
Schaurlich der Todtenchor.
Stille sind die frohen Lieder,
Und der Knabe lauschet empor.
Droben bringt man sie zu Grabe,
Die sich freuten in dem Thal.
Hirtenknabe, Hirtenknabe!
Dir auch singt man dort einmal.

No 8. Sonntags Blatt für gebildete [Stände]. Leztes Blatt. 1. Marz 1807
Darin: [Ludwig Uhland:] Über das Romantische

DLA Marbach

„Das Sonntagsblatt ist ein jugendliches Unternehmen, wie es zu geschehen pflegt, schnell und ohne große Vorbereitung ausgeführt. Es soll ein Denkmal der schönen frühen Tage sein, die wir hier im vertrauten Kreise verlebten." So schreibt Uhland in einem Brief über eine kurzlebige, handgeschriebene Zeitschrift, eine eigenartige Mischung aus studentischem Übermut und poetischer Ernsthaftigkeit, die als Gründungsdokument der Schwäbischen Romantik zu literaturhistorischer Bedeutung gekommen ist. Der Tübinger Freundeskreis um Ludwig Uhland, Justinus Kerner und Karl Mayer (an dessen Vater Uhlands Brief gerichtet ist), dem die Zeitschrift entstammt, traf sich zumeist in Kerners Zimmer im Neuen Bau, einer Art Wohnheim gegenüber der Stiftskirche, in dem mittellose Studenten wohnen konnten. In geselliger Runde wurde erzählt, gelesen, diskutiert und getrunken, wobei der begeisterungsfähige Kerner die anderen mitriss, selbst den sonst eher ruhigen Uhland. In Leo von Seckendorffs *Musenalmanach auf das Jahr 1807* waren die ersten Verse der jungen Poeten erschienen, darunter 27 Gedichte von Uhland und 7 von Kerner. Die erste Kritik war vernichtend: Das *Morgenblatt für gebildete Stände*, das seit dem 1. Januar 1807 beim Cotta'schen Verlag – der seinen Sitz im Haus gleich neben dem Neuen Bau hatte – erschien und bis 1865 eines der bedeutendsten literaturkritischen Organe Deutschlands sein sollte, war von einer konservativen und hartnäckig verschlossenen Haltung gegenüber der neuen romantischen Richtung geprägt, die vor allem von dem Redakteur Friedrich Weisser vertreten wurde. In der 11. Ausgabe vom 13. Januar 1807 schrieb er: „Einige der größtentheils ungenannten Verfasser dieses Musenalmanachs haben sich durch die bekannten, den Helikon umflatternden, Irrwische auf Abwege führen lassen, und sind daher auch richtig, statt auf den Parnaß, in Sümpfe gerathen." Zu diesem Zeitpunkt war in Tübingen als eine Parodie auf das *Morgenblatt* bereits das *Sonntagsblatt für gebildete Stände* ins Leben gerufen worden, das sich nach Weissers Verriss noch mehr auf die spöttische Kritik an den „Plattisten" konzentrieren sollte. Äußerlich eine exakte Kopie – sowohl der Zeitschriftenkopf mit Auflagennummer, Titel und Datum als auch das charakteristische Motto wurden übernommen – lag es vom 11. Januar bis zum 1. März 1807 an jedem Sonntagmorgen in einem handgeschrieben Exemplar in Kerners Zimmer aus; für einen Druck fehlte das Geld.

Uhlands Aufsatz *Über das Romantische* eröffnet die achte Ausgabe des *Sonntagsblatts*. Er war der Versuch Uhlands, sich trotz seiner „sehr mangelhaften Bekanntschaft mit den Kunstwerken der romantischen Poesie" über einen Begriff Klarheit zu verschaffen, von dem er fühlte, dass er nicht nur als Waffe gegen den als langweilig empfundenen Klassizismus des *Morgenblatts* taugte, sondern auch als Programm für das eigene erst entstehende Werk. Leitbegriff des Textes ist „das Unendliche", welches „den Menschen, das Geheimnis der Gottheit und der Welt" umgebe; hier sah Uhland das Entscheidende der neuen literarischen Bewegung und der Poesie: „Dies mystische Erscheinen unseres tiefsten Gemütes im Bilde, dies Hervortreten der Weltgeister, diese Menschwerdung des Göttlichen, mit einem Wort: Dies Ahnen des Unendlichen in den Anschauungen ist das Romantische."

Es war die letzte Ausgabe des *Sonntagsblatts*, dessen Ende mit dem der „schönen frühen Tage" der Tübinger Freunde, die nach dem Abschluss ihres Studiums zum großen Teil die Stadt verließen, zusammenfiel. Das von Uhland postulierte Unendliche wurde dem Blatt selbst übrigens bereits von dem ebenfalls beteiligten Christoph Friedrich Kölle prophezeit, der in einem Brief an Uhland von dem „ehrwürdigen und verständigen Ma-Nkul Conservator der Kaiserlichen Bibliothek zu Tibet" sprach, „welcher das Manuskript des Sonntagsblatts im Jahre 2674 wieder auffinden, und mit einem Commentar herausgeben wird".

Ariane Hopp

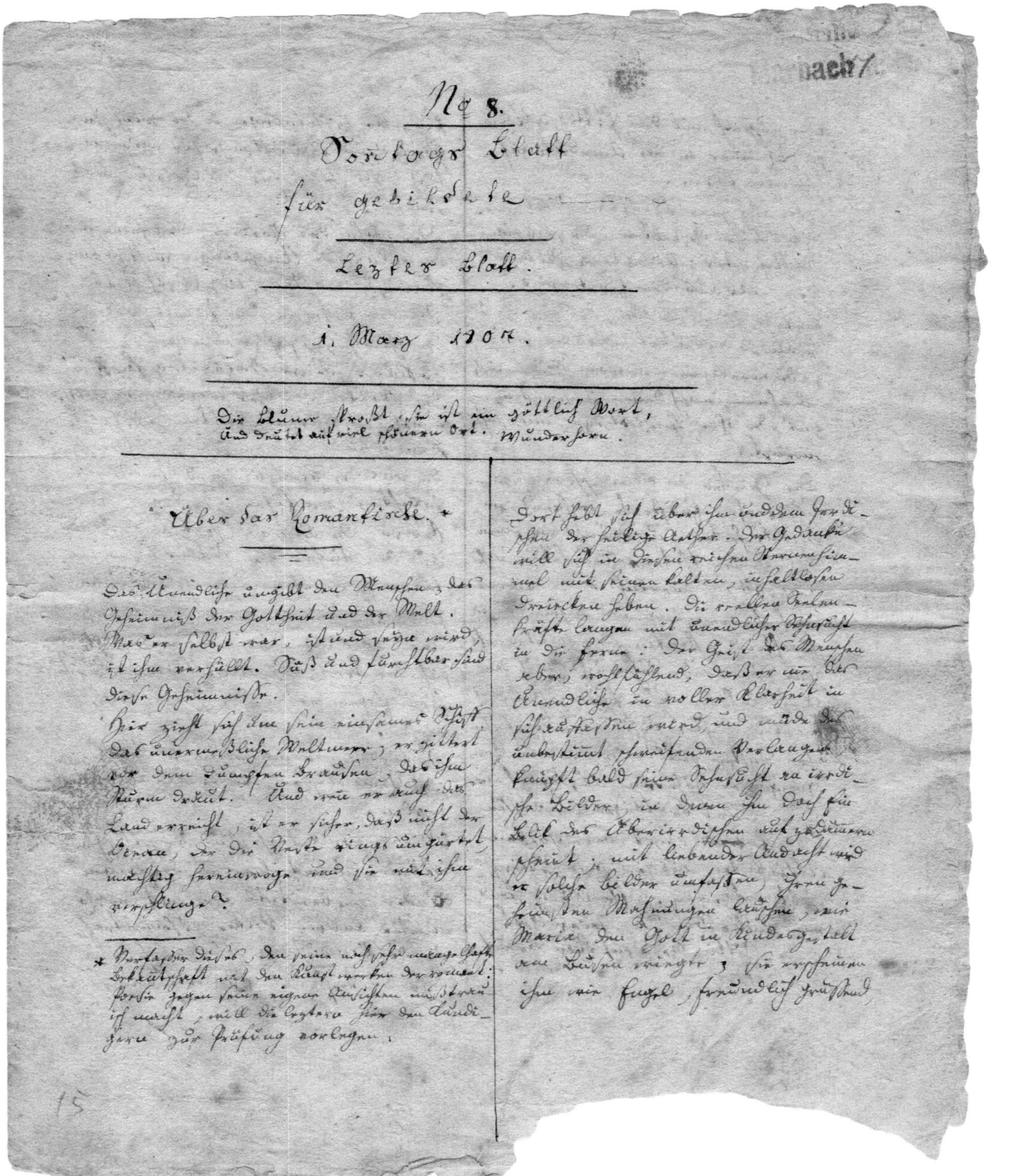

Nº 8.

Sonntags Blatt

für Gebildete

Lezter Blatt.

1. Marz 1807.

Die Blume strahlt, sie ist ein göttlich Wort,
Und deutet auf viel schönern Ort. Wunderhorn.

Über das Romantische. *

Das Unendliche umgibt den Menschen, das Geheimniß der Gottheit und der Welt. Was er selbst war, ist und seyn wird, ist ihm verhüllt. Daß und sinnbar sind diese Geheimnisse.

Hier zeigt sich ihm sein einsames Schiff das unermeßliche Weltmeer; er zittert vor dem dunklen Brausen, das ihm Sturm deutet. Und wie er auch das Land erreicht, ist er sicher, daß nicht der Strom, der die Erde rings umgürtet, mächtig hereinwoge und sie mit ihm verschlinge?

* Verfasser dieses, den seine nicht sehr mangelhafte Bekanntschaft mit den Kunstwerken der romantischen Poesie gegen seine eigenen Ansichten mißtrauisch macht, will die letztere hier den Kundigen zur Prüfung vorlegen.

Dort hebt sich über ihm unendlich hin die Höhe des heiligen Aethers. Der Gedanke will sich in diesen reichen Firmament mit seinen kalten, unfaßlichen Bewegungen heben. Die ewigen Sterne lächeln mit unendlicher Sehnsucht in die Ferne: Der Geist des Menschen aber, wohl fühlend, daß er nie das Unendliche in voller Klarheit in sich äußern werde, und müde des unbestimmt schwebenden Verlangens flüchtet bald seine Sehnsucht zu irdischen Bildern, in denen ihm doch ein Blick des Überirdischen aufgedämmert scheint; mit liebender Andacht will er solche Bilder umfassen, seine Heiligen, den Weihungen beschwören, wie Maria den Gott im Kinde gesellt den Dichter reichte; sie erscheinen ihm wie Engel, freundlich grüßend

15

Ludwig Uhland: Der gute Kamerad. Handschrift im Liederbuch 1808–1811. Daneben: Erstdruck in: Poetischer Almanach 1812. Besorgt von Justinus Kerner. Heidelberg bey Gottlieb Braun, S. 128
Beides DLA Marbach

Uhlands Gedicht *Der gute Kamerad* – sicherlich sein berühmtestes – entstand während des Befreiungskriegs der Tiroler unter der Führung von Andreas Hofer gegen die französisch-bayerischen Besatzungstruppen, denen bald die ebenfalls von Napoleon abhängigen Badener beispringen mussten. In diesem Zusammenhang veranstalteten in Karlsruhe Johann Peter Hebel und Christoph Friedrich Kölle, einer der besten Freunde Uhlands aus Studentenzeiten – der „Adjunkt" des „rheinländischen Hausfreunds" –, eine kleine Sammlung *Vier schöne neue Kriegslieder. Zum Besten der Invaliden des Feldzugs. Preis 6 Kreuzer. Standespersonen zahlen nach Belieben. Gedruckt in diesem Jahr.* In den beiden Liedern Hebels, die das Blatt enthält, wird die Ambivalenz des Krieges zwischen Hurragefühlen und Gottvertrauen einerseits und Todesangst und verzweifeltem Fatalismus andererseits deutlich, die auch Uhlands *Der gute Kamerad* prägt: Im ersten, dem *Grenadierlied*, heißt es etwa: „Tyroler nimm den Kopf in Acht, / Piff, paff Tyroler, gute Nacht! / Habs nit mit Fleiß gethan." Im anderen, dem *Musquetierlied*: „Kommen mir zwey und drey, / Haut mich mein Säbel frey; / Schießt mich der vierdte todt, / Tröst mich der liebe Gott. / Juhe ins Feld!" Hebel und Kölle planten ein weiteres Heftchen dieser Art und fragten bei Uhland im Juli des Jahres um Beiträge nach. Dieser machte sich an die Arbeit. Zwischen dem 5. und dem 14. September 1809 wurde *Der gute Kamerad* in das Liederbuch eingetragen, in dem Uhland seine Gedichte in endgültiger Form sammelte. Allerdings kam es nicht zu der geplanten Fortsetzung der *Kriegslieder* und der Text blieb vorerst ungedruckt.

Die erste Veröffentlichung des Gedichts fand schließlich im *Poetischen Almanach für das Jahr 1812* statt, als dessen Herausgeber zwar allein Justinus Kerner genannt wird, der aber schon lange gemeinschaftlich als eine offizielle Fortsetzung des in Tübinger Tagen handschriftlich verfassten *Sonntagsblattes* geplant war. Hier ist nun nicht mehr nur der Kreis der Tübinger Studenten versammelt – Kerner, Uhland, Kölle, Karl Mayer, Gustav Schwab –, sondern mit Karl August und Rosa Maria Varnhagen, Otto Heinrich Graf von Loeben, Karl Philipp Conz, Fouqué, Hebel und anderen auch dessen Weiterungen. Uhland ist dabei der am häufigsten vertretene Beiträger: Nicht weniger als 33 Gedichte stammen von ihm, wobei diese Dominanz durch die Wahl zweier Pseudonyme abgemildert wird – Uhland zeichnete außer mit seinem vollen Namen auch noch als „–d" und als „Volker", womit auch *Der gute Kamerad* unterschrieben ist. Volker von Alzey ist einer der Helden des *Nibelungenlieds*, das Uhland schon als Kind lieben gelernt hatte; es bildet die stoffliche und formale Grundlage vieler seiner Dichtungen und ist obendrein noch Gegenstand zahlreicher seiner philologisch-sagenkundlichen Forschungen. Die Figur des Volker vereint zwei Qualitäten in sich, die auch für den Verfasser von *Kriegsliedern* naheliegend sind: Er ist nicht nur ein starker und loyaler Kämpfer, sondern auch ein Spielmann, also ein Dichter und Sänger.

Uhlands *Der gute Kamerad*, der im *Poetischen Almanach* direkt gegenüber von Hebels *Musketierlied* aus den *Kriegsliedern* von 1809 abgedruckt ist, hat im Jahr 1812 noch einen weit unmittelbareren und brisanteren Bezugspunkt als den Kampf der Badener gegen die aufständischen Tiroler. Mittlerweile hatte sich Napoleon nämlich angeschickt, Russland zu erobern und Württemberg gezwungen, hierfür ein Hilfskorps von 15.000 Mann zu stellen. Zwei der engsten Freunde Uhlands, August Mayer und Friedrich von Harpprecht, zogen im Frühjahr 1812 mit den württembergischen Truppen für Napoleon in die Schlacht. Beide kehrten nicht zurück.

Selcuk Tasyakan

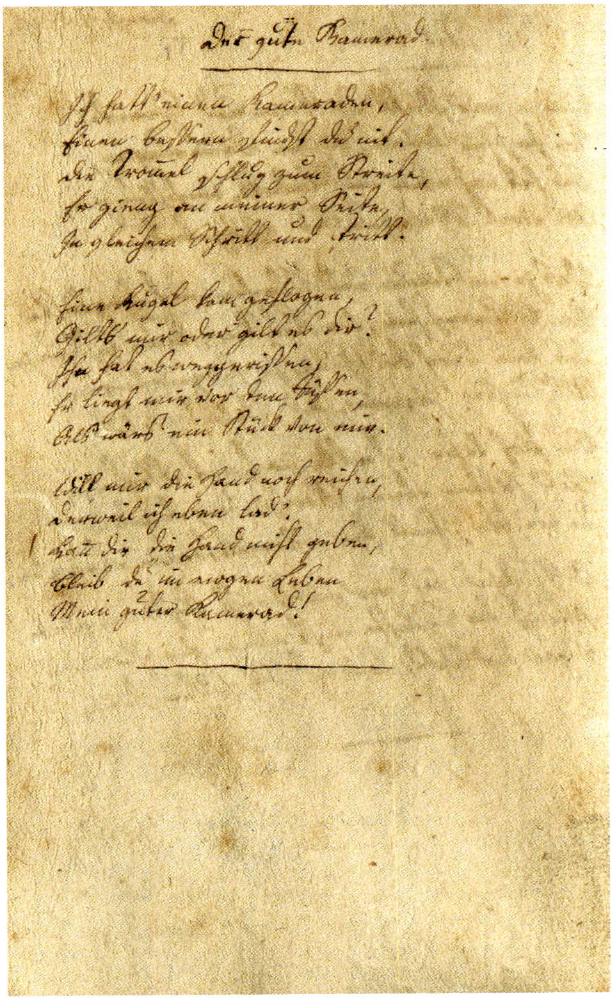

Der gute Kamerad.

Ich hatt' einen Kameraden,
Einen bessern find'st du nit.
Die Trommel schlug zum Streite,
Er gieng an meiner Seite,
In gleichem Schritt und Tritt.

Eine Kugel kam geflogen,
Gilts mir oder gilt es dir?
Ihn hat es weggerissen,
Er liegt mir vor den Füßen,
Als wär's ein Stück von mir.

Will mir die Hand noch reichen,
Derweil ich eben lad'.
Kann dir die Hand nicht geben,
Bleib du im ew'gen Leben
Mein guter Kamerad!

128

Der gute Kamerad.

Ich hatt' einen Kameraden,
Einen bessern find'st du nit.
Die Trommel schlug zum Streite,
Er gieng an meiner Seite,
In gleichem Schritt und Tritt.

Eine Kugel kam geflogen,
Gilts mir oder gilt es dir?
Ihn hat es weggerissen,
Er liegt mir vor den Füßen,
Als wär's ein Stück von mir.

Will mir die Hand noch reichen,
Derweil ich eben lad'.
Kann dir die Hand nicht geben,
Bleib du im ew'gen Leben
Mein guter Kamerad!

Volker.

Denkmal Friedrichs von Harpprecht, gestorben zu Wilna, am 10. Jan. 1813. Aus seinem schriftlichen Nachlasse. Stuttgart, in der J.G. Cotta'schen Buchhandlung 1813
DLA Marbach

Das nebenstehende Buch, 1813 erschienen, ist Uhlands erste selbständige Veröffentlichung – einerseits eine Auftragsarbeit, denn die hinterbliebene Familie hatte ihn gebeten, das Buch herauszugeben, andererseits aber auch eine Freundespflicht, denn Friedrich von Harpprecht (1788–1813), zunächst Jurastudent, dann Offizier, war einer der engsten Jugendfreunde Uhlands. Ein Jahr zuvor war dessen wohl berühmtestes Gedicht *Der gute Kamerad* erschienen, und die vorliegende Zusammenstellung von Briefen Harpprechts an seine Eltern mutet fast wie eine detailreiche Veranschaulichung der so knappen wie schlichten Verse dieses vielleicht anrührendsten deutschen Kriegsgedichts an, denn Harpprecht schrieb seinen Eltern von den verschiedenen Schlachtfeldern Europas:

> *Ebersdorf bei Wien, den 6. Juni 1809*
> *Was mich betrifft, so bin ich ganz gesund und wohl. Letzthin freilich, den 21ten und 22ten May war ich dem Tod ziemlich nahe; auch wurde mein alter Brauner von einer Kugel am linken Vorderbug blessirt* [...] *Solche Schreckensszenen sah ich noch nie; nicht einmal in Ebersberg, wo ich durch die brennende Stadt ritt, in der ein paar tausend Gefangene und Blessirte verbrannten, oder auf den Straßen liegend, unfähig mit ihren zerschmetterten Gliedern sich zu flüchten, die Wahl hatten, ob sie an den brennenden Häusern langsam geröstet, oder in der Mitte der Straßen von Pferden und Wagen zerknirscht werden wollten. Aber dies alles war Kinderspiel gegen die Schlacht vom 22ten. Und noch schrecklicher waren die Auftritte nach der Schlacht. Stellen Sie sich unsere ganze Armee vor, die auf einer Insel in der Donau zusammengepreßt war. Lebende, Todte, Sterbende, zertrümmerte Kanonen, Pferde, die auf drey Füßen oder mit aufgerissenem Bauche herumhinkten, – alles das lag unter- und übereinander. Ich schwöre Ihnen bei Gott, daß ich eine ganze Nacht neben einem todten Kürassier gelegen bin, und es erst merkte, als ich mit meinem Gesicht auf seinen eiskalten nackten Körper kam. Doch änderte ich meine Lage nicht um viel.*

Drei Jahre später kamen die Briefe aus Russland:

> *Im Spital von Moschaijsk, 12 Meilen von Moskau, den 23ten Sept. 1812*
> *In der letzten Schlacht am 7ten d. M. war ich nicht besonders glücklich. Eine Kanonenkugel schlug mir vor der Fronte den rechten Fuß am Knie ab, und mein gleichfalls blessirtes Pferd stürzte mit mir zusammen. Mein treuer Furierschütze, Chevauxlegers Jeegle, (welcher mir schon am 14ten August das Leben rettete) sprang sogleich vom Pferd, und trug mich mit Hülfe einiger andern Chevauxlegers unter dem gräßlichsten Kugelregen zur Ambulance, wo mir der wackere Köllreuter den abgeschossenen Fuß über dem Knie vollends amputirte, und mich dann zu den übrigen Blessirten in's Spital bringen ließ.*

Das letzte Lebenszeichen ihres Sohnes erhielten die Eltern durch einen Brief des Generalarztes Koellreutter vom 3. Januar 1813:

> *Ihre gütige beide Briefe erhielt ich in Willna und habe die Ehre Sie zu benachrichtigen, daß ich Ihren Sohn zwar ganz geheilt an seinem amputirten rechten Schenkel sah, daß derselbe aber bey dem Übergang über die Beresina seinen linken Fuß so sehr erfrohr daß ich ihn in Willna zurücklassen mußte. Er ist in Gesellschaft viler Cameraden.*

Im Hinblick auf Uhlands Gedicht erscheint es geradezu symptomatisch, dass hier von „Cameraden" und ihrer „Gesellschaft" die Rede ist, ebenso wie vorhin von den Chevauxlegers oder von dem toten Kürassier – auch sie Waffengefährten Harpprechts mit mehr oder weniger Glück in der Schlacht. Diesmal sollte es ihn treffen. Eine Woche nach Koellreutters Brief, am 10. Januar 1813, starb Uhlands Jugendfreund und Kamerad Friedrich von Harpprecht im Spital von Wilna.

Helmuth Mojem

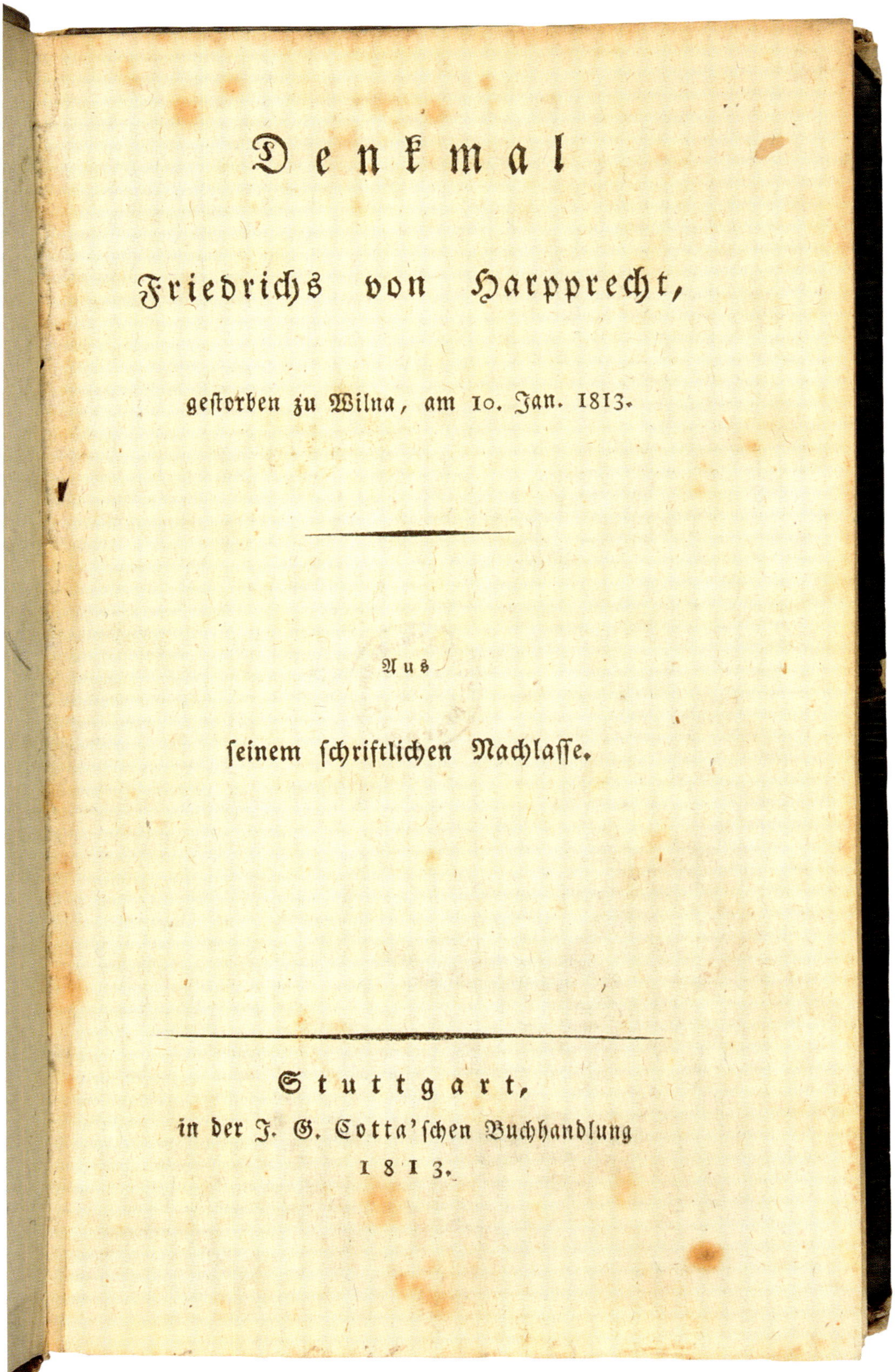

Denkmal

Friedrichs von Harpprecht,

gestorben zu Wilna, am 10. Jan. 1813.

Aus

seinem schriftlichen Nachlasse.

Stuttgart,
in der J. G. Cotta'schen Buchhandlung
1813.

Karl Wilhelm Gangloff: Der tote Siegfried. Tusche auf Papier. G. d. 17. August 1812, 45 x 64 cm
Museum im Bock Leutkirch

Nach Hohem, Würd'gem nur hast du gerungen,
Das Kleinliche verschmähend wie das Wilde;
So faßtest du in kräftige Gebilde
Das wundervolle Lied der Nibelungen.

Schon hatte Hagens Größe dich durchdrungen,
Schon stand vor dir die Rächerin Kriemhilde,
Vor allem aber rührte dich die Milde
Des edeln Sifrids, Giselhers, des jungen.

Mit Fug ward Giselher von dir beklaget,
Der blühend hinsank in des Kampfs Bedrängnis,
Dich selbst hat nun so früher Tod erjaget.

Warst du vielleicht zu innig schon versunken
In jenes Lied, des furchtbares Verhängnis
Zum Tode jedem, nun auch dir, gewunken?

Was klingt, als wollte Uhland die eigene Angst davor bannen, sich in den Phantasiewelten des deutschen Mittelalters zu verlieren, ist als zweites von drei Sonetten *Auf Karl Gangloffs Tod* Teil eines besonderen Totengedenkens. Der Verlust des auf diese Art Bedichteten, der im Alter von 24 Jahren einem Nervenfieber erlegen war, schmerzte Uhland deshalb so sehr, weil er in ihm einen Gleichgesinnten gefunden hatte. Gangloff, der aus Leutkirch stammte, wuchs wie Uhland in der Welt der antiken und mittelalterlichen Sagen auf, die er sich aber nicht dichterisch, sondern mit dem Zeichenstift aneignete. Als sein Vater, ein Amtsschreiber, ins Alt-Württembergische versetzt wurde, lernte er in Heilbronn Uhland kennen, mit dem er im Herbst 1811 „Brüderschaft machte", wie Karl Mayer berichtet; es dürfte vor allem die gemeinsame Begeisterung für das Mittelalter gewesen sein, die die beiden einander näher brachte. Bald wurden erste Werke von Gangloff ausgestellt, die Reaktionen waren ermutigend, sogar der württembergische König wurde auf ihn aufmerksam. Auf einer mit Karl Mayer und anderen unternommenen Reise lernte er die Brüder Boisserée kennen, deren Sammlung altdeutscher Tafelbilder ihm Anregungen für die eigene Arbeit lieferte. Die Brüder hatten Gefallen an dem jungen Maler gefunden und wollten ihm helfen. Sie vermittelten ihn in Stuttgart erstens an den Bildhauer Johann Heinrich Dannecker, der den praktischen Teil seiner Ausbildung übernahm, und zweitens an den Verleger Cotta, der das Ganze finanzierte. Danneckers klassizistisches Kunstideal stand Gangloffs mittelalterlich-romantischer Vorstellung von Kunst jedoch diametral entgegen. Während dieser nach der Natur zeichnen wollte, wurde er stattdessen gezwungen, Gipsabgüsse antiker Statuen zu kopieren. Als auch noch die Förderung seines Gönners eingestellt wurde, brach Gangloff zusammen; die Mutter holte ihn zu sich zurück, wenig später starb er. Justinus Kerners Ausspruch „Die weisen Männer in Stuttgart haben meinen Freund Gangloff umgebracht" benennt mit den „weisen" Gönnern und den „weißen" Gipsabgüssen doppelsinnig die Schuldigen an dem Ende eines vielversprechenden Menschen- und Künstlerlebens.

Die vorliegende Zeichnung wurde mehrere Jahre nach Gangloffs Tod, 1821, lithographiert und mit dem oben zitierten Sonett Uhlands gedruckt. In dieser Kombination dokumentiert es die Bedeutung des Frühverstorbenen für seine Freunde wie für die ganze romantische Bewegung. Ernst Fries (1801–1833), der Lithograph, gehört neben Carl Rottmann zu den bedeutendsten Landschaftsmalern der Heidelberger Romantik. – Der Verlag, Mohr und Winter in Heidelberg, brachte Achim von Arnims und Clemens Brentanos *Des Knaben Wunderhorn* sowie andere romantische Werke heraus, etwa auch Uhlands Drama *Ernst Herzog von Schwaben* im Jahr 1818. – Uhland selbst war einer der aufsteigenden Sterne der Bewegung und bereits ein berühmter Mann. – Der Gegenstand der Lithographie schließlich, das *Nibelungenlied*, ist ein zentrales Werk im Kanon der romantischen Bewegung: August Wilhelm Schlegel hatte es kurz nach der Jahrhundertwende zum deutschen Nationalepos ausgerufen und damit jede Beschäftigung mit ihm

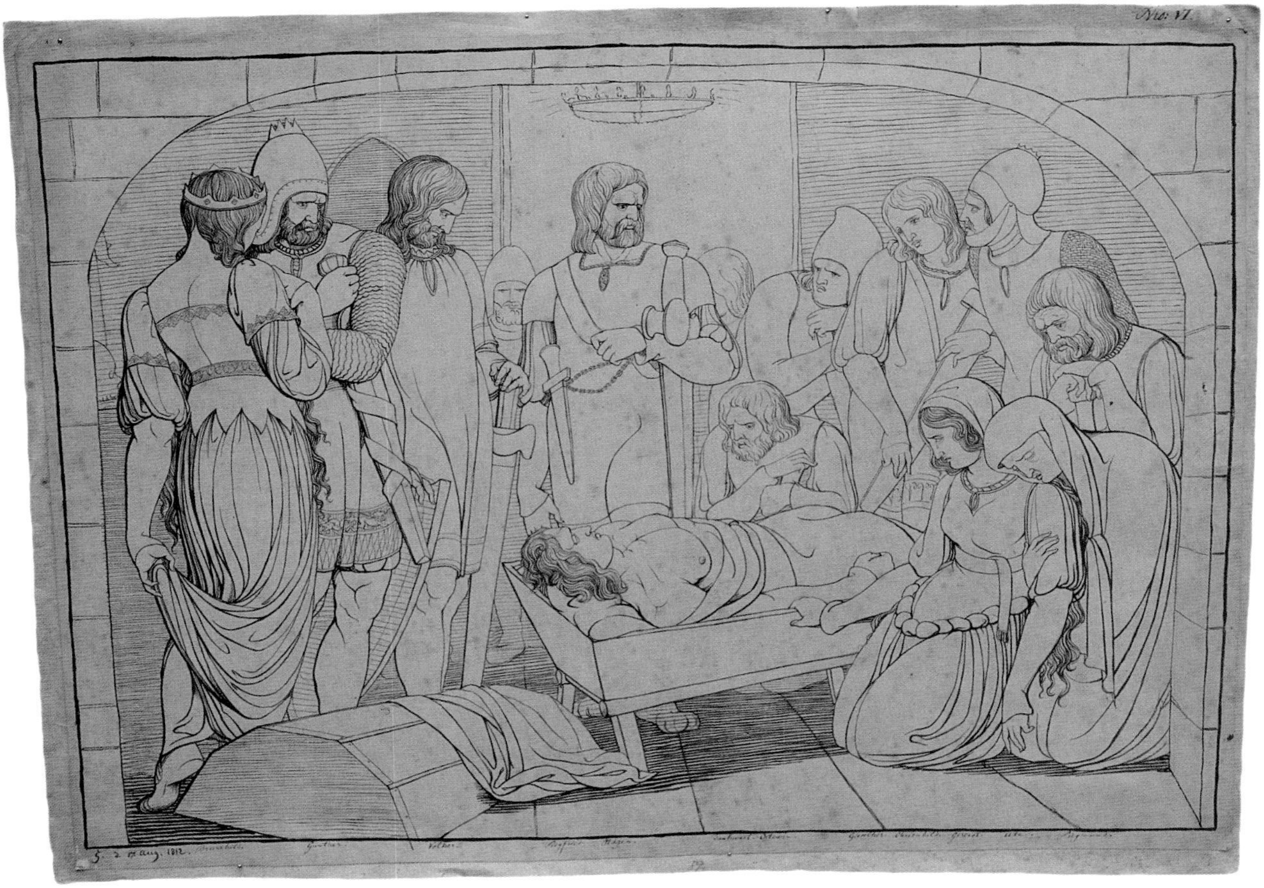

auch zu einem politischen Bekenntnis zur deutschen Einheit werden lassen; auch Uhlands Arbeiten zum *Nibelungenlied* seit dem *Sonntagsblatt* lassen sich in diesem Kontext lesen, ebenso Gangloffs auf den 17. August 1812 datierte Zeichnung, die zu den frühesten bildnerischen Darstellungen des *Nibelungenlieds* gehört. Einen Zusammenhang zwischen künstlerischem Schaffen und patriotischer Tat stellt Uhland auch in seinem ersten Sonett *Auf Karl Gangloffs Tod* her, wo er Gangloffs Imaginationskraft beim Zeichnen einer *Hermansschlacht* – ein „sinnig Denkmal deutschen Heldentumes" – so mächtig werden lässt, dass auch der Künstler, wie die von ihm dargestellten Kämpfer „auf dem Siegesfeld" den Tod findet: „So bist du in der Hermannsschlacht gefallen".

Stefan Knödler

Ludwig Uhland und Justinus Kerner: Die Bärenritter. Manuskript

DLA Marbach

Don Eusebio lebt mit seiner Nichte Donna Clara, ihrer Zofe Brigida und dem Diener Diego auf seinem Landsitz in den Pyrenäen. Angetan von dem vielen Geld Donna Claras will er verhindern, dass sie heiratet, damit ihm die Vollmacht über ihren Besitz nicht verloren geht. Doch eines Tages taucht ein Bär in der Nähe des Landsitzes auf und jagt Don Eusebio schreckliche Angst ein. Er fürchtet sich so sehr, dass er demjenigen, der den Bären tötet, die Hand seiner Nichte verspricht. Aus diesem Grund kommen die beiden Landjunker Don Pedro und Don Manuel zu Don Eusebio, schwingen große Reden und machen sich dann auf den Weg, den Bären zu erlegen. Doch nicht nur ihr tölpelhaftes Benehmen, sondern auch Don Luis, der Geliebte von Donna Clara, machen ihnen einen Strich durch die Rechnung. In Wahrheit ist Don Luis die ganze Zeit als Bär verkleidet gewesen, damit er Don Eusebio überlisten und die Hand seiner Liebsten gewinnen kann.

Dies ist die Handlung des von Uhland, Kerner und anderen gemeinschaftlich verfassten Stücks *Die Bärenritter*. Vorliegendes Blatt zeigt den Beginn des zweiten Aktes:

(Morgen.
Garten. Pinienallee.)

Der Bär
(komt auf allen Vieren, in der Mitte des Vordergrunds erhebt er sich und singt:)

Herz, mein Herz! wie wirst du tragen
So unendlich Liebesglük?
Welche seligen Gefühle
Traten in dieß Herz zurük!

Als sie Wang' und Mund mir küßte,
Glühend mir ins Auge sah,
Als sie diese Hände drükte:
Ach! was fühlt' ich Alles da!

Ach! und was an Wangen, Lippen,
Was in Auge, was in Hand,
Was an so verschiednen Orten
Wundersüßes ich empfand:

Die Autorschaft der einzelnen Teile des zwischen 1809 und 1813 entstandenen „komischen Singspiels" kann nicht genau geklärt werden, auch nicht anhand der zahlreichen Handschriften. Vermuten lässt sich aber, dass Uhland hauptsächlich die lyrischen Arien verfasst hat und dass die komischen Stellen des Werkes auf Kerner zurückgehen. Ausgangspunkt des Schwanks ist eine von Christoph Friedrich Kölle erzählte Anekdote; von seiner Hand stammt wahrscheinlich auch die vorliegende Reinschrift.

Uhland war eifrig bemüht, einen Komponisten für das lustige Singspiel zu finden, bis sich schließlich sein Stuttgarter Freund Friedrich Knapp bereit erklärte, es in Musik zu setzen. Uhland, der auf eine Aufführung an der Stuttgarter Hofbühne hoffte, reichte das fertige Stück 1813 bei der königlichen Hoftheaterintendanz in Stuttgart ein. Leider wurde es von der Theaterzensur abgelehnt, weil der klassizistische Hofdichter und Theaterintendant Friedrich von Matthisson den Text der beiden Freunde zu „gemein" fand, so zumindest schreibt es Uhland am 24. September 1813 an den dritten aus dem Tübinger Romantikerbund, Karl Mayer. Diesen hatte er schon Jahre zuvor gefragt, am 18. April 1809, ob er zu dem „dramatischen Gedicht" nicht einige Zeichnungen anfertigen könnte. Dass Mayer dies getan hätte, ist nicht bekannt; auch Knapps Komposition ist verloren. Das Gesamtkunstwerk der schwäbischen Romantik, von dem wenigstens Teile des Textes 1822 in dem Almanach *Rheinblüten* erschienen, ist somit ein Torso geblieben.

Sinje König

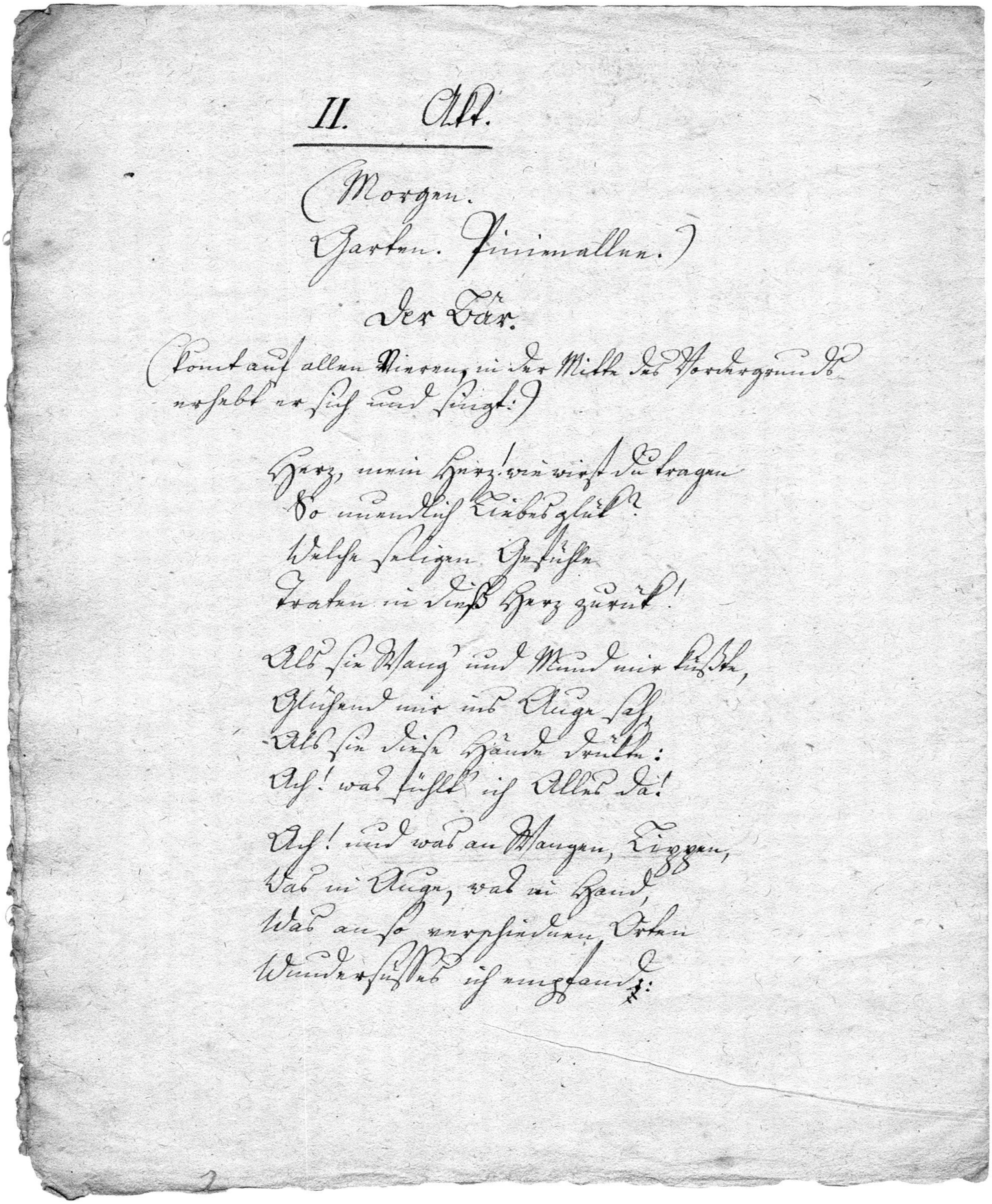
II. Akt.
(Morgen.
Garten. Säulenhallen.)
Der Bär.
(Kommt auf allen Vieren, in der Mitte des Vordergrunds erhebt er sich und singt:)
Herz, mein Herz! wie wirst du tragen
So unendliche Liebesglut!
Welche seligen Gefühle
Traten in dieses Herz zurück!
Als sie Wang' und Mund mir küßte,
Glühend mir ins Auge sah,
Als sie diese Hände drückte:
Ach! was fühlt' ich Alles da!
Ach! und was an Wangen, Lippen,
Was im Auge, was in Hände,
Was an so verschiedenen Orten
Wundersüßes ich empfand!

Deutscher Dichterwald. Von Justinus Kerner, Friedrich Baron de la Motte Fouqué, Ludwig Uhland und Andern. Tübingen in der J. F. Heerbrandt'schen Buchhandlung. 1813
DLA Marbach

Seit dem *Sonntagsblatt für gebildete Stände* war es ein Bedürfnis des Tübinger Dichterzirkels, zu dem unter anderem Ludwig Uhland, Justinus Kerner und Karl Mayer zählten, durch ein gemeinsam verfasstes und herausgegebenes Buch der Freundschaft und der romantischen Poesie ein Denkmal zu setzen. Nach einer langen Planungs- und Druckgeschichte erschien Ende 1811 zunächst der *Poetische Almanach für das Jahr 1812*, mit dem der Kreis der schwäbischen Autoren um die Norddeutschen Friedrich Baron de la Motte Fouqué, Karl August und Rosa Maria Varnhagen erweitert wurde. Da die Reaktionen auf diesen Almanach positiv ausfielen, fühlten sich die Tübinger Freunde angespornt, einen zweiten zu veröffentlichen. Uhland übernahm das Einwerben der Beiträge und versuchte, das Projekt voranzutreiben. Am 24. April 1813 schrieb er an Karl Mayer: „Ich lege hier einige Werke bei, die ich als Vorrede zu unsrem Almanach gemacht, der unter dem Titel: Deutscher Gedichte Frühling, bei Osiander in Tübingen herauskommen sollte." Doch wie bei der vorangegangenen Publikation kam es auch hier zur Verzögerung des Drucks, was vor allem an der Trägheit und Nachlässigkeit Kerners lag. Uhland machte in einem Brief an ihn vom 29. April 1813 seinem Ärger Luft und gab dem Almanach dabei unwillentlich einen neuen Namen: „Mit dem Almanach will es immer nicht voran, bald ist kein Papier da, bald geben die Zeitumstände sein Erscheinen nicht zu. Auch soll er einen anderen Titel bekommen, weil der Frühling bald vorüber ist. Und welchen? Etwa Dichterwald oder wie sonst?" Im Juni 1813 erschien der Almanach endlich, tatsächlich als *Deutscher Dichterwald*, in der von Christian Friedrich Osiander geführten Heerbrandtschen Buchhandlung in Tübingen. Die Gedichte darin sind eingeteilt in fünf Rubriken: „Lieder", „Sonette, Oktaven", „Sinngedichte", „Legenden, Balladen, Märchen" und „Nachlese"; 23 der rund 190 Beiträge stammen aus der Feder Uhlands.

Das vorliegende Exemplar stammt aus dem Besitz des Tübinger Oberlehrers C. Rüdinger, der 1871 auf der Innenseite des Buchdeckels seinen Erben folgende Notiz hinterlassen hat: „NB. Dieses Buch hat für die Geschichte der sogenannten schwäbischen Dichterschule (namentlich Uhland, Kerner, usw.) ganz besondere Bedeutung, darum nicht verschleudern!" Dass er selbst oder auch seine Nachfahren das Buch tatsächlich in Ehren gehalten haben, zeigen zwei in den Almanach eingeklebte Zeitungsausschnitte. Der erste Artikel, datiert auf den 23. September 1886, stammt aus dem *Schwäbischen Merkur*, der führenden württembergischen Tageszeitung des 19. Jahrhunderts. Gegenstand des Textes sind Anekdoten über Kerner anlässlich der Feier seines 100jährigen Geburtstags, wobei auch auf den *Deutschen Dichterwald* Bezug genommen wird. Auf der hinteren Buchinnenseite befindet sich der zweite Artikel über die Studie *Der schwäbische Dichterbund* (Innsbruck 1886) des österreichischen Germanisten Ambros Mayr, die als Beweis dafür genommen wird, dass die bevorstehende hundertste Wiederkehr von Uhlands Geburtstag auch außerhalb Schwabens Teilnahme finde.

Das Marbacher Exemplar des *Deutschen Dichterwalds* macht die Entwicklung der Verehrung für die Tübinger Dichter in Württemberg anschaulich: Schon die Generation um 1870 wandte sich dem Buch nicht mehr mit dem Blick des Lesers zu, sondern zunehmend mit dem des Geschichtsforschers, der darin ein Objekt sieht, das Auskunft über eine vergangene Epoche – die der sogenannten „schwäbischen Dichterschule" – gibt. Die Zeitungsausschnitte trugen zusätzlich zur Historisierung des Exemplars bei. Der letzte Schritt in dieser Entwicklung war die Übergabe des Buches an das Marbacher Schillermuseum, in dem das über Generationen hinweg privat gepflegte Andenken an die Schwäbischen Dichter institutionalisiert wurde. So wandelte sich der Almanach zum Exponat.

Ariane Hopp

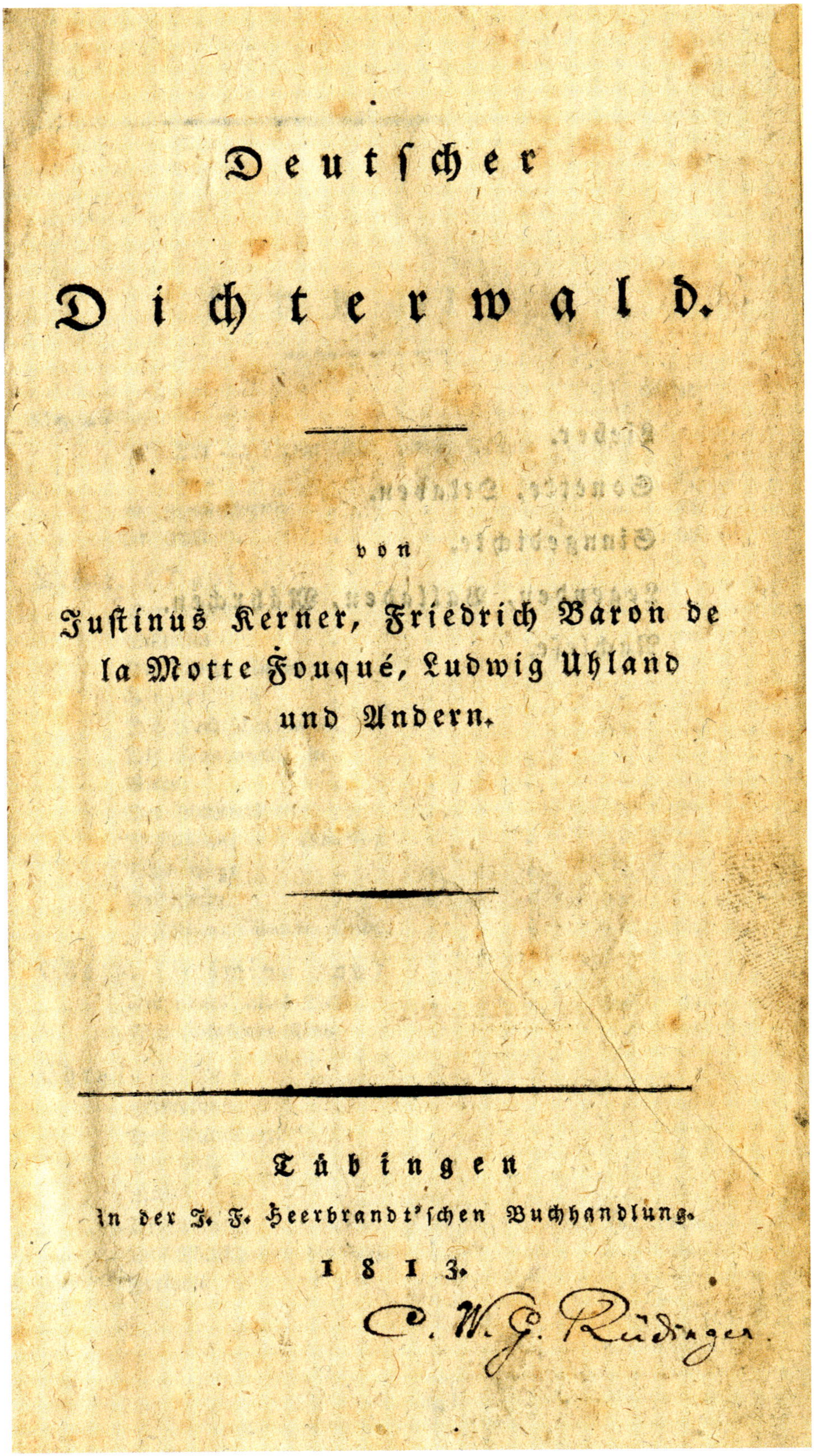

Deutscher

Dichterwald.

von

Justinus Kerner, Friedrich Baron de la Motte Fouqué, Ludwig Uhland und Andern.

Tübingen
in der J. F. Heerbrandt'schen Buchhandlung.
1813.

C. W. G. Rüdinger

Ludwig Uhland: Des Sängers Fluch. In: Liederbuch 1811–1814

DLA Marbach

„Er führte mich auf einen Gipfel, dessen Höhe ich im ersten Augenblick nur dadurch erkannte, daß mir die Luft zum freien Atmen fehlte." So enthusiastisch äußerte sich Friedrich Hebbel in seinem Tagebuch noch Jahrzehnte später in Erinnerung an seine erste Lektüre von Uhlands Ballade *Des Sängers Fluch*. Hebbel stand mit seiner Bewunderung nicht allein: Die Ballade gilt bis heute als eines der packendsten und gelungensten Gedichte nicht nur Uhlands, sondern des 19. Jahrhunderts überhaupt.

Die Idee zu seinem Meisterwerk hatte Uhland bereits im August 1804, die Anregung dazu lieferte ebenfalls eine Ballade: *Der eifersüchtige König*, eine Übersetzung aus dem Altschottischen in Herders Volksliedersammlung *Stimmen der Völker in Liedern*, deren Vorlage aus Thomas Percys *Reliques of Ancient English Poetry* stammt – beides Lieblingsbücher des jungen Dichters. Den Stoff, den Uhland damals noch als Drama umsetzen wollte, führte er über zehn Jahre später als Ballade aus – innerhalb von zwei Tagen. Am 2. Dezember 1814 notierte er in sein Tagebuch: „Angefangene Ausarbeitung der schon früher entworfenen Ballade: *Des Sängers Fluch*. Die Ballade bis auf einiges beendigt." Und am nächsten Tag – einem Sonntag – heißt es: „Die Ballade ins Reine gebracht."

Das vorliegende Stück zeigt den Anfang – die ersten vier Strophen – dieser Reinschrift von *Des Sängers Fluch* in einem der zahlreichen Liederbücher, die Uhland seit 1801 nutzte, um seine Gedichte in gültigen Fassungen zu sammeln. Fast alle Gedichte versah Uhland dabei, penibel, wie er in solchen Dingen war, mit der genauen Angabe, wann die Muse ihn geküsst hatte; „Morgens" oder „Am späten Abend" heißt es dann etwa. Über *Des Sängers Fluch* befindet sich der etwas ungenaue Eintrag „Samst[ag] d[en] 3.–4. Dec[ember] nach einer früheren Idee." Wie man sehen kann, hatte Uhland auch an seinen Reinschriften oft noch etwas auszusetzen, so hat er den berühmten Anfang der Ballade – „Es stand in alten Zeiten ein Schloß, so hoch und hehr" – erst im „Liederbuch" aus der weitaus weniger wirkungsvollen Zeile „Es hat ein Schloß gestanden, so herrlich und so hehr" korrigiert. In der dritten Zeile heißt es statt „Rings war" nun „Und rings", in der vierten Zeile korrigiert Uhland „hundert Brunnen" in „frische Brunnen"; in der fünften heißt es nun „Dort saß ein stolzer König" statt „Dort saß vorlängst ein König", in der sechsten schlichter „auf seinem Throne" statt „auf hohem Throne".

Die Geschichte der Ballade ist bekannt und schnell erzählt: Zwei Sänger, ein alter und ein junger, kommen an ein Schloss, um den bösartigen König mit ihrem Gesang zu besänftigen. Ihr Lied „von Lenz und Liebe, von sel'ger, goldner Zeit, / Von Freiheit, Männerwürde, von Treu' und Heiligkeit" verfehlt jedoch seinen Zweck: Statt des Königs wird seine ohnehin für solche Dinge empfängliche Frau so gerührt, dass sie dem jungen Sänger eine Rose zuwirft, der der eifersüchtig gewordene, erboste König ein Schwert hinterherschleudert, das den Sänger ins Herz trifft. Der alte Sänger verflucht daraufhin die Burg, die Gärten und schließlich den König selbst – erfolgreich, wie die letzten Verse zeigen:

Die Mauern liegen nieder, die Hallen sind zerstört,
Noch eine hohe Säule zeugt von verschwundner Pracht,
Auch diese, schon geborsten, kann stürzen über Nacht.

Und rings, statt duft'ger Gärten, ein ödes Heideland:
Kein Baum verstreuet Schatten, kein Quell durchdringt
den Sand,
Des Königs Namen meldet kein Lied, kein Heldenbuch;
Versunken und vergessen! das ist des Sängers Fluch.

Es ist das Motiv von der Wirkungsmacht der Poesie, das hier in seiner negativen Variante, als damnatio memoriae vorgeführt wird. In positivem Verständnis bestätigt sich das Motiv in der Rezeptionsgeschichte des Gedichts – bei Hebbel wie bei vielen anderen auch.

Selcuk Tasyakan

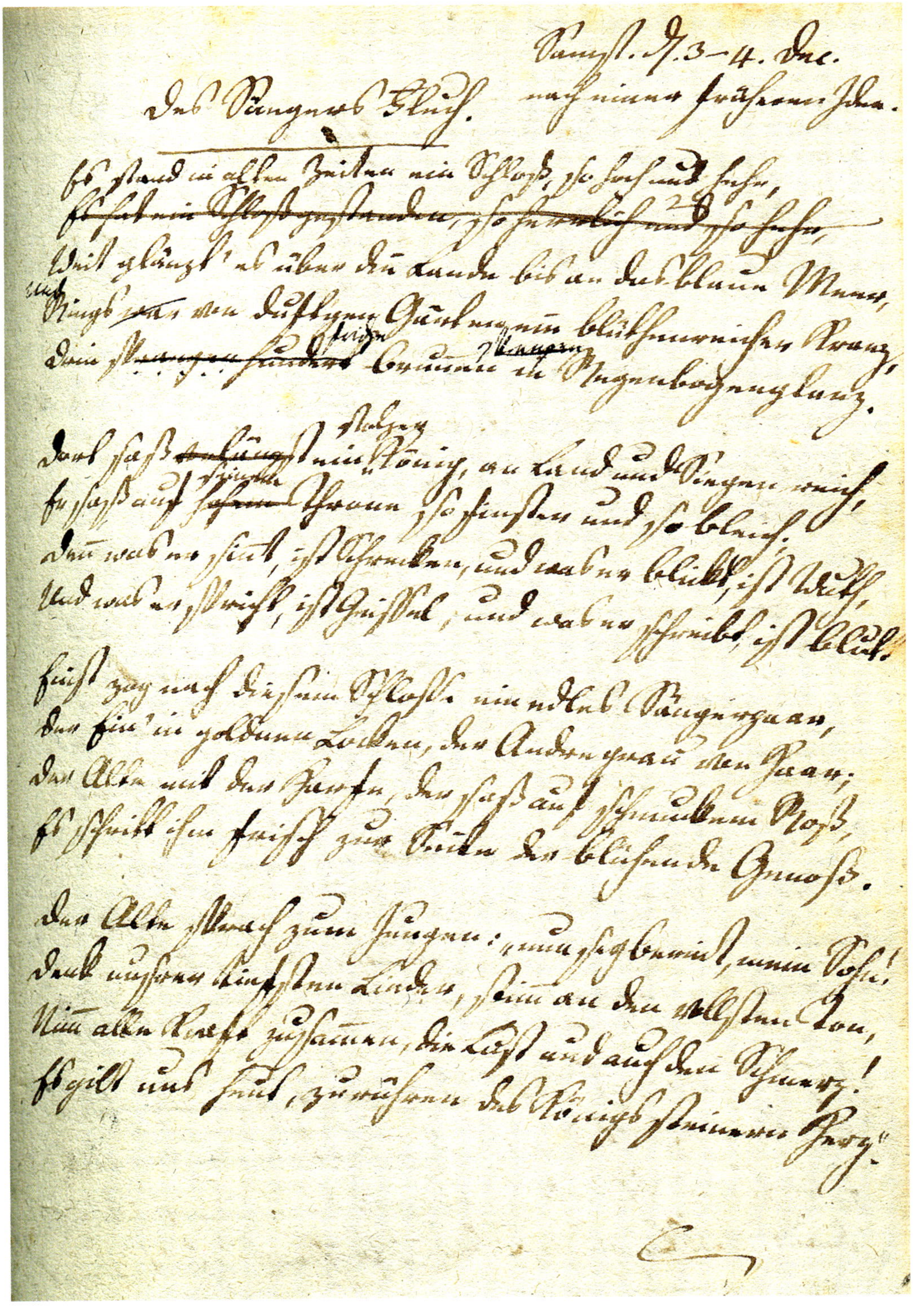

Kernst. d. 3–4. Dec.

Des Sängers Fluch. nach einem früheren Plan.

Es stand in alten Zeiten ein Schloß, so hoch und hehr,
~~[illegible]~~
Weit glänzt' es über die Lande bis an das blaue Meer,
Und rings von duft'gen Gärten ein blüthenreicher Kranz,
Drin sprangen frische Brunnen in Regenbogenglanz.

Dort saß ein stolzer König, an Land und Siegen reich,
Er saß auf seinem Throne so finster und so bleich;
Denn was er sinnt, ist Schrecken, und was er blickt, ist Wuth,
Und was er spricht, ist Geißel, und was er schreibt, ist Blut.

Einst zog nach diesem Schlosse ein edles Sängerpaar,
Der Ein' in goldnen Locken, der Andre grau von Haar;
Der Alte mit der Harfe, der saß auf schmuckem Roß,
Es schritt ihm frisch zur Seite der blühende Genoß.

Der Alte sprach zum Jungen: „Nun sey bereit, mein Sohn!
Denk unsrer tiefsten Lieder, stimm an den vollsten Ton,
Nimm alle Kraft zusammen, die Lust und auch den Schmerz!
Es gilt uns heut, zu rühren des Königs steinern Herz."

Illustrationen zu Uhlands Gedicht „Des Sängers Fluch":

Julius Nisle: Des Sängers Fluch. In: Illustrationen zu Uhlands Gedichten in sechsunddreißig Umrissen. Hrsg. von August Lewald. o. J. [1838]
DLA Marbach
Eduard Ille: Des Sängers Fluch. Aquarell, um 1865, 52 x 57 cm
DLA Marbach
Oskar Herrfurth: Des Sängers Fluch. In: Uhlands Gedichte und Dramen. Band 2. Berlin o. J. [1897]
DLA Marbach
Johann Philipp Gerke: Des Sängers Fluch (Weh euch, ihr stolzen Hallen). Öl auf Leinwand, 1834, 100 x 80 cm
Privatbesitz

Im Park von Schloss Hohenheim bei Stuttgart befinden sich unter den spärlichen Resten der von Herzog Karl Eugen geschaffenen Anlage die „drei Säulen zum donnernden Jupiter". Die Gedenktafel an der einzigen noch stehenden besagt: „Am 10. Juni 1814 gelegentlich eines Besuches von Hohenheim und eines Ganges durch die Ruinenstätten der Gartenanlagen hat Uhland die Anregung zu seiner Ballade Des Sängers Fluch geschöpft." Tatsächlich berichtet Uhland in seinem Tagebuch unter diesem Datum von einem Spaziergang „in den Hohenheimer Anlagen"; drei Tag später notiert er: „Neues Auffassen der Romanze vom zerstörten Königsschloß". Erst im Dezember jedoch stellt er diese fertig und veröffentlicht sie in der ersten Ausgabe seiner Gedichte im Folgejahr. Schnell wird *Des Sängers Fluch* zu einem der beliebtesten Gedichte Uhlands, was man nicht nur an vielen verschiedenen Vertonungen der Ballade erkennen kann, sondern noch mehr an der auffallend großen Zahl von Illustrationen dazu. Während sich der heutige Leser in Lyrikbänden von Bildern eher bedrängt fühlt – stehen sie doch der gängigen Vorstellung, man müsse ein Gedicht in seinem Innersten selbst nachempfinden, im Wege –, so waren sie im 19. Jahrhundert nichts Ungewöhnliches. Von der Bebilderung des Gedichts in illustrierten Ausgaben über Separatdrukke bis zum selbständigen Ölgemälde reicht das Spektrum im Fall von *Des Sängers Fluch*. Die verschiedenen Künstler koppelten ihre Arbeiten an den Erfolg des Gedichts, das ihnen gleichzeitig einen Stoff lieferte, der neu und unverbraucht war und von den üblichen Darstellungen antiker oder biblischer Motive auf interessante Art abwich.

Die meisten Illustrationen zu *Des Sängers Fluch* wählen einen der beiden entscheidenden und dramatischen Momente der Ballade: Den Mord des eifersüchtigen Königs an dem jungen Sänger oder den Fluch des alten Sängers beim Verlassen des Königsschlosses, der dem Gedicht den Titel gibt. Am dynamischsten stellt Eduard Ille (1823–1900) den Mord auf seinem Aquarell dar: An der Spitze der bewegten Pyramidalgruppe steht der König, dessen Arm vom Schleudern des Schwertes noch erhoben ist, links von ihm seine ohnmächtig zurückgesunkene Frau, davor der tote junge Sänger in den Armen des alten. Den statischen Gegenentwurf dazu liefert Julius Nisles (1812–1850) Zeichnung, auf der sich alles in der Senkrechten abzuspielen scheint und sogar der tote Sänger noch steht. Während in Illes Komposition auf dem ersten Blick zwar die Dynamik der Szene, nicht aber der vorgefallene Mord erkennbar ist, wird in Oskar Herrfurths (1862–1934) Illustration das Schreckliche des Geschehens sofort deutlich. Der Figurenschmuck der beiden Throne scheint es herauszuschreien und selbst dem König steht das Grauen über seine Tat ins Gesicht geschrieben; das Mosaik im Hintergrund mahnt als Kontrast dazu an einen guten, heiligen Herrscher.

Im Gedicht wie in den Illustrationen dazu hat die Mordszene ihr Pendant in dem Fluch des alten Sängers. Die dazu drohend erhobene Hand des Greises in der Zeichnung von Nisle wie in dem Gemälde von Johann Philipp Gerke (1811–1872) entspricht der gleichfalls erhobenen Hand des Mörders. Zwar ist die Harfe des Sängers auf beiden Bildern zerbrochen, die Macht seines Worts aber ist noch wirksam und weitaus zerstörerischer als das Schwert des Königs. Nisles Sänger hat den Mund geschlossen, hier führt sein Stab – in Entsprechung zum Mordschwert – den Akt des Fluches aus.

Nisle hat in seiner Bildergeschichte noch die Ankunft der beiden Sänger vor dem Schloss – wo schon das Richtbeil im Vordergrund nichts Gutes verheißt – und den Gesang der beiden vor dem Königspaar – wobei der Kopf des alten Sängers einer antiken Homer-Büste nachgebildet ist – dargestellt. Er setzt als einziger auch die letzten beiden Strophen von Uhlands Ballade künstlerisch um, in der die Folgen des Fluchs geschildert werden: Eine einzelne aufragende Säule, die – wie die Phokassäule auf dem Forum romanum, die ihr zum Vorbild diente oder wie die Säule in Hohenheim – an eine frühere Herrlichkeit mahnt, deren Andenken der König durch sein unbeherrschtes Handeln verspielt hat.

Selcuk Tasyakan

O. Herrfurth
M.A. Co

Ludwig Uhland an Johann Friedrich Cotta. Stuttgart, 20. Februar 1815

DLA Marbach

Wohlgeborner, Hochzuverehrender Herr Doktor!
Von Herrn Präsidenten von Wangenheim habe ich gehört, daß Sie nicht abgeneigt wären, eine Sammlung meiner Gedichte in Verlag zu nehmen. Sollten sie nach Einsicht des anliegenden Manuscripts wirklich gesonnen seyn, diese Gedichte zu verlegen, so erbitte ich mir gefällige Bestimmung des Honorars und der sonstigen Bedingungen, unter welchen solches geschehen könnte.
Mit vollkommenster Hochachtung beharrend, Euer Wohlgeboren gehorsamster Diener L. Uhland

Diesen Brief schickte Ludwig Uhland am 20. Februar des Jahres 1815 an Johann Friedrich Cotta, den Kopf der J. G. Cotta'schen Verlagsbuchhandlung in Tübingen und Stuttgart. Cotta war zu seiner Zeit der deutsche Verleger schlechthin, neben anderen berühmten Schriftstellern verlegte er Schiller und Goethe. Im Jahr 1809 hatte Cotta es noch abgelehnt, Uhlands Gedichte in den Verlag zu nehmen, nun, da offenbar Karl August von Wangenheim, der von 1811 bis 1817 Präsident des Obertribunals und Kurator der Universität Tübingen war, zwischen dem jungen Autor und dem renommierten Verleger vermittelt hatte, überlegte er es sich anders – zumal Uhlands Gedichte mittlerweile in etlichen Almanachen und Zeitschriften erschienen waren und ihren Verfasser bekannt gemacht hatten. Nur einen Tag nach seiner Anfrage erhielt Uhland eine positive Antwort von Cotta, der selbst keine Bedingungen festlegte, sondern dies dem jungen Dichter überlassen wollte. Uhland antwortete prompt, dass er als Honorar 400 Gulden verlange und zudem noch acht Freiexemplare. Cotta erschienen diese Forderungen offenbar angemessen, da er keinen Versuch machte, sie mit Uhland zu verhandeln, und noch im selben Jahr wurde die erste Auflage von Ludwig Uhlands *Gedichten* veröffentlicht. Uhlands romantische Poesie fand Anklang beim Publikum und so auch der schlicht gestaltete und betitelte Band, der sie enthielt. Drei Jahre nach dessen erstem Erscheinen, am 17. Dezember 1818, traf ein weiterer Brief Uhlands bei Cotta ein, in dem er den Verleger nach dem Absatz seines Buches fragte, weil er einige neue Gedichte für eine weitere Auflage habe: „Euer Hochwohlgeboren erlauben mir die ergebenste Anfrage: wie viele Exemplare meiner im Verlag Ihrer Buchhandlung erschienenen Gedichte bis jetzt abgesetzt seyen? Da ich Mehreres für eine neue Ausgabe vorräthig habe, so intressiert es mich, solches zu erfahren."

Die erste Auflage war offenbar schon fast verkauft, denn im Mai des folgenden Jahres wurden bereits die Bedingungen für eine zweite Ausgabe des Gedichtbandes besprochen. Nach dem Erfolg der ersten Auflage war Ludwig Uhland mutiger geworden und verlangte nun das doppelte Honorar und die dreifache Menge an Freiexemplaren, was Cotta ihm ohne zu murren gewährte. Die nun erst richtig beginnende Erfolgsgeschichte wird deutlich, wenn man die Gesamtanzahl der Auflagen von Uhlands *Gedichten* betrachtet. Allein bis zu seinem Tod im Jahre 1862 waren es 43, zu denen man noch einige unrechtmäßige Nachdrucke rechnen muss. Neben Heinrich Heines *Buch der Lieder* ist dieser schlichte Band die erfolgreichste deutsche Gedichtsammlung des 19. Jahrhunderts; auf der Höhe seines Ruhms, gegen Ende des Jahrhunderts, wurde Uhland selbstverständlich neben Goethe und Schiller gestellt. Seither ist sein Ansehen allerdings im Schwinden: Uhlands Gedichte sind derzeit in gerade einmal zwei nur recht schmalen Auswahlausgaben im Buchhandel verfügbar.

Sinje König

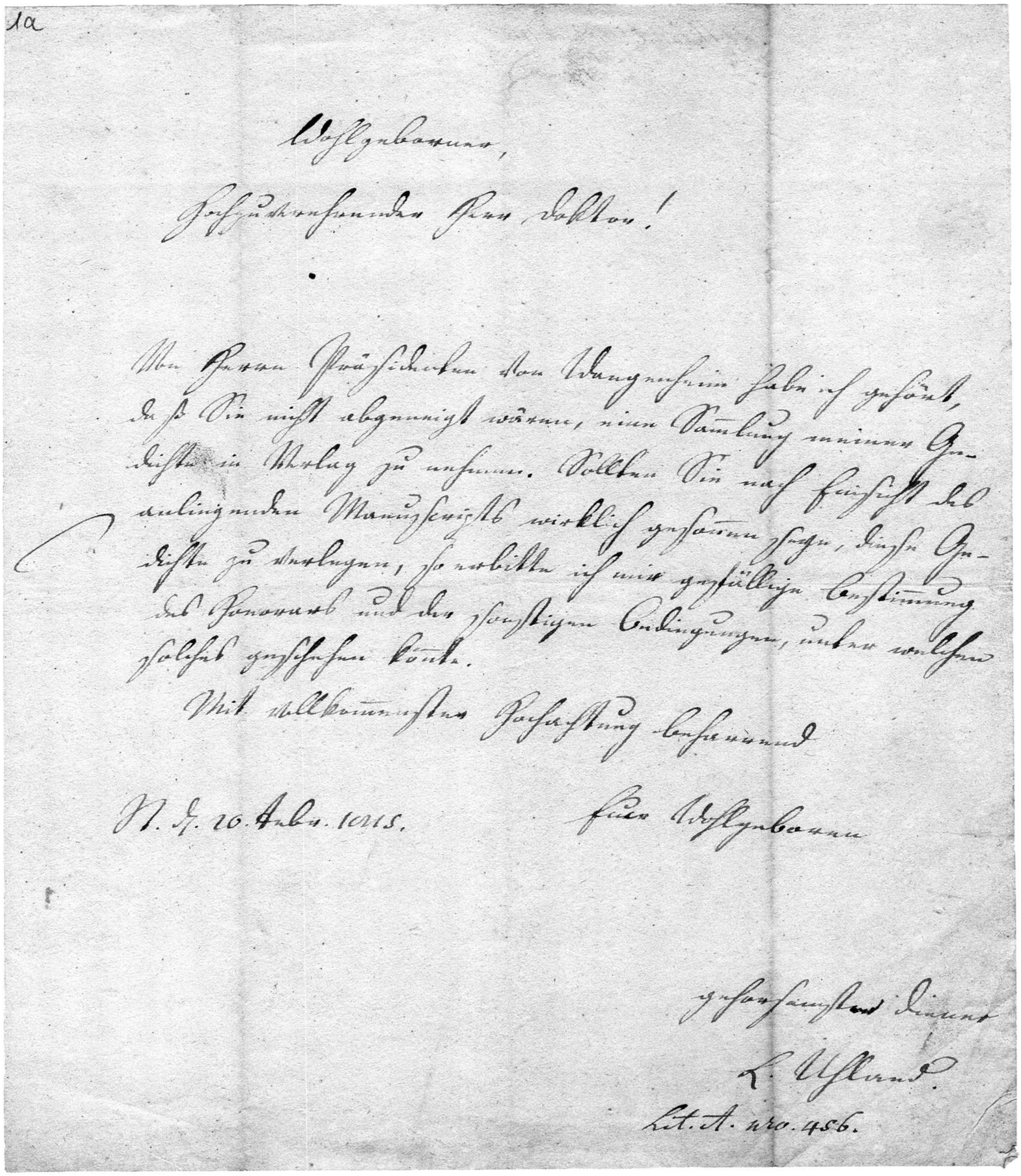

1a

Wohlgeborner,

Hochzuverehrender Herr Doktor!

Von Herrn Präsidenten von Wangenheim habe ich gehört, daß Sie nicht abgeneigt wären, eine Sammlung meiner Gedichte in Verlag zu nehmen. Sollten Sie nach Einsicht des anliegenden Manuscripts wirklich gesonnen seyn, diese Gedichte zu verlegen, so erbitte ich mir gefällige Bestimmung des Honorars und der sonstigen Bedingungen, unter welchen solches geschehen könnte.

Mit vollkommenster Hochachtung beharrend

St. d. 20. Febr. 1815.

Euer Wohlgeboren

gehorsamster Diener

L. Uhland.

Lit. A. Nro. 456.

Ludwig Uhland: Die Weiber von Weinsberg. Dramenfragment, 1816

DLA Marbach

Seit dem 15. November 1140 belagerte König Konrad III. den Herzog Welf VI. von Bayern in Weinsberg. Einen Monat später, nach einer entscheidenden Schlacht unter den Mauern der Stadt, kapitulierte Welf. Konrad wollte die Frauen verschonen und gestattete ihnen die Stadt zu verlassen. Er erlaubte ihnen, das mitzunehmen, was sie tragen konnten. Pfiffig, wie die Weinsberger Frauen waren, trugen sie auf ihren Rücken ihre Männer aus der Stadt. Der verdutzte König stand zu seinem Wort – die Frauen retteten ihre Männer vor dem sicheren Tod. Dieser Stoff, teils Sage, teils geschichtliches Ereignis, war schon im Jahr 1614 dramatisch bearbeitet und zuletzt mit Gottfried August Bürgers Ballade (1774) populär geworden; 1816 machte sich nun Ludwig Uhland daran, ihn unter dem Titel *Die Weiber von Weinsberg* zu dramatisieren.

Die abgebildete Seite stellt Uhlands Entwurf zum zweiten Akt des geplanten dramatischen Schwanks dar. Laut Adelbert von Keller, dem Schüler, Freund und Nachfolger Uhlands auf dessen Lehrstuhl, ist dieses Manuskript von allen Papieren, die Uhland hinterlassen hat, am schwierigsten zu entziffern. Der Text auf der Seite besteht aus mehreren Kolumnen, teilweise ganz oder zur Hälfte überschrieben, die Schrift ist flüchtig und schwer leserlich, es gibt viele Abkürzungen, häufige Korrekturen und Einschübe, die dann zurückgenommen und stellenweise wieder durch andere ersetzt worden sind. Oft werden nicht einmal die Namen der redenden Personen genannt und die Reihenfolge der Kolumnen ist auch nicht sicher. Insgesamt hat das Drama lediglich Entwurfscharakter, einzelne Szenen sind mehr oder weniger ausgeführt vorhanden, die Bruchstücke lassen den Verlauf und den Ausgang des Stückes nur schwer erkennen, wenn überhaupt. Den ausgeführten Partien kann man jedoch unzweifelhaft entnehmen, dass es ein lustiges Stück geworden wäre, wenn Uhland es vollendet hätte.

Die Weiber von Weinsberg ist nicht das einzige Fragment gebliebene Theaterstück Uhlands. Von 29 Dramen und Dramenentwürfen hat er, sieht man von dem Gemeinschaftswerk *Die Bärenritter* ab, nur zwei fertig gestellt: *Ernst Herzog von Schwaben* und *Ludwig der Bayer*. Angesichts seiner zahlreichen gescheiterten Versuche, für die Bühne zu schreiben, liegt der Verdacht nahe, dass ihm die Begabung dafür gefehlt habe. Man könnte aber auch annehmen – und dieser Meinung dürfte Uhland selbst gewesen sein –, dass sein Berufsleben und sein politisches Engagement ihm keinen Raum für dramatisches Schaffen ließen, zumal ja auch die lyrische Produktion ins Stocken geriet. Er selbst schrieb am 6. März 1807 an Leo von Seckendorf: „Ich komme schwer daran, Gestalten, die ich in begeisterten Momenten gesehen u. entworfen, in ruhigen auszumahlen.“ Und später: „Ich könnt' Ihnen eine Reihe von Plänen zu epischen u. dramatischen Gedichten aufführen, die ich mit Liebe entworfen, oft ziemlich klar gestaltet (zu Papier bracht' ich nur weniges) und dann verlassen habe.“

Die Stadt Weinsberg hat in Uhland also nicht ihren Dichter gefunden, das vorliegende Manuskript ist vielmehr ein besonders dramatisches Dokument des Scheiterns – wohl aber wurde es sein Freund Justinus Kerner, der 1819 als Arzt dorthin übersiedelte. Kerner trat nicht nur für die Echtheit der überlieferten Geschichte über die treuen Weinsberger Weiber ein, sondern er sorgte als Vorsitzender des Weinsberger Frauenvereins auch für den Erhalt der Burg Weibertreu. Nach Justinus Kerners Tod übernahm sein Sohn Theobald den Vorsitz im Frauenverein und begann das sogenannte Steinerne Album, für das Gedichte und Namen prominenter Besucher in die Mauern des Wehrturms der Burg Weibertreu eingemeißelt wurden. Die Verse, die von Kerner ins Steinerne Album aufgenommen wurden, haben sich als haltbarer erwiesen als Uhlands Versuch, die *Weiber von Weinsberg* dramatisch zu verewigen:

Getragen hat mein Weib mich nicht,
Aber – – ertragen!
Das war ein schwereres Gewicht,
Als ich mag sagen.

Sinje König

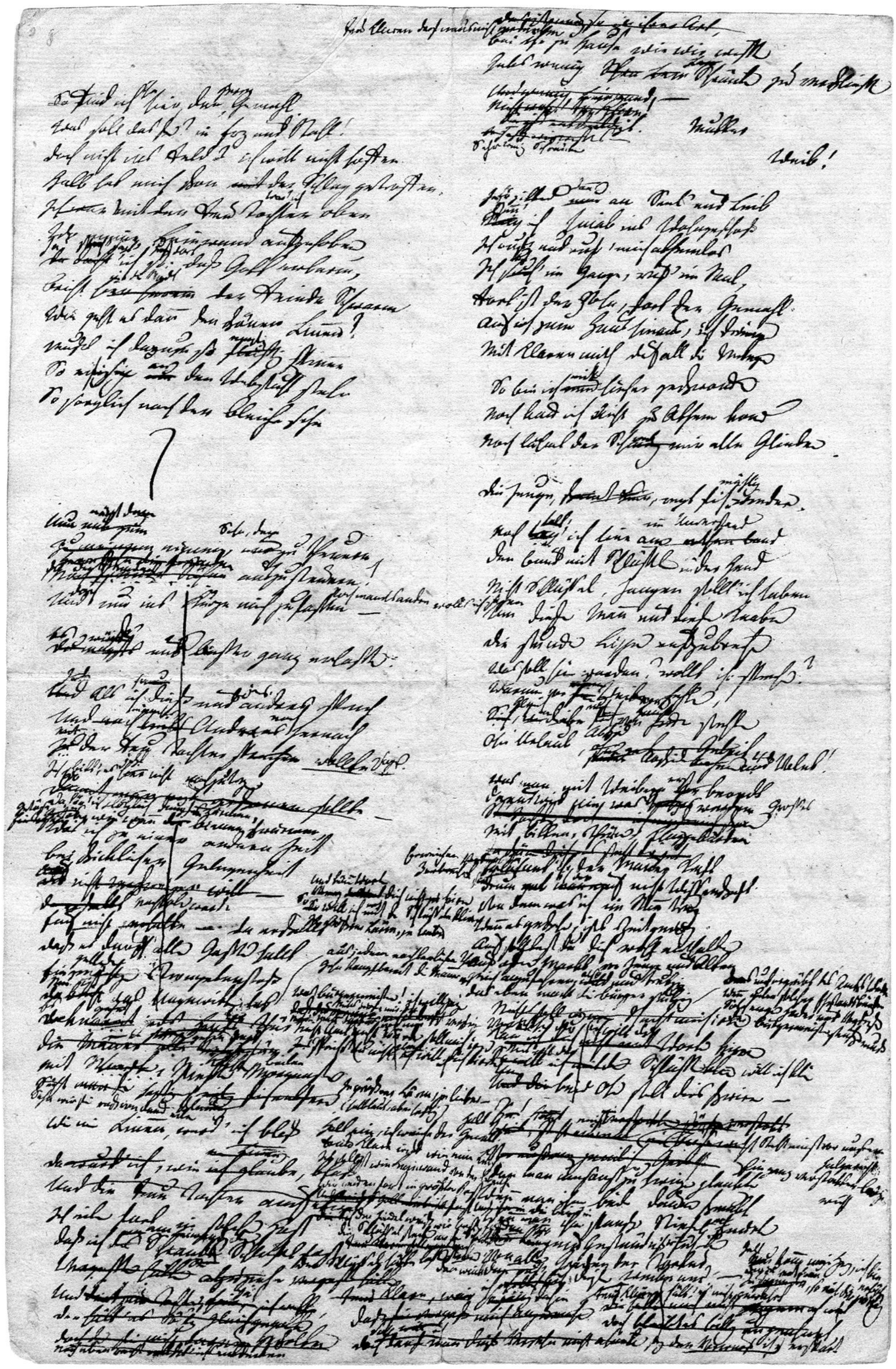

Ludwig Uhland: Entfliehend diesem bunten Menschenschwarme. Abschrift von fremder Hand

DLA Marbach

Entfliehend diesem bunten Menschenschwarme
Will ich mein Lied zur Hainesstille tragen,
Den ernsten dunkeln Föhren will ich klagen
Was mir das Herz erfüllt mit tiefem Harme.

Die neue Zeit ist eine liebesarme,
Ein kälter Volk lebt als in jenen Tagen,
Da ich die deutsche Harfe angeschlagen
Die sagenkund'ge, fromme, gotteswarme.

Sie haben keinen Frieden im Gemüthe,
Sie wärmen sich an keinem Himmelsstrahle
Es ist ein arger Geist in sie gefahren.

Hin welkt der Dichtung Paradiesesblüthe
Und keiner drückt die Hand in diesem Thale
Dem alten Sänger mit ergrauten Haaren.

Den 18ten Juli 1846
Petersthal *L Uhland.*

Dieses bislang unbekannte Gedicht Ludwig Uhlands aus später Zeit, da er kaum noch Verse schrieb, trat erst kürzlich zutage. Es ist in einer Abschrift von unbekannter Hand überliefert. Auf der Rückseite des Blattes befindet sich, wohl vom gleichen Schreiber, ein auf den 18. August 1846 datiertes Sonett des Schweizer Gelegenheitsdichters Franz Xaver Wagner von Laufenburg (1805–1879), der, bevor er in seiner Heimat Beamter wurde, in Tübingen Uhlands Stilistikum besucht hatte. Das dort Gelernte wandte er hier an, indem er die in Uhlands Gedicht ausgesprochene melancholische Klage, einsam und von der neuen Zeit unverstanden zu sein, mit vielfachem wörtlichen Bezug auf die Verse Uhlands zu entkräften versuchte. Sein Gedicht entstand in dem Petersthal benachbarten Griesbach – heute sind beide Gemeinden zusammengeschlossen – und dieser Ort ist Gegenstand eines dritten Gedichts auf dem Blatt, nun in anderer Handschrift und datiert auf den 25. August 1846.

Diese kuriose Überlieferung, die vorwiegend von der Örtlichkeit her bestimmt zu sein scheint, gibt einige Rätsel auf. Uhland hielt sich damals tatsächlich in der Gegend auf. Er dürfte am 16. oder 17. Juli mit Frau und Pflegesohn zu einer Reise in den Schwarzwald aufgebrochen sein, die nach Triberg, Oppenau und zu den Wasserfällen von Allerheiligen führte. Dabei hat Uhland am 18. Juli offenbar Petersthal berührt, bevor er sich von seiner Familie trennte und zu Bibliotheksstudien nach Straßburg weiterreiste, von wo aus er am 26. Juli an seine Frau schrieb. Ob Uhland seinem ehemaligen Studenten Wagner von Laufenburg noch im Schwarzwald begegnet ist, ob dieser später ins Bad von Griesbach gekommen ist – auf irgendeine Weise muss er Kenntnis von Uhlands Gedicht erlangt haben, um seine Replik genau einen Monat darauf und an fast der gleichen Stelle verfassen zu können. Wer die beiden Gedichte dann abgeschrieben hat, bleibt im Dunkeln. Das dritte Stück, nun ohne Bezug auf die ersten beiden, aber eine Woche nach dem zweiten Sonett entstanden, könnte von dem Heidelberger Rechtsanwalt und späteren Reichstagsabgeordneten Ludwig Schulz (1806–1885) stammen, aus dessen Nachlass das gesamte Blatt überliefert wurde – anscheinend war auch er damals in Griesbach und lernte dabei die anderen beiden Gedichte kennen.

Uhland selbst hat offenbar kein Autograf seines Sonetts aufbewahrt. Es ist eine durchaus reizvolle Vorstellung, dass der gefeierte Dichter, statt die alljährlich erscheinenden Neuauflagen seiner *Gedichte* um solche Einzelstücke zu vermehren, diese vielmehr an abgelegenen Schwarzwaldorten verstreut hat, damit sie dann vielleicht auf seltsamen Überlieferungswegen wieder auftauchen; das vorliegende gut 160 Jahre nach seiner Entstehung. Zumindest könnte man die Eingangsverse auch in dieser Weise verstehen:

Entfliehend diesem bunten Menschenschwarme
Will ich mein Lied zur Hainesstille tragen …

Ramona Krammer

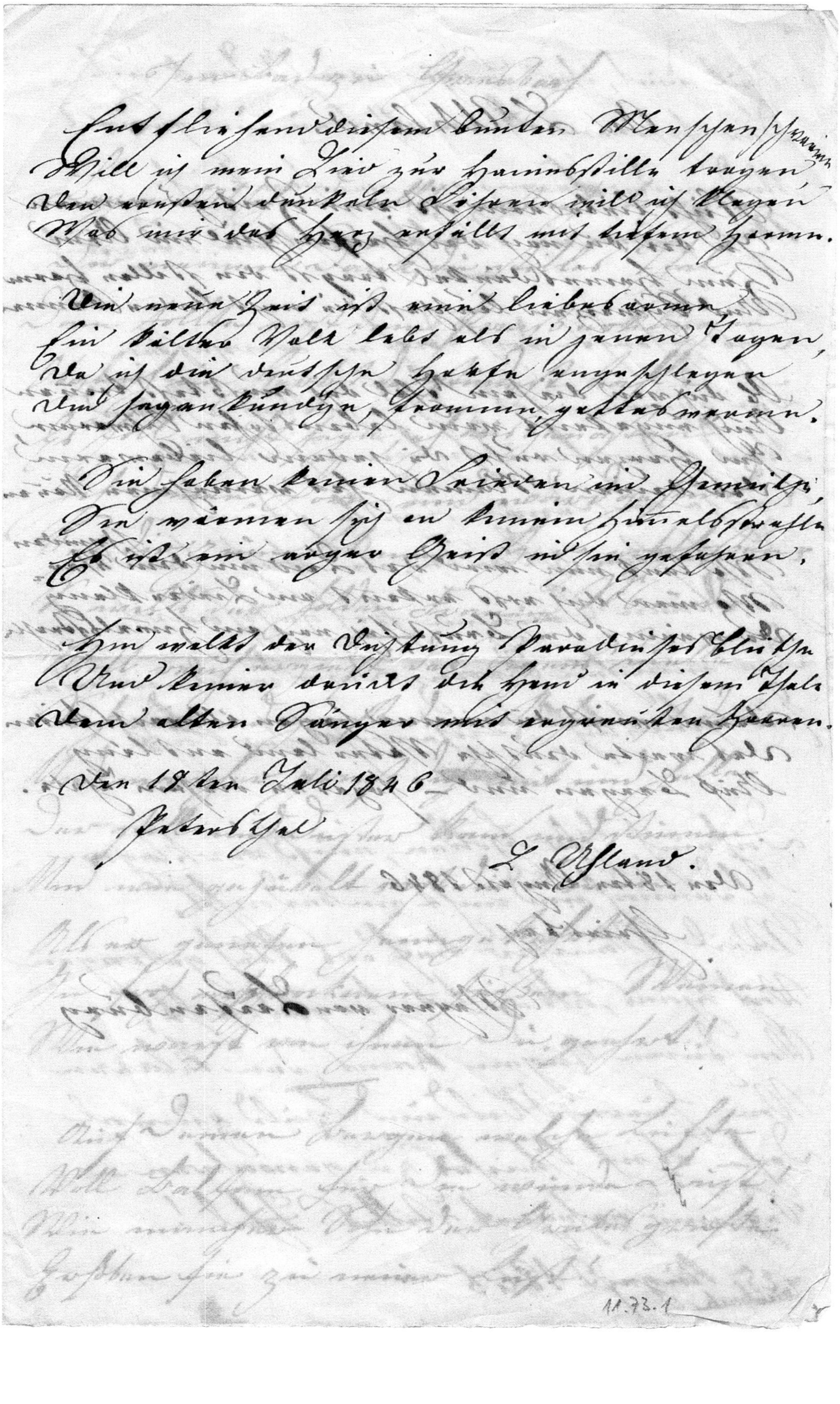

Entfliehend diesem bunten Menschenschwarme
Will ich mein Lied zur Hainesstille tragen
Von unsern dunklen Leiden will ich klagen
Was mir das Herz erfüllt mit tiefem Harme.

Die neue Zeit ist eine liebearme
Ein kältre Welt lebt als in jenen Tagen,
Da ich die deutschen Harfen angeschlagen
Und Sagen kündigen, frommen, gottesarmen.

Sie haben keinen Frieden im Gemüthe,
Sie wärmen sich an keinem Himmelsstrahle
Es ist ein arger Geist in sie gefahren,

Hin welkt der Dichtung Paradiesesblüthe
Und keiner danket dem Herz in diesem Thale
Dem alten Sänger mit ergrauten Haaren.

Den 19ten Juli 1846
[illegible]

L. Uhland.

11.73.1

Photographie von Fritz und Julie Vogel in Frankfurt a/M.
Der Dienst der Freiheit ist ein strenger Dienst.
Tübingen, 10 Mai 1850.
L. Uhland.

Abteilung 3
Der Politiker

Es ist nicht bekannt, wem Uhland die nebenstehende, 1846 in Frankfurt entstandene Fotografie in Tübingen am 10. Mai 1850 überreicht hat. Der Text der Widmung bildet jedoch einen Kommentar zu seinem politischen Leben, wie man ihn sich zutreffender und bündiger kaum vorstellen kann: „Der Dienst der Freiheit ist ein strenger Dienst". Uhland war über einen Zeitraum von 35 Jahren fast unablässig politisch tätig, doch bekleidete er nie ein Regierungsamt, verwaltete keine Ministerstelle; stattdessen befand er sich in permanenter Opposition zu Fürstenmacht und Herrscherwillkür. Er kämpfte – zunächst mit den Mitteln des Dichters – gegen die von dem württembergischen König oktroyierte neue Verfassung; als Parlamentarier opponierte er gegen die restriktiven Bundesbeschlüsse in der Metternich-Zeit und ihre Auswirkungen auf Württemberg; schließlich stemmte er sich mit dem Gewicht seines moralischen Ansehens gegen die Erstickung der 48er Revolution. Dieses letzte Ereignis dürfte in der zeitlich nahen Widmung noch schmerzlich nachhallen, doch war es Uhland eigentlich ja seit Langem gewohnt, im Dienst der Freiheit für seine Haltung Entbehrung und Zurücksetzung zu leiden. Ob diese Erfahrung seinem im Allgemeinen eher mit Enthusiasmus und Begeisterung assoziierten Freiheitsstreben einen Hauch von Bitterkeit, die etwas grämlich anmutende Strenge eines „Dienstes" verlieh? Doch hat Uhland diese „strenge" Position bereits zu Beginn seiner politischen Tätigkeit in seinem ersten Drama, dem Trauerspiel *Ernst Herzog von Schwaben*, in dem sich politische Macht und Staatsraison gegen Freundestreue und Freiheitsliebe durchsetzen, geradezu prophetisch beschrieben. Wenn man von dem genretypischen Pathos des Trauerspielverses absieht, das Uhland persönlich beileibe nicht eigen war, ist er dieser Position zeit seines Lebens treu geblieben, wie überhaupt Konsequenz, Geradlinigkeit und Überzeugungstreue die unverrückbaren Merkmale des Politikers Uhland waren. In *Ernst Herzog von Schwaben* heißt es also:

Der Dienst der Freiheit ist ein strenger Dienst,
Er trägt nicht Gold, er trägt nicht Fürstengunst,
Er bringt Verbannung, Hunger, Schmach und Tod.
Und doch ist dieser Dienst der höchste Dienst:
Ihm haben unsre Väter sich geweiht,
Ihm hab' auch ich mein Leben angelobt,
Er hat mich viel gemühet, nie gereut.

Ein Menschenalter später hat Uhland dieses Selbstzitat als Motto unter sein Bildnis und gewissermaßen auch über sein politisches Lebenswerk gesetzt. Den Kontext der Sentenz durfte der populäre Dichter, dessen Werke damals allgemeine Verbreitung genossen, als bekannt annehmen. Zweifellos ein hoher Anspruch, der leicht selbstgerecht erscheinen könnte. Dem Moralisten Uhland darf man ihn ohne Weiteres zugestehen, ebenso wie man dem Politiker glauben kann, dass ihn „der Dienst der Freiheit" „nie gereut" hat.

Helmuth Mojem

Gegenüber:
Fotografisches Porträt Uhlands mit der Unterschrift: „Der Dienst der Freiheit ist ein strenger Dienst. Tübingen 10. Mai 1850". Stadtmuseum Tübingen.

Sechs vaterländische Gedichte. Würtemberg. 1816

DLA Marbach

Der württembergische Verfassungskampf (1815–1819) wurde zwischen Regierung und Ständeversammlung ausgefochten, sein Schauplatz war der Landtag, sein bekanntester Protagonist gehörte dem Parlament jedoch gar nicht an, weil er zum Zeitpunkt der Wahl noch keine 30 Jahre zählte. Ludwig Uhland beteiligte sich auf anderem, auf literarischem Wege an den Auseinandersetzungen um die württembergische Verfassung, die Kurfürst Friedrich 1805 kurzerhand außer Kraft gesetzt hatte, im Bestreben, einen modernen, absolutistischen Staat nach französischem Vorbild zu schaffen. Hinsichtlich der Abgeordneten war er dabei dem Rat Napoleons gefolgt: „Chassez les bougres!" (Jagen Sie die Kerle davon!). Nach Napoleons endgültiger Niederlage und dem Eintritt Württembergs in den Deutschen Bund musste Friedrich seinen Landtag wieder berufen, jedoch lehnte dieser den ihm nun vorgeschlagenen neuen Verfassungsentwurf seinerseits ab und beharrte stattdessen auf dem „alten Recht", dem Tübinger Vertrag zwischen Herzog und Landständen von 1514.

In diesen Konflikt griff Uhland mit seinen *Vaterländischen Gedichten* ein, schwungvoll-agitatorischen Versen, die dem Althergebrachten das Wort redeten und die im Volk auf begeisterte Resonanz stießen: „Die Aufnahme, welche diese Lieder bei öffentlichen Vereinen und auch sonst gefunden haben, läßt mich annehmen, daß sie auch die bei uns herrschende Meinung so ziemlich ausgesprochen haben", schrieb er am 3. November 1816 an seinen ehemaligen Studienfreund Karl August Varnhagen von Ense. Da war die vorliegende Broschüre eben herausgekommen – sie lag dem Brief an Varnhagen bei –, ein unrechtmäßiger Druck ohne Zutun des Autors, worin die in Stuttgart kursierenden Abschriften seiner Gedichte unter dem bezeichnenden Titel und dem sprechenden Impressum „Würtemberg" zusammengefasst wurden.

In der Nacht davor war der autokratisch regierende König Friedrich gestorben – Uhlands Tagebuch vermerkt unter dem 1. November in nüchterner Abfolge: „Die 6 vaterländischen Gedichte ... Abends Königlicher Leichenzug". Dies mag als bedeutungsvolle Koinzidenz erscheinen, beschwören die Gedichte doch unentwegt die „Eintracht zwischen Volk und Herrn", wobei dem Volk bei Uhland in der Nennung der Vorrang gebührt; der nun verstorbene König Friedrich hingegen hatte solche Eintracht selbstherrlich aufgekündigt. In dieser Wendung gegen absolutistische Fürstenwillkür hat man die Haupttendenz der *Vaterländischen Gedichte* zu sehen, weniger in dem konservativen Festhalten am Traditionellen, was bei dem Liberalen Uhland dann doch etwas befremdlich wäre.

Der Deutsche ehrt' in allen Zeiten
Der Fürsten heiligen Beruf,
Doch liebt er, frei einherzuschreiten
Und aufrecht, wie ihn Gott erschuf.

Dieses freiheitliche Selbstbewusstsein unter Verweis auf eine höhere Instanz als das weltliche Königtum steht maßgeblich hinter der populären Forderung nach dem „alten guten Recht", die geschickt mit der allgemeinen Vorliebe für „alten guten Wein" verknüpft wird und sich somit unverhohlen – „Der Wein erfreut des Menschen Herz" – die Leidenschaften zum Lebensgenuss zunutze macht; mit Speck fängt man eben Mäuse:

Wo je bei altem, gutem Wein
Der Würtemberger zecht,
Da soll der erste Trinkspruch sein:
Das alte, gute Recht!

Adrian Keim

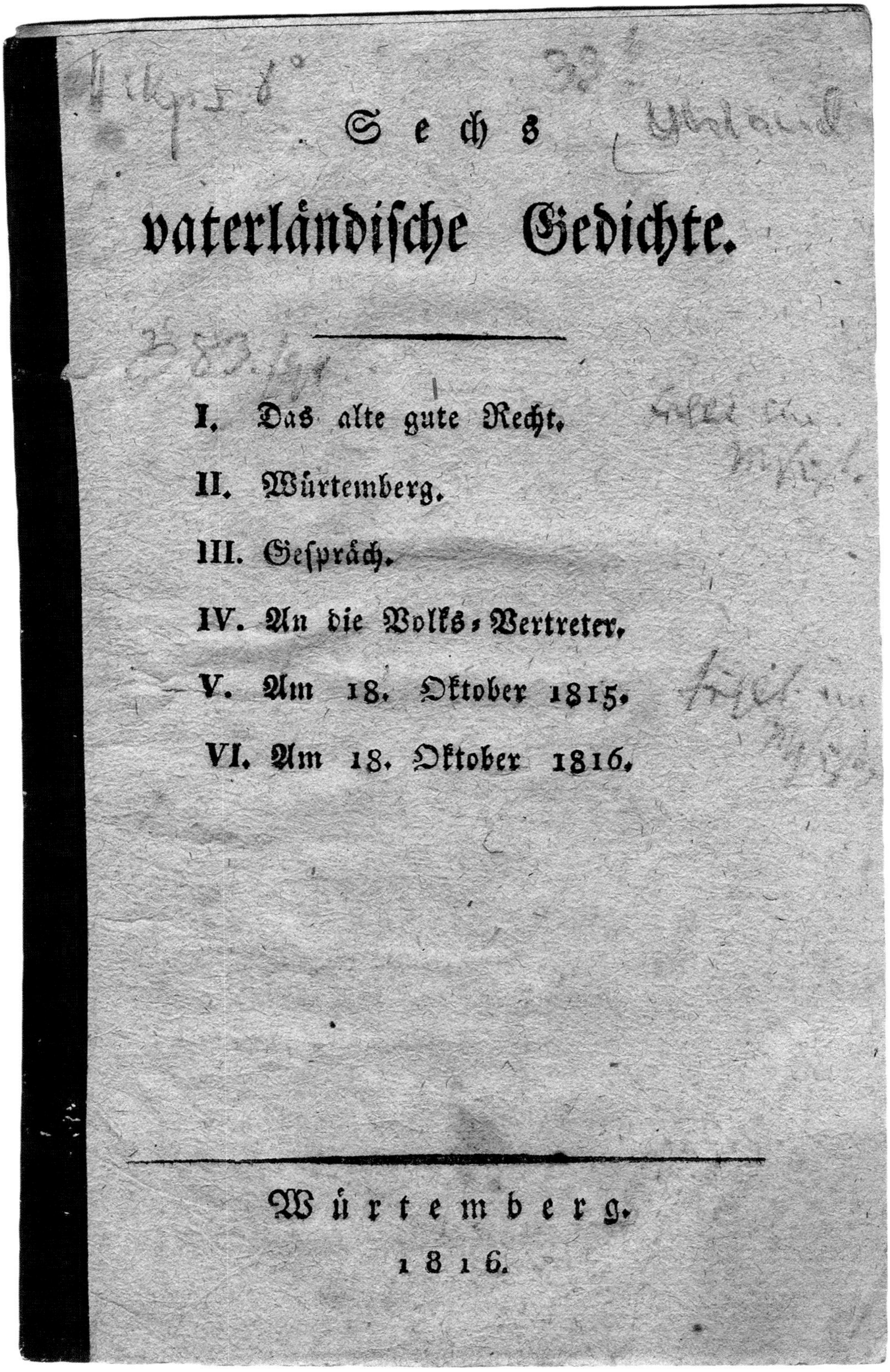

Sechs

vaterländische Gedichte.

I. Das alte gute Recht.

II. Würtemberg.

III. Gespräch.

IV. An die Volks-Vertreter.

V. Am 18. Oktober 1815.

VI. Am 18. Oktober 1816.

Würtemberg.

1816.

Theaterzettel des Königlichen Hof- und National-Theaters Stuttgart von Freitag, dem 29. Oktober 1819: zur Feier der Verfassung: Prolog von Uhland. Hierauf: Ernst, Herzog von Schwaben. Trauerspiel in fünf Akten von Ludwig Uhland
DLA Marbach

Der Ausdruck von der „Bühne der Politik“ wird gern sinnbildlich verwendet; im vorliegenden Fall fand die Politik aber tatsächlich auf der Bühne statt: Im Stuttgarter Hoftheater wurde in Anwesenheit des Königs ein Stück von Ludwig Uhland, dem prominenten Vertreter der landständischen Opposition, aufgeführt, eingeleitet durch einen eigens zum Anlass verfassten Prolog, mit dem Uhland in der Ausgabe von 1820 den Zyklus seiner *Vaterländischen Gedichte* beschloss. Dieses Ereignis markiert symbolträchtig das Ende des württembergischen Verfassungskampfs, der nach wahrhaft dramatischen Konfrontationen schließlich doch noch einen versöhnlichen Ausgang gefunden hatte.

Die Hoffnungen darauf waren fast geschwunden, als König Wilhelm I. den Landtag im Sommer 1817 erneut auflöste, nachdem der von ihm vorgelegte Verfassungsentwurf ebenso wenig Anklang im Parlament gefunden hatte wie seinerzeit der seines Vaters Friedrich. Erst als durch das terroristische Attentat auf den Schriftsteller und russischen Diplomaten August von Kotzebue im März 1819 und die darauffolgenden reaktionären Karlsbader Beschlüsse ein allgemeines Klima der Repression eintrat, in dem es zunehmend unwahrscheinlich wurde, dass einzelne Staaten des Deutschen Bundes überhaupt noch Verfassungen beschließen könnten, berief König Wilhelm seinen Landtag erneut. Unter massivem außenpolitischen Druck einerseits und angespannter Erwartungshaltung der Bevölkerung andererseits wurde über eine Konstitution für Württemberg beraten.

Anders als bei früheren Wahlen hatte Uhland im Sommer 1819 das nötige Alter von 30 Jahren und nicht weniger als fünf Wahlbezirke boten ihm die Kandidatur an. Er trat für das Oberamt Tübingen an und wurde erwartungsgemäß gewählt – die *Vaterländischen Gedichte* hatten ihm eine immense Popularität eingebracht. Nun aber war sein politisches Urteil gefragt, das er – als man sich zu einem Kompromiss durchgerungen hatte – bei der Abstimmung darüber in die berühmten Worte kleidete: „Ich kann Ja sagen oder Nein, ich sage Ja! Mancher wird manches vermissen, aber das Wesentliche besteht, vor allem jener Urfels unseres alten Rechts, der Vertrag. Nochmals Ja!“

Unter dem 25. Oktober 1819 findet sich in Uhlands Tagebuch der Eintrag: „Nachricht ... daß Herzog Ernst zur Feier der Verfassung gegeben werden soll, und Aufforderung zu einem Prolog“. Am 27. lautet die Notiz: „Ausarbeitung des Prologs“. Und schon am 28., einen Tag vor der Theateraufführung in Stuttgart, verlas Uhland das Gedicht während der Verfassungsfeier in Tübingen bei einer Bürgerversammlung im Gasthaus „Löwen“. An dem hier angekündigten festlichen Abend in Stuttgart sprach dann der umjubelte Heldendarsteller des Stuttgarter Theaters, Ferdinand Eßlair, die zu erwartenden Versöhnungsworte:

Mitten in der wildverworrnen Zeit
Ersteht ein Fürst, vom eignen Geist bewegt,
Und reicht hochherzig seinem Volk die Hand
Zum freien Bund der Ordnung und des Rechts ...
Heil diesem König, diesem Volke Heil!

Davor musste dieser König sich jedoch in seinem eigenen Theater anhören – er mag sich seinen Teil zum Konstitutionalismus gedacht haben –, wie die Opposition die vergangenen Jahre empfunden hatte:

Das ist der Fluch des unglücksel'gen Landes,
Wo Freiheit und Gesetz darniederliegt,
Daß sich die Besten und die Edelsten
Verzehren müssen in fruchtlosem Harm,
Daß, die fürs Vaterland am reinsten glühn,
Gebrandmarkt werden als des Lands Verräter.

Adrian Keim

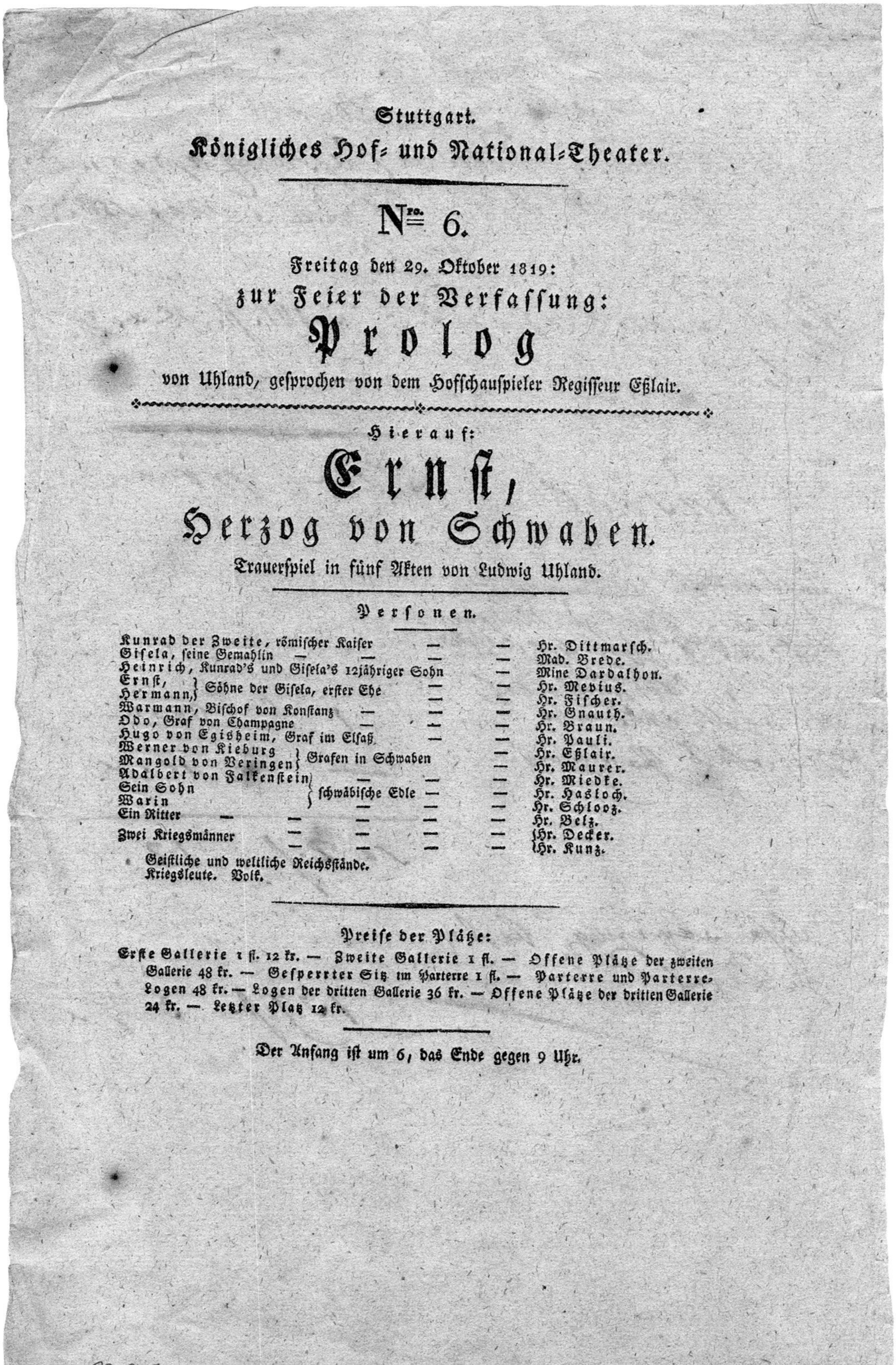

Stuttgart.

Königliches Hof- und National-Theater.

No. 6.

Freitag den 29. Oktober 1819:

zur Feier der Verfassung:

Prolog

von Uhland, gesprochen von dem Hofschauspieler Regisseur Eßlair.

Hierauf:

Ernst,

Herzog von Schwaben.

Trauerspiel in fünf Akten von Ludwig Uhland.

Personen.

Kunrad der Zweite, römischer Kaiser — —	Hr. Dittmarsch.
Gisela, seine Gemahlin — — — —	Mad. Brede.
Heinrich, Kunrad's und Gisela's 12jähriger Sohn —	Mine Dardalhon.
Ernst, } Söhne der Gisela, erster Ehe — —	Hr. Mevius.
Hermann, } — —	Hr. Fischer.
Warmann, Bischof von Konstanz — — —	Hr. Gnauth.
Odo, Graf von Champagne — — —	Hr. Braun.
Hugo von Egisheim, Graf im Elsaß — —	Hr. Pauli.
Werner von Kieburg } Grafen in Schwaben —	Hr. Eßlair.
Mangold von Veringen } —	Hr. Maurer.
Adalbert von Falkenstein } — — —	Hr. Miedke.
Sein Sohn } schwäbische Edle — —	Hr. Hasloch.
Warin } — — —	Hr. Schlooz.
Ein Ritter — — — — —	Hr. Belz.
Zwei Kriegsmänner — — — —	Hr. Decker.
— — — —	Hr. Kunz.

Geistliche und weltliche Reichsstände.
Kriegsleute. Volk.

Preise der Plätze:

Erste Gallerie 1 fl. 12 kr. — Zweite Gallerie 1 fl. — Offene Plätze der zweiten Gallerie 48 kr. — Gesperrter Sitz im Parterre 1 fl. — Parterre und Parterre-Logen 48 kr. — Logen der dritten Gallerie 36 kr. — Offene Plätze der dritten Gallerie 24 kr. — Letzter Platz 12 kr.

Der Anfang ist um 6, das Ende gegen 9 Uhr.

27 256

An den König. Bericht des Ministeriums des Innern, die Bitte des Professors Ludwig Uhland zu Tübingen um Entlassung aus dem Staatsdienst betreffend. Stuttgart den 20. Mai 1833
DLA Marbach

„Dem Professor Ludwig Uhland zu Tübingen ertheile ich sehr gerne die nachgesuchte Entlassung aus dem Staatsdienste, da er als Professor ganz unnüz war.“ Mit diesem Satz, der es an Deutlichkeit nicht fehlen lässt, besiegelte König Wilhelm I. Uhlands akademische Tätigkeit. Die eilig hingeworfene Bleistiftnotiz des Königs befindet sich auf einem Brief, mit dem das Ministerium Uhlands Bitte um „gleichbaldige Entlassung“ am 20. Mai 1833 an den Monarchen weiterleitete. Dessen knapper Kommentar, der von einem Beamten darunter noch einmal mit Tinte ausformuliert wurde, bildete dann die Grundlage für den offiziellen Brief vom 22. Mai an den akademischen Senat der Universität Tübingen, der den Inhalt des Schreibens an Uhland weiterleitete. Darin heißt es nun zwar nicht mehr, dass Uhland als Professor „ganz unnüz“ gewesen sei, dass er sich unbeliebt gemacht hatte, wird aber doch deutlich, wenn davon die Rede ist, dass man seinem Entlassungsgesuch nicht nur ohne Bedauern, sondern sogar „sehr gerne“ nachkomme.

Wehmütig kommentierte später Uhlands Frau Emilie die Treue ihres Gatten zur Politik: „Wie viel lieber und seiner Natur angemessener wäre das Fortwirken in seinem Lehrberufe für ihn gewesen, wenn ihn seine Überzeugung nicht zum Wiedereintritt in die Kammer gedrungen hätte!“ Auf Ersuchen Gustav Schwabs und einiger Stuttgarter Wahlmänner hatte sich Uhland bereit erklärt, für die Wahl zur Ständeversammlung als Repräsentant der Stadt Stuttgart zu kandidieren. Am 3. Juni 1832 wurde er gewählt. Die Einberufung des gewählten, dem König jedoch missliebigen Parlaments wurde bis zum Januar 1833 immer wieder verschoben und bereits am 22. März desselben Jahres ließ Wilhelm I. die Versammlung wieder auflösen. Doch auch bei den folgenden Neuwahlen stellte sich Uhland als Kandidat zu Verfügung und hatte erneut Erfolg. Als Beamter war er nun verpflichtet, bei seinem Dienstherrn ein Urlaubsgesuch einzureichen, um sein Mandat als Abgeordneter in Stuttgart ausüben zu können. Da der König dem oppositionellen Professor den Urlaub verwehrte, war Uhland gezwungen, seine akademische Tätigkeit der politischen zu opfern und – ein mutiger Schritt – um seine Entlassung zu bitten. Darin wurde nun, wie das vorliegende Dokument zeigt, beinahe freudig eingewilligt. Zu Beginn des Jahres 1833 bezogen Ludwig und Emilie Uhland bereits eine Wohnung in Stuttgart. Uhland war übrigens nicht der einzige, der für seine Aufgabe als Abgeordneter den Staatsdienst verließ; auch der liberale Oppositionsführer Friedrich Römer musste seine Stellung quittieren, um sein Mandat im Stuttgarter Landtag ausüben zu können.

Uhlands Karriere an der Tübinger Universität war nicht nur wegen ihrer Kürze kurios. Ihm war nämlich bei seiner Berufung auf den Tübinger Lehrstuhl durch das Ministerium die normalerweise obligatorische Pflicht zu einer Inauguralrede erlassen worden, allerdings bestand die Universität auf eine feierliche Amtseinführung, und so hielt Uhland mit reichlich Verspätung im Herbst 1832 seine Antrittsvorlesung *Über die Sage vom Herzog Ernst* – sein Biograf Hermann Schneider nennt den Text zu Recht eine „kleine Meisterleistung“. Da die geplante Eröffnung der Ständeversammlung am 15. Januar mitten in das neue Semester (18. Oktober bis 25. März) fiel, begann Uhland im Wintersemester 1832/33 keine neue Vorlesung mehr. Emilie traf mit der Beschreibung der merkwürdigen Situation den Nagel auf den Kopf: „so war diese Antrittsrede – eine eigene Ironie des Zufalls – Uhlands letzte akademische Thätigkeit.“

Melanie Koch

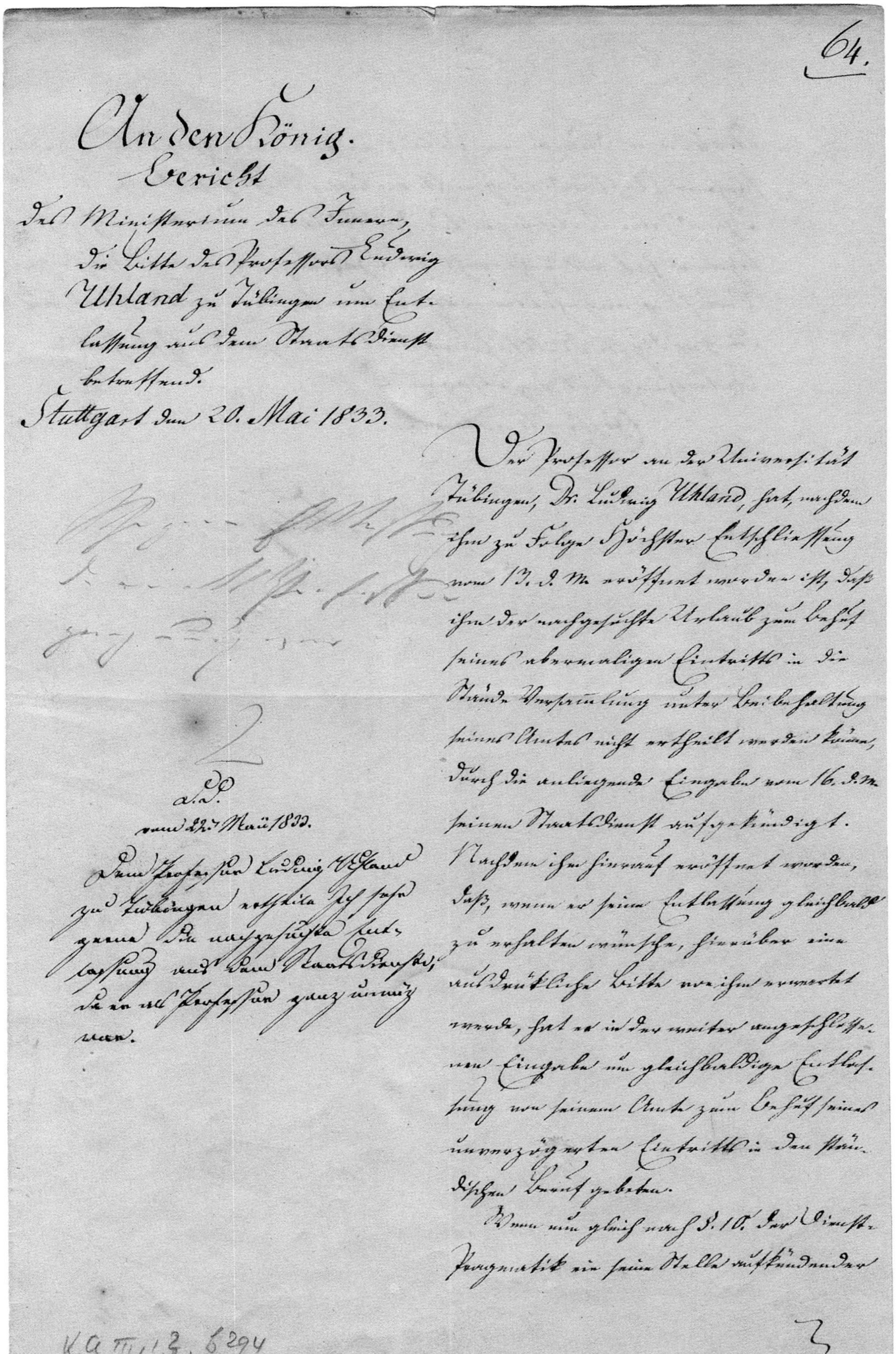
64.

An den König.
Bericht
des Ministeriums des Innern,
die Bitte des Professors Ludwig
Uhland zu Tübingen um Entlassung aus dem Staats Dienst
betreffend.
Stuttgart den 20. Mai 1833.

Der Professor an der Universität Tübingen, Dr. Ludwig Uhland, hat, nachdem ihm zu Folge Höchster Entschließung vom 13. d. M. eröffnet worden ist, daß ihm der nachgesuchte Urlaub zum Behuf seines abermaligen Eintritts in die Stände Versammlung unter Beibehaltung seines Amtes nicht ertheilt werden könne, durch die anliegende Eingabe vom 16. d. M. seinen Staatsdienst aufgekündigt. Nachdem ihm hierauf eröffnet worden, daß, wenn er seine Entlassung gleichbaldigst zu erhalten wünsche, hierüber eine ausdrückliche Bitte von ihm erwartet werde, hat er in der weiter angeschlossenen Eingabe um gleichbaldige Entlassung von seinem Amte zum Behuf seines unverzögerten Eintritts in den ständischen Dienst gebeten.

Wenn nun gleich nach §. 10. der Dienstpragmatik ein seine Stelle aufkündender

vom 22. Mai 1833.
Dem Professor Ludwig Uhland zu Tübingen ertheile Ich sehr gerne die nachgesuchte Entlassung aus dem Staatsdienste, da er als Professor ganz unnütz war.

Deckelpokal. Silber, innen vergoldet. Höhe 31,5 cm

DLA Marbach

Ein prachtvoller Silberpokal als Abschiedsgeschenk für einen entlassenen Professor? Ludwig Uhland bekam die Ehrengabe auch keineswegs von der Regierung überreicht, die ihn zum Ausscheiden aus dem Amt gezwungen hatte, sondern von seinen Studenten, die in seinem Weggang von der Universität tatsächlich einen Verlust sahen. Allerdings hatte sich Uhland bei der Obrigkeit auch gar nicht im Hörsaal missliebig gemacht; die königliche Ungnade war ihm vielmehr im Landtag, als langjährigem Wortführer der Opposition, zugewachsen. Der Tropfen, der das Fass anscheinend zum Überlaufen brachte, war Uhlands vehemente Unterstützung des berühmten Antrags von Paul Pfizer gegen die repressiven Bundesbeschlüsse vom 28. Juni 1832, obwohl doch die Regierung die Erwartung ausgesprochen hatte, der Landtag werde diesen Antrag „mit verdientem Unwillen verwerfen". Uhland und seine Gesinnungsgenossen verweigerten sich dieser Erwartung glattweg. Die Konsequenz war die Auflösung des Parlaments durch den König; allerdings gewann Uhland bei der folgenden Neuwahl im Frühjahr 1833 trotz massiver Einflussnahme der Regierungspartei sein Mandat erneut. Nun griff man zu anderen Mitteln. Als Beamter musste sich Uhland für seine Abgeordnetentätigkeit beurlauben lassen, was bislang anstandslos gewährt worden war. Nunmehr wurde diese Freistellung jedoch verweigert, denn „er sei in seinem Amte unentbehrlich". Im Konflikt zwischen Pflicht und Neigung entschied sich Uhland für die Politik und bat um Entlassung aus seinem geliebten Lehramt, die ihm (dem noch zuvor Unentbehrlichen) umgehend und „sehr gerne" erteilt wurde.

Die Tübinger Studenten ließen ihren Professor weniger gern ziehen, zumal sie die politischen Hintergründe dieser Verabschiedung durchaus kannten. Sie überreichten Uhland gegen Ende des Jahres 1833 nach einem abendlichen Fackelzug zu seinem Haus – das geplante Ständchen hatte die Polizei verboten – den nebenstehenden Silberpokal im Wert von 300 Gulden, eine beträchtliche Summe, die durch Spenden aufgebracht worden war. Die Inschrift auf dem Pokal „Dem Meister deutschen Rechts und deutscher Kunst Ludwig Uhland. Die Studierenden der Universität Tübingen" ist von einem Eichenkranz umwunden, der die Treue der akademischen Jugend zu ihrem entlassenen Professor bezeichnete, wohl aber auch der Standhaftigkeit Uhlands, seiner konsequenten politischen Haltung ein Denkmal setzen wollte. Auf dem Deckel des Pokals ruht beherrschend ein Löwe, dessen Pranke eine Tafel mit der Aufschrift „Das alte Recht" hält. Diese Anspielung auf den Tübinger Vertrag aus dem Jahr 1514 und die Bezugnahme darauf in den Verfassungskämpfen von 1815/19, die ja in dem berühmten Gedicht Uhlands ihren prägnanten Ausdruck gefunden hatte, verweist auf seine beharrliche Oppositionshaltung gegenüber der absoluten Fürstengewalt – der eigentlich der königliche Löwe als Symbol zustünde. Auch seine Stuttgarter Wähler ehrten Uhland durch Überreichung eines silbernen Pokals, die nicht zur Wahl berechtigten „Frauen und Jungfrauen" der Hauptstadt verfertigten für ihn einen, wie Uhlands Gattin Emilie schreibt, „höchst geschmackvollen Arbeitssessel" mit wärmendem Fußteppich.

Auch wenn uns solche Gaben heute etwas eigentümlich erscheinen mögen, ein öffentliches Bekenntnis zu Uhland war in jenen Jahren eine heikle Sache, zumal für Staatsbedienstete und ihre Angehörigen. Sophie Schwab, die Frau von Uhlands Freund Gustav Schwab, beklagte in einem Brief an Justinus Kerner, dass man jetzt hundert tausend Rücksichten nehmen müsse und namentlich zu keinem „Uhlandessen" gehen dürfe, wenn man sich nicht die größten Vorwürfe zuziehen wolle. Die Tübinger Studenten scherten sich darum offenbar nicht.

Adrian Keim

DAS ALTE
RECHT
TÜBINGEN

Stimmzettel zu einem Antrag Ludwig Uhlands in der Frankfurter Nationalversammlung

DLA Marbach

Der Jurist Robert von Mohl warf seinem früheren Tübinger Kollegen Ludwig Uhland vor, er habe sich in der Frankfurter Nationalversammlung so weit links gesetzt, dass es für einen gebildeten Mann eine Schande sei. Ernst Moritz Arndt, neben Uhland der bekannteste Dichter in der Paulskirche, ereiferte sich über das „Getöse der Unvernunft und Tierheit", das sich dort erhebe. Einmal abgesehen von der bis heute gern geübten Unterstellung schlechten Geschmacks und fehlender Manieren bei den Linken durch die Konservativen – Uhland gehörte in der Tat zu der radikaldemokratischen Gruppierung in der Nationalversammlung. Auch wenn er sich keinem politischen Club, keiner Fraktion anschloss, stimmte er jedoch regelmäßig mit der Linken und harrte bis zuletzt mit seinen Gesinnungsgenossen im Stuttgarter Rumpfparlament aus.

Nachdem er schon dem sogenannten Vorparlament angehört hatte, errang der 61-jährige Uhland im Wahlkreis Tübingen-Rottenburg auch das Mandat für die Nationalversammlung. Dort war er einer der populärsten Abgeordneten, was sich weniger seinen eher seltenen Redebeiträgen als seinem Ruf als „deutscher Sänger" verdankte, nicht anders als bei seinem Widerpart auf konservativer Seite, Ernst Moritz Arndt. Jedoch war Uhland ausgesprochen fleißig und gewissenhaft, versäumte kaum je eine Sitzung und initiierte am 9. März 1849 auch einen Zusatzantrag bezüglich § 45 der Verfassung („Jeder deutsche Staat soll eine Verfassung mit einer aus freier Wahl, unter Beseitigung aller Standesschranken und Klassenunterschiede, hervorgegangenen Volksvertretung haben"). Er lautete: „Unter keinen Umständen darf eine Landesverfassung einseitig von der Regierung gegeben oder verändert werden." Diese Forderung lässt sich ohne Weiteres aus der Frühzeit von Uhlands politischer Tätigkeit herleiten und ist kennzeichnend für seine demokratische Grundüberzeugung. Eine nennenswerte Diskussion des Antrags fand allerdings nicht statt. Der konservative Abgeordnete Wilhelm Beseler monierte lediglich, dass der Antrag unnötig sei, weil sein Inhalt an anderer Stelle schon vorkäme. Wie der ganzen Mitte-Rechts-Fraktion lag Beseler viel an der Erhaltung der monarchischen Obrigkeit, wenn auch mit konstitutioneller Stütze. Ludwig Uhland hingegen setzte die Akzente geradezu konträr, wie er ja auch die Abschaffung des Adels und die Wählbarkeit des Reichsoberhaupts forderte. Der Antrag wurde mit 226 zu 204 Stimmen relativ knapp abgelehnt; aufgeschlagen ist in der vorliegenden Sammlung von namentlich gekennzeichneten Stimmzetteln die Seite mit dem „Nein" des Dichterkollegen Arndt, der wie die gesamte Rechte gegen Uhlands Antrag stimmte. Ein Dokument aus der Frühzeit der deutschen Demokratie, wenn es auch einen reichlich unspektakulären Vorgang bezeugt, wie Uhlands Wirken in der Paulskirche überhaupt von einem Hauch der Vergeblichkeit und Wirkungslosigkeit umweht ist. Als charakteristische Reaktion auf seine berühmte Rede gegen das Erbkaisertum ist jedenfalls der herablassende Hohn eines politischen Gegners überliefert: „Wie sich der alte Mann abquält!"

Die Würde und der Ruf des alten Mannes sollten die letzten Schutzschilde der ersten gesamtdeutschen Volksvertretung gegenüber reaktionärem Machtanspruch und obrigkeitlicher Waffengewalt bilden. Als die verbliebenen Abgeordneten des Paulskirchenparlaments in Stuttgart vom Militär gehindert wurden, ihr Versammlungslokal zu betreten, formierte sich ein Demonstrationszug mit Uhland an der Spitze, der von einer Kavallerieeinheit mit blankem Säbel auseinandergetrieben wurde. Den Befehl „Einhauen!", so ein Augenzeuge, hätten die Soldaten indessen nicht befolgt, vielleicht weil ihnen einer der Angegriffenen zugerufen habe: „Wollt ihr den alten Uhland niederreiten?"

Sebastian Götz

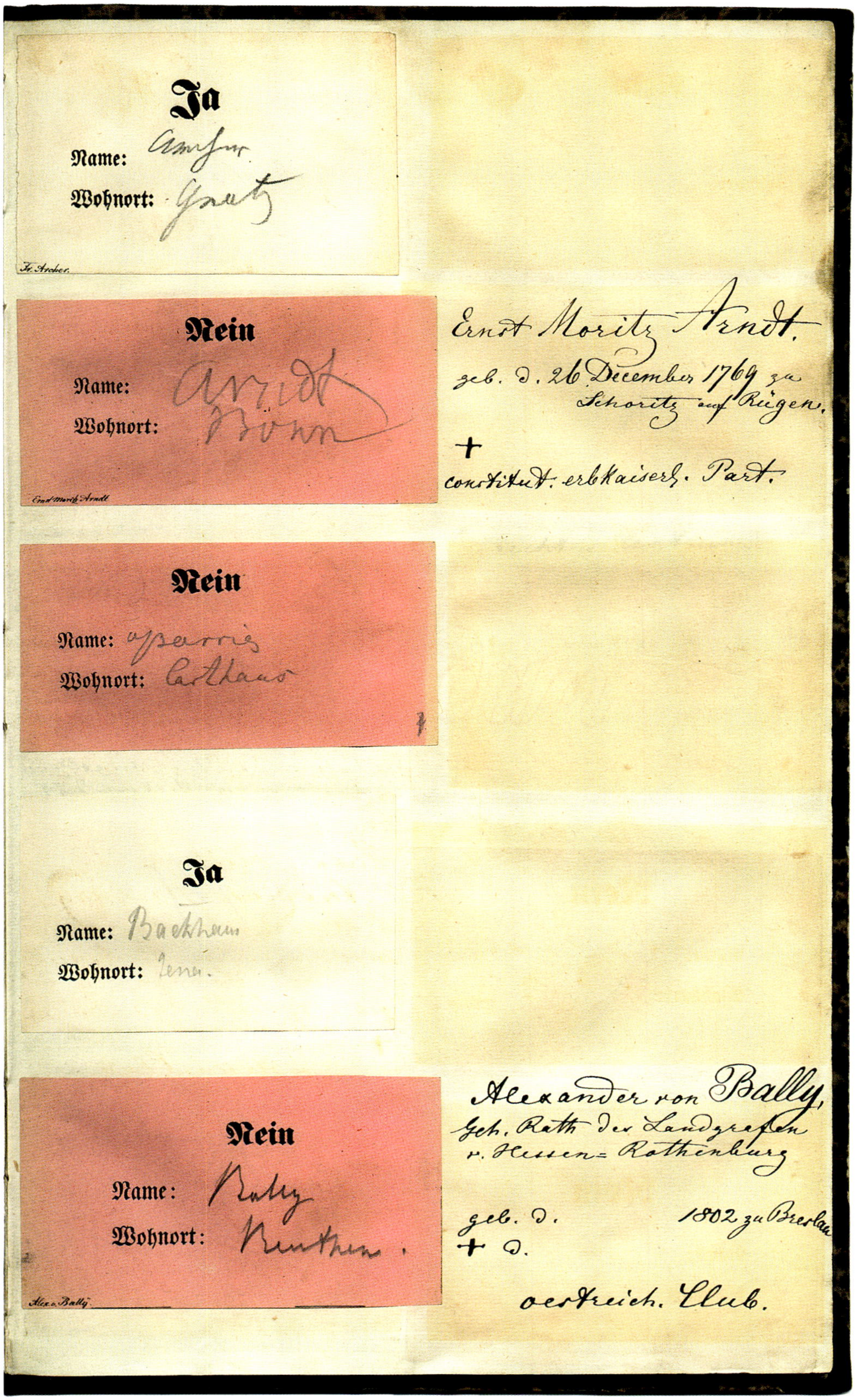
Ja
Name: Archer
Wohnort: Gratz
Fr. Archer.

Nein
Name: Arndt
Wohnort: Bonn
Ernst Moritz Arndt

Ernst Moritz Arndt.
geb. d. 26. December 1769 zu Schoritz auf Rügen.
+
constitut. erbkaiserl. Part.

Nein
Name: [illegible]
Wohnort: Carthaus

Ja
Name: Backhaus
Wohnort: Jena.

Nein
Name: Bally
Wohnort: Beuthen.
Alex. v. Bally

Alexander von Bally,
Geh. Rath der Landgrafen v. Hessen-Rothenburg
geb. d. 1802 zu Breslau
+ d.
oestreich. Club.

Ludwig Uhland an Alexander von Humboldt. Briefentwurf vom 2. Dezember 1853

DLA Marbach

„In einem 84jährigen vielbewegten Leben ist mir wohl nie etwas mehr Unerwartetes vorgekommen!" Derart konsterniert zeigte sich der greise Naturforscher und Kanzler des Ordens Pour le Mérite für Wissenschaften und Künste, Alexander von Humboldt, in seiner Antwort auf diesen Brief. Der Schöpfer des Ordens, der preußische König Friedrich Wilhelm IV., zeichnete sich außer durch seine Liebe zur Kultur auch durch eine brüske Ablehnung des Konstitutionalismus aus. Konsequent weigerte er sich 1849, die ‚demokratische' Kaiserkrone der Frankfurter Nationalversammlung anzunehmen, worauf sich in den sogenannten Maiaufständen noch einmal revolutionäre Gewalt entzündete. In der Folge sahen sich zahlreiche Aufständische, unter ihnen etliche radikal-demokratische Freunde des Abgeordneten Uhland, Todesurteilen, Festungshaft oder polizeilicher Überwachung ausgesetzt. Jahre später, 1853, erfuhr der Dichter durch Freunde von der Absicht, ihn anstelle des verstorbenen Ludwig Tieck zum Ritter des Pour le Mérite zu ernennen; den Vorschlag hatte der König mit den Worten „eine schöne Wahl, mir sehr angenehm" kommentiert. Die Benachrichtigung Uhlands durch den Ordenskanzler Humboldt datiert auf den Tag der Wahlbestätigung durch Friedrich Wilhelm, den 5. Dezember. Darin wird deutlich, dass man die Aufnahme seines „ächt deutschen Namens" in die Liste der Ritter als Huldigung vor Uhlands „hoher geistiger Begabung zum Lied, tiefem dichterischem Gefühle und edler Freiheit der Gesinnung im öffentlichen Leben" verstanden wissen wollte. Noch bevor jedoch Humboldts ehrerbietiges Schreiben den so Gepriesenen erreichte, verfasste dieser eilig eine Bitte um Unterlassung der Ehrung, da „literarische und politische Grundsätze" es ihm unmöglich machten, einen solchen Orden entgegenzunehmen. Die große Zahl der Durchstreichungen im vorliegenden Briefentwurf bis auf die dritte und letzte Seite lässt erkennen, dass Uhland während der Abfassung einen schweren inneren Kampf auszutragen hatte. Sicherlich widerstrebte es ihm, Humboldt vor den Kopf zu stoßen, andererseits vermochte er es nicht, seinen politischen Prinzipien untreu zu werden. Humboldt erhielt Uhlands Brief erst, nachdem er sein eigenes Schreiben bereits abgeschickt hatte. Noch in der folgenden Nacht sandte der weltberühmte Gelehrte einen weiteren Brief nach Tübingen, in dem er eindringlich versuchte, den Dichter umzustimmen. Er zeigte Verständnis für Uhlands politische Konsequenz, wies jedoch darauf hin, dass der Orden durchaus auch bekennende Republikaner als Mitglieder zähle; dabei erwähnte er auch seine eigene freiheitliche Gesinnung. Uhland erhielt die beiden Briefe Humboldts am 8. und 9. Dezember, ließ sich jedoch nicht mehr umstimmen. Berthold Auerbach war zugegen, als der gesinnungstreue Demokrat – Humboldt bespöttelte ihn später als Cato tubingensis – seine endgültige Ablehnung der Ehrung formulierte: „U. sagte mir – und ich sehe noch, wie seine Lippe zitterte –: ich kann keinen Orden annehmen von einem Fürsten, der meinen Freund Jacoby auf die Anklagebank setzte, so daß er zum Tode verurtheilt wurde, während er doch nur dasselbe gethan hatte, was auch ich gethan habe."

Sebastian Götz

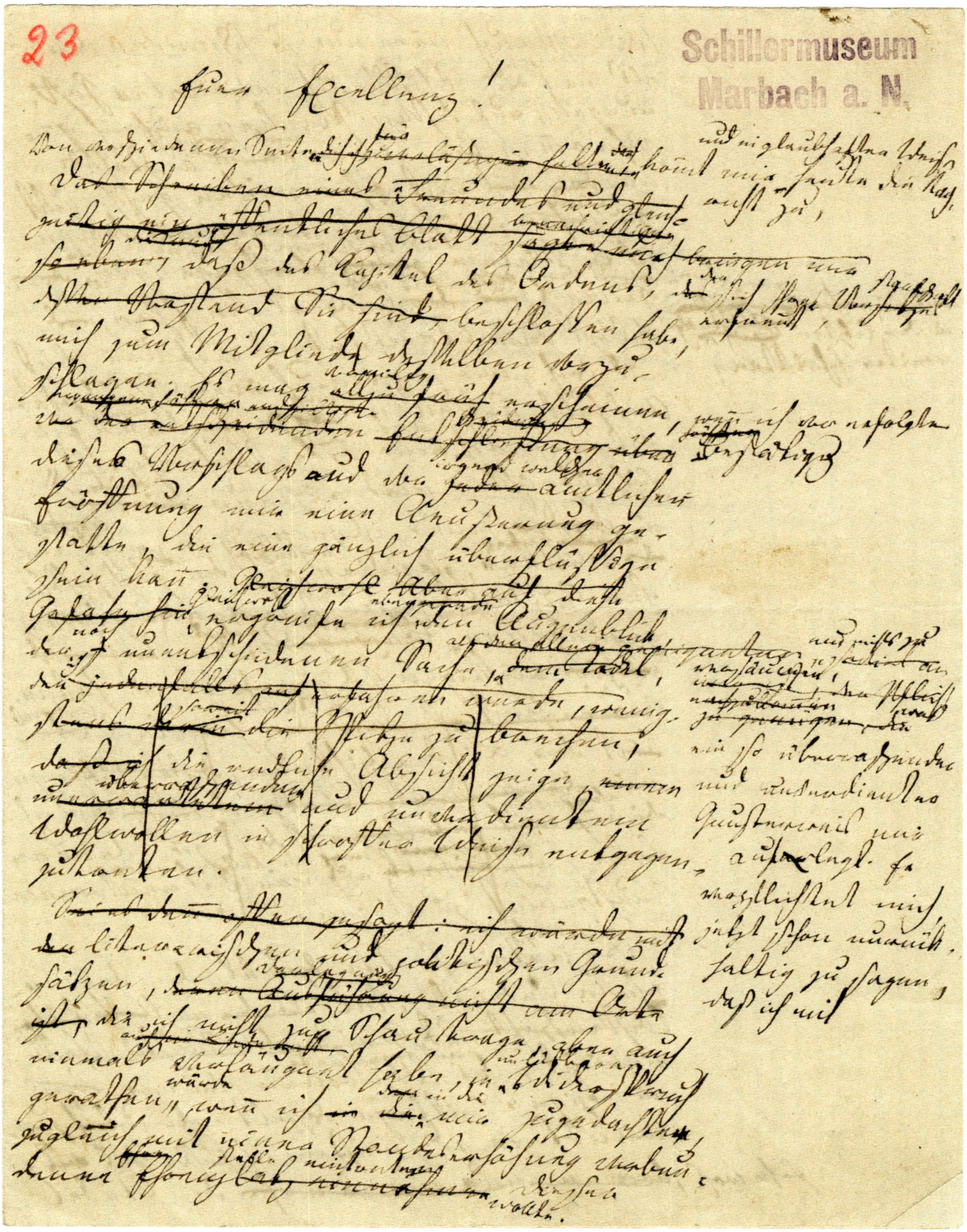
23

Schillermuseum Marbach a. N.

Eine Erklärung!

**Uhland's Begräbnis. Kolorierte Xylographie nach einer Zeichnung von Kleemann.
Aus: Über Land und Meer. Allgemeine Illustrirte Zeitung. Heft Nr. 10 vom Dezember 1862**
Stadtmuseum Tübingen

„Kein Geistlicher hat ihn begleitet." Der fulminante Schlußsatz aus Goethes *Werther*, der die Ächtung des Selbstmörders durch die Kirche beschreibt, zugleich aber auch die existenzielle Einsamkeit eines Menschen, „dem auf Erden nicht zu helfen war", um einen realen Geistesverwandten zu zitieren – ein solcher Satz kann für Uhland wahrlich nicht in Anspruch genommen werden. Die Leichenpredigt hielt Dekan Georgii, daneben sprachen etliche Literaten, darunter auch sein Weggefährte aus den Zeiten des Tübinger *Sonntagsblatts*, Karl Mayer, sodann der Stuttgarter Oberbürgermeister, dessen Stadt Uhland als Abgeordneter vertreten hatte. Das Begräbnis, von dem die nebenstehende Abbildung wohl nur einen sehr unvollkommenen Eindruck vermitteln kann, muss ein gesamtgesellschaftliches Großereignis gewesen sein, eine beeindruckende Massenveranstaltung und eine anrührende Zeremonie obendrein. Angesichts der Anteilnahme des gesamten Volkes an dieser Beerdigung fiel um so mehr auf, dass das württembergische Königshaus und die Regierung keinen offiziellen Vertreter entsandt hatten. Uhlands Biograph Friedrich Notter hob dieses Fehlen nach seiner ausführlichen Beschreibung des Leichenzugs mit demonstrativem Lakonismus hervor:

> *Zwei Tage später, an einem Sonntag [dem 16. November], senkten sich an der Spitze eines endlosen, aus allen Theilen des Landes herbeigeströmten Leichenzuges die Fahnen von sechzehn schwäbischen Liederkränzen vor dem offenen Grab des Dichters [...]. Ein eigener Extrazug der Eisenbahn hatte blos von Stuttgart und den etwa der Bahn anliegenden Orten mehr als achthundert Theilnehmer gebracht, eine nicht minder bedeutende Zahl war mit den gewöhnlichen Zügen von dorther und aus andern Gegenden gekommen, und als Nachmittags um 3 Uhr das lange Leichengefolge von dem wohlbekannten Trauerhaus an der Neckarbrücke, sich, um den gehörigen Raum zur Entwikkelung zu finden, auf großen Umwegen nach dem entfernten Friedhofe bewegte, fehlten kaum Ein Stand, kaum Ein gesellschaftlicher Verein, der nicht als Körperschaft, oder wenigstens durch zahlreiche einzelne Mitglieder, vertreten gewesen wäre: – die Studierenden mit den Abzeichen ihrer verschiedenen Verbindungen; die Liederkränze aus allen Gegenden des Landes mit ihren, zum Theil prachtvollen, Fahnen und Standarten; die Lehrer der Hochschule, von denen der Rektor, die sechs Dekane und eine Abordnung der philosophischen Fakultät, zu welcher der Verstorbene während seiner Amtsdauer gehört hatte, in ihren malerischen Amtstalaren und Baretten erschienen; die Mitglieder der gegenwärtigen und der frühern Abgeordnetenkammern, soweit dieselben im Augenblick der Vertagung zu versammeln waren, angeführt von dem greisen Präsidenten Römer; der tübinger Gerichtshof; mehrere Mitglieder der stuttgarter Hofbühne; eine Deputation des stuttgarter Gymnasiums; die Staats- und Gemeindebeamten der Stadt Tübingen; die dortige Feuerwehr, der Turnverein, die Schulen, endlich die übrige Bürgerschaft und wer sonst als Einzelner Theil nahm. – Nur die Regierung als solche war nicht repräsentirt.*

Diese Abwesenheit war zweifellos politisch motiviert, hatte sich Uhland doch, angefangen mit den Verfassungskämpfen, über seine Jahre als Abgeordneter im Landtag bis zu seinem Ausharren an der Spitze des Stuttgarter Rumpfparlaments stets in Opposition zur jeweiligen Regierungslinie befunden. Einer wie auch immer gearteten politischen Karriere ist diese Haltung nicht zugutegekommen; es lag Uhland auch fern, etwas dergleichen anzustreben. Dennoch – sieht man es aus dem Blickwinkel eines politischen Karrieristen, einer Spezies, die sich mit dem 19. Jahrhundert beileibe nicht erledigt hat, so grenzte Uhlands Haltung an politischen Selbstmord. Und den Machthabern war diese Sicht der Dinge offenbar gleichfalls nicht fremd, ebenso wenig wie die Konsequenzen, die sich daraus ergaben: Kein Regierungsvertreter hat ihn begleitet.

Helmuth Mojem

Die Beerdigung Uhland's. Das Senken der Fahnen über seinem Sarge. Originalzeichnungen von Kleemann.

REGIA SCIENTIARUM ACADEMIA
BORUSSICA

Virum Eruditissimum suisque titulis condecorandum

Ludovicum Uhland

in Epistolarum de re litteraria commercium, cum classe potissimum philosophica et historica cooptat, et, quoties aliquid augendis et promovendis studiis quibusque optimis inserviens aut ab ipso repertum aut aliunde cognitum habebit, ut illud secum humaniter communicet, invitat.

Datum Berolini mense Februario a. MDCCCXLV.

Classis philosophicae et historicae Secretarii

Aug. Böckh. Fr. de Raumer

SIGILL. REG. ACADEMIAE BORUSS. COGNATA AD SIDERA TENDIT.

Diplom über die Ernennung Ludwig Uhlands zum Korrespondierenden Mitglied der Königlich-Preußischen Akademie der Wissenschaften philosophisch-historische Klasse. DLA Marbach. Die Urkunde ist unterzeichnet von dem Altphilologen August Böckh und dem Historiker Friedrich von Raumer.

Abteilung 4
Der Gelehrte

Das *Nibelungenlied* und das *Heldenbuch* sind die beiden „altdeutschen" Werke, die Uhland als erste kennengelernt hat. Ausgehend von der anonymen mittelalterlichen deutschen Heldenepik steckte er schon früh das Feld ab, in dem sich seine wissenschaftlichen Arbeiten bewegen sollten: von der altfranzösischen Heldensage, die ihn vor allem 1810 in Paris beschäftigte, zum deutschen Minnesang, dem 1822 seine erste wissenschaftliche Monografie über Walther von der Vogelweide gewidmet war, von der Volksliedforschung, der eine der schönsten Sammlungen deutscher Volkslieder entsprang, bis zur Sagengeschichte, der der größte Teil von Uhlands gelehrten Schriften zuzurechnen ist. Von hier aus führen ebenso Wege zum dichterischen Werk, für das Uhland Stoffe und Formen aus seiner Beschäftigung mit der Literatur des Mittelalters gewann, wie auch zu seinem politischen Engagement, das als Versuch gedeutet werden kann, in seiner Gegenwart ein nach altem Muster – dem Tübinger Vertrag von 1514 – gebildetes politisches System zu realisieren. Das Ziel des Dichters, Politikers und Gelehrten Uhland war ein romantisch-patriotisches: Es ging um die (Wieder-)Herstellung einer deutschen Vergangenheit, um das Auffinden des (vermeintlich) Echten, um das Herausschälen des Originals unter den (ebenso vermeintlich) irrgeleiteten Hinzufügungen späterer Zeiten.

So sehr sich Poesie, Politik und Forschung hierbei wechselseitig ergänzten, so sehr behinderten sie sich auch: Uhlands politisches Engagement brachte seine poetische Produktion fast völlig zum Erlahmen, dem Forscher nahm es die Zeit zu gründlicher Recherche – ja, selbst seine Tübinger Professur musste Uhland 1832 schweren Herzens niederlegen, um sein Mandat im Stuttgarter Landtag wahrnehmen zu können. Standen Uhlands Tätigkeitsgebiete auch in Konkurrenz zueinander, so war seine Arbeitsweise am Schreibtisch doch immer gleich: Er war äußerst gründlich, recherchierte umfassend und intensiv, besorgte sich für seine Forschungen unzählige Bücher und Handschriften von Bibliotheken und Privatpersonen und knüpfte fachliche Kontakte mit Gleichgesinnten aus dem ganzen deutschsprachigen Raum. Nur widerstrebend veröffentlichte er seine gelehrten Arbeiten, die er selbst kaum je für abgeschlossen erklären konnte – seine Volksliedsammlung etwa erschien auf Drängen seines Verlegers nur als Fragment, als das Ordnen der aus dem ganzen Land zusammengetragenen Liednachweise völlig aus dem Ruder zu laufen und die Publikation der Bände auf unabsehbare Zeit zu verschieben drohte. Der Großteil des wissenschaftlichen Werks – seine ausgiebigen Sagenforschungen ebenso wie die Tübinger Vorlesungsmanuskripte – trat erst nach seinem Tod aus dem Nachlass ans Licht der Öffentlichkeit, herausgegeben von seinen Schülern und Freunden Wilhelm L. Holland, Adelbert von Keller und Franz Pfeiffer. Uhlands wissenschaftliche Abhandlungen und Vorlesungen wurden mit zunehmendem Alter immer quellenlastiger und spröder – und blieben dennoch immer belehrend, so dass Mörikes Freund Ludwig Bauer sich sogar in seine Studienzeit zurücksehnte: „Du, wenn ich wieder Student würde, und Uhlands Zuhörer? Das müßte eine Lust seyn, von ihm zu lernen. Ich beneide jeden Tübinger Studio."

Aus heutiger Perspektive verwundert es, dass ein studierter Jurist und dann erfolgreicher Lyriker sich aufmachen konnte, als Altertumsforscher und Philologe zu reüssieren, dass er – sozusagen als Laie – sogar eine Professur für deutsche Literatur und Sprache bekam. Die deutsche Literaturgeschichte war eben noch kein etabliertes Studienfach und musste nolens volens mit Fachfremden besetzt werden. Fachfremd war Uhland indes schwerlich, schon sein Aufsatz *Bruchstück aus dem Niebelungen-Liede mit Beziehungen auf's Ganze* aus dem *Sonntagsblatt für gebildete Stände* vom 22. Februar 1807 ist philologischer Natur und es spricht einiges dafür, dass er selbst seine wissenschaftlichen Arbeiten als sein Hauptwerk angesehen hat, jene germanistischen Forschungen, die er bereits als Student betrieben und denen er als Privatgelehrter die freie Zeit seiner Altersjahre gewidmet hat.

Stefan Knödler

Das helden buch mit synen figuren. Hagenau 1509

Universitätsbibliothek Tübingen

Eine Ritterburg, die erhöht auf einem Berg steht, damit Eindringlinge leichter zu erkennen sind. Die Ritter, die dort mit ihren Pferden und den Knappen leben, sind jederzeit zum Kampf bereit, wenn es heißt, die Burg zu schützen. Sie reiten, kämpfen, ziehen aus, um Abenteuer zu erleben und kehren mit den ereignisreichsten Geschichten nach Hause zurück. Eine Ritterburg, die mit allem ausgestattet ist, was eine Ritterburg nun einmal ausmacht, lässt die Herzen vieler kleiner Abenteurer höher schlagen. So auch das des kleinen Jungen Ludwig Uhland. Eines Abends, als Uhland schon ein etwas älterer Herr war, kramte seine Frau Emilie die „stattlich und zierlich gebaute" Ritterburg ihres Mannes hervor. Durch sein Lieblingsspielzeug an seine Kindheit erinnert, erzählte er, dass Ritterbücher und romantische Geschichten ihn bereits als Kind so faszinierten, dass seine Eltern begannen, sich zu sorgen. Doch beim Lesen von Abenteuergeschichten und dem Spiel mit Burgen und Ritterfiguren sollte es nicht bleiben. Uhland entdeckte seine Begeisterung für die mittelalterliche Literatur und machte die Sagenforschung zu einem seiner Schwerpunkte als Philologe.

Im Frühjahr 1805, dem Jahr, in dem Uhland sein Studium der Rechtswissenschaft begann, wurde in Weimar die Bibliothek Johann Gottfried Herders versteigert. Folgender Eintrag in dem Auktionskatalog hat Uhland offenbar elektrisiert: „Heldenbuch. Mit Fig. Frkf. a. M. [1]590. Pergbd." In einem Brief an den Buchhändler, der die Auktion durchführte, gab Uhland Instruktionen, wie bei der Ersteigerung des *Heldenbuchs* – das einzige Buch aus Herders Bibliothek, das er in seinem Besitz wissen wollte – vorgegangen werden sollte. Sein Startgebot legte er bei einem Gulden und 20 Kreuzern fest, doch war er bereit, schrittweise bis zu 4 Gulden für das *Heldenbuch* zu bieten: „Diese fortschreitenden Preise bitte ich bei der Versteigerung nach und nach darauf zu schlagen" heißt es in dem Brief. Da offenbar sonst niemand bot, ging das gewünschte Exemplar schließlich zu einem Preis von 45 Kreuzern weg und blieb somit weit unter der von Uhland erwarteten Summe. Herder, der das Buch erst kurz vor seinem Tod aus dem Besitz des Augsburger Rechtskonsulenten Johann Heinrich von Prieser erworben hatte, musste noch 48 Kreuzer dafür bezahlen.

Auf dem rechten Vorsatz von *Das helden buch mit synen figuren* finden sich mehrere handschriftliche Einträge, zunächst der Besitzvermerk Uhlands, mit dem er Erwerbsdatum und -preis festhielt: „L. Uhland. d. 30. Jul. 05. 45 Kr." Eine weitere Notiz, die wohl von Prieser stammt, der das Buch 1786 erworben hatte, stellt fest, dass das vorliegende Buch anders als im Auktionskatalog dann angegeben, nicht aus dem Jahr 1590 stammt, sondern bereits 1509 in Hagenau gedruckt wurde. Darunter befindet sich ein späterer Eintrag von Uhlands Hand, der besagt, dass ein noch früheres *Heldenbuch* 1491 in Augsburg erschien – tatsächlich stammt der früheste Druck aus dem Jahr 1479.

Das Buch enthält die Sagen um Ortnit und Wolfdietrich sowie den *Rosengarten zu Worms* und den *Kleinen Rosengarten*, die die Sagen um Dietrich von Bern und den Zwerg Laurin enthalten. Die Abbildung zeigt die erste Seite *Von dem kleynen rosen garten*. Auf dem Holzschnitt zwischen Überschrift und Text sind die Helden der Sage und der Rosengarten – das oberirdische Reich des König Laurin – zu sehen.

Uhland interessierte das *Heldenbuch* wohl vor allem deshalb, weil die hier erzählten Sagen in einem engen Zusammenhang mit denen des *Nibelungenliedes* stehen. Die Lektüre des alten Drucks trug jedoch nicht nur wissenschaftliche, sondern auch poetische Früchte: Kurz nach dem Erwerb des Buches entstanden bereits die Bearbeitung einiger *Bruchstücke aus dem Heldenbuch* und die Ballade *Der Rosengarten*. Dem Buch selbst hat auch der Freund Justinus Kerner ein literarisches Denkmal gesetzt: Unter den in einem alten Ölfass aufbewahrten Büchern des Dichters Kullikeia, die in Kerners *Reiseschatten* (1811) von einer Kommission aufgeklärter Gelehrter ausgeschüttet wird – eine Art Basisbibliothek für Romantiker –, befindet sich neben dem *Nibelungenlied*, *Des Knaben Wunderhorn*, den Werken von Hans Sachs, Novalis' „und anderer wahnwitziger Skribler" auch „das Heldenbuch mit seinen Figuren".

Katharina Deininger

Zů dem kleynen rosen garten

Dises ist d klein Rosengart oder der klein künig Laurin/vnd von den schönen frawen.

R herren hie besunder
Vernemēt grosse wun-
der. Die vor zeiten ge-
schehen sind. Als man
es noch geschriben findt
Gar weite in den landen
Von gůten weyganden
Sind herte streit geschehen
Als es die alten jehen
Wer nů mit gůtem willen
Den andern mag gestillen
Der sol es thůn on allen haß
Nů merckent dise rede baß
Nů lassent eüch nit verdriessen
Vnd möcht ich syn geniessen
Ich sagte eüch hübsche mere

Auszug aus dem königlichen Dekret an das Ministerium des Innern, die Ernennung Ludwig Uhlands zum Professor betreffend. Stuttgart, 30. Dezember 1829
DLA Marbach

Voller Stolz berichtet Emilie Uhland in der Biographie ihres Gatten von dessen Berufung nach Tübingen: „Groß war die Freude der Eltern, ihren Sohn nun an der Stelle zu sehen, welche er und sie schon lange für ihn gewünscht hatten. Der Großvater hatte bis in das achtzigste Lebensjahr eine Professorsstelle bekleidet, der Vater als Beamter sein Leben der Universität gewidmet; daß nun auch der Sohn hier wirken solle, machte sie ganz glücklich."

Dass der Sohn die Familientradition fortsetzen sollte, nach der die männlichen Nachkommen an der heimischen Universität eine hohe Position einnahmen, war lange durchaus ungewiss, denn Uhland hatte sich zuvor schon mehrmals erfolglos um ein akademisches Amt bemüht, unter anderem hatte ihn die Universität Tübingen 1827 abgelehnt, und auch die Universität Basel hatte zwei Jahre später an dem Juristen mit der starken Neigung zur Germanistik kein Interesse bekundet. Nachdem jedoch in Tübingen der Lehrstuhl für deutsche Literatur und Sprache zwei Jahre lang vakant gewesen war, beantragte der Senat der Universität eine Neubesetzung. Die Philosophische Fakultät schlug dem Ministerium in einem Brief vom 27. November 1829 Gustav Schwab und erneut Uhland als mögliche Kandidaten vor:

> *Unter den Gelehrten des Vaterlands sind uns gegenwärtig nur der am Gymnasium in Stuttgart angestellte Professor Schwab, so wie der Rechtsconsulent Dr. Uhland als solche bekannt, welche für den genannten Lehrstuhl als besonders tüchtig vorzuschlagen wären. Indessen haben wir Ursache zu zweifeln, ob dem Ersteren eine seinen gegenwärtigen Verhältnissen entsprechende äußere Lage hier geboten werden könnte, dagegen ist dem Vernehmen nach Dr. Uhland bereit, dem Rufe zu folgen, wenn ihm der erwähnte Lehrstuhl übertragen werden wollte, und wohl könnte derselbe bei der umfassenden wissenschaftlichen Bildung eines Gelehrten, und bei den gründlichen Studien, welche er in dem [...] Fache gemacht hat, so wie bei dem ausgezeichneten Rufe, welchen er sich bereits erworben hat, nicht leicht einem Würdigeren übertragen werden.*

Uhlands 1822 bei Cotta in Stuttgart erschienene Monografie *Walther von der Vogelweide, ein altdeutscher Dichter* war der Hauptgrund für den Vorschlag, den studierten Juristen auf die Professur zu berufen; Emilie Uhland vermutet zudem, dass ein Ruf nach Bayern die Tübinger veranlasst habe, Uhland in der Heimat zu halten.

Am 30. Dezember 1829 ging das vorliegende königliche Dekret im Ministerium des Innern ein. Darin ernennt der württembergische König Wilhelm I. Uhland zum außerordentlichen Professor mit einem Gehalt von 1200 Gulden. Das Schriftstück dokumentiert darüber hinaus den Weg, den die Berufung Uhlands durch die verschiedenen behördlichen Instanzen genommen hat. Unter die Mitteilung des Königs an das Ministerium und auf die Rückseite des Blattes (nicht abgebildet) notierte Minister Schmidlin mehrere Entwürfe für Briefe, die im Rahmen der Berufung zu verschicken waren. Der Senat der Universität Tübingen sowie die für die Ausbezahlung des Professorengehalts zuständige Kasse erhielten jeweils ein Schreiben, außerdem entwarf Schmidlin noch Konzepte für Briefe an das Regierungsblatt, das die Berufung öffentlich machen sollte, und natürlich an Uhland selbst, um auch ihm die frohe Kunde offiziell mitzuteilen.

Uhland und seine Frau kehrten also nach Tübingen zurück, wo sie zunächst eine Amtswohnung im Schloss bezogen, da Wohnungen in der Stadt schwer zu bekommen waren. Erst später fanden sie ein Haus in der engen Münzgasse. Zwar soll es Uhland nicht leicht gefallen sein, die Verwandten und Freunde – besonders Gustav Schwab – in Stuttgart zurückzulassen, doch trösteten ihn, wie Emilie berichtet, das Wiedersehen mit seinen Eltern und die lang ersehnte Professur. Bereits im Sommersemester 1830 hielt Uhland seine erste Vorlesung über die Geschichte der deutschen Poesie im Mittelalter vor immerhin 53 Studenten – für die kleine Tübinger Universität eine sehr beachtliche Zahl.

Melanie Koch

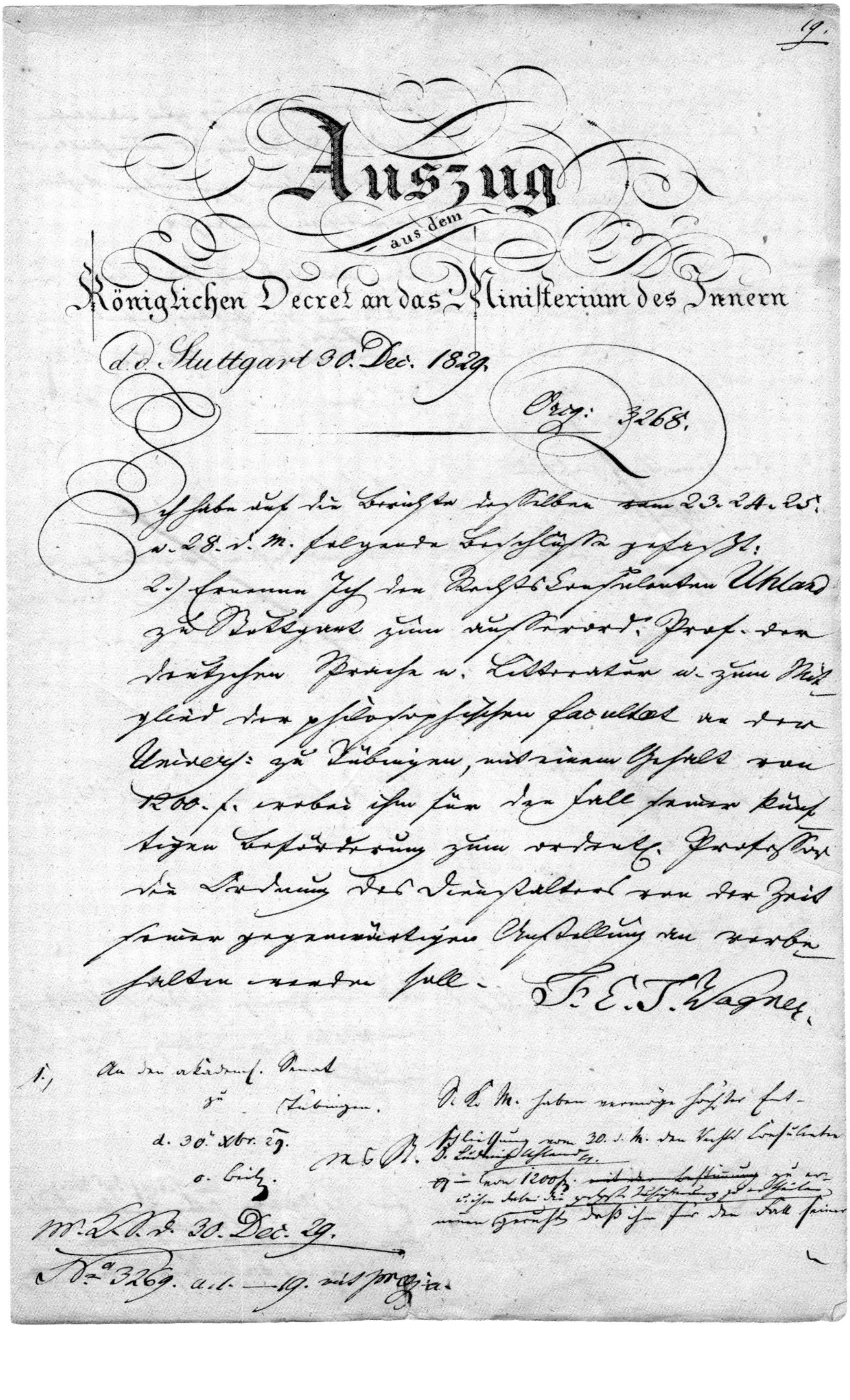
19.

Auszug aus dem Königlichen Decret an das Ministerium des Innern

d.d. Stuttgart 30. Dec. 1829.

Orig: 3268.

Ich habe auf die Berichte desselben vom 23. 24. 25. u. 28. d. M. folgende Beschlüsse gefaßt:

2.) ernenne Ich den Rechts Consulenten Uhland zu Stuttgart zum außerord. Prof. der deutschen Sprache u. Litteratur u. zum Mitglied der philosophischen Facultät an der Univers: zu Tübingen, mit einem Gehalt von 1200 f. wobei ihm für den Fall seiner künftigen Beförderung zum ordentl. Professor die Berechnung des Dienstalters von der Zeit seiner gegenwärtigen Anstellung an vorbehalten werden soll.

F. E. J. Wagner.

1.) An den akadem. Senat zu Tübingen.

d. 30. Xbr. 29.

M. d. I. d. 30. Dec. 29.

No. 3269.

Manuskript der Vorlesung über das „Nibelungenlied", Universität Tübingen, Winterhalbjahr 1830/31

Universitätsbibliothek Tübingen

„Er war kein glänzender behender Redner, das Wort rang sich ihm schwer von der Lippe und erst im Verlauf der Rede strömte es mächtiger und erklangen jene schwertscharfen Worte" – so charakterisierte Berthold Auerbach Uhland als Vortragenden. Dass der Dichter mit seinen rhetorischen Fähigkeiten jene enttäuschte, die ihn bisher nur gelesen, nicht aber gehört hatten, ist auch von zahlreichen anderen Zeitgenossen überliefert. Die Tübinger Studenten begrüßten Uhland, als er seine Professur für deutsche Literatur und Sprache an der örtlichen Universität antrat, also wohl hauptsächlich deshalb mit so großem Jubel, weil sie in ihm den verehrten Dichter sahen. Obwohl er nicht die besten Voraussetzungen für das Katheder mitbrachte, scheu, zurückhaltend und zögerlich war, erwarb sich Uhland doch die Anerkennung seiner akademischen Umwelt. Er nahm den Lehrauftrag als Universitätsprofessor mit großem Eifer wahr und es scheint ihm dabei gelungen zu sein, die persönliche Begeisterung für seinen Gegenstand an die Zuhörer weiterzugeben, wie sich etwa Eduard Zeller erinnert: „Der Dichter legte auch ungesucht so viel von seiner Persönlichkeit in den Vortrag, dass man unwillkürlich in das ihn erfüllende Interesse an seinem Gegenstand hineingezogen und für deutsche Sage und Sagenforschung begeistert wurde." Zu seiner Hörerschaft zählten daher nicht nur Germanisten, sondern auch Interessierte anderer Fachgebiete: Juristen, Theologen, Philosophen oder Mediziner. Auch im näheren Umgang mit seinen Studenten zeigte sich Uhland offen und unprätentiös, wie Emilie Uhland zu berichten wusste: „Es erfreute Uhland sehr, wenn sich jüngere, strebsame Leute, wie Studenten der Hochschule, vertrauensvoll an ihn anschlossen, und er war gerne im Verkehr mit ihnen, theilte ihnen auch gerne von dem mit, was ihn selbst beschäftigte."

Der vorliegende Band enthält Uhlands Niederschrift seiner Vorlesung über das *Nibelungenlied*, die er zwischen dem 29. Oktober 1830 und dem 21. März 1831 mit vier Stunden wöchentlich hielt. Uhland hat die 478 beschriebenen Blätter später zum Buch binden lassen: Wie an der aufgeschlagenen Seite zu sehen ist, handelt es sich um eine Reinschrift, die jedoch immer noch zahlreiche Korrekturen und Streichungen enthält. Uhlands Kollegs waren Vorlesungen im wörtlichen Sinn: er las sie Wort für Wort ab, ohne von dem zuvor Geschriebenen abzugehen. Auch diese Vortragsweise dürfte zu Uhlands schlechtem Ruf als Redner beigetragen haben, obwohl man es damals und auch noch viel später kaum anders kannte.

Die Nibelungensage war Uhland schon seit langem vertraut. Er hatte viele Reisen auf den Spuren der Nibelungen unternommen, 1817 hatte er sich dazu dichterisch mit dem Stoff beschäftigt und erfolglos zwei Anläufe unternommen, ein Nibelungendrama zu schreiben. Auch seine Studien zu Heldensage und Minnelied wollte Uhland als Buch veröffentlichen. Als er jedoch zum Professor berufen wurde, arbeitete er diese Materialien zu Vorlesungen um und unterließ eine Publikation; dies gilt auch für das Nibelungen-Kolleg. Während er in den anderen Tübinger Vorlesungen der Forschung seiner Zeit vorausgriff, gilt die über das *Nibelungenlied* als seine unbedeutendste. Ob das die Studenten bereits geahnt hatten? Bei Vorlesungsbeginn waren jedenfalls nur zwölf Hörer anwesend. Dies war jedoch in Zeiten, in denen das Wort Massenuniversität noch unbekannt war, nichts Außergewöhnliches. Nur wenige Jahre später, 1836, notierte Karl Lachmann, dass er seine Nibelungen-Vorlesung in Berlin vor „nur acht Zuhörern" halte, setzte jedoch voller Befriedigung hinzu: „aber ich tröste mich, daß Hagen, der dasselbe Collegium liest, wieder nur Einen darin sitzen hat". Den Berliner Germanisten Friedrich Heinrich von der Hagen übertraf Uhland in Tübingen um volle hundert Prozent. Gegen Semesterende waren ihm immerhin noch zwei treue Studenten verblieben.

Marie-Christin Nowak

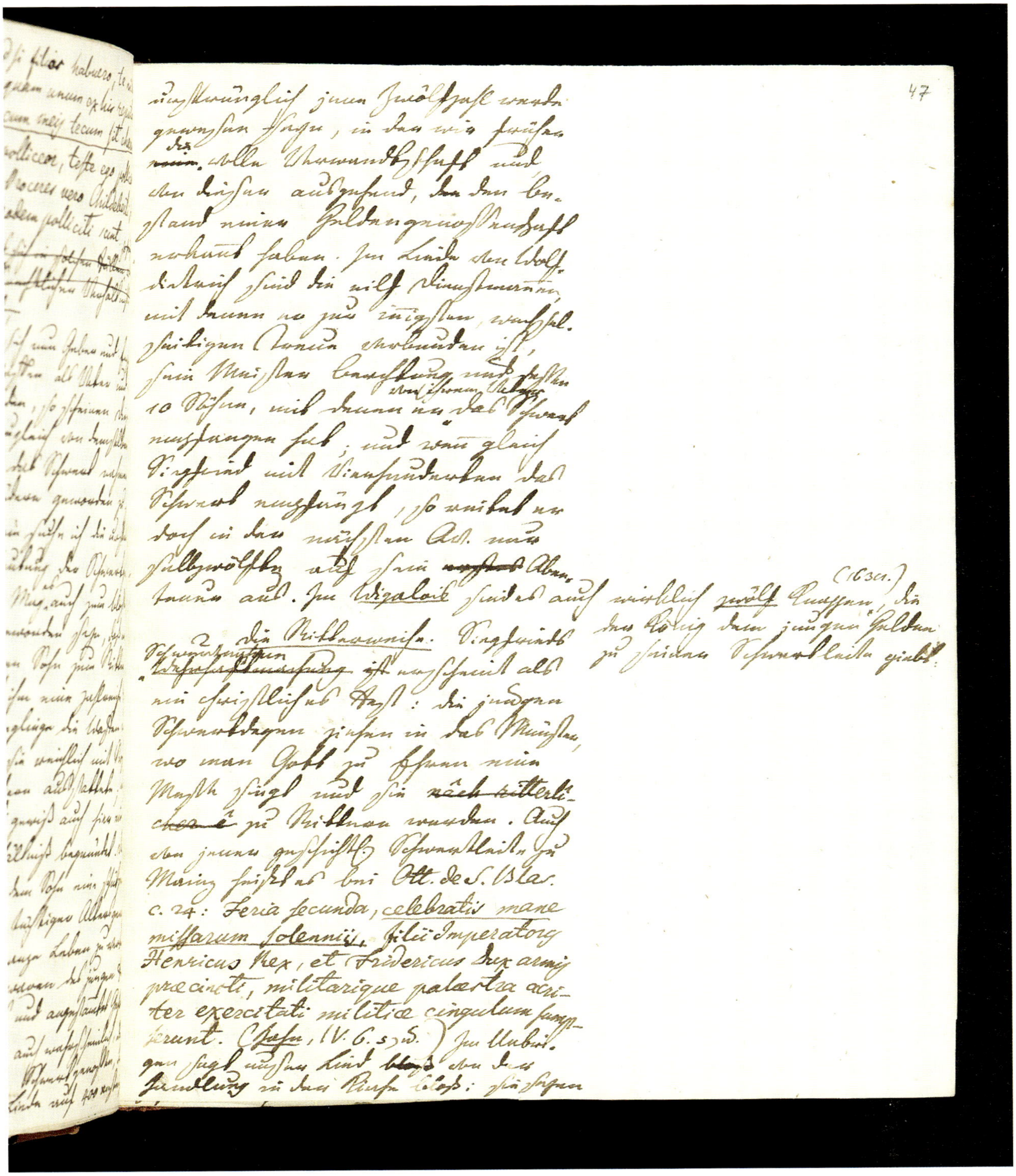

47

ursprünglich jener Zwölfzahl wandern-
genden Sagen, in der wir früher
~~ein~~ [die] alte Verwandtschaft und
den dieser ausgehend, die den Bestand einer Heldengenossenschaft
erkannt haben. Im Liede von Wolfdietrich sind die eilf Dienstmänner
mit denen er zur ewigsten, wechsel-
seitigen Treue verbunden ist,
sein Meister Berchtung und dessen
10 Söhne, mit denen er [von ihrem Vater] das Schwert
empfangen hat; und wenn gleich
Siegfried mit Vierhunderten das
Schwert empfängt, so [illegible] er
doch in dem nächsten Act unter
Halbzwölften auf seine ~~ersten~~ Aben-
teuer aus. Im Wigalois sind es auch wirklich zwölf Knappen, die
der König dem jungen Helden
zu seiner Schwertleite giebt. (1630.)

[Schwertnehmen] die Ritterweihe. Siegfrieds
~~Wehrhaftmachung~~ ist erscheint als
ein christlicher Act: die jungen
Schwertdegen ziehen in das Münster,
wo man Gott zu Ehren eine
Messe singt und sie ~~nach ritterli-
chem~~ zu Rittern werden. Auch
von jenen geschichtl. Schwertleiten zu
Mainz heißt es bei Ott. de S. Blas.
c. 24: Feria secunda, celebratis mane
missarum solenniis, filii Imperatoris
Henricus Rex, et Fridericus Dux armis
præcincti, militarique palæstra acri-
ter exercitati militiæ cingulum sump-
serunt. (Chron. IV. 6. 5. 10.) Im [illegible]
[illegible] sagt unser Lied ~~blos~~ von der
Handlung in der Kirche [illegible]: sie singen

Subscribentenliste zur Vorlesung über „Sagengeschichte der germanischen und romanischen Völker" im Wintersemester 1831/32 von Prof. Uhland

DLA Marbach

Der Besuch dieser Vorlesung war im Allgemeinen ein geordneter und aufmerksamer; das etwaige Ausbleiben Einzelner war ich nicht zu beobachten im Stande. Das Collegium wird im nächsten Semester fortgesetzt und ich werde am Schlusse desselben die Prüfung vornehmen, wenn überhaupt in diesen Fächern eine solche erwartet wird.

Diese Bemerkung hat Ludwig Uhland am 14. Mai 1832 der „Subscribentenliste", also dem Hörerverzeichnis zu seiner Vorlesung *Sagengeschichte der germanischen und romanischen Völker* angefügt. Entgegen seinem gründlichen Naturell führte er solche Hörerlisten nicht mit der erwartbaren Genauigkeit, auch blieb er hinsichtlich der Anwesenheit seiner Studenten bei den Lehrveranstaltungen sehr allgemein. Selbst der Prüfung am Ende der Vorlesung maß der in diesen Dingen offenbar etwas laxe Professor keine allzu große Bedeutung bei. Uhland war im Dezember 1829 an die Universität Tübingen berufen worden, an der er von 1830 bis 1832 lehrte. Neben den Schriftstellern Berthold Auerbach, Hermann Kurz und Gustav Pfizer zählte auch sein Nachfolger im Amt, der Germanist Adelbert von Keller, zu seinen Studenten.

Vier Jahre vor der Ernennung zum außerordentlichen Professor, im Jahr 1825, hatte der damalige Privatgelehrte Uhland begonnen, eine allgemeinverständliche geschichtliche Darstellung über Heldenlied und Minnesang des deutschen Mittelalters zu verfassen. Ursprünglich sollte das Werk schon Anfang 1826 in Druck gehen, als es jedoch im Jahr 1829 immer noch nicht ganz vollendet war, wurde Uhlands Vorhaben durch Wilhelm Grimms Buch *Die deutsche Heldensage* überholt, in dem sich zwar die Erkenntnisse Uhlands bestätigten, dessen Erscheinen die Publikation seiner eigenen Ausarbeitung aber verhinderte. Wegen seines „nimmermüden Strebens nach Vollkommenheit und formaler Abrundung" (Hartmut Fröschle) blieb neben diesem geplanten Werk auch vieles andere, das Ludwig Uhland auf gelehrtem Feld schrieb, unveröffentlicht.

Insgesamt hielt Uhland vier öffentliche Vorlesungen in Tübingen. Seine Studien über das Heldenlied und den Minnesang im deutschen Mittelalter konnten darin Verwendung finden, was seine jahrelange Arbeit als nicht vergebens erscheinen lässt. Die erste Vorlesung befasste sich mit der Geschichte der altdeutschen Poesie, im darauf folgenden Semester wurde das *Nibelungenlied* behandelt, es folgten Kollegien zur *Geschichte der deutschen Poesie im 15. und 16. Jahrhundert* und eben über die *Sagengeschichte der germanischen und romanischen Völker*. Neben seinen Vorlesungen leitete Ludwig Uhland zudem das so genannte *Stylistikum*, eine wöchentlich stattfindende einstündige Übung im literarischen Schreiben.

Bei dem vorliegenden Blatt handelt es sich um das Verzeichnis der Hörer der dreistündigen Vorlesung *Sagengeschichte der germanischen und romanischen Völker*, die Uhland vom 1. November 1831 bis zum 4. April 1832 vor 41 Studierenden hielt. Aufgelistet sind die Namen der Studenten, die Fakultäten, denen sie angehörten und die Wohnorte der Eltern. Die mit den Überschriften „Fleiß im Besuche der Vorlesung" und „Resultat der Semestralprüfung" versehenen Spalten blieben unausgefüllt. Dies erklärt auch den oben zitierten Vermerk Uhlands am Ende des Verzeichnisses.

Die Veröffentlichung seiner Vorlesungen wurde nach Uhlands Tod durch seine Frau Emilie veranlasst; die Herausgeber – Adelbert von Keller, Wilhelm Ludwig Holland und Franz Pfeiffer – betonten, dass der Inhalt derselben in der Forschung auch nach 35 Jahren nicht überholt sei. Uhlands Biograf Hermann Schneider resümierte: „Hätte Uhland seiner Stimme Gehör verschafft, so wäre die Wissenschaft [...] bereits 1830 so weit gekommen, wie sie in Wahrheit erst siebzig bis achtzig Jahre später vordringen durfte."

Katharina Deininger

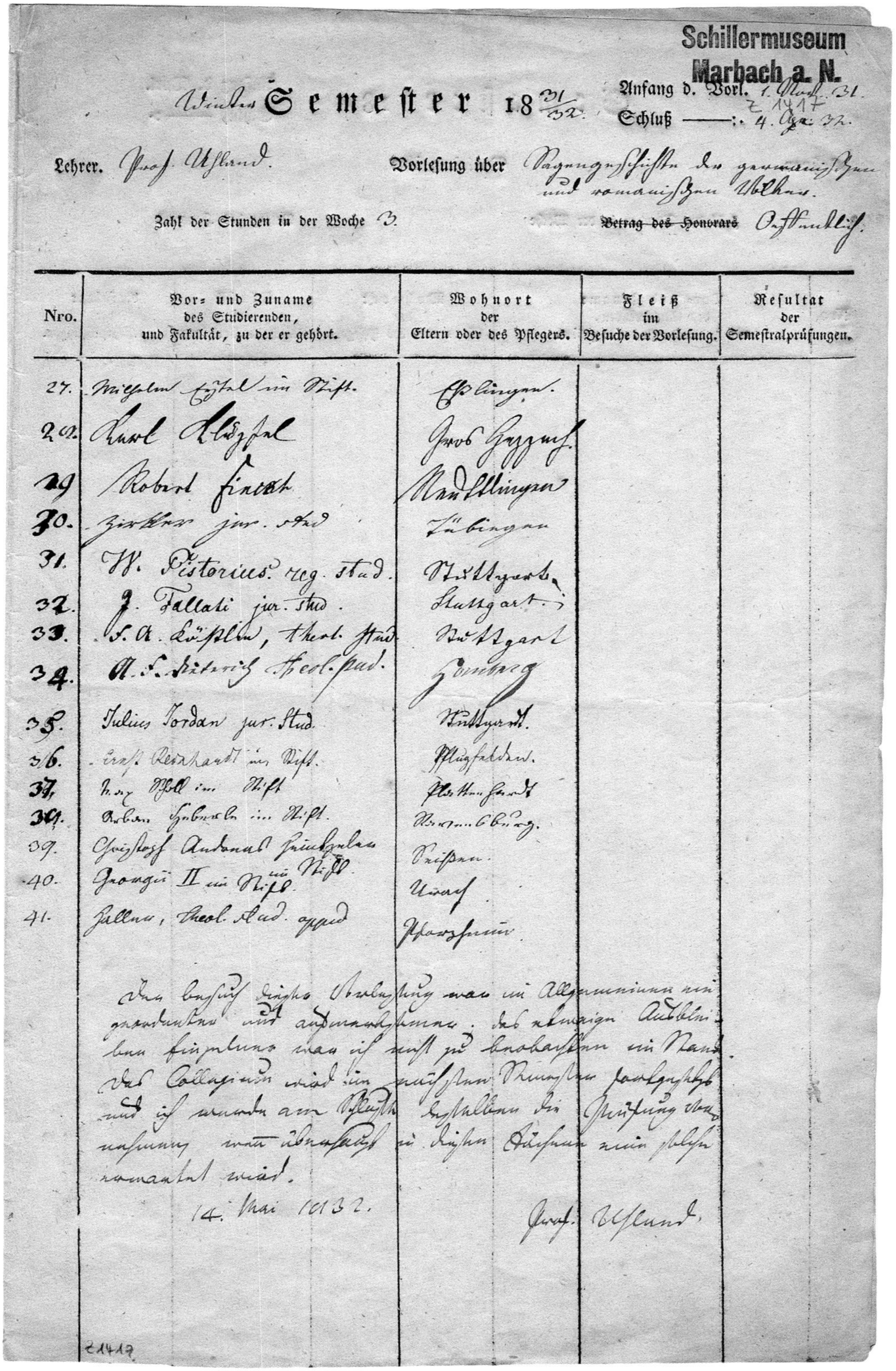

Winter Semester 1831/32.

Anfang d. Vorl. 1. Nov. 31.

Schluß —— 4. Apr. 32.

Lehrer. Prof. Uhland.

Vorlesung über Sagengeschichte der germanischen und romanischen Völker.

Zahl der Stunden in der Woche 3.

~~Betrag des Honorars~~ Öffentlich.

Nro.	Vor- und Zuname des Studierenden, und Fakultät, zu der er gehört.	Wohnort der Eltern oder des Pflegers.	Fleiß im Besuche der Vorlesung.	Resultat der Semestralprüfungen.
27.	Wilhelm [illegible] im Stift.	Eßlingen.		
28.	Karl [illegible]	[illegible]		
29	Robert [illegible]	[illegible]		
30.	[illegible] jur. stud	Tübingen		
31.	W. Pistorius reg. stud.	Stuttgart.		
32.	J. Fallati jur. stud.	Stuttgart.		
33.	F. A. Köstlin, theol. stud.	Stuttgart		
34.	A. F. Dieterich theol. stud.	[illegible]		
35.	Julius Jordan jur. stud.	Stuttgardt.		
36.	Ernst Reinhardt im Stift.	Pflugfelden.		
37.	[illegible] im Stift	[illegible]		
38.	[illegible] im Stift.	[illegible]		
39.	Christoph Andreas [illegible]	Preußen.		
40.	Georgii II im Stift.	Urach		
41.	[illegible], theol. stud. [illegible]	Pforzheim.		

Der Besuch dieser Vorlesung war im Allgemeinen ein gleichförmiger und aufmerksamer. das etwaige Ausbleiben Einzelner war ich nicht zu beobachten im Stande. Das Collegium wird im nächsten Semester fortgesetzt und ich werde am Schluße desselben die Prüfung vornehmen, wenn überhaupt in diesen Fächern eine solche verlangt wird.

14. Mai 1832.

Prof. Uhland.

Z 1417.

Materialien zu Uhlands Volksliedersammlung: Einblattdruck „Küh-Reihen"; Volkslied-Abschrift von Karl Goedeke; Abschrift „Volkslieder aus dem Münsterland" nach Annette von Droste-Hülshoff; Volkslied-Noten

DLA Marbach

Mit der Überzeugung, „daß balladenartige Lieder, welche noch jetzt vom Volke gesungen werden, sich in hohes Alter hinauf verlieren, wenn wir uns die Mühe nicht verdrießen lassen, soweit als möglich ihrer echten und ursprünglichen Gestalt nachzuspüren", begann Uhland damit, alte Volkslieder zu sammeln. Durch die in den Jahren zwischen 1805 und 1808 erschienene Sammlung *Des Knaben Wunderhorn* von Achim von Arnim und Clemens Brentano hatte Uhland das Volkslied lieben gelernt und sich den Ton der abgedruckten Stücke auch für seine eigene Dichtung anverwandelt. Sein späteres Interesse an den deutschen Volksliedern hatte indessen nur noch solche im Blick, in denen er Reste ältester deutscher Poesie zu finden glaubte, Volkslieder also aus dem 16. Jahrhundert und noch früher – im Titel der 1844/45 erschienenen Sammlung liegt der Schwerpunkt folglich auf dem ersten Wort: *Alte hoch- und niederdeutsche Volkslieder*. Die Sammlung ist Uhlands wissenschaftliches Hauptwerk geworden, der philologische Anspruch war, anders als bei Arnim und Brentano, hoch, die vorausgehende Arbeit des Sammelns und Ordnens enorm. In alle Richtungen versandte er Anfragen und Bitten, um seine Sammlung zu erweitern; ebenso beauftragte er Bekannte, für ihn Lieder zu suchen und aufzuschreiben. Außerdem unternahm Uhland selbst in der warmen Jahreszeit zahlreiche Forschungsreisen – unter anderem nach Bern, Leipzig oder Nürnberg. Die Winter nutzte er dann, um die Lieder zu ordnen und zusammenzustellen.

Sein Plan grenzte an das Menschenunmögliche: „Meine Absicht ist, eine geschichtliche Darstellung des älteren Volksgesanges zu geben, hieran eine kritische Sammlung alter Lieder zu reihen und sodann in Anmerkungen zu diesen die Schicksale der einzelnen Lieder zu verfolgen und die verwandten Volkslieder anderer Nationen nachzuweisen." Die Arbeit blieb denn auch hinter den selbst gesteckten Erwartungen zurück. Die Zeitgenossen bezeugten dennoch tiefen Respekt vor der gelehrten Leistung; die Einschränkung, die der alte Freund Varnhagen gegenüber Kerner machte, deutet in eine andere Richtung und zeigt, was man von romantischer Philologie erwartete: „Wie hoch steht Uhlands Sammlung von Volksliedern über dem Wunderhorn, aber doch wie viel ergötzlicher sprach uns dieses an!"

Die vorliegenden Stücke dokumentieren die Vielzahl und Verschiedenartigkeit von Uhlands Quellen. Da sind etwa Einblattdrucke, kleine Heftchen oder Einzelblätter mit Gedichten und Liedern, wie hier der *Küh-Reihen*, was ursprünglich die Bezeichnung für ein Lied war, mit dem die Kühe zum Melken angelockt werden sollten. Diese Heftchen wurden auf der Straße oder auf Jahrmärkten verkauft, ihre Titel lauteten ungefähr wie dieser: *Ein schönes neues lustiges Weltliches Lied, genannt der Küh-Reihen. In einer angenehmen und lustigen Melodey zu singen, zu Ergözung des Weidmanns und der jungen Gesellen.* Auf dem ansprechend gestalteten Titelblatt findet sich statt eines ordentlichen Impressums nur der Vermerk „Gedruckt in diesem Jahr", mit dem das Heftchen nicht veralten konnte.

Die von Uhland als „Gödeke Nr. 13" rubrizierte Abschrift ist nicht etwa unter dieser Nummer in der Standardbibliographie zur deutschen Literatur nachgewiesen, vielmehr stammt sie von dem Literarhistoriker Karl Goedeke selbst und wurde Uhland erst nach Erscheinen seiner Sammlung, an der er indessen stetig weiterarbeitete, zugeschickt. Sie erfasst nicht nur den Text der Lieder, sondern auch den Holzschnitt auf dem Titel sowie die Größe und Anordnung der Schrift.

1841 hatte Uhland in Meersburg Annette von Droste-Hülshoff kennen gelernt. Im Juli 1842 erhielt er dann von seinem ehemaligen Schüler, dem Schweizer Germanisten Franz Pfeiffer, Liedabschriften für seine Sammlung mit dem Titel *Volkslieder aus dem Münsterland, mündlich von Fräulein Anna von Droste-Hülshof.*

Die Notenabschrift stammt aus Georg Rhaus *Bicinia Gallica / Latina / Germanica* (Wittenberg 1545), einer einst berühmten Sammlung von Duetten. Abgeschrieben ist das 94. Lied des ersten Bandes für die Singstimme Diskant, *Ich wil zu Land ausreiten* von Johannes Stahl.

Marie-Christin Nowak

Ein schönes neues lustiges
Weltliches Lied,
genannt der
Küh-Reihen.
In einer angenehmen und lustigen Melodey zu singen, zu Ergötzung des Weidmanns und der jungen Gesellen.
Gedruckt in diesem Jahr.

Gödeke No. 13.
Dre nye lede volgen, Dat erste, Yck seten dre Landsknechte bi dem kolden win. Dat ander, Van der flachtinge vor Brëmen. Dat drüdde, Ick sach mi vor jennem wolde, ein fynes hertzlin staen.

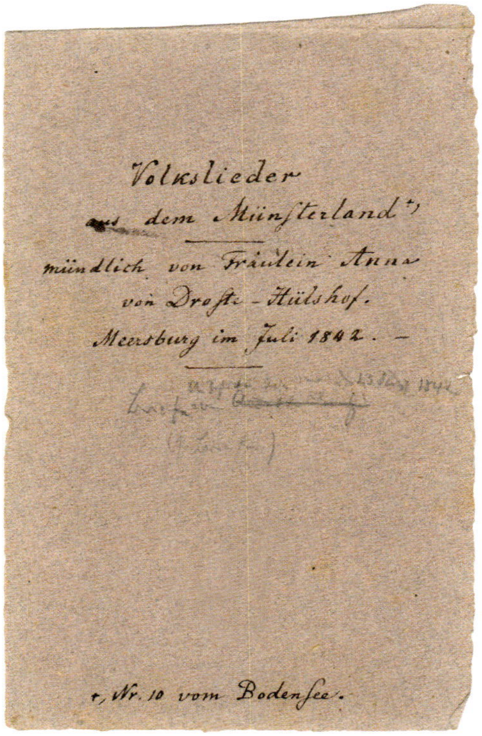
Volkslieder
aus dem Münsterland +,
mündlich von Fräulein Anna
von Droste-Hülshof.
Meersburg im Juli 1842. –

+, Nr. 10 vom Bodensee.

Ehrendoktorurkunde der Universität Tübingen für Ludwig Uhland. 31. Oktober 1845

DLA Marbach

Bereits seit Uhlands vierzehntem Lebensjahr stand fest, dass er einmal Jura studieren würde. Er hatte das Angebot für ein Stipendium zum Studium der Rechtswissenschaften erhalten, womit eine andere berufliche Laufbahn, trotz seiner seit jeher bestehenden Leidenschaft für die Literatur, für ihn beziehungsweise für seinen Vater nicht infrage kam. Uhland spaltete sich in der Folge in zwei Persönlichkeiten: in den Juristen, der seine Arbeit gründlich, zuverlässig, aber ohne innere Anteilnahme erledigte und in den Dichter und Philologen, der sein wahres Wesen zeigte. In beiden Disziplinen erreichte er im Laufe seines Lebens einen Doktorgrad. Uhlands erstes Doktordiplom war das des Doktor iuris utriusque, also des Doktors beider Rechte, des weltlichen und des kirchlichen; er hatte es mit seiner am 1. April 1810 eingereichten Arbeit *De juris Romani servitutum natura dividua vel individua* erworben. Über drei Jahrzehnte später, nach einem Bildungsaufenthalt in Paris, der der Rechtswissenschaft wie der Poesie gewidmet war, nach einigen Jahren als Advokat, einem Intermezzo als Professor für deutsche Literatur und Sprache in Tübingen und seinem Engagement als Politiker, nach zahlreichen literaturgeschichtlichen Veröffentlichungen, zuletzt der großen Sammlung deutscher Volkslieder und vor allem nach seinen Erfolgen als Dichter, die ihn zu einem der bekanntesten Vertreter der deutschen Literatur hatten werden lassen, am 30. Oktober 1845, erhielt Uhland schließlich auch einen philosophischen Doktortitel. Letzteren bekam er ehrenhalber als Anerkennung für seine germanistischen Studien.

Was an der Doktorurkunde als erstes auffällt, ist ihre für heutige Verhältnisse enorme Größe. Mit den Maßen 69 auf 52 Zentimeter gleicht sie mehr einem Plakat. Ein Eindruck, der durch die Verwendung von Großbuchstaben in wechselnden Formen und Größen, teils ausgefüllt, teils mit verschnörkelten Mustern verziert, teils leer mit nach hinten versetzter Schattierung, fett oder schmal, groß oder klein, gerade oder kursiv, noch unterstrichen wird. Und trotz dieses typografischen Feuerwerks muss man die Doktorurkunde ganz genau anschauen, um den Namen desjenigen darauf zu entdecken, dem sie verliehen wurde. So werden zunächst sämtliche anderen an der Promotion beteiligten Personen hierarchisch absteigend aufgeführt, bevor die eigentliche Hauptperson der Urkunde genannt wird. Zuoberst prangt der Name des Königs, Wilhelm I., es folgen der Rektor der Universität, der klassische Philologe Ernst Christian Walz, der Kanzler der Universität, der Jurist Karl Georg von Wächter, sowie der Dekan der Fakultät, der Physiker Johann von Nörrenberg, der die Urkunde auch unterschrieben hat; Uhlands Name schließlich erscheint dagegen ziemlich klein und unscheinbar.

Von den Professoren der Tübinger Philosophischen Fakultät hatten 1830 nur Uhland und der Philosoph Karl August Eschenmayer den Doktortitel inne, Uhland war Dr. iur., Eschenmayer Dr. med., die übrigen Professoren besaßen lediglich den Magistergrad. Um an der Universität lehren zu können, wie es Uhland von 1830 bis 1832 tat, war also nicht die Promotion, sondern seine fachliche Qualifikation Voraussetzung. Der Ehrendoktortitel hatte indes auch nichts mit seinem Lehramt zu tun und auch nichts mit einer sonstigen akademischen Tätigkeit: Uhland arbeitete für den Rest seines Lebens als Privatgelehrter, seine Professur hatte seit 1841 sein Schüler Adelbert von Keller inne. Auch als Dichter trat Uhland übrigens kaum noch in Erscheinung, seine Leidenschaft galt nun seinen sagenkundlichen Forschungen und der Politik. Aus der Verleihung der Ehrendoktorwürde spricht jedoch zweierlei: die Anerkennung für die wissenschaftliche Leistung des ehemaligen Professors der Universität und der Stolz, dass dieser einer der bedeutendsten Dichter der Nation geworden war.

Marie-Christin Nowak

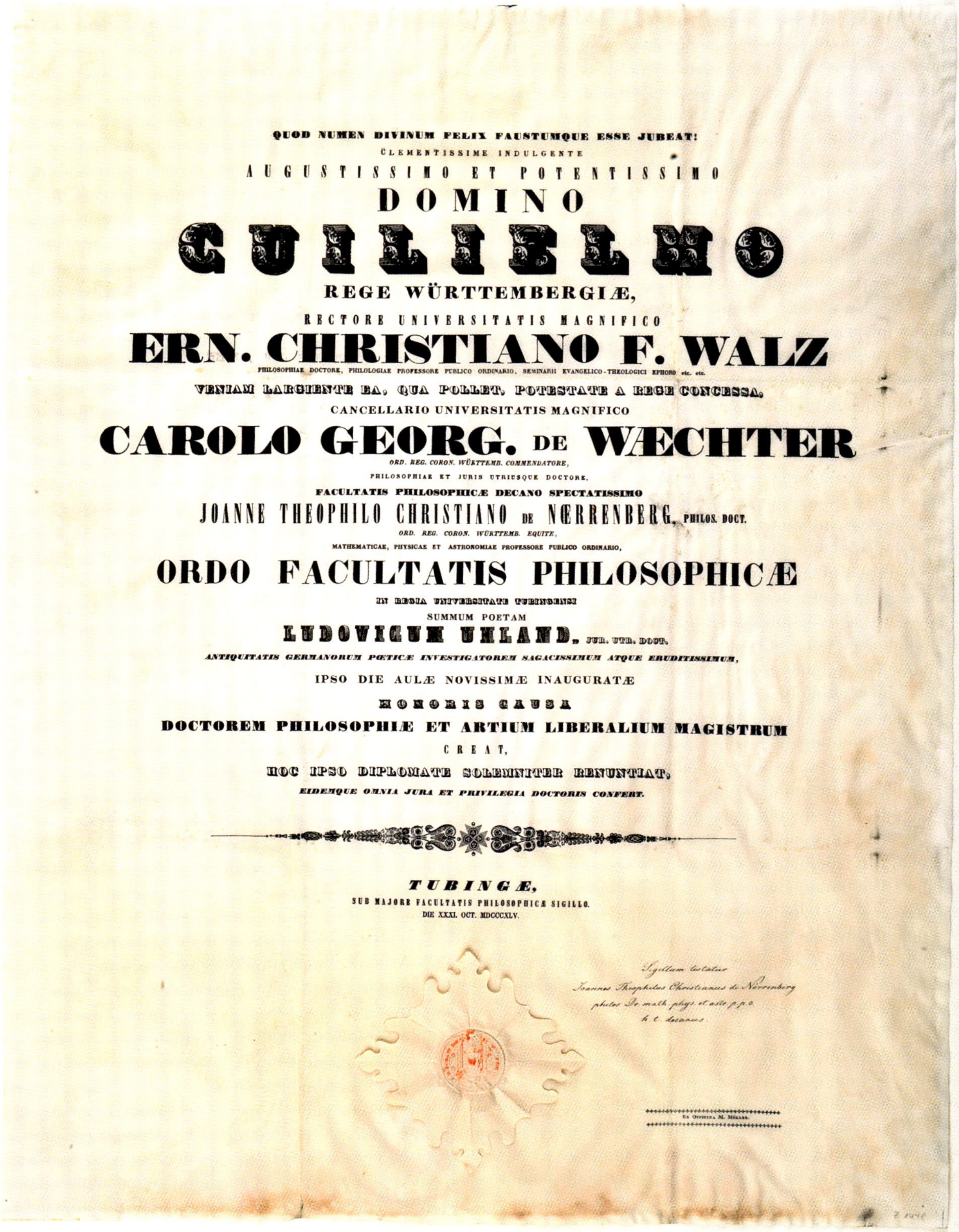

QUOD NUMEN DIVINUM FELIX FAUSTUMQUE ESSE JUBEAT!
CLEMENTISSIME INDULGENTE
AUGUSTISSIMO ET POTENTISSIMO
DOMINO
GUILIELMO
REGE WÜRTTEMBERGIÆ,
RECTORE UNIVERSITATIS MAGNIFICO
ERN. CHRISTIANO F. WALZ
PHILOSOPHIAE DOCTORE, PHILOLOGIAE PROFESSORE PUBLICO ORDINARIO, SEMINARII EVANGELICO-THEOLOGICI EPHORO etc. etc.
VENIAM LARGIENTE EA, QUA POLLET, POTESTATE A REGE CONCESSA,
CANCELLARIO UNIVERSITATIS MAGNIFICO
CAROLO GEORG. DE WÆCHTER
ORD. REG. CORON. WÜRTTEMB. COMMENDATORE,
PHILOSOPHIAE ET JURIS UTRIUSQUE DOCTORE,
FACULTATIS PHILOSOPHICÆ DECANO SPECTATISSIMO
JOANNE THEOPHILO CHRISTIANO DE NŒRRENBERG, PHILOS. DOCT.
ORD. REG. CORON. WÜRTTEMB. EQUITE,
MATHEMATICAE, PHYSICAE ET ASTRONOMIAE PROFESSORE PUBLICO ORDINARIO,
ORDO FACULTATIS PHILOSOPHICÆ
IN REGIA UNIVERSITATE TUBINGENSI
SUMMUM POETAM
LUDOVICUM UHLAND, JUR. UTR. DOCT.
ANTIQUITATIS GERMANORUM POETICÆ INVESTIGATOREM SAGACISSIMUM ATQUE ERUDITISSIMUM,
IPSO DIE AULÆ NOVISSIMÆ INAUGURATÆ
HONORIS CAUSA
DOCTOREM PHILOSOPHIÆ ET ARTIUM LIBERALIUM MAGISTRUM
CREAT,
HOC IPSO DIPLOMATE SOLEMNITER RENUNTIAT,
EIDEMQUE OMNIA JURA ET PRIVILEGIA DOCTORIS CONFERT.

TUBINGÆ,
SUB MAJORE FACULTATIS PHILOSOPHICÆ SIGILLO.
DIE XXXI. OCT. MDCCCXLV.

Sigillum testatur
Joannes Theophilus Christianus de Nörrenberg
philos. Dr. math. phys. et astr. p. p. o.
h. t. decanus.

EX OFFICINA M. MÜLLER.

Leihschein der Königlichen öffentlichen Bibliothek Stuttgart. 24. September 1860
Burschenschaft Germania Tübingen
Mahnschein der Königlichen öffentlichen Bibliothek Stuttgart. 27. März 1861
DLA Marbach

Will man sich heutzutage Bücher aus einer Bibliothek leihen, führt der erste Weg meist zum Computer, um deren Online-Katalog zu konsultieren. Online kann man die gewünschten Bücher dann auch bestellen. Sollte sie die Bibliothek vor Ort nicht besitzen, ist es möglich, sie per Fernleihe von einer anderen zu bekommen. Die Leihfrist beträgt in der Regel vier Wochen, meist verschickt die Bibliothek rechtzeitig eine E-Mail, die daran erinnert, die Bücher zurückzubringen oder die Frist zu verlängern. Während dieses Prozedere heute weitgehend ohne Papier auskommt, wurde zu Uhlands Zeit der gesamte Leihverkehr handschriftlich und per Post abgewickelt; die beiden vorliegenden Zettel dokumentieren, stellvertretend für unzählige andere, einen winzigen Ausschnitt aus Uhlands langer Karriere als Benutzer öffentlicher Bibliotheken.

Am 24. September 1860 leiht der 73-jährige Ludwig Uhland in der königlichen öffentlichen Bibliothek in Stuttgart (der heutigen Württembergischen Landesbibliothek) den siebten Band der *Historia et commentationes Academiae Electoralis Scientiarum et Elegantiorum Litterarum Theodoro-Palatinae* von 1794 aus, der Beiträge zur kurpfälzischen Geschichte enthält; handschriftlich „bescheint" er, den Band erhalten zu haben. Nach einem halben Jahr, am 27. März 1861, ergeht ein vorgedrucktes Schreiben der Bibliothek an Uhland, in welchem er „In Gemäßheit der Bekanntmachung der Direktion der königl. öffentlichen Bibliothek vom 20. September 1828 [...] um Einsendung der seit dem 24ten Sept. 1860 ausstehenden Bücher" gebeten wird. Sollte dieses Schreiben nicht zur Rückgabe der entliehenen Bücher führen, „so muß das Entlehnte durch den Bibliothekdiener abgeholt werden, dem dafür nach §. 4 der obigen Bekanntmachung 12 kr. zu bezahlen sind", wie es das Kleingedruckte am Ende des Schreibens ankündigt. Trotz des strengen Tones dürfte Uhland das Schreiben nicht in allzu große Unruhe versetzt haben, es wird nicht das einzige dieser Art gewesen sein, das er in seinem Leben bekommen hat – gelehrte Arbeit braucht Zeit, und er war ein besonders gründlicher Arbeiter.

Die auf dem Mahnschreiben aufgeführten Werke hat Uhland im Zusammenhang mit seiner Abhandlung *Der Rosengarten von Worms* (*Zur deutschen Heldensage II*), die 1861 in der von Franz Pfeiffer – früher Schüler Uhlands, dann Professor für deutsche Literatur in Wien – herausgegebenen Zeitschrift *Germania* erschien, in der zwischen 1857 und 1863 zahlreiche Beiträge Uhlands zu finden waren. Die Notiz „Rosengarten", die sich sowohl auf dem Leih- als auch auf dem Mahnschein befindet, diente wohl dazu, die beiden Blätter im Konvolut der Materialien für den Aufsatz einzuordnen oder auch um sie von Leihvorgängen für andere, parallele Arbeiten zu unterscheiden – gewissenhaft war Uhland auch in diesen Dingen. Eigentlich betreffen die in Stuttgart entliehenen Bücher nur den Abschnitt des Aufsatzes, in dem Uhland versucht, einzelne Elemente der Sage in der pfälzischen und hessischen Geschichte und Geografie des Mittelalters zu verorten, außer dem genannten sind dies der erste (und einzige) Band von Philipp August Paulis *Die römischen und deutschen Alterthümer am Rhein* (1820), Johann Heinrich Andreaes *Lupodunum Palatinum, hodie Ladenburgum, illustratum* (1772), die vier Bände von Heinrich Eduard Scribas *Regesten der bis jetzt gedruckten Urkunden zur Landes- und Orts-Geschichte des Grossherzogthums Hessen* (1847–1854) sowie der dritte Band des *Archivs für Hessische Geschichte und Alterthumskunde* (1842–1844), worin Uhland besonders der reich bebilderte Beitrag über *Die Wappen des Großherzogthums* von Oberfinanzrat Günther im zweiten Heft interessiert haben dürfte. Nur die letzten beiden Quellen finden sich übrigens in Uhlands Aufsatz genannt – auch das erfolglose Konsultieren von Quellen gehört zur philologischen Arbeit mit dazu.

Katharina Deininger

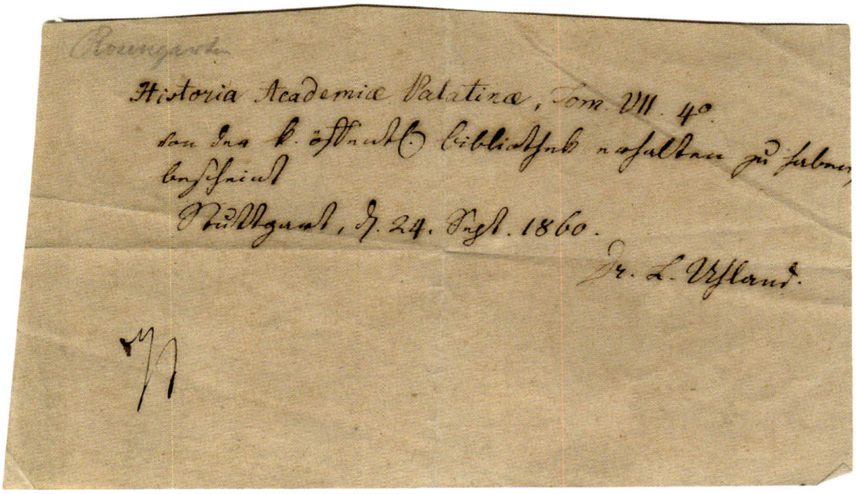

Rosengarten

Historia Academiae Palatinae, Tom. VII. 4°.
von der k. öffentl. Bibliothek erhalten zu haben
bescheint
Stuttgart, d. 24. Sept. 1860.
Dr. L. Uhland.

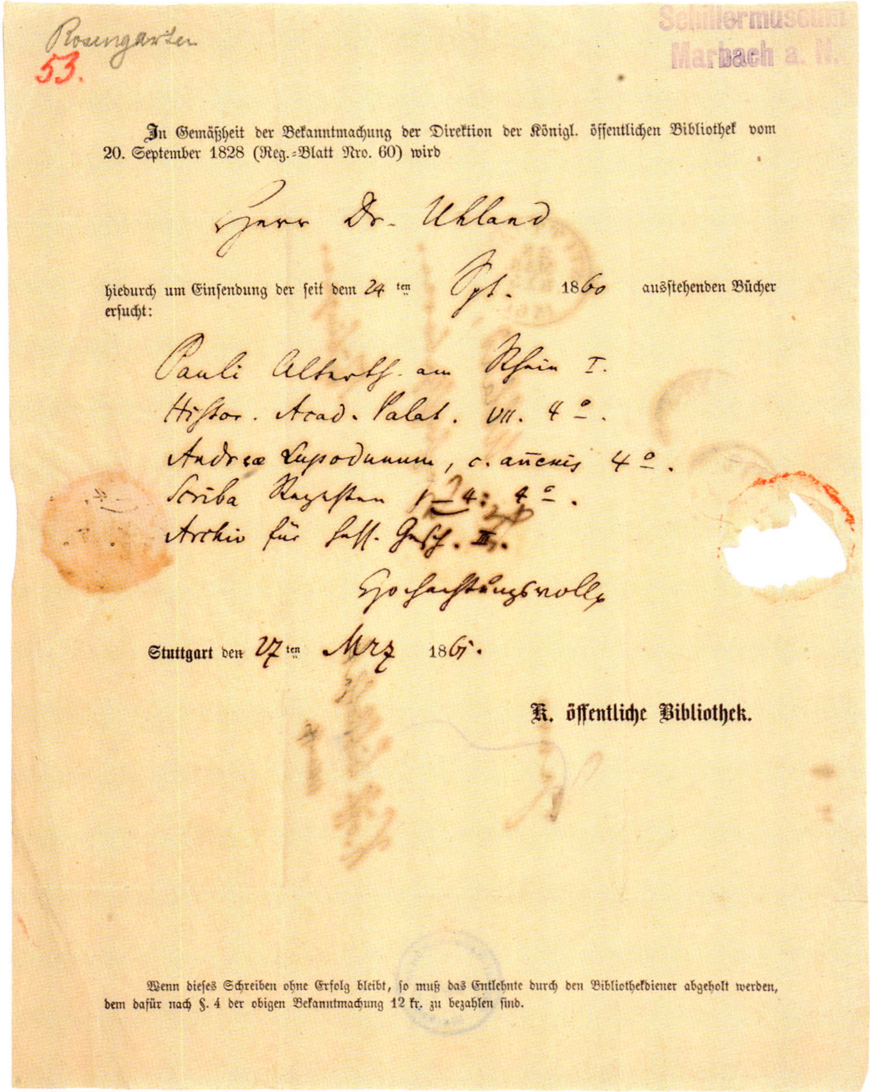

Rosengarten
53.

In Gemäßheit der Bekanntmachung der Direktion der Königl. öffentlichen Bibliothek vom 20. September 1828 (Reg.-Blatt Nro. 60) wird

Herr Dr. Uhland

hiedurch um Einsendung der seit dem 24ten Sept. 1860 ausstehenden Bücher ersucht:

Pauli Altroth am Rhein I.
Histor. Acad. Palat. VII. 4°.
Andreae Lupodunum, c. annexis 4°.
Scriba Regesten 1–4. 4°.
Archiv für hess. Gesch. II.

Hochachtungsvollst

Stuttgart den 27ten Mrz 1861.

K. öffentliche Bibliothek.

Wenn dieses Schreiben ohne Erfolg bleibt, so muß das Entlehnte durch den Bibliothekdiener abgeholt werden, dem dafür nach §. 4 der obigen Bekanntmachung 12 kr. zu bezahlen sind.

Zwei Schnupftabaksdosen mit eingearbeiteten Fotografien Ludwig Uhlands, Horn, 10 x 4,5 x3 cm

DLA Marbach

Haben Schnupftabak und Gelehrtenexistenz etwas miteinander zu tun? In seiner medizinischen Dissertation *Über den Schnupftabak* aus dem Jahr 1837 behauptet Uhlands Zeitgenosse Karl August Geist: „Gelehrte und Mönche waren [...] und sind immer noch unzertrennlich mit ihrer Dose verbunden, und unter den ersten namentlich: die Mathematiker, Metaphysiker, Philologen, Juristen und Aerzte.“ Uhland war beides, Philologe und Jurist und damit zum Schnupftabakkonsum prädestiniert; leider ist nicht überliefert, ob er auch tatsächlich geschnupft hat. In einem im weitesten Sinne gelehrten Zusammenhang stehen diese beiden Tabaksdosen dennoch: Uhland hat sie als Dank fleißigen Helfern und Schreibern zum Geschenk gemacht.

Im 19. Jahrhundert – vor Erfindung von Kopierern, Scannern und der Digitalisierung von Handschriften und Büchern im Internet – war die Recherche nach solchen seltenen oder gar unikalen Werken mit einem umständlichen Brief- und Fernleihverkehr verbunden, meist konnte man das Gewünschte ohnehin nur vor Ort einsehen. In beiden Fällen war man gezwungen, die Texte, mit denen man ja weiterarbeiten wollte, Wort für Wort abzuschreiben – für einen Wissenschaftler mit dem Anspruch und der Gründlichkeit eines Ludwig Uhland war dies nur mit Helfern, die ihm die Abschriften lieferten, zu bewältigen. Die linke Dose wurde 1949 durch das Marbacher Schiller-Nationalmuseum aus Stuttgarter Privatbesitz erworben. Ihr liegt ein Schriftstück bei, das besagt, dass sie „dem Vater des Überbringers: Leonhard Ungerer als jungem Volksschullehrer in Tübingen für geleistete Schreibarbeiten“ als Geschenk von Ludwig Uhland überreicht worden sei. Die Dose besteht aus dunkelbraunem Horn, auf dem Klappdeckel befindet sich unter einem von ovalem Metallrahmen eingefassten Glas eine Fotografie Ludwig Uhlands.

Die zweite Dose wurde dem Marbacher Schillermuseum bereits 1907 von dem Kunsthistoriker und Sammler Gustav Edmund Pazaurek gestiftet, der als langjähriger Direktor des Landes-Gewerbemuseums Stuttgart das Standardwerk *Guter und schlechter Geschmack im Kunstgewerbe* verfasste. Auf dem Deckel der rechteckigen Dose aus schwarzem Horn befindet sich ein Porträt Uhlands, wohl ebenfalls aus der Zeit um 1850. Das Bild ist ein Unikat, denn bei der Technik der Ambrotypie entsteht das Negativ auf einer Glasplatte und kann nicht weiter vervielfältigt werden. Unter dem Glas befindet sich schwarzes Papier, wodurch das Negativ als Positiv erscheint. Eingefasst ist das Bild in einen ovalen Rahmen aus Elfenbein.

Während goldene Tabatièren im 18. Jahrhundert von Herrschern häufig als Gunstbeweis verschenkt wurden, machte die Verwendung von Horn als Material die Schnupftabaksdose auch anderen Bevölkerungsschichten zugänglich. Horn war leicht beim örtlichen Schlachter zu beschaffen und einfach zu bearbeiten. Solche Dosen mit in Elfenbein eingefassten Porträts waren im 19. Jahrhundert keine Seltenheit. Sie dienten – wie hier im Fall Uhlands – als Erinnerungsstücke, ähnlich etwa einem Medaillon und eigneten sich gut als Geschenk für Männer. Ob Uhlands Helfer bei gelehrten Arbeiten nun Tabak schnupften oder – was wahrscheinlicher ist – Pfeife rauchten, sie erfreuten sich als Anerkennung für ihre Hilfsdienste eines persönlichen Andenkens an ihren Auftraggeber, das in der Form seiner Übergabe zudem in herrscherlicher Tradition stand; nur dass es statt von einem Fürsten, von einem Dichterfürsten vergeben wurde.

Melanie Koch

Julie Feuerlein
geb. Mayer.

Abteilung 5
Uhland, wie er leibte und lebte

Kürzlich wurde bei Ebay ein benutztes Papiertaschentuch von Scarlett Johansson angeboten. Man hatte es der erkälteten Schauspielerin während einer Fernsehsendung gereicht, anschließend sichergestellt und für einen guten Zweck versteigert. Ein anonymer Bieter zahlte dafür schließlich fünftausend Dollar. Nun fragt sich wohl jeder, was den Käufer getrieben haben mag, den Besitz eines solchen Objekts überhaupt anzustreben, gar noch viel Geld dafür aufzuwenden? Es geht dabei sicherlich um einen mehr oder minder unschuldigen Fetischismus, den Versuch, an der Privatsphäre einer verehrten oder geliebten Person teilzuhaben. Im Besitz eines von ihr berührten – diesmal: wahrhaftig gebrauchten – Gegenstands erlebt der Fan, der Anbeter, der Liebende eine vermeintliche Annäherung, den Anschein der Gemeinschaft, ja die subjektiv empfundene Verschmelzung mit dem Ziel seiner Begierde. Was erst mit den Mitteln heutiger Kriminaltechnik nachweisbar ist, haben Verliebte und Verehrer immer schon gewusst: Im Requisit steckt ein Hauch der Persönlichkeit seines Benutzers.

Es ist ein gewagter Übergang von Scarlett Johansson zu Ludwig Uhland, gar zu wenig scheint den beiden, zumal äußerlich betrachtet, gemeinsam. Doch haben sich auch von Ludwig Uhland Taschentücher erhalten, und sogar sie waren offenbar einstens ein Gegenstand nachhaltigen Interesses. Auf einer beiliegenden Visitenkarte, 1908 von Julie Feuerlein, geb. Mayer, an Dr. Rudolf Landerer gerichtet, ist zu lesen: „Das gebrauchte, versprochene Taschentuch aus Ludwig Uhlands Weißzeugkommode". Dem Versprechen muss ein Wunsch, eine Bitte vorangegangen sein, und diese war offenkundig auf ein „gebrauchtes", wenn auch danach gewaschenes Taschentuch des Dichters gerichtet gewesen – anscheinend waren Spurenelemente seiner Persönlichkeit, seiner Individualität, seiner Aura im Objekt der Verehrung dennoch erfahrbar.

So kurios dergleichen anmutet, so macht es doch darauf aufmerksam, dass bei der monografischen Erkundung einer bedeutsamen Figur, zumal mit den Mitteln einer Ausstellung, nicht nur ihr intellektuelles Profil und ihre historische Wirkung zu beachten sind, sondern auch ihre privaten Aspekte. Uhland war nicht nur Dichter, Gelehrter und Politiker, er war auch Mensch, er hatte ein Alltagsleben, eine private Sphäre, die sich in allerlei Gebrauchsgegenständen manifestiert, die Pietät und Verehrung – um Spott unbekümmert – der Nachwelt erhalten haben. Wie wohnte Ludwig Uhland, was verrät das – realiter oder im Bild – überlieferte Mobiliar des Hauses über seine Lebens- und Arbeitsgewohnheiten? Wie war sein Familienleben, die Beziehung zu seiner Frau, zur Verwandtschaft? Wie gestalteten sich seine finanziellen Verhältnisse? Was trug er für Notizen in seiner Brieftasche mit sich herum? Was trank er? Vielleicht nachrangige Fragen im Vergleich zu: „Was dichtete er?" oder „Welche politische Haltung vertrat er?", gleichwohl von Interesse, wenn man sich eine Person als Ganzes vergegenwärtigen möchte. Und dank der Reichhaltigkeit und Vielgestaltigkeit von Uhlands gegenständlichem Nachlass kann man diese Fragen oftmals sogar zuverlässiger beantworten als es vielleicht dereinst bei Scarlett Johansson der Fall sein wird, zumindest was den Inhalt ihrer Weißzeugkommode betrifft; die großen Sacktücher Uhlands sind den Papiertaschentüchern der Schauspielerin an Haltbarkeit jedenfalls weit überlegen. Doch dürfte der zukünftige Schaden zu verschmerzen sein, weil man dann immer noch statt des Abglanzes ihrer Leibhaftigkeit im vergänglichen Zellstofftuch diese selbst in bezaubernden Filmen von Woody Allen wird bewundern können.

Helmuth Mojem

Gegenüber:
Taschentuch mit Monogramm L.U. und beiliegender Visitenkarte. Stadtmuseum Tübingen.

Ehering Emilie Uhlands

Gunhild Emmrich, Berlin (Depositum DLA Marbach)

Aus Haaren geflochtenes Uhrenband Ludwig Uhlands

DLA Marbach

Über die Jahre hinweg ängstigte sich Elisabeth Uhland, dass ihr Sohn Ludwig womöglich keine liebevolle Ehefrau finden könne. Die besorgte Mutter zog sogar bereits in Erwägung, dass ihr Sohn „ohne viel Neigung eine Verstandesheirat machen“ oder „durch Warten ganz ums Heiraten kommen“ werde. An den Haaren herbeigezogen war diese Befürchtung sicherlich nicht, denn Ludwig Uhland wird als „trockene und gefühlskarge Persönlichkeit“ beschrieben. Die Tübinger Mädchen hielten ihn dementsprechend für zurückhaltend und langweilig. Auch die spätere Auserwählte, Emilie Vischer, meinte zunächst, dass „an dem ernsten, stillen Herrn Uhland [...] doch auch gar nichts von einem Liebhaber zu entdecken sei!“ Offenbar beeindruckte er sie aber doch mit seinem achtungsvollen Benehmen, seiner politischen Tätigkeit und vor allem mit seinen literarischen Erfolgen. Ausgerechnet nach einer Aufführung von *Ernst Herzog von Schwaben* soll Emilie beschlossen haben, Ludwig Uhland zu heiraten.

Zahlreiche Begegnungen, gemeinsame Spaziergänge und Treffen bei Konzert oder Theater – im Tagebuch so getreulich wie nüchtern dokumentiert – gingen Uhlands erfolgreichem Heiratsantrag im August 1819 voraus; am 29. Mai 1820 schließlich steckte er Emilie diesen goldenen Ehering an den Finger. Auf der Oberseite kann man die Buchstaben L und U für Ludwig Uhland erkennen, innen findet sich eine Gravur des Hochzeitsdatums. Diesen Ring trug Emilie zeitlebens als Zeichen der Verbundenheit mit ihrem Mann, so wie uns der Ehering auch heute noch als Sinnbild von Treue und ewiger Zusammengehörigkeit bekannt ist.

Viel ungewöhnlicher erscheint ein Schmuckstück, das kunstvoll aus Emilies Haaren geflochten wurde und das Ludwig als Uhrenkette ständig bei sich trug. Meist stellten Perückenmacher oder Näherinnen solchen Haar-Schmuck her, der im 19. Jahrhundert ein beliebtes Geschenk war. Zum einen wegen des ausgeprägten Freundschaftskults und der Neigung zu entsprechend empfindsamen Gesten in der Biedermeierzeit, zum anderen, weil dem Haar durch sein stetiges Nachwachsen seit jeher die Vorstellung anhaftet, Träger geheimer körperlicher Kräfte zu sein. Was Ludwig Uhland da – vom Leibe seiner Gattin stammend – am eigenen Leibe trug, ist mehr als nur ein originelles Liebespfand, es ist, wenn auch zeitgemäß domestiziert, ein veritabler Liebeszauber.

Der nüchterne Ludwig Uhland und die temperamentvolle Emilie Vischer – zwei Personen wie sie unterschiedlicher kaum sein konnten – und dennoch hatten sie sich während ihrer langen Ehejahre kaum je in den Haaren. Die beiden verband wohl ihre Gegensätzlichkeit, in vielen Dingen ergänzen sie einander geradezu. Auch Uhlands Mutter stellte fest: „Louis hätte nicht jedem Mädchen angepaßt, und Emma nicht jedem Mann.“ Bei aller Erleichterung darüber, dass ihr eigenbrötlerischer Sohn nun doch nicht Junggeselle blieb, warnte sie dessen Zukünftige gleichwohl: „Habe du nur nicht gar zu viel Geduld mit ihm, die Männer sind so gleich verwöhnt.“ Diesem kämpferischen Rat ihrer Schwiegermutter scheint Emilie nicht unbedingt gefolgt zu sein; allem Anschein nach ergab sich eine durchweg harmonische Beziehung. Ehering und Uhrenband legen davon Zeugnis ab.

Britt Hummel

Johann Michael Holder(?): Bildnis Emilie Uhlands. Gouache auf Elfenbein. Durchmesser 7,5 cm (Rahmenausschnitt)
Aufgerolltes Spitzenband aus dem Besitz von Emilie Uhland
Beides DLA Marbach

Nicht etwa das Wasser, das Feuer stand Ludwig Uhlands Braut Emilie bis zum Hals, als sie sich kurz vor der Eheschließung bei einem häuslichen Unfall die Spitzen am Ausschnitt ihres Hochzeitskleids versengte. Zwar war ihr Zukünftiger auch in Liebe zu ihr entbrannt, doch scheint der Dichter ein eher zurückhaltender Anbeter gewesen zu sein, selbst auf seinem ureigenen Feld, der Poesie. Im Tagebuch liest man ständig von Begegnungen und Spaziergängen mit „E.", am 15. Dezember 1818 fällt auch das Stichwort „Herzensergießung", aber erst zwei Wochen später, am 28. Dezember, heißt es: „Idee zu einem Gedicht auf E." Die Ausführung ließ vier Monate auf sich warten, einen Tag vor Emilies zwanzigstem Geburtstag, am 15. Mai 1819, fügten sich die Verse endlich zusammen – und dann blieb es das einzige Gedicht Uhlands an seine spätere Frau. Entspricht dies auch nicht gerade dem Inbild eines feurigen Liebhabers, so reagierte Uhland bei dem Brandunfall doch ausgesprochen spontan. Er schenkte Emilie eine Rolle neuer Spitzen und reimte dazu:

O heil'ger Florian! bewahr
Diese Spitzen vor Feuersgefahr,
Es ist um die Spitzen nicht so sehr,
Als um den weißen Hals vielmehr.

Jedoch konnte Uhland an Emilie auch jenseits ihres weißen Halses Gefallen finden. Freunde und Zeitgenossen beschreiben sie geradezu als Schönheit, ein späterer Biograf hält für nötig hinzuzufügen: „Dabei war sie keine feine glatte Weltdame, sondern eine natürlich offene Schwäbin". Karl Mayer der Jüngere, der Sohn von Uhlands Freund, geriet geradezu ins Schwärmen: „Frau Uhland trug einen kurzen weißen Rock und einen violetten, seidenen Spenzer, ihr prächtiges schwarzes Haar hatte sie in einer doppelten Krone ums Haupt gelegt, ihr weißer Hals dazu – so schien sie mir ein Ausbund von Schönheit." Andere berichteten von ihrer sympathischen Stimme und davon, dass man ihr selbst im Alter noch ihren einstigen Liebreiz ansehe.

Emilie Vischer enstammte einer wohlhabenden Calwer Kaufmannsfamilie, da ihr Vater jedoch bereits 1801 verstorben war und ihre Mutter ein zweites Mal heiratete, wuchs sie im Haus ihres Stiefvaters, Hofrat Pistorius, in Stuttgart auf. Die Verbindung mit dem als Dichter und Politiker bekannten Uhland war ihren Eltern trotz seiner noch ungesicherten bürgerlichen Stellung willkommen; und auch für ihn zahlte sich die Ehe im wahrsten Sinne des Wortes aus, sollten ihm doch Emilies finanzielle Mittel seine spätere Existenz erheblich erleichtern.

Von Schönheit und Vermögen abgesehen, war Emilie Uhland ihrem Gatten zeitlebens vor allem eine treue Gefährtin und verständnisvolle Partnerin. Auch nach dem Tod des Dichters kümmerte sie sich um sein Nachleben: um die literarische Hinterlassenschaft, um ein repräsentatives künstlerisches Bildnis und um eine adäquate biografische Darstellung. Letztere schrieb sie selbst: 1865 erschien als Privatdruck *Ludwig Uhland. Eine Gabe für Freunde*", neun Jahre später die öffentliche Ausgabe *Ludwig Uhlands Leben. Aus dessen Nachlaß und aus eigener Erinnerung zusammengestellt von seiner Wittwe.* Am 5. Juni 1881 verstarb Emilie Uhland und wurde neben ihrem Mann auf dem Tübinger Stadtfriedhof beigesetzt.

Viele Jahre zuvor, im Januar 1818, hatte Ludwig Uhland sich malen lassen und Emilie aufgefordert, es ihm gleich zu tun. Die Antwort soll gelautet haben: „Ich wüsste nicht für wen?" Wenige Monate danach hatte sich diese Frage entschieden. Unter dem 5. Oktober 1819 vermerkte Ludwig Uhland in seinem Tagebuch: „Emma, ihr Bild zu eigen erhalten". Da war der Funke längst übergesprungen.

Britt Hummel

S. H.: Ansicht von Ludwig Uhlands Haus. Öl auf Leinwand, 28 x 35 cm

DLA Marbach

Uhland gilt als das Haupt der Schwäbischen Romantik, die auch Tübinger Romantik genannt wird, und er blieb trotz eines mehrjährigen Aufenthalts in Stuttgart und vieler Reisen ein Tübinger, dort beheimatet, wo auch seine Eltern und Großeltern gelebt hatten.

Das nebenstehende Gemälde zeigt das repräsentative Wohnhaus Ludwig Uhlands in der Gartenstraße, direkt an der Neckarbrücke, das er im Frühjahr 1836 bezog. Es war acht Jahre zuvor von dem Architekten Karl Marcell Heigelin für den damaligen Rektor der Tübinger Universität, den berühmten Juristen Karl Georg Wächter, erbaut worden. Uhland war bereits der dritte Eigentümer des noch vergleichsweise neuen Hauses, denn als Wächter 1833 nach Leipzig berufen wurde, war es in den Besitz des Buchdruckers Hopfer de l'Orme übergegangen, dessen Erben es nach seinem Tod an Uhland verkauften. Die schöne Lage des Hauses unmittelbar am Fluss mit dem dahinter aufsteigenden obst- und weinbepflanzten Garten am Österberg, die imposante Fensterfront mit der großen Terrasse – dies alles erweckt den Eindruck von Großzügigkeit und bürgerlicher Behaglichkeit, eine Atmosphäre, die Uhland nach 14 Jahren, die er in diversen, meist beengten Quartieren verbracht hatte, hier wohl tatsächlich eine Heimat gewinnen ließ. Dabei war der Standort des Hauses für eine Gelehrtenwohnung nicht gerade ideal. Über die Neckarbrücke ging auch damals schon viel Verkehr, der allerlei Lärmbelästigung mit sich brachte; zudem wurde das günstig gelegene „Uhlandhaus" bald zum Anziehungspunkt für die zahlreichen Verehrer, die, so enthusiastisch wie ungebeten, dem Dichter lautstark ihre Huldigungen darbrachten, namentlich Chöre und Sängerbünde taten sich dabei hervor. Reisten diese irgendwann auch wieder ab, so kamen die Studenten allabendlich in das benachbarte Gartenlokal der Eifertei – um, alkoholisch befeuert, Uhlandsche Lieder zu singen. Deren Verfasser soll dann des öfteren beklagt haben, sie seinerzeit nicht kürzer abgefasst zu haben.

Wohl auch wegen solcher Zumutungen schätzte Uhland seinen Garten mit dem hoch auf dem Österberg gelegenen Gartenhäuschen. Dort arbeitete er häufig und genoss die Aussicht auf die Stadt, den Fluss und die Schwäbische Alb. „Mancher Freund Uhlands wird sich erinnern, mit welchem Behagen er ihn in seinen Garten führte, ihm mit heimatlichem Stolze von dort aus die Gegend zeigte und den weiten Ausblick über das Neckarthal genießend, in traulichem Gespräche mit ihm oben weilte." Doch gewährte das Uhlandhaus nicht nur einen schönen Blick nach außen, man konnte dank der großen Fenster auch gut hineinsehen. Die Perspektive des Gemäldes macht es nachvollziehbar, dass der Anekdote zufolge die über die Neckarbrücke ihren Vorlesungen zustrebenden Studenten frühmorgens stets Uhland am Fenster erblickten, wie er sich gerade rasierte – und, da er, zumal im Alter, ein Mensch der regelmäßigsten Gewohnheiten war, daran erkennen konnten, ob sie zu spät waren oder nicht.

Gemeinsam mit seiner Frau verbrachte Uhland 26 Jahre in diesem Haus und vermutlich war dies der Grund dafür, dass das vorliegende Gemälde im Jahr 1866, vier Jahre nach dem Tod des Dichters, überhaupt gemalt wurde. Wer es in Auftrag gegeben hat, ob die Witwe, ob ein treuer Leser und Literaturliebhaber, entzieht sich unserer Kenntnis. Gleichfalls unbekannt ist der Maler, der mit S. H. signierte. Das in seiner Arbeit dokumentierte Bemühen darum, das „Uhlandhaus" für die Nachwelt im Bild festzuhalten, sollte sich als vorausschauend erweisen. Im Zweiten Weltkrieg wurde es von einer Bombe vollständig zerstört – als nahezu einziges Gebäude in Tübingen.

Ramona Krammer

Uhland's Studirzimmer. Kolorierte Xylographie nach einer Zeichnung von Kleemann.
Aus: Über Land und Meer. Allgemeine Illustrirte Zeitung. Heft Nr. 10 vom Dezember 1862
Stadtmuseum Tübingen

„Ach laß mir meinen Schreibtisch, er ist von meiner lieben Madel!" Diesen Satz, der die anhaltende Erinnerung Ludwig Uhlands an eine alte Magd seines Großvaters bezeugt – daneben vielleicht auch sein bequemes Festhalten am Altüberkommenen –, bekam Emilie Uhland jedes Mal zu hören, wenn sie aufgrund der Verwunderung in- und ausländischer Besucher über die allzu einfache Einrichtung des Arbeitszimmers neues Mobiliar anschaffen wollte. Die „Madel", deren Liebling der kleine Louis gewesen war, hatte ihm seinerzeit 50 Gulden ihres Ersparten vererbt, von welchem Geld er sich später einen schlichten eichenen Schreibtisch und einen Bücherschrank kaufte.

Diese Kombination dient auch noch als Blickfang auf dem vorliegenden Holzstich, der Uhlands Studierzimmer im Kontext eines Nachrufs zeigt, also wohl den Zustand unmittelbar nach seinem Tod dokumentiert. Der „schöne, sonnige und große Raum" befand sich in der Mitte seines 1836 erworbenen Hauses; im Nebenzimmer lässt sich andeutungsweise Uhlands Bibliothek erkennen, „die die Liberalität ihres Besitzers vielen Besuchern, auch jungen Studenten, selbstlos zu öffnen pflegte". Das Studierzimmer selbst war sparsam möbliert und in seiner nüchternen Aufgeräumtheit wohl ein Spiegelbild seines Bewohners – Uhlands Biograf Hermann Schneider nennt es „von jeder gelehrten oder genialischen Unordnung frei". Dem wird man trotz der zahlreichen Bücher und Papiere auf allen verfügbaren Ablageflächen zustimmen, zumal diese vielleicht auch nur eine belebende Zutat des Zeichners sind. Auf jeden Fall – abermals der Biograf – wusste Uhland „peinlichste Sauberkeit und Ordnung auch unter den Tausenden von Notizblättchen und Zettelchen zu halten, die er mit seinen Lesefrüchten bedeckte. Was er an Büchern suchte, das pflegte auf den ersten Griff zur Stelle zu sein".

Dieser Raum ist alles andere als ein lauschiges Dichterstübchen, es ist das Arbeitszimmer eines Gelehrten, der dort seine umfängliche Korrespondenz erledigte, die Abschriften für seine Volksliedersammlung fertigte, gelehrten Besuch empfing, obendrein aber seinen Ruhm als öffentliche Person zu verwalten hatte. Letzteres raubte ihm laut einem Stoßseufzer Emilies einen beträchtlichen Teil seiner Zeit, vor allem

> *Anforderungen und Gesuche, handschriftliche Gedichte und Dramen zu lesen und zu beurtheilen, wohl auch Vorreden dazu zu schreiben, Verleger und Subscribenten zu ermitteln. Auch sollte er sagen, ob der Verfasser sich nicht besser der Poesie ausschließlich widmen sollte. Dem einen sollte Uhland ein Drama anbringen, zum Trost, weil ihm ein Kind gestorben; ein Herr wurde in seinen alten Tagen noch zum Dichter, weil er seine Frau verloren, er schickte ein Holzkistchen voll fast unentzifferbarer Gedichte mit der eigenen Bemerkung: er sollte freilich Uhlands alten Augen nicht zumuthen, seine undeutliche Handschrift zu lesen, allein – er schicke sie doch. Von einem jungen Mann kam ein Heft lyrischer Gedichte mit dem naiven Beisatz: er habe zwanzig davon nacheinander im Bette gemacht, so lange er geschwitzt habe; er brauche sich gar nicht zu besinnen, die Gedanken fliegen ihm nur so zu; wie werde es erst sein, wenn er wieder gesund sei? Gar vielen dieser Sendungen war Uhlands Vers „Singe wem Gesang gegeben" als Motto vorgesetzt, so daß er einst im Unmuth ausrief: Ich habe aber gesagt: „Wem Gesang gegeben".*

Nimmt man einmal an, dass es sich bei den herumliegenden Papieren teilweise um solche dilettantischen Elaborate handelt, so bilden die beiden Bilder an der Wand dazu das Gegengewicht. Vom Künstler überdeutlich mit Namen bezeichnet, erkennt man Uhlands Jugend- und Dichterfreunde Justinus Kerner und Gustav Schwab. Mit dieser Reminiszenz an die von Uhland präsidierte Schwäbische Romantik erweist sich Uhlands Arbeitszimmer schon zu Lebzeiten als das, wozu es erst später werden sollte: als Dichtermuseum.

Ramona Krammer

Uhland's Studirzimmer. Originalzeichnungen von Kleemann.

Notiz Ludwig Uhlands. Undatiert

DLA Marbach

Die nebenstehende Notiz aus Uhlands Nachlass liest sich unter Berücksichtigung aller Korrekturen und mit Auflösung der Abkürzungen wie folgt:

Meine Frau hat mir von einer so lieblosen und alle Achtung hintansetzenden Aeußerung gesagt, daß mir das gänzlich unerwartet kommt und ich meinen ernsten Tadel darüber auszusprechen genöthigt bin. Ein solcher Dank für alles vieljährige Wohlmeinen ist doppelt kränkend gerade in dieser Zeit, da auf meiner Frau so Vieles liegt, und ich auch um ihre Gesundheit in täglichen Sorgen bin. Diese Sprache darf in meinem Haus nicht geführt werden.

Was war da los? – Auf der Rückseite des Zettels, die vor allem von zahlreichen Additionen von Uhlands Hand eingenommen wird, findet sich ein Vermerk von der Hand Emilies, seiner Witwe:

In Uhlands Schieblade gefunden. Meine Magd war während Luise Meyers Krankheit einmal höchst unartig und lieblos gegen mich, da machte er, wie es mir scheint, ihr diesen Vorhalt.

Was genau die Magd während der Krankheit von Uhlands Schwester (sie starb 1836) Grobes zu Emilie Uhland gesagt hat, wird man wohl nicht herausbekommen. Viel interessanter ist ohnehin der Umgang Ludwig Uhlands mit diesem Vorfall, den der Zettel dokumentiert. Durch die Schrift wird das eigentlich Naheliegende – nämlich die Magd sofort von Angesicht zu Angesicht zurechtzuweisen – vorerst verschoben. Der Wutanfall entlädt sich auf dem Papier – das wird am unregelmäßigen Schriftbild deutlich und mehr noch an den zahlreichen Korrekturen gerade an den Stellen des Textes, an denen Uhland seine eigene Betroffenheit über die Undankbarkeit der Magd formulieren will. Es handelt sich dabei wohlgemerkt nicht um den Entwurf zu einem Brief an die Hausangestellte, sondern um das kurze Redemanuskript für die Standpauke, die Uhland beabsichtigte ihr zu halten und später vielleicht auch tatsächlich gehalten hat.

Es ist bekannt, dass Uhland im persönlichen Umgang zurückhaltend und linkisch, schüchtern und spröde war. Dass die Magd hier nicht direkt angesprochen wird, mag mit Uhlands Unsicherheit in zwischenmenschlichen Konfrontationen zu tun haben. Es ist zweitens bekannt, dass Uhland ein äußerst unspontaner Schreiber und Redner war: Gedichte, Briefe, Aufsätze und Vorträge formulierte er häufig um, bis er damit zufrieden war. Drittens ist bekannt, dass sich diese beiden Eigenheiten mit zunehmendem Alter noch verschlimmerten. Der vorliegende Zettel macht deutlich, dass sich Uhlands Pedanterie auch auf haushälterische Angelegenheiten ausdehnen konnte, aus denen sich der viel beschäftigte Mann sonst weitgehend herausgehalten haben dürfte. Nicht einmal bei einer solchen doch offenbar schwerwiegenden Verfehlung des Dienstpersonals konnte er seinem Ärger spontan freien Lauf lassen. Merkwürdig ist auch, dass er den Zettel in seiner Schreibtischschublade aufbewahrte. Hat er mit der Magd überhaupt gesprochen? Wollte er diesen Vorfall für eventuelle weitere Vergehen der undankbaren Person dokumentieren? Wie dem auch sei: Der dankbaren Nachwelt hat er so nicht nur eine Missstimmung im Hause Uhland, sondern auch einen seltenen Gefühlsausbruch überliefert – auf dem Papier.

Stefan Knödler

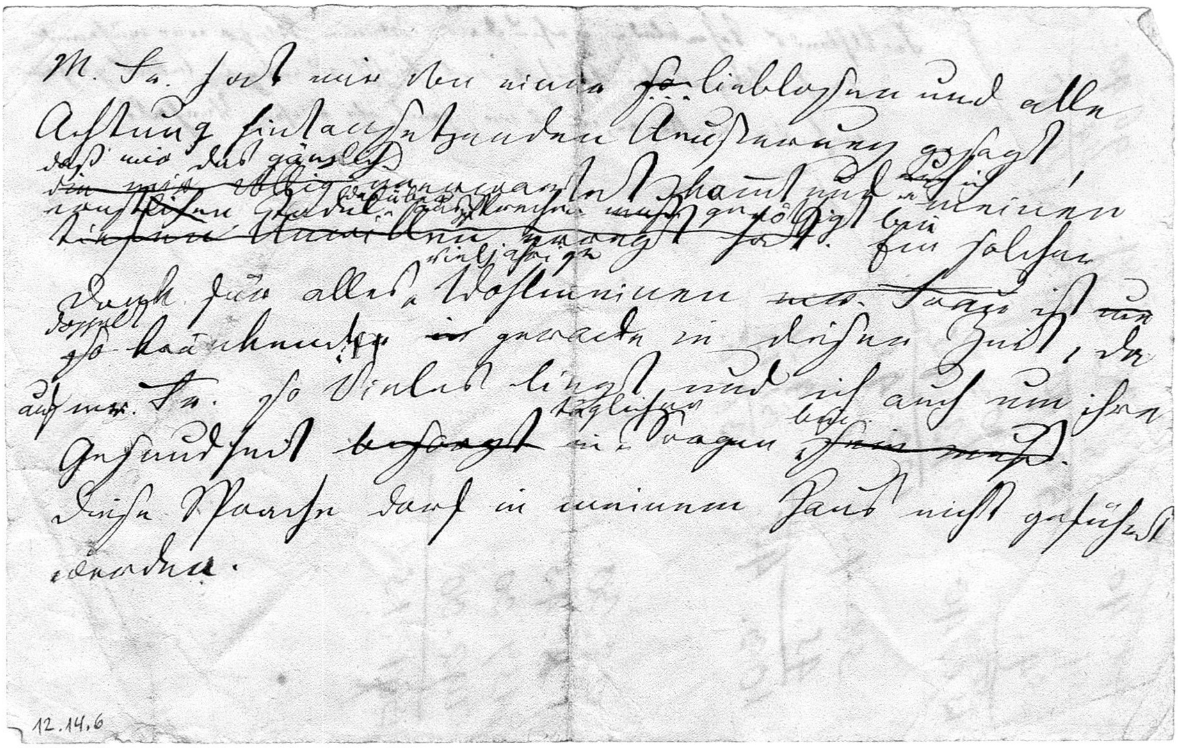

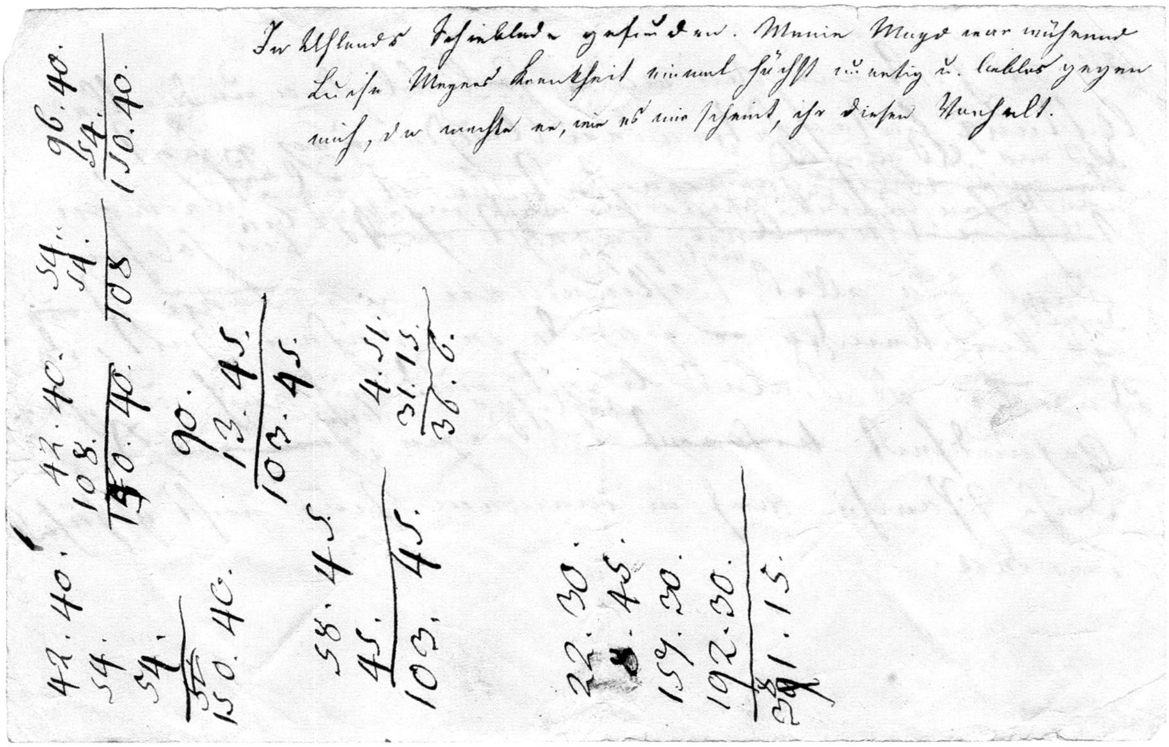

Teepuppe aus dem Uhlandschen Haushalt, Höhe 35 cm

DLA Marbach

Auf den ersten Blick scheint diese Puppe nicht in einen kinderlosen Dichterhaushalt zu passen. Die deutsche Benennung „Teepuppe" bezeichnet ihren Verwendungszweck jedoch deutlich: indem die Puppe über eine Teekanne gestülpt wird, dient sie dazu, den heißen Tee darin länger warm zu halten. Der englische Ausdruck „half doll" beschreibt wiederum das Aussehen des Teewärmers treffend. Die Puppen besaßen meist einen kleinen Porzellankopf mit filigranen Gesichtszügen sowie einen kurzen Oberkörper; hingegen fehlten ihnen die Beine. An deren Stelle hatten diese Damen ohne Unterleib lange und breite Röcke, unter denen sich eine wärmeisolierende Schicht befand, die es ihnen möglich machte, ihrer nützlichen Aufgabe nachzukommen.

Ihr Saiten, tönet sanft und leise,
Vom leichten Finger kaum geregt!
Ihr tönet zu des Zärtsten Preise,
Des Zärtsten, was die Erde hegt.

In Indiens mythischem Gebiete,
Wo Frühling ewig sich erneut,
O Tee, du selber eine Mythe,
Verlebst du deine Blütezeit.

So wächsest du am Heimatstrande,
Vom reinsten Sonnenlicht genährt.
Noch hier in diesem fernen Lande
Ist uns dein zarter Sinn bewährt.

Mochte Ludwig Uhland Tee, wie man angesichts der Eingangsverse seines *Teelieds* vermuten könnte? Jedenfalls hat sich in seinem Nachlass diese Teepuppe erhalten, die immerhin belegt, dass im Hause Uhland Tee getrunken wurde, wenn auch wohl eher von seiner Gattin Emilie als von ihm selbst.

Denn nur die holden Frauen halten
Dich in der mütterlichen Hut;
Man sieht sie mit dem Kruge walten
Wie Nymphen an der heil'gen Flut.

Den Männern will es schwer gelingen,
Zu fühlen deine tiefe Kraft;
Nur zarte Frauenlippen dringen
In deines Zaubers Eigenschaft.

Weshalb dann also dieses *Teelied*?, so fragt man sich; es macht aber wenigstens wieder einmal darauf aufmerksam, dass Poeten mit ihren Versen lügen können wie gedruckt, auch und gerade wenn es um das Verhältnis von Getränk und Gedicht geht. Die Antwort enthält ein Brief Uhlands an Kerner vom 16. März 1811: „Schwab, Maier und ich schicken alle Tage der Doktorin Hehl und der Schrader neue Theelieder zu. Es ist ein wahrer Wettkampf. Karl Maier wird auch eines machen. Schwab hat 2 gemacht, und von Dir erwarte ich Succurs von einem halben Duzend". Nicht die Liebe zum Tee sondern ein literarischer Wettstreit war demnach der Anlass für diese Dichtung, die aber immerhin einen realen Anlass hatte: die Teegesellschaften der Tübinger Damen Hehl und Schrader, Gemahlin eines Hofgerichtsadvokaten die eine, Professorengattin die andere. Trotz seines distanzierten Verhältnisses zum Getränk selbst scheint Uhland sich mit seinem *Teelied* den gastgebenden Damen – die Bezeichnung „Teepuppen" verbietet sich von selbst – angenehm gemacht und der gebotenen Geselligkeit durchaus etwas abgewonnen zu haben. Ob dies auch in späteren Jahren beim gemeinschaftlichen Teetrinken mit Emilie der Fall war, bei dem die Teepuppe vermutlich zum Einsatz kam? Eine Antwort haben wir weder im Gedicht noch im Brief, auch das sphinxartige Lächeln der Puppe gewährt keinen Aufschluss. Doch gibt es reichlich außerliterarische Zeugnisse, dass Uhland kräftigerem Getränk

als Tee durchaus zugetan war, was zudem noch poetisch beglaubigt ist: „Es reimt sich trefflich Wein und Schwein, / Und paßt sich köstlich Wurst und Durst“ heißt es in dem in der Gedichtausgabe auf das *Teelied* folgende *Metzelsuppenlied*. Und noch ein Gedicht weiter, bezeichnenderweise ist es *Trinklied* überschrieben, wird deutlich, dass man ein Getränk in sehr unterschiedlicher Intensität besingen kann – ätherisch zart oder mit dringlicher Heftigkeit:

Was ist das für ein durstig Jahr!
Die Kehle lechzt mir immerdar,
Die Leber dorrt mir ein:
Ich bin ein Fisch auf trocknem Sand,
Ich bin ein dürres Ackerland.
O, schafft mir, schafft mir Wein!

Mariella Lüking

Königlich Würtembergischer allgemeiner Land-Kalender für Protestanten und Katholiken auf das Jahr nach der Geburt Christi 1818. Reutlingen. Darin: Eintragungen Ludwig Uhlands. Dabei: Münzen aus seinem Besitz
DLA Marbach

„Als schriftstellerische Einnahme habe ich zur Versteurung für 1853/54 zu fatiren [anzugeben] 210 f. [Gulden] 24 x. [Kreuzer] Tübingen, 26. Jul. 1854. Dr. L. Uhland." Eine Steuererklärung, an der der Politiker Friedrich Merz – man erinnere sich an den berühmten Bierdeckel – seine Freude gehabt hätte! Abgesehen von der bestechenden Knappheit dieser Darlegung fragt man sich aber doch, welche „schriftstellerische Einnahme" Uhland damals angeben konnte, war er doch nahezu ausschließlich auf gelehrtem Feld tätig, auf dem man auch damals schon nur wenig „einnehmen" konnte. Allerdings erlebten seine *Gedichte* in diesen zwei Jahren nicht weniger als fünf Auflagen, für die ihm sein Verleger Cotta insgesamt 5400 Gulden zahlte. Sollte nur der Zeitraum von Sommer 1853 bis Sommer 1854 gemeint sein, wären es immer noch zwei verschiedene „Miniaturausgaben", die zusammen mit 1600 Gulden honoriert wurden. Es bleibt eine gewisse Unstimmigkeit, die indessen verjährt sein dürfte. Hauptsächlich lebte das Ehepaar Uhland ohnehin von der reichen Mitgift Emilies, was gelegentlich für missgünstige Kommentare engstirniger Zeitgenossen sorgte. Der Jurist Robert von Mohl etwa dröhnte, er habe es „nie anständig gefunden, daß Uhland sich sein Lebenlang aus dem Vermögen seiner Frau unterhalten ließ, ohne durch eigne Arbeit etwas beizutragen. Die Frau mag ihn noch so hoch gestellt haben, meinem Urteile nach war das Verhältnis gegen die Mannesehre." Mannesehre hin oder her – bis zu seiner Eheschließung wurde Uhland hauptsächlich von seinen Eltern unterhalten, sowohl sein ganzes Studium über als auch während des Aufenthalts in Paris, ja selbst noch für die Dauer seiner unbesoldeten Anstellung als zweiter Sekretär im württembergischen Justizministerium; die „Überbürdung der Staatskasse" ließ nichts anderes zu – kein Wunder, angesichts solcher Steuererklärungen!

Der vorliegende Kalender erlaubt einen Blick auf Uhlands Umgang mit seinen knappen Geldmitteln; eine hinzugefügte Notiz von alter Hand führt aus: „Kalender von 1818, in welchen L. Uhland seine täglichen Ausgaben, damals noch ledig, eingetragen hat". Ob der Einschub meint, dass seine Frau diese Ausgaben damals noch nicht bezahlen oder aber, daß sie sie noch nicht vermehren konnte, weil Uhland eben noch ledig war, steht dahin. Jedenfalls notierte der damals schon berühmte Dichter auf den leeren Seiten gegenüber den ausführlichen Kalendarien (hier der Monat März) in penibler Entsprechung zu jedem Kalendertag seine Haushaltskosten. Immer wiederkehrend die Einträge: „Kafee" 5 Kreuzer, „Milchbr." 14 Kreuzer und „Museum", meist zwischen 20 und 30 Kreuzer. Letzteres war die Stuttgarter Lesegesellschaft, wo Uhland außer neuen Büchern und Zeitschriften auch bürgerliche Geselligkeit fand und zu Abend aß. Daneben gibt es unregelmäßiger Ausgaben für „Porto", mal 4, mal 10 Kreuzer, für „Papier" 24 Kreuzer, den „Buchbinder" 6 Kreuzer, aber auch für „Holz" 2 Gulden und 50 Kreuzer, den „Schneider" 2 Gulden und 17 Kreuzer oder den „Bedienten" 2 Gulden. Der Beitrag für den „Musikkranz" schlägt mit 1 Gulden und 36 Kreuzer zu Buche, gelegentliche Ausflüge ins ländliche Gaisburg kosten 38 oder auch 48 Kreuzer, für „Stiefelwichse" sind 24 Kreuzer aufzuwenden usw. Nahezu jeden zweiten oder dritten Tag findet sich die Abkürzung „Alm.", meist mit Beträgen von 2 oder 3 Kreuzern, die man wohl – Zeugnis von Uhlands christlicher Gesinnung – als „Almosen" aufzulösen hat.

Man kann aus diesen Notizen Uhlands nüchterne Sparsamkeit herauslesen, seine Fähigkeit zur Selbstdisziplinierung, auch seinen sehr einfachen Lebensstil, den er übrigens in späteren Jahren, als er sich mehr hätte leisten können, durchaus beibehielt. Seine finanzielle Hinterlassenschaft dürfte demnach wesentlich reicher gewesen sein als die paar badischen, bayrischen und württembergischen Münzen, die in einer Geldkatze Uhlands im Nachlass überliefert sind. Für einen „Kafee" hätten sie wohl ausgereicht, für die Steuerzahlung des Schriftstellers schwerlich.

Mariella Lüking

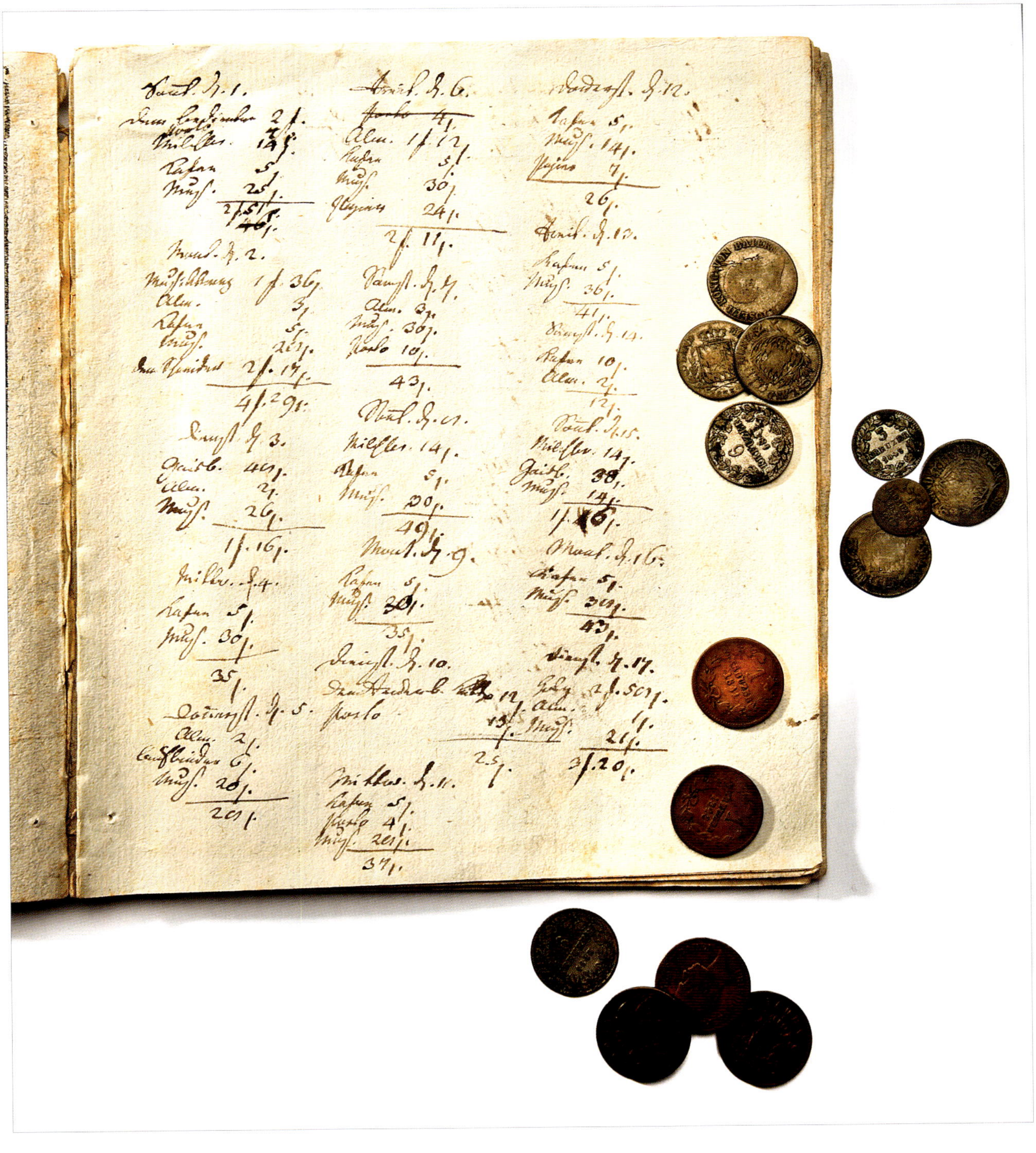

Tafelklavier der Firma Dieudonné & Schiedmayer aus dem Besitz Ludwig Uhlands. Nussbaumholz

Stadtmuseum Tübingen

„Als ich den alten Tannhäuser erhielt, kam mir vor Freude fast das Tanzen in die Beine wie den schönen Jungfrauen im Walde." Dass Uhland eher selten das Tanzbein schwang, dürfte bekannt sein. Doch warum löste gerade der „alte Tannhäuser" eine solche Begeisterung bei dem immerhin schon 44-jährigen aus?

Neben seinen Leistungen als Dichter, Politiker und Hochschullehrer wird oft vernachlässigt, Uhlands Verdienst als Volksliedforscher zu erwähnen. Bereits als Schüler und vollends als Student und Angehöriger des Tübinger Romantikerzirkels zeigte Ludwig Uhland großes Interesse an Volksliedern. Im Zuge seiner politischen Tätigkeiten geriet diese Neigung in den Hintergrund. Erst 1830 als Professor für deutsche Sprache und Literatur in Tübingen begann Uhland sich wieder den Volksliedern zu widmen. Seine Vorstellung, nicht nur eine quellenkritische Sammlung der besten altdeutschen Lieder zusammenzustellen, sondern auch einen Gesamtüberblick über die Liederdichtung seit dem 16. Jahrhundert zu veröffentlichen, verwirklichte er dann nach mehr als zehnjähriger Forschungsarbeit: In den Jahren 1844/45 erschien bei Cotta das über 1000-seitige Werk *Alte hoch- und niederdeutsche Volkslieder mit Abhandlungen und Anmerkungen*. Seinen Enthusiasmus über den *Tannhäuser* erklärt Uhland in dem oben zitierten Brief an Joseph von Laßberg schließlich selbst: „Diese Ihre gültige Mittheilung ist das Juwel von dem, was ich für meine Arbeit über die alten Balladen habe ersammeln können. Meine Erwartung, daß diese Ballade noch ächter, mythischer im Munde des Volkes vorhanden seyn dürfte, als in den Drucken des 16. Jhd. hat sich nun vollkommen bestätigt."

Nach dieser Äußerung, in deren Verlauf Uhland sich noch erfreut darüber zeigte, dass man im Volk „ein solches Lied noch so recht alterthümlich singt", überrascht das Bekenntnis, er selbst sei vollkommen unmusikalisch: „Obgleich ein aufrichtiger Freund der Musik, bin ich doch in dieser Kunst so sehr Laie, daß ich selbst das Notenlesen niemals erlernt habe". Diesem Umstand zum Trotz hat sich ein Musikinstrument in seinem Nachlass erhalten, ein 1815 oder 16 gefertigtes Tafelklavier der berühmten Stuttgarter Firma Dieudonné & Schiedmayer, das wohl schon bald darauf in seinen Besitz kam, vielleicht auch von seiner Frau mit in die Ehe gebracht worden war. Die Besonderheit des Tafelklaviers ist die rechtwinklige Lage der Saiten zu den Tasten, welche eine platzsparende Anordnung bewirkt, sodass das Musikinstrument in zugeklapptem Zustand an die Form eines Tisches, einer Tafel erinnert; ein Klavier prädestiniert für bürgerliche Wohnräume.

Uhland hat dieses Instrument wohl nicht beherrscht, doch darf man annehmen, dass seine Frau Emilie darauf gespielt und für die musikalische Unterhaltung im Hause Uhland gesorgt hat. Wenn dies der Fall war, dürfte sie sicherlich auch Vertonungen Uhland'scher Lieder zu Gehör gebracht haben, denn davon gab es im 19. Jahrhundert etliche, allen anderen voran die Kompositionen von Friedrich Silcher und Conradin Kreutzer. Ja man kann sagen, dass die immense Popularität von Uhlands Gedichten nicht zuletzt über solche oder ähnliche Klaviere vermittelt worden ist, verdankt sich doch die allgemeine Kenntnis von Lyrik in der damaligen Zeit zum großen Teil ihrer musikalischen Untermalung. Freilich wurden nicht alle Dichter von den Komponisten gleichermaßen bedacht; von Uhlands Gedichten gab es ungleich mehr Vertonungen als etwa von jenen seines Freundes Kerner. Dafür war dieser Uhland in puncto Musikalität voraus. In Kerners Nachlass hat sich gleichfalls ein Musikinstrument erhalten, auf dem er, anders als Uhland, auch häufig gespielt hat: Kerner galt als Virtuose auf der Maultrommel.

Mariella Lüking

Brieftasche Ludwig Uhlands. Leder

DLA Marbach

Mit dem Verlust einer Brieftasche kann einem manchmal noch mehr abhanden kommen als nur Geld; als Aufbewahrungsort für Ausweis, Führerschein, Scheck- oder Kreditkarten bestimmt sie geradezu die Identität ihres Trägers. Uhlands Brieftasche – wohl die späteste von drei überlieferten – enthält begreiflicherweise nichts derartiges, doch vermag auch ihr Inhalt Aufschluss über die Persönlichkeit ihres Besitzers zu geben. Am wenigsten verraten dabei noch Kamm und Taschenmesserchen – diese waren wohl von vornherein Beigabe zur Brieftasche, ebenso wie Bleistift, Federhalter und Ersatzfedern, doch will das Schreibzeug als besonders passend für die Brieftasche eines Schriftstellers und Gelehrten erscheinen, der überdies eine umfangreiche Korrespondenz zu bewältigen hatte. Individuelleren Charakter besitzen eine Visitenkarte Uhlands sowie ein zerknitterter Zettel, worauf er sich zwei Namen von Bedürftigen notiert hatte, die ihn um Unterstützung angegangen waren: den eines Weingärtners Joh. David Knaus sowie den eines Witwers mit Kindern und alter Mutter, Georg Waiblinger. Über beide wollte Uhland Erkundigungen einziehen, wie sein Pflegesohn, Sanitätsrat Dr. Steudel, auf einer weiteren Visitenkarte beglaubigend erläutert.

Diente die Brieftasche solchermaßen zur Aufbewahrung von alltäglichen Gebrauchsgegenständen und von Notizzetteln aller Art, so verweist sie doch auch auf den Briefschreiber Uhland. Vier stattliche Bände umfasst die Ausgabe seiner Korrespondenz, die damit wesentlich umfangreicher ist als sein literarisches Werk – den einen oder anderen empfangenen oder abzusendenden Brief mag Uhland auch in dieser Brieftasche mit sich herumgetragen haben. Seinen Tätigkeitsfeldern entsprechend dürften das häufig literarische, wissenschaftliche oder politische Schreiben gewesen sein, doch finden sich neben dichterischem Austausch, politischem Raisonnement, gelehrten Erörterungen, Sendungen von Büchern und Handschriften auch Verlagskorrespondenz, Verwandtenbriefe, Schreiben an Behörden und anderes mehr. Manch unerwartete Facette am Menschen Uhland begegnet einem hier, wenn der oft ein wenig steif wirkende Mann geradezu wortspielerisch die – ihm allerdings auch erst kürzlich angetraute – Gattin umschwärmt: „Im übrigen bin ich gesund und es fehlt mir nichts – als du. Mit Sehnsucht seh' ich deiner Zurückkunft entgegen. Dein zärtlicher L." Die im gleichen Brief vorkommende Wendung von der „verhaßten Feder" lässt erahnen, dass die immer umfangreicher anschwellende Korrespondenz ihm wohl nicht selten zur Last wurde: „Hochverehrter Freund! Es ist lange Zeit vergangen, während welcher ich großentheils von hier abwesend und noch mehr meinen Studien und dem freundschaftlichen Briefwechsel entfremdet war." Zuweilen dürfte bei drängenden Briefschulden auch Emma Uhland eingesprungen sein, wie die folgende Nachschrift verrät: „Da meine fleißige Frau mir schon Alles weggenommen hat, so bleibt mir allerdings nichts übrig, als mich ihrer Einladung und ihren Grüßen von Herzen anzuschließen." Die Liste von Uhlands Briefpartnern ist lang und abwechslungsreich. Prominente Namen aus Literatur, Politik und Wissenschaft sind darin vertreten, Kerner, Varnhagen oder Laßberg, um nur diese zu nennen. Eine der kuriosesten Absenderangaben aber lautet – und es ist reizvoll, sich die schmeichelhafte Huldigungsadresse an den Paulskirchenabgeordneten in dieser Brieftasche vorzustellen: „Einunddreißig Frauen und Jungfrauen an U."

Mariella Lüking

Emilie Uhland: Pathchen von Uhland u. seiner Frau

DLA Marbach

„Emma“ stand im Jahr 2011 auf Platz 2 der Hitliste der beliebtesten weiblichen Vornamen. Das dürfte auch schon vor Alice Schwarzers Zeitschrift, im 19. Jahrhundert, kaum anders gewesen sein. Ludwig und Emilie Uhland übernahmen im Lauf ihres Lebens für vier Mädchen namens Emma die Patenschaft. Vier Patenkinder, das erscheint nach heutigen Verhältnissen schon als beachtliche Zahl, allerdings steht der Vorname „Emma“ auf der vorliegenden Liste von Frau Uhland statistisch erst an vierter Stelle, hinter Emilie, Friederike und Luise und gleichauf mit Sophie und Elise. Wer jetzt schon angefangen hat zu überschlagen, wird staunend bemerken, dass es sich ungefähr um 30 Patenkinder gehandelt haben muss. Weit gefehlt, denn es gab durchaus noch einige Maries, Fannys oder Charlotten, von all den Buben zu schweigen. Alles in allem sind auf der penibel geführten Liste nicht weniger als 93 Patenkinder aufgeführt.

Manchmal erscheint nur der Name des betreffenden Kindes in der Aufstellung, meistens ist das genaue Geburtsdatum, zuweilen auch nur das Geburtsjahr hinzugefügt, vereinzelt steht stattdessen allein der Name der Eltern. Bei den Familiennamen findet sich begreiflicherweise der Uhland'sche Verwandtschafts- und Freundschaftskreis zusammen: Vischer und Pistorius, Roser und Mayer, Steudel und Neeff wiederholen sich immer wieder. Für die Patentöchter ist regelmäßig der Name des späteren Ehemanns nachgetragen. Auch unklare Zusätze wie Anstreichungen oder Ausrufezeichen sind vorhanden sowie Notizen zu einzelnen Namen wie „bes“ oder „besorgt“, was sich möglicherweise auf ein Patengeschenk beziehen lässt. Lediglich das Kreuz für verstorbene Personen ist eindeutig.

Diese erstaunliche Liste, von Emilie Uhland wohl in späteren Jahren zusammengestellt, spiegelt die familiäre Situation des Ehepaars. Nach Herkommen und Verwurzelung gehörten beide Ehepartner der württembergischen Ehrbarkeit an. Diese wurde von einer Anzahl alteingesessener Familien gebildet, die seit dem 15. Jahrhundert in den Württembergischen Landtagen als bürgerliche Machtelite – Beamte und Professoren, Pfarrer, Rechtsanwälte oder Ärzte – das Gegengewicht zum Herzog darstellten. Diese Familien waren miteinander durch vielfache Heirats- oder eben auch Patenschaftsverhältnisse verbunden, was einerseits zu einem ausgeprägten Standesbewusstsein, andererseits zur berühmt-berüchtigten „Vetterleswirtschaft“ führte, konnte man doch auf diese Weise überall im Land Förderung und Patronage durch verwandtschaftlich verpflichtete Personen erwarten.

Die Ehe der Uhlands ist kinderlos geblieben. Auch dies mag ein Grund für die vielen Patenschaften, ja sogar für Adoptivverhältnisse gewesen sein. „Die Liebe zu Kindern veranlaßte Uhlands, denen der Himmel die Freude eigener Kinder versagt hatte, einen Knaben von fünf Jahren, Sohn eines früh gestorbenen würdigen Geistlichen, Dekan Steudel, zu sich zu nehmen und zu erziehen. Außer diesem Pflegesohn hatte Uhland, seitdem er in Tübingen wohnte, fast immer den einen oder den andern jungen Anverwandten bei Tische, wohl auch im Hause, so lange die Studienzeit währte“.

Was Emilie Uhland hier beschreibt, kann man sich als praktische Entsprechung zur nebenstehenden Patenkinder-Liste vorstellen. Nach Wilhelm Steudel wurde Ludwig Meyer, der Sohn von Uhlands verstorbener Schwester Luise, ins Haus aufgenommen, danach kam Karl Neeff, ein Neffe Emilies, beide selbstverständlich auf der Liste verzeichnet. Und auch unter den Kostgängern dürfte sich manches Patenkind befunden haben, selbst wenn sie wie Karl Mayer, der Sohn von Uhlands altem Freund, der dreimal wöchentlich dort essen sollte, das Tischgespräch oder vielmehr dessen weitgehendes Ausbleiben als ungemein langweilig empfanden.

Zu den häufig vorkommenden männlichen Vornamen auf Uhlands Patenkinderliste zählen übrigens Ludwig, Karl und Ferdinand, durchaus auch gegenwärtig noch gängige Namen, anders jedenfalls als das rare Theobald, wie Justinus Kerner seinen Sohn nannte, zu dessen Taufe Uhland gleichfalls Pate stand. Aber schließlich gibt es auch heutzutage kein Männermagazin mit diesem Titel.

Britt Hummel

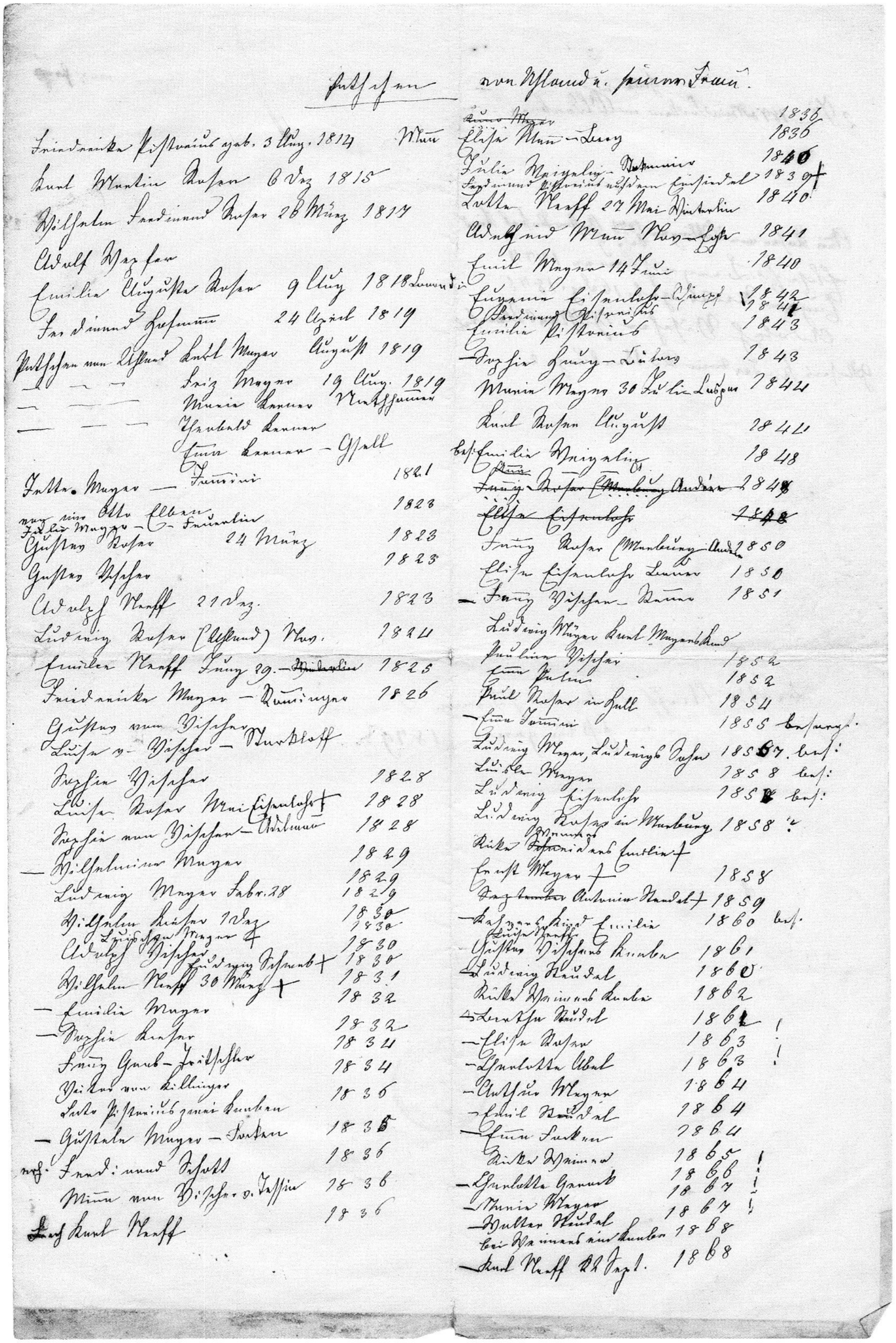
Pathen von Uhland u. seiner Frau.

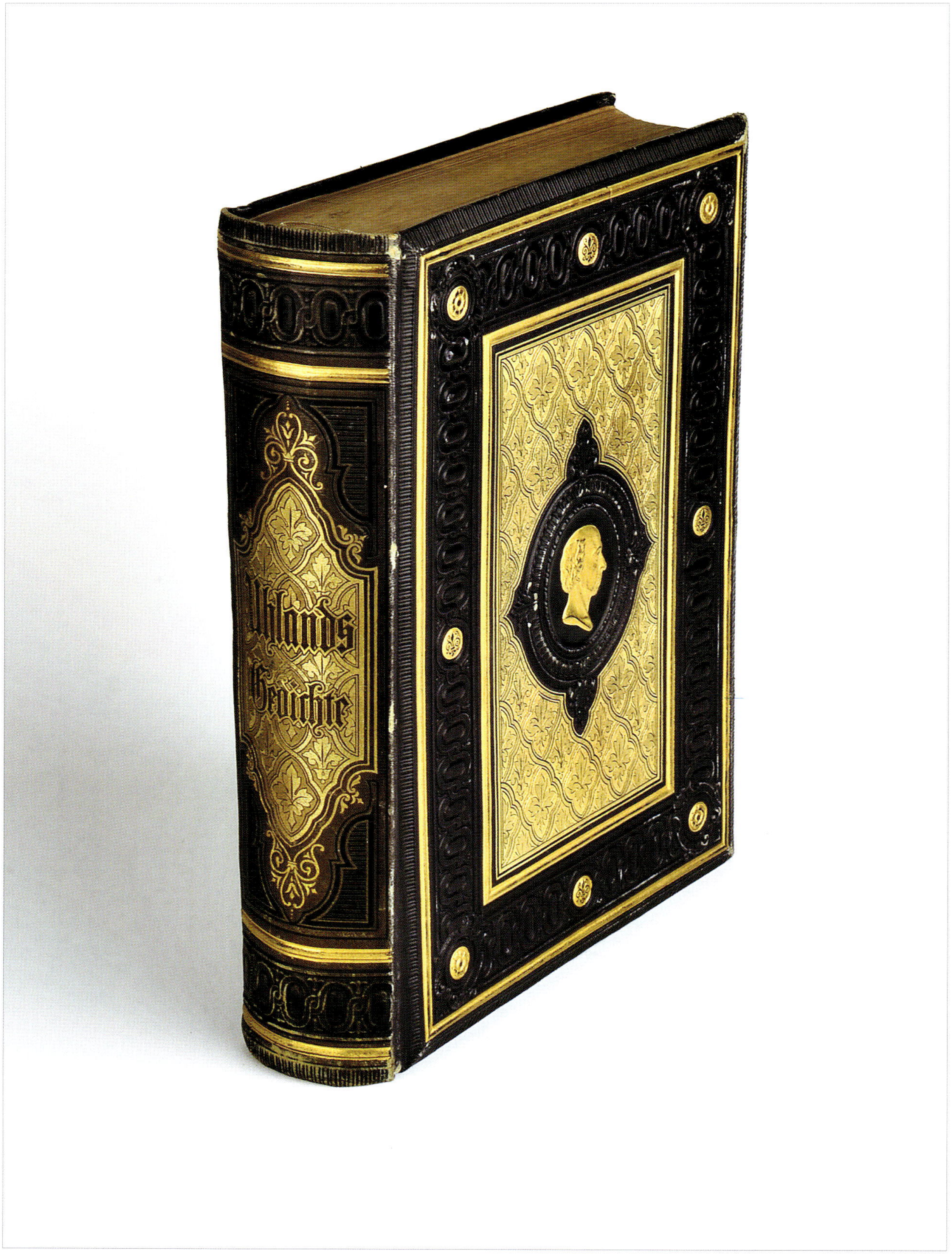
Uhlands
Gedichte

Abteilung 6
Uhlands Nachruhm

Man kann sich von dem Niedergang des Uhland'schen Ruhmes ein gutes Bild machen, wenn man sich die verschiedenen Auflagen der bekanntesten und ältesten noch existierenden Anthologie deutscher Gedichte anschaut – den „Echtermeyer", den der Pädagoge und Schriftsteller Ernst Theodor Echtermeyer 1836 zum ersten Mal herausgab. Schon diese erste Auflage, zu Lebzeiten Uhlands, rund 20 Jahre nach dem ersten Erscheinen von dessen *Gedichten* veröffentlicht, enthält 28 Stücke von Uhland, wobei bereits hier wie in allen Auflagen bis etwa 1900 sein Gedicht *Einkehr* die Sammlung eröffnet. Uhland ist der am häufigsten vertretene Dichter, von ihm sind mehr Texte abgedruckt als von Goethe und Schiller zusammen. In der 32. Auflage von 1897 hat sich die Zahl der Uhlandschen Gedichte zwar auf 48 erhöht, aber er ist nicht mehr der am häufigsten vertretene Dichter, denn von Schiller sind nun 68 Gedichte in den Band aufgenommen worden und auch den zweiten Platz muss Uhland sich nun mit Goethe teilen. Ganz anders sieht es in der aktuellen Ausgabe von 2011 aus: Nur noch drei Gedichte Uhlands, nämlich *Frühlingsglaube*, *Einkehr* und *Des Sängers Fluch*, haben darin Platz gefunden – genau so viele wie von Johann Klaj, Wilhelm Müller, Johannes R. Becher oder Wolfgang Hilbig.

Uhland ist heute in seiner Heimatstadt wie im übrigen Deutschland fast nur noch als Namensgeber von Schulen, Straßen oder Anhöhen präsent. Zu seinen Lebzeiten dagegen konnte er sich der Verehrer seiner Gedichte – aber auch seiner politischen Haltung – kaum erwehren. Zahlreiche ihm gewidmete Bücher und Gedichte, unzählige Briefe von Leserinnen und Lesern zeugen davon. Immer wieder wurde Uhland gebeten, die Werke von dilettierenden Dichterlingen zu lesen, ein gutes Wort für sie einzulegen, eine Widmung anzunehmen, Geld zu schicken und dergleichen mehr – diese Zumutungen wies er meist stoisch höflich von sich, liefen sie doch seinem bescheidenen Naturell stracks entgegen.

Nach seinem Tod steigerte sich diese Verehrung noch: Sind Totenmaske, Büste oder Denkmal bei bekannten Persönlichkeiten Ende des 19. Jahrhunderts durchaus die Regel, so verrät doch die weite Verbreitung von Büste und Totenmaske sowie die Größe und Ausstattung des Denkmals den Stellenwert Uhlands als einer der drei größten deutschen Dichter. Garant für seine anhaltende Popularität waren die zahlreichen Vertonungen seiner Lieder, etwa durch Friedrich Silcher oder Conradin Kreutzer, die in den bürgerlichen Musikbetrieb hineinwirkten, namentlich in die zahlreichen Sängerbünde und Gesangvereine, bei denen sich die Wertschätzung Uhlands bis heute gehalten hat.

So erstaunlich das Ausmaß dieser Verehrung im 19. Jahrhundert war, so sehr überrascht ihr abrupter Rückgang nach dem Ersten Weltkrieg, in dem vor allem *Der gute Kamerad* in der Vertonung Silchers noch ein von dem Namen seines Autors losgelöstes Eigenleben entwickelte. Nach Hermann Schneiders bis heute nicht ersetzter Biografie von 1920 verschwand Uhland mehr und mehr aus dem öffentlichen Bewusstsein, aus dem Buchhandel wie aus den Lesebüchern, aus dem literarischen Leben wie aus der literaturwissenschaftlichen Forschung.

Solange der „Echtermeyer" aber auch nur drei Uhland'sche Gedichte abdruckt, hat man eine Handhabe, sich des Dichters zu erinnern, dem seinerzeit so viel Verehrung entgegengebracht wurde – und man kann sich die Frage stellen, ob Uhlands außerordentlicher Ruhm nicht doch in dieser oder jener Hinsicht gerechtfertigt war.

Stefan Knödler

Gegenüber:
Uhlands Gedichte mit Holzschnitten nach Zeichnungen von Camphausen, Cloß, Mackart, Max, Schrödter, Schütz. Stuttgart Verlag der J. G. Cotta'schen Buchhandlung 1867. DLA Marbach. Diese in Anlehnung an eine ähnliche Edition von Schillers Gedichten (1863) gestaltete Prachtausgabe stellt eines der ersten (und wuchtigsten) Zeugnisse von Uhlands Nachruhm dar.

Gedichte von Ludwig Uhland. Zwölfte Auflage. Nebst dessen Ludwig der Bayer. Schauspiel in fünf Aufzügen. Paris: Baudry's europäische Buchhandlung 1840
DLA Marbach

Lieder sind wir. Unser Vater
Schickt uns in die offne Welt;
Auf dem kritischen Theater
Hat er uns zur Schau gestellt.

Mit diesen Versen, seinen personifizierten Gedichten in den Mund gelegt, leitete Ludwig Uhland die erste Sammlung ebendieser Gedichte im Jahr 1815 ein. Sie wurde bekanntlich ein großer Erfolg und mehrte den Ruhm ihres Verfassers, des „Vaters", von Auflage zu Auflage. Ihre Popularität zeigte sich auch in unrechtmäßigen Nachdrucken, wie dem vorliegenden mit dem Impressum Paris 1840. Das Buch wäre darüber hinaus nicht weiter bemerkenswert, hätte sich nicht gleich im Einleitungsgedicht ins erste Wort des ersten Verses ein verhängnisvoller Druckfehler eingeschlichen. Statt „Lieder sind wir" steht da nun „Leder sind wir", was dem Leser eine durchaus zähe und trockene Lektüre in Aussicht stellt, an der er lange zu kauen haben wird. Dass dem gefeierten Autor ein solches Missgeschick widerfuhr, blieb dem Publikum trotz der wahrscheinlich geringen Verbreitung des Buchs nicht verborgen: die Zeitungen meldeten den Druckfehler mit Hinweis auf die Schlampigkeit solcher unrechtmäßigen Nachdrucke (unter anderem auch die *Allgemeine Zeitung*, die im selben Cotta'schen Verlag erschien wie die regulären Ausgaben von Uhlands Gedichten) und Eduard Mörike amüsierte sich über das Pech des Kollegen, das er in einem Brief ähnlichen Fällen anreihte: einer Anzeige des Cotta-Verlags: „Schillers unsterbliche Werke sind in den Händen eines Juden" (statt: „eines Jeden") oder dem Satz in der Literaturgeschichte des Stuttgarter Professors Georg Reinbeck: „Auch Geßner blies auf der Hinterflöte" (statt „Hirtenflöte").

Ist der Fall an sich schon lustig genug, so wusste die Anekdote ihm noch Steigerungen abzugewinnen. Man erzählte, dass der Druckfehler „Leder sind wir" gleich bei der ersten Ausgabe von Uhlands Gedichten vorgekommen sei und nach dem empörten Einspruch des Verfassers zu dem vielleicht noch misslicheren „Leider sind wir" fehl-korrigiert worden wäre. Damit nicht genug, habe der abermalige Protest Uhlands schließlich eine dritte fatale Variante heraufbeschworen, in der es nun hieß: „Luder sind wir".

War dies alles zwar reichlich boshaft, doch im Grunde harmlos, weil die Komik durch den Kontrast zwischen der allgemeinen Hochschätzung und Anerkennung, die den Uhland'schen Liedern zuteil wurde und ihrer aus Zufall geborenen drastischen Herabwürdigung entstand, so änderte sich das Bild im 20. Jahrhundert, da nun die Wirkung Uhlands allmählich nachließ, seine Gedichte zunehmend als abgetan erschienen und er selbst als „ganz unproblematisch", das heißt als brave, im Grund aber banale Gestalt wahrgenommen wurde. Egon Friedells einflussreiche *Kulturgeschichte der Neuzeit*, deren dritter und letzter Band im Jahr 1931 veröffentlicht wurde, behandelt Uhland auf knappem Raum und in bewährt pointierter Weise. Gegenstand der Erörterung ist dabei ausschließlich – der als symptomatisch herausgestellte Druckfehler: „Als Uhland im Jahr 1815 die erste Ausgabe seiner Gedichte erscheinen ließ, die mit den Worten beginnt: ‚Lieder sind wir. Unser Vater schickt uns in die offene Welt', ereignete sich ein fataler Druckfehler, indem der erste Satz lautete: ‚Leder sind wir'; diese Kritik des ‚Setzkastenkobolds' ist ein wenig zu streng: zum mindesten müßte man sie insoweit mildern, daß man an schöngepreßte, aber schon etwas verschlissene Goldledertapeten denkt."

Helmuth Mojem

Vorwort

zu der ersten Auflage 1815.

Lieder sind wir, unser Vater
Schickt uns in die offne Welt,
Auf dem kritischen Theater
Hat er uns zur Schau gestellt.
Nennt es denn kein frech Erkühnen,
Leiht uns ein geneigtes Ohr,
Wenn wir gern vor Euch Versammelten
Ein empfehlend Vorwort stammelten!
Sprach doch auf den griech'schen Bühnen
Einst sogar der Frösche Chor.

Ernst Rau: Uhlands Totenmaske

Universität Tübingen, Archäologisches Institut

Ludwig Uhland war kein attraktiver Mann:

> *Uhlands Kopf war auf den ersten Anblick nichts weniger als schön; kleines zurückgeschobenes Kinn gehört bekanntlich zu den auffallenden Mißbildungen des menschlichen Profils; über dieser unzulänglichen Basis trat scharf und herbgeschlossen, mit etwas abwärts gezogenen Winkeln der Mund hervor; die Nase war kräftig gebildet, hier lag nichts Kleinliches, Energie sprach aus ihrer mäßig gebogenen Mitte, Scharfsinn aus ihrer länglich gezogenen Spitze. Was nun aber jedem prüfenden Auge den ungewöhnlichen Menschen verkündigte, das war die hohe, breite, ausgezeichnet individuelle Stirn; eine mäßige Einziehung über dem markierten Vorsprung der Augenknochen, dann eine rückwärts geneigte mächtige Auswölbung, die obere, früh kahl gewordene Fläche groß, nach leichter Einsenkung in kräftigen Hügeln nach hinten abfallend.*

Die Schilderung von Uhlands Gesichtszügen, die Friedrich Theodor Vischer in seinem Nachruf gibt – viele andere zeitgenössische Quellen stützen sie –, wird man auch an Uhlands Totenmaske bestätigt finden. Diese Totenmaske stammt von dem Bildhauer Ernst Rau (1839–1875), der später auch Uhlands Büste geschaffen hat. Sie bildet den Kopf des toten Dichters unmittelbar und ungeschönt ab: Der offenstehende Mund mit wulstigen Lippen, die Muskeln erlahmt, die Gesichtszüge kraftlos nach unten hängend, die Wangen eingefallen, die Lider schwer und nur halb geschlossen, die Stirn mit Falten übersät, die Adern am Hinterkopf deutlich hervortretend. Ungewöhnlich ist zudem, dass auch Ohren, Hals und fast der ganze wuchtige Schädel abgenommen wurden. Der schlechte Erhaltungszustand der Maske verstärkt den Eindruck noch: Der Gips ist an der Nasenspitze und an der linken Wange abgebröckelt, die ganze Maske von einem leichten Schmutzfilm überzogen.

Diese Maske, die sich heute im Besitz der Universität Tübingen befindet, dürfte aus dem Besitz von Emilie Uhland stammen. Es existieren jedoch noch weitere Totenmasken von Uhland, allein das Deutsche Literaturarchiv in Marbach verwahrt vier davon (siehe S. 256). Die Unterschiede zwischen diesen und dem vorliegenden Stück sind jedoch beträchtlich: Bildet die Tübinger Fassung das Gesicht und den Großteil des Kopfes detailgetreu ab, so liegen mit den Marbacher Exemplaren idealisierte und geschönte Darstellungen des toten Antlitzes vor, die an Freunde und Verehrer des Dichters verschenkt oder verkauft wurden. Diese Totenmasken dienten – etwa an der Wand hängend oder auf dem Kamin liegend – dann dazu, das Andenken des Dichters wachzuhalten. Sie sollten an den lebenden Menschen mehr als an den Toten erinnern; daher erscheint Uhland eher schlafend als tot – der entspannt geschlossene Mund, die scheinbar sanft geschlossenen Augen, die geschönte, polierte oder nicht selten glänzend gewachste Hautoberfläche suggerieren sanfte Ruhe und verdienten Seelenfrieden. Raus Original dagegen hält den Schrecken und die Gewalt des Todes in Uhlands Gesichtszügen mit einer Schonungslosigkeit fest, die auch heute noch berührt.

Julia Nonnenmacher

Ernst Rau: Büste Ludwig Uhlands (1863). Marmor, Höhe 66,3 cm

Staatsgalerie Stuttgart

Drei Mal hat der Bildhauer Ernst Rau (1839–1875) Ludwig Uhland dargestellt: Noch auf der Stuttgarter Kunstschule fertigte er 1863 – kurz nach Uhlands Tod – eine Kolossalbüste des Dichters an, die als Bronzeguss im Garten der Liederhalle ihren Platz fand; seit 1955 befindet sie sich auf der Stuttgarter Uhlandshöhe. Rau, der einem Zeitgenossen zufolge „die Sprödigkeit seines Stoffes herb empfunden hatte" – Uhland zeichnete sich eben nicht gerade durch körperliche Schönheit aus –, wurde von der Witwe Emilie Uhland, die Rau in seinem Atelier besucht und Gefallen an der Arbeit des jungen Bildhauers gefunden hatte, beauftragt, eine weitere, nun lebensgroße Büste zu schaffen. Uhland war zeitlebens einer bildnerischen Darstellung seiner selbst aus dem Weg gegangen. Rau, der ihn persönlich nie kennen gelernt hatte, arbeitete nur anhand von Fotografien und Stichen. Zwar hatte er Uhland bereits die Totenmaske abgenommen, aber was er dabei gesehen hatte, konnte er kaum für seine Darstellung des Dichters gebrauchen. Die Büste aus Carraramarmor, für die er Uhlands Kopf noch einmal ganz neu geformt hatte, wurde zunächst in Uhlands Wohnhaus aufgestellt und ging nach dem Tod Emilies in den Besitz der Staatsgalerie in Stuttgart über, wo sie sich heute noch befindet. Sie bildet das Vorbild für zahlreiche Bronze- oder Gipsabgüsse, die etwa von der Tübinger Buchhandlung Heckenhauer vertrieben wurden, sowie für eine weitere Kolossalbüste, die Rau als Bauplastik aus Sandstein für das Haus Alexanderstraße 27 in Stuttgart anfertigte.

Ein zeitgenössischer Artikel im *Morgenblatt für gebildete Stände* – er stammt von dem Bibliothekar August Wintterlin – feiert die „Uhlandbüste im Uhlandhaus" in den höchsten Tönen, gerade weil „Uhlands Kopf für den Bildhauer nichts weniger als ungünstig" sei: „Nicht wie er, draußen in trüber Zeit für das Vaterland streitend, gezürnt und getrauert hat, milder und freundlicher, wie ihn bei dem herzlichen Verständniß seines ganzen Wesens ein trauliches Heimwesen zeigte, heiter und gesellig, so werden die Freunde dort [im Uhlandhaus] sein Bild wiedererstanden finden, wo die würdige Genossin seines Lebens in stiller Treue das Feuer heiliger Erinnerungen hütet."

Auch Emilie selbst war offenbar zufrieden, wie aus einem Brief Raus an sie vom 6. August 1863 hervorgeht:

> *Meinen Dank für die ehrende Aufmerksamkeit mit der Sie meinem Bestreben, ein möglichst würdiges Bild unseres Dichters zu schaffen, begegneten, sodann für die freundliche Anerkennung, welche Sie dem Resultate meiner Bemühung zu Theil werden lassen. – Was nun die erwähnte äußere Veranlassung betrifft, so muß ich Ihnen mittheilen, daß ich, hier angekommen, beim Überzählen des mir eingehändigten Geldes zu meiner Überraschung einen Überschuß von 50 fl [Gulden] gefunden habe. Da ich nun nicht anders annehmen kann, als daß hier ein Irrthum zu Ihrem Nachtheile vorliegt, so sende ich Ihnen beiliegend den zu viel erhaltenen Betrag von 50 fl retour.*

Ob sich Emilie tatsächlich getäuscht hatte, wie Rau annahm, oder ob sie ihm als Anerkennung für das gelungene Werk mehr bezahlt hatte als ausgemacht, lässt sich nicht mehr sagen.

Rau sollte als Bildhauer noch von sich reden machen: Zwar fiel er bei dem Wettbewerb für das Tübinger Uhland-Denkmal durch, jedoch gewann er den Auftrag für das Monument des Dichters, der Uhlands Ruhm im 19. Jahrhundert als einziger überstrahlte – Friedrich Schiller. Zu erleben, wie seine Statue im Jahr 1876 auf der Marbacher Schillerhöhe aufgestellt wurde, war ihm allerdings nicht mehr vergönnt: Er starb an einem Blutsturz im August 1875.

Julia Nonnenmacher

Wie die Frau Uhland von reisenden Touristen bewundert u. beschrieben wird.
Qu'elle est encore charmante!
What a clever woman; she is reading Milton!
Mil-ton
Jezt hab ich Frau Uhland gesehen, was gibt es noch Sehenswerthes?

Gustav Adolph Kietz: Verkleinerte Nachbildung des Uhland-Denkmals in Tübingen. Gips, Höhe 65 cm
DLA Marbach
Gustav Adolph Kietz: Uhland-Denkmal in Tübingen. Fotografie
Stadtmuseum Tübingen

Bereits kurz nach Uhlands Tod, am 20. November 1862, erging von einem erst am Vortag in Tübingen gegründeten „Verein für Uhland's Denkmal" der Aufruf, für ein in der Geburtsstadt des Dichters zu errichtendes „ehernes Standbild" zu spenden. Weitere Aufrufe, nun auch in anderen Städten, folgten, so bildete sich etwa in Wien ein „Comité für das Uhland-Denkmal" um die Dichter Franz Grillparzer, Anastasius Grün und Uhlands Freund und Kollegen Franz Pfeiffer, das ebenfalls zu Beiträgen zur Errichtung eines „weithin schimmernden Erinnerungszeichens, daß einst ein bedeutender Mensch hier gewandelt" aufforderte. „Bei der großen Popularität des Mannes" war Uhlands „monumentale Verherrlichung" mit 32.237 eingegangenen Gulden innerhalb weniger Monate gesichert, jedoch erst nachdem ein Standort für das Denkmal gefunden worden war, konnte fünf Jahre später, am 23. Mai 1867, eine „Einladung an die deutschen Künstler" ergehen, sich mit Entwürfen (nicht höher als drei Fuß) zu bewerben.

34 Künstler reichten Entwürfe ein, die ausgestellt und von einer illustren Jury begutachtet wurden. Der Sieger dieses Wettbewerbs war Gustav Adolf Kietz (1824–1908), ein Schüler Ernst Rietschels, der das Goethe-Schiller-Denkmal in Weimar errichtet hatte. Kietz war seinem Meister bereits in Weimar zur Hand gegangen; zudem hatte er 1861 das Denkmal des Nationalökonomen Friedrich List in Reutlingen verantwortet. Die Schlichtheit von Kietz' Entwurf, die aus der engel- und genienverzierten Menge der anderen Einreichungen herausragte, gefiel der Jury, da damit, so ihr Gutachten, „der Grundton seiner [Uhlands] Natur durchaus wahr und wirklich wiedergegeben" sei: „Ohne jede Stütze und sonstiges Beiwerk steht Uhland da, der linke Arm, wie es seine stete Gewohnheit war, am Körper kaum bewegt, herabhängend, die rechte Hand zwanglos auf die Brust gelegt, der Kopf aufgerichtet, gerade, fest vor sich blickend, das Bild des einfach gediegen, ruhig aber kräftig und mutig einherschreitenden Mannes." Das Postament, das erst nach Bekanntgabe der Entscheidung angefertigt wurde, trägt auf seiner Rückseite die Aufschrift: „Dem Dichter, dem Forscher, dem deutschen Manne. Das dankbare Vaterland 1873." Auf den anderen Seiten finden sich als Basreliefs die Allegorien der Dichtkunst, des Vaterlands und der Gelehrsamkeit.

Der Platz, an dem das Denkmal stehen sollte, hatte im Vorfeld der Einweihung für lange Diskussionen gesorgt, die vor allem mit den städtischen Planungen für die weitgehend unbebauten, regelmäßig überschwemmten Gebiete jenseits des Neckars und deren Entwässerung zusammenhingen. Als das Denkmal am 14. Juli 1873 schließlich eingeweiht wurde, stand es einsam auf der grünen Wiese – in der Mitte einer Linie, die an der Symmetrieachse des zehn Jahre zuvor errichteten Bahnhofs begann und über die darauf zuführende Kastanienallee auf der einen Seite, auf der anderen über die Brücke auf die Neckarinsel, über die Platanenallee und den Neckar, auf der Stadtseite auf die Burse traf. Der Stuttgarter Architekt Christian Friedrich Leins hatte für den Platz um das Denkmal einen Bebauungsplan entworfen, der für die einzelnen Gebäude streng deren Position, die Gesamt- und Stockwerkshöhe sowie die einzelnen Details der Fassadengestaltung – Erker, Balkone etc. – vorschrieb. Leider ist Leins' Plan nicht vollständig umgesetzt worden, sodass es heute eher so aussieht, als stehe Uhland an einer Straße statt auf einem Platz – zumal die Blickachse zum Bahnhof durch Busbahnhof und Unterführung ebenfalls kaum noch erkennbar ist.

Bei nebenstehendem Gipsmodell von Uhlands Denkmal – um zu diesem zurückzukehren – handelt es sich mit einiger Sicherheit nicht um den von Kietz für den Wettbewerb eingereichten Entwurf, sondern um eine später angefertigte Gipskopie. Dergleichen wurde an die Liebhaber von Uhlands Werken quasi als Wohnzimmerdenkmal verkauft, für den kleinen Uhland-Platz daheim.

Stefan Knödler

Plan zur Aufstellung am Uhlandfest, 14. July 1873; Einladungskarten zur Enthüllungsfeier und zum Festessen; blaues Festband

Stadtmuseum Tübingen

Es war ein großer Tag für Tübingen, als am 14. Juli 1873 das Standbild des berühmtesten Sohnes der Stadt feierlich enthüllt wurde. Gäste aus ganz Deutschland und dem angrenzenden Ausland wurden erwartet, schon Tage zuvor zeigten die Annoncenteile der Zeitungen, wie die Bürger der Stadt mit eigens gebrautem Uhland-Bier oder Büsten in verschiedenen Größen aus dem Ereignis Kapital zu schlagen versuchten. Die Hotels und Pensionen der Stadt waren ausgebucht, die riesige Menge der Gäste unterzubringen war für das damals noch beschauliche Tübingen eine Herausforderung; auch sonst hatte der „Verein für Uhlands Denkmal" einen beträchtlichen logistischen Aufwand zu bewältigen, damit das Fest gelingen konnte – es gelang.

Am Vorabend waren die Besucher bereits durch eine Aufführung von Uhlands Theaterstück *Ernst Herzog von Schwaben* eingestimmt worden, in das zwischen dem zweiten und dritten Akt ein „großes lebendes Tableau" mit dem Titel *Uhland im Musenhain* eingefügt worden war, ein weiteres nach Uhlands Gedicht *Der Wirtin Töchterlein* – mit „brillanter Beleuchtung" – schloss den Abend ab. Der große Tag der Enthüllung begann früh, um neun Uhr versammelten sich die Teilnehmer zur Aufstellung des Festzugs in der Wilhelmstraße. Praktisch die ganze offizielle Stadt nahm daran teil, von den „Schülern des Obergymnasiums und der Oberrealschule", den „Festjungfrauen", natürlich dem „Verein für Uhlands Denkmal" und den Ehrengästen bis zu den Gesangs-, Turn- und Veteranenvereinen. Findige Anwohner des Festzugweges, der von der Neuen Aula die Wilhelmstraße hinab, über die Hafengasse, Collegiumsgasse, den Holzmarkt und die Neckargasse über den Fluss und die Uhlandstraße entlang zum Festplatz vor dem einzuweihenden Denkmal führte, hatten ihre Fensterplätze bereits frühzeitig für viel Geld vermietet.

Dem vorliegenden Aufstellungsplan ist zu entnehmen, wie sich die Gäste auf den Tribünen und den freien Flächen um das Denkmal, angeleitet von den mit einem blauen Band gekennzeichneten Festordnern, aufzustellen hatten. Neben dem Festredner, dem Theologen und Literarhistoriker Karl Reinhold von Köstlin, stand vor allem der 160 Mann starke Festchor im Mittelpunkt der Feier, der nicht nur einen neu komponierten Festgesang *Des Sängers Wiederkehr* nach verschiedenen Gedichten Uhlands zur Aufführung brachte, sondern auch bereits bekannte Vertonungen von Konradin Kreutzer und Joseph Hartmann Stuntz (jedoch eigenartigerweise nichts von Silcher).

Mit der Enthüllung war gleichzeitig die Übergabe des Denkmals an die Stadt Tübingen verbunden; auch wurde dem Schöpfer des Monuments, Gustav Adolph Kietz, anschließend die Ehrendoktorwürde der Universität verliehen. Nachdem die geladenen Gäste das Festessen („Couvert mit einer halben Flasche Traminer") im Museum eingenommen hatten, gingen die Feierlichkeiten (gegen Eintritt) am Nachmittag auf dem Festplatz in der Platanenallee mit Musik und Reden weiter. Karl Mayer, der Sohn von Uhlands gleichnamigem Freund, betonte dort noch einmal die große Bedeutung Uhlands und seines Denkmals für Deutschland:

> *Die ganze deutsche Nation hat daran mitgeholfen, das Andenken Uhlands durch ein Denkmal zu ehren, und heute ist der frohe Tag gekommen, wo dieses Werk vollendet ist. Heute muß Alles schwinden, was draußen im politischen Leben die Deutschen auf verschiedene Bahnen weist, heute muß alles einig sein im frohen Bewußtsein, einen Mann zu ehren, der für das deutsche Vaterland mit Leib und Seele eingestanden, der namentlich für ein freies Vaterland sein ganzes Leben lang gestritten und gekämpft hat.*

Die abschließende Illumination des Festplatzes wurde durch einen Gewitterregen beendet, ebenso dürfte der Tag in feucht-fröhlicher Stimmung bei den „Commersen" der Studenten in den Lokalen der Stadt ausgeklungen sein, während ein Großteil der Ehrengäste um 23.00 Uhr mit zwei Sonderzügen bereits den Heimweg angetreten hatte.

Stefan Knödler

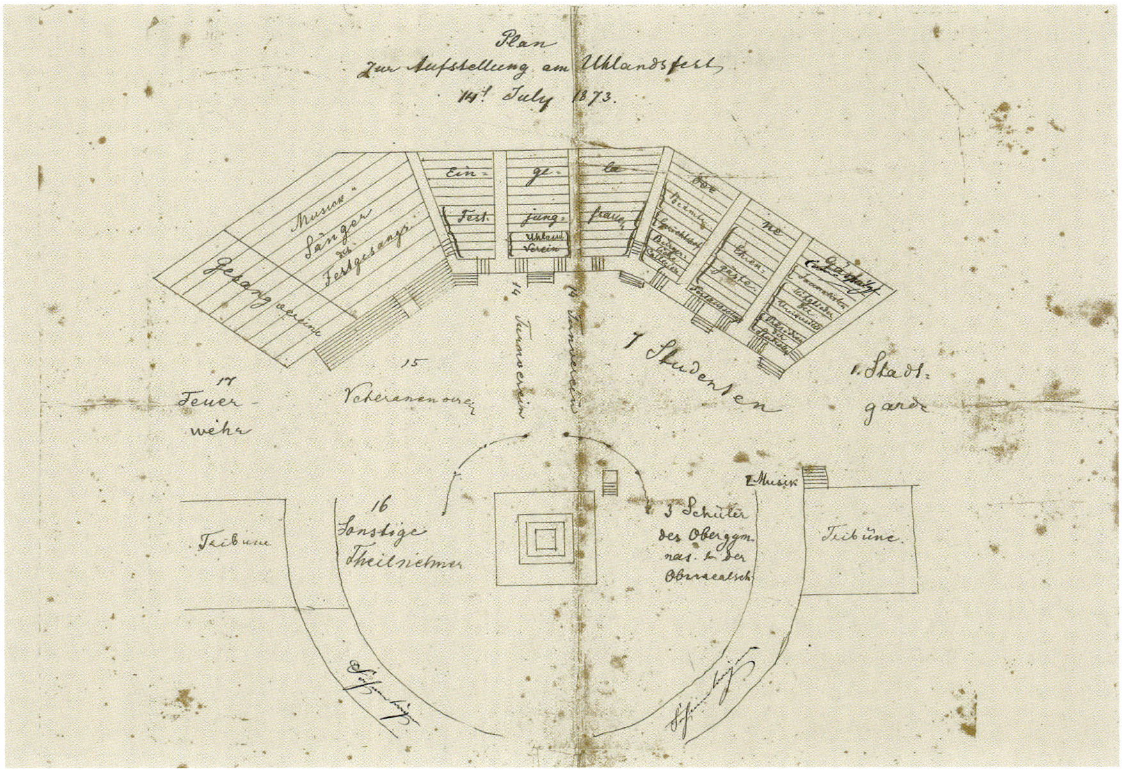

Einladungs-Karte
zur
Betheiligung an dem Feste der Enthüllung
von
UHLANDS DENKMAL
zu
Tübingen am 14 Juli 1873.

Diese Karte berechtigt zu freiem Eintritt auf die Tribüne und den Festplatz, sowie zur Betheiligung an dem Festessen. Wer an dem Festessen (Couvert mit einer halben Flasche Traminer 3 fl.) Theil nehmen will, hat gegen Vorzeigung dieser Karte längstens bis 5 Juli bei Kaufmann **C. H. Schneider** in **Tübingen** eine Karte für das Festessen zu lösen. Auswärtige werden gebeten, bis zu demselben Zeitpunct eine Karte zu belegen und solche dann in dem Empfangszimmer auf dem Bahnhof einzulösen. Auf spätere Anmeldungen kann keine Rücksicht mehr genommen werden.

Diese Karte ist nur für Eine Person giltig.

UHLANDFEIER,
Tübingen den 14. Juli 1873.

Karte
zum Festessen im Museum
Nachmittag 1 Uhr

für ....

gültig für ein Couvert fl. 2. 30.
½ Flasche Traminer . . 30. } fl. 3. —

Luise Walther: Scherenschnitt-Fächer. Elfenbein, 32 x 58,5 cm

DLA Marbach

Ludwig Uhland ist der einzige unter den Autoren der „Schwäbischen Romantik", den Heinrich Heine verschonte, ja sogar pries. In seiner *Romantischen Schule* von 1836 heißt es über Uhlands Wende vom Schriftsteller zum Politiker: „Hatte er einst den Dichterlorbeer errungen, so erwarb er auch jetzt den Eichenkranz der Bürgertugend." Mit einem Eichenzweig ist Uhland denn auch auf Luise Walthers (1833–1917) Scherenschnitt-Fächer ausgestattet, der ihn inmitten der Vertreter der von Heine so sehr geschmähten *Schwäbischen Schule* zeigt. Von rechts nach links (bzw. von hinten nach vorne) sind auf den einzelnen Stäben des Fächers, nach ihrem Geburtsjahr geordnet, die von Blumen und Zweigen umgebenen Köpfe folgender neun Dichter zu sehen: Justinus Kerner (1786–1862), Ludwig Uhland (1787–1862), Gustav Schwab (1792–1850), Albert Knapp (1798–1864), Friedrich Notter (1801–1884), Eduard Mörike (1804–1875), Friedrich Theodor Vischer (1807–1887), Karl Gerok (1815–1890) und Ottilie Wildermuth (1817–1877). Entstanden ist der elegante Elfenbeinfächer wahrscheinlich zwischen 1887 und 1890, denn alle Autoren bis auf Karl Gerok waren 1887 bereits verstorben und wurden aus diesem Grund mit einem Lorbeerzweig geehrt; bei ihm fehlt dieses Attribut jedoch. Da die feingliedrigen Portraits und Pflanzen sehr empfindlich sind, wurde der Fächer sicherlich nie benutzt, sondern eher eingerahmt an herausgehobener Stelle im Haus präsentiert. Luise Walter wollte damit wohl ein Ensemble ihr nahe stehender oder zumindest bekannter schwäbischer Dichter schaffen; über diesen privaten Kontext hinaus erscheint der Fächer jedoch als bemerkenswertes Rezeptionszeugnis einer Literaturepoche.

Der zehnte und in zusammengeklapptem Zustand vordere Stab gibt das Bildprogramm des Fächers vor: eine Lyra (Poesie), gekrönt von einem Lorbeerkranz (Ruhm und Ehre) und gebettet auf Palmblätter (Unsterblichkeit), darunter Efeu (Freundschaft und Treue) und ein Rosenzweig (Liebe). Diese und andere Pflanzen werden nun den einzelnen Dichtern in unterschiedlichen Kombinationen zugeordnet: Jeder Dichterkopf wird von zweien umrahmt, eine dritte befindet sich unter der Angabe von Namen und Lebensdaten der Dichter.

Uhland nun – eingerahmt von seinen Freunden Kerner und Schwab – hat Luise Walther zunächst mit einem Rosenzweig versehen, womit er als Dichter der Liebe gekennzeichnet wird – man denke an die Rose in der Ballade *Des Sängers Fluch* oder an das Distichon *Die Rosen*: „Oft einst hatte sie mich mit duftigen Rosen beschenket, / Eine noch sproßte mir jüngst aus der Geliebtesten Grab." Der Lorbeer markiert den Ruhm des Dichters, eine Ehrung, die der bescheidene Uhland übrigens abgelehnt hätte – Emilie Uhland erzählt, er habe 1830 auf dem Weg von Stuttgart nach Tübingen, wo er seine Professur für deutsche Sprache und Literatur antreten sollte, einen Lorbeerkranz aufgesetzt bekommen, den er aber unterwegs an einen Baum hängte, weil er nicht lorbeerbekränzt in Tübingen einziehen wollte und weil der Natur diese Auszeichnung eher zukomme als ihm. Schließlich ist Uhland der einzige unter den neun schwäbischen Dichtern, der mit einem Eichenzweig versehen ist – wie bei Heine eine Würdigung seiner politischen Verdienste.

Mit ganz anderen Pflanzen ist übrigens Uhlands Grab auf dem Tübinger Stadtfriedhof versehen: Hier wächst, dem Willen der schwäbisch-pragmatischen Witwe gemäß, ausschließlich immergrüner Efeu.

Julia Nonnenmacher

Friedrich Vischer
1807 – 1887
Eduard Mörike
1804 – 1875
Friedrich Notter
1801 – 1884

Feldpostkarten und parodistische Postkarten nach Ludwig Uhlands „Der gute Kamerad"

Sammlung historischer und politischer Bildpostkarten Karl Stehle, München / Deutsches Volksliedarchiv, Freiburg

Vom Begräbnis mit militärischen Ehren bis zur Werbung für Küchenmesser: Ludwig Uhlands Gedicht *Der gute Kamerad* hat sich im Laufe der Zeiten als vielfältig verwendbar erwiesen – allerdings in den seltensten Fällen nach Uhlands Absicht. Dieser dichtete das Lied 1809 während der Napoleonischen Kriege angesichts des Leides, das sich die unter französischem Befehl stehenden Badener und die aufständischen Tiroler Andreas Hofers gegenseitig zufügten. Den Soldaten betrachtete Uhland dabei nicht als Manövriermasse und Kanonenfutter, sondern als individuellen Menschen mit anrührendem Schicksal. Bis zum Ende des Zweiten Weltkriegs wurde das Lied aber nur selten so verstanden.

Mit Beginn der Kaiserzeit 1871 begann die Popularität des von Friedrich Silcher vertonten Gedichts zu wachsen und an der Front im Ersten Weltkrieg avancierte *Der gute Kamerad* zum meistgesungenen Lied der Deutschen, wenn auch nicht mehr in seiner ursprünglichen Form. Ein nationalistischer Kehrreim, der aus verschiedenen Formeln wie „Gloria, Gloria, Gloria Viktoria!" bestand, übertünchte Uhlands Intention. So wurde aus dem traurigen Gesang für den sterbenden Kameraden eine feierliche Kriegsverherrlichung, die hundertfach als Feldpostkarte gestaltet wurde. Wie sehr sich das Lied in dieser Zeit von Uhlands Vorgabe entfernt hatte, zeigt der Notenabdruck auf einer dieser Karten. Das Lied heißt nicht mehr *Der gute Kamerad*, sondern *In der Heimat, da gibt's ein Wiederseh'n!* und den Großteil der Notenreihen nimmt der hinzu gedichtete Kehrreim ein. Auch Uhlands Name taucht nirgends mehr auf – es wird sogar suggeriert, ein gewisser W. Götzler habe das Lied nach mündlichen Quellen „aufgezeichnet"; auch der Name Silchers fehlt. Das Lied ist also vollkommen anonymisiert und zweckentfremdet.

Andere Feldpostkarten aus dieser Zeit zeichnen ein etwas differenzierteres Bild vom Inhalt des Liedes und damit auch von der Realität des Krieges. Ein Motiv zeigt eine Gruppe von Soldaten im Sturmangriff, von denen einer verwundet zusammenbricht. Sein Nebenmann blickt im Laufen hilflos auf den sterbenden Kameraden hinab, jedoch kann er im Kugelhagel nicht innehalten. Die Beerdigungsszene auf einer anderen Karte führt die Trostlosigkeit des Kriegstodes vor Augen. Dieses Motiv deutet bereits die heutige Verwendung des *Guten Kameraden* an. Denn heutzutage wird das Lied alljährlich instrumental mit Silchers Melodie am Volkstrauertag im Gedenken an die Opfer von Gewaltherrschaft und zweier Weltkriege gespielt. Außerdem ist es offizieller Bestandteil eines Begräbnisses mit militärischen Ehren.

Wegen seiner enormen Bekanntheit ist *Der gute Kamerad* ein dankbarer Gegenstand für Parodien, die – ebenfalls auf Postkarten verewigt – nachfolgend abgebildet sind. Zum einen gibt es Bearbeitungen, die wie das Original im militärischen Milieu angesiedelt sind. Beispiele sind die marschierende Kinder-Kapelle, der getötete Hahn als Kamerad der Bremer Stadtmusikanten oder die Geschichte vom „schlechten Kameraden", der sich im tobenden Kampf mit der Hydra der Alliierten aus dem Staub macht und die anderen Soldaten im Stich lässt. Inhaltlich weiter vom ursprünglichen Kontext entfernt, aber formal nah am Original, ist die Werbepostkarte für das „Universal-Küchenmesser". Ausnahmsweise ist auf dieser Karte sogar der Name Uhlands genannt. Ansonsten ist oft gar nicht mehr bekannt, woher das Lied überhaupt stammt, es ist längst volkstümlich geworden. Seine chauvinistisch-nationalistische Vergangenheit hat es mittlerweile überwunden; auch ist es inzwischen bei den ehemaligen Weltkriegs-Gegnern angekommen, so steht es etwa in Liederbüchern der niederländischen Armee und der französischen Fremdenlegion. In Frankreich wird Silchers Melodie sogar zum Nationalfeiertag, dem 14. Juli, am Grabmal des unbekannten Soldaten gespielt.

Maximilian Liesner

73
A·K·
Ich hatt' einen Kameraden
Albert Kunze-Sebnitz gem.

„In der Heimat, da gibt's ein Wiederseh'n!"
Soldatenlied, gesungen von unseren braven Kriegern beim Ausmarsch im Kriegsjahr 1914.
Schrittmäßig.
Aufgezeichnet von W. Gößler.
1. Ich hatt' ei-nen Ka-me-ra-den, ei-nen bes-sern findst Du nit. Die Trom-mel schlug zum Strei-te, er
2. Eine Ku-gel kam ge-flo-gen; gilt es mir oder gilt es Dir? Ihn hat es weg-ge-ris-sen, er
3. Will mir die Hand noch rei-chen, der-weil ich e-ben lad! „Kann Dir die Hand nicht ge-ben, bleib'
1. ging an mei-ner Sei-te.
2. liegt vor mei-nen Fü-ßen.
3. Du im ew'-gen Le-ben."
Glo-ri-a, Glo-ri-a, Glo-ri-a, Vik-to-ri-a. Ja mit Herz und Hand für's
Va-ter-land, für's Va-ter-land.—Die Vög-lein im Wal-de, die san-gen so wun-der-wunderschön. In der Heimat, in der
Hei-mat, da gibt's ein Wie-der-Wie-der-Wie-der-seh'n! In der Hei-mat, in der Hei-mat, da gibt's ein Wie-der-seh'n!

Wilh. Süs.
Ich hatt' einen Kameraden

DIE BREMER STADTMUSIKANTEN
„ICH HATT' EIN' KAMERADEN."
GAG

D' Musi kommt!
Ich hatt' ei-nen Ka-me-ra-den

1914.
Will mir die Hand noch reichen,
Derweil ich eben lad',
Kann dir die Hand nicht geben,
Bleib' du im ewgen Leben,
„Mein guter Kamerad."!
HBertle

1
Ich hatt' einen Kameraden,
Einen schlechtern findst du nit!
Die Trommel schlug zum Streite,
Er schlich von meiner Seite
Und sprach: „Ich tu nicht mit!"

Jn keiner Küche
GESETZL.GESCHÜTZT.
soll fehlen
das
neue
Universal-Küchenmesser.
Druck v. Jos. Böhm, Wien, VI. Brauerg. 3.
Hört! Was die Köchin singt.
Jch hab' ein Küchenmesser,
Ein besseres find'st du nit.
Kartoffel, Kraut und Rüben,
Schneid' ich mir nach Belieben
Gerippt und glatt damit.
Will ich Salat bereiten
Macht mir jetzt kein Beschwer.
Jch nehm mein Küchenmesser,
Mit diesem schneid ich besser
Und schöner wie bisher.
Gemüse drauf zu hobeln
Das geht wie auf der Schnur.
Kann Obst auch damit schälen;
Drum soll sich jede wählen
Dies's Küchenmesser nur.
Frei nach Uhland.

Ludwig Uhland (Nationalversammlung 1848–1919) „Wenn heut' sein Geist herniederstiege – – –!" Zeichnung von Wilhelm Schulz. In: Simplicissimus vom 4. Februar 1919

Stadtmuseum Tübingen

Vor rund hundert Jahren, am 11. November 1912, erschienen in der Münchner Satirezeitschrift *Simplicissimus* ziemlich schlechte Verse des schwäbischen Heimatdichters Hans Heinrich Ehrler zum fünfzigsten Todestag Uhlands, unter denen sich immerhin eine zugkräftige Strophe findet:

Auch riefest du nach einem deutschen Vaterland,
Nach einem freien, ganzen, recht und gleich.
Man sargte deine Sehnsucht ein mit starker Hand
Und gab uns dann dafür ein deutsches Reich.

Anschließend heißt es: „Wenn heute dein Geist heruntersteige ..." und es folgt eine Abwandlung der ersten Strophe von Uhlands politischem Gedicht *Am 18. Oktober 1816*. Daneben steht ein Porträt Uhlands, gezeichnet von Wilhelm Schulz. Vom gleichen Künstler stammt auch die sieben Jahre später veröffentlichte vorliegende Darstellung, die Uhland in Rednerpose vor der Frankfurter Paulskirche zeigt, darunter beziehungsreich das diesmal korrektere Zitat „Wenn heut' sein Geist herniederstiege – – –!" Angespielt wird in beiden Fällen auf Uhlands Forderung nach Verfassung und Freiheit, die er in dem genannten Gedicht dem Geist eines in der Völkerschlacht von Leipzig Gefallenen in den Mund legt; die große Entscheidungsschlacht der Befreiungskriege fand am 18. Oktober 1813 ihr siegreiches Ende:

Wenn heut ein Geist herniederstiege,
Zugleich ein Sänger und ein Held,
Ein solcher, der im heil'gen Kriege
Gefallen auf dem Siegesfeld,
Der sänge wohl auf deutscher Erde
Ein scharfes Lied, wie Schwertesstreich ...

1912 konnte man die Bezugnahme auf Uhlands Gedicht als Kritik am wilhelminischen Obrigkeitsstaat verstehen, 1919, zwei Tage vor Zusammentritt der Weimarer Nationalversammlung als Mahnung, in der nun endlich Realität gewordenen deutschen Republik der demokratischen Tradition aus dem Jahr 1848 zu gedenken. Mit dem „Geist", dem „Sänger" und „Helden" wäre nun wohl tatsächlich Uhland selbst zu identifizieren, der zu Beginn des 20. Jahrhunderts in seiner Doppelrolle als politischer Dichter und oppositioneller Demokrat zum Ahnherrn der erhofften republikanischen Freiheiten stilisiert wurde. Es dürfte der finale Höhepunkt von Uhlands Popularität gewesen sein. 1920 erschien mit Hermann Schneiders großer Monografie die letzte wirkungsmächtige Uhland-Gesamtdarstellung. Die politischen Entwicklungen der Weimarer Republik, des Nationalsozialismus und der beiden deutschen Nachkriegsstaaten bedienten sich Uhlands als Identifikationsfigur nur noch punktuell. Es fragt sich ohnehin, ob er der Inanspruchnahme durch die Weimarer Nationalversammlung zugestimmt hätte oder ob er nicht vielmehr als linker Oppositioneller mit dem drei Wochen zuvor niedergeschlagenen Spartakusaufstand und seinen ermordeten Anführern Karl Liebknecht und Rosa Luxemburg sympathisiert hätte.

Die Anfangszeile von Uhlands Gedicht *Am 18. Oktober 1816* hatte übrigens auch schon Heinrich Hoffmann von Fallersleben, dem Schöpfer der deutschen Nationalhymne, als Aufhänger für einen Abgesang auf revolutionäre Freiheitshoffnungen gedient. Friedrich Theodor Vischer feierte hingegen 1871 die Gründung des deutschen Reichs, erinnerte dabei aber auch an den Standpunkt Uhlands – das Gedicht heißt *An Uhlands Geist* –, der postuliert hatte, dass „kein Haupt über Deutschland leuchten werde, das nicht mit einem vollen Tropfen demokratischen Öls gesalbt" sei:

Ludwig Uhland
(Nationalversammlung: 1848 — 1919)
(Zeichnung von Wilhelm Schulz)
Wenn heut' sein Geist herniederstiege — — —!

Wenn heut dein Geist herniederstiege
In diese deine deutsche Welt,
Wie sie nach neuem heil'gem Kriege
Ihr Haus gemauert und bestellt:
Hoch auf dem Giebel Preußens Krone,
Der Bau ein erblich Kaisertum, –
Du zögst in Falten zweifelsohne
Die Stirn und schautest kaum dich um;

Dein Auge sänk' in seine Höhle,
Ein Seufzer kündete dein Leid:
„O, von der Freiheit heil'gem Öle
Ist solch ein Scheitel nicht geweiht!
O Tag, so bist du nicht gewesen,
An den ich lange fromm geglaubt,
Tag, wo mein Volk sich würd' erlesen
In freier Wahl sein Herrscherhaupt!“ –

Sebastian Götz

6. Uhlandkreis-Liederfest. Tübingen, 20./21. Juli 1935. Programmheft

Stadtmuseum Tübingen

> *Die enge Verbundenheit mit unserem neuerstandenen Vaterland und seinem Führer und der Wille, mitzuhelfen am Neubau des Reiches mit der Opferbereitschaft, die nichts Höheres kennt als den Dienst für die Volksgemeinschaft, führt uns Sänger zum 6. Uhlandkreis-Liederfest zusammen.*

Das verkündete Julius Klein, der Vorsitzende des Festausschusses, in seinem Grußwort zu dem Tübinger Großereignis des Jahres 1935. In seiner Rede wird deutlich, dass die Nationalsozialisten die Sängerkultur – mitsamt dem Volkslied und Ludwig Uhland – für ihre Zwecke vereinnahmten. Ihre Ideologie der kompromisslosen Opferbereitschaft spiegelt sich im Titelbild des Programmhefts zum Liederfest ebenfalls wider. Darauf abgebildet ist ein stilisierter kräftiger junger Mann beim Singen, der überlebensgroß aus dem Hof des Schlosses zu wachsen scheint. Der Sänger steht dynamisch nach oben gewendet, richtet seine Stimme gen Himmel und hält dabei seine Lyra wie einen gespannten Bogen vor der hinteren, rechten Schulter, während sein abgewinkelter linker Arm, mit dem er die Saiten zupft, an einen eingespannten Pfeil gemahnt. Der Sänger, so die Aussage, soll gleichzeitig ein Krieger sein.

Die 134 Vereine, die dem regionalen Sänger-Dachverband, dem „Uhlandgau", angehörten, kamen vom 20. bis 23. Juli 1935 zum Liederfest in Tübingen zusammen, um in Gesangswettbewerben gegeneinander anzutreten. Eingebettet waren diese in ein Rahmenprogramm mit Volksfest-Charakter. Durch Bierzelte, feierliche Umzüge und pompöse Beleuchtung stand die Stadt ganz im Zeichen des Liederfestes. Mittelpunkt der Feierlichkeiten war das Zelt, das auf dem Festplatz bei den beiden Lindenalleen, zwischen dem Wildermuth-Gymnasium und dem heutigen Freibad, errichtet worden war. Mit einer Größe von rund 3.000 Quadratmetern umfasste es etwa die Fläche eines halben Fußballfeldes. 3.000 Sitz- und 2.500 Stehplätze sowie eine Bühne für 4.500 Sänger und Sängerinnen boten darin Platz für insgesamt 10.000 Menschen.

An Uhland erinnerten die nationalsozialistischen Organisatoren des Festes nicht nur durch seine Benennung als „Uhlandkreis-Liederfest", sondern auch mit einer speziellen Uhland-Gedenkstunde an dessen Denkmal. Zwischen der Aufführung von vier seiner Lieder betonte der Festredner Uhlands Beschäftigung mit der germanischen Götterlehre und sein Eintreten für eine deutsche Volksgemeinschaft ohne Ständeunterschiede. Auf diese Weise stilisierte das Regime Uhland zum Vorreiter seiner Ideologie. Besonders in Uhlands Gedichten im Volksliedton, z.B. in *Der gute Kamerad* oder *An das Vaterland*, sahen die Nationalsozialisten ihre Ideale verwirklicht. Das Singen dieser Lieder bedeutete für sie weniger ein musikalisches Vergnügen, sondern hatte vielmehr eine staatspolitische Dimension. Wilhelm Nagel, der damalige Bundeschormeister des „Schwäbischen Sängerbundes", kündigte zur Eröffnung des Liederfestes an: „Das deutsche Lied wird sich auch beim Tübinger Fest erweisen als ein ungeheures Machtmittel im Dienste der deutschen Kultur." Im gemeinsamen Singen sahen die Parteigenossen ein Mittel, die Bevölkerung zu beeinflussen und zu lenken.

Nach dem Untergang des faschistischen Deutschlands haben sich die Gesangsvereine in der Region Tübingen und in Deutschland neu positioniert und verorten sich nun wieder in der Kontinuität der patriotisch-revolutionären Werte ihrer Gründerjahre zur Mitte des 19. Jahrhunderts. Ludwig Uhland war ihnen dabei von Anfang an ein wichtiger, vielleicht der wichtigste Liederdichter; er ist es noch heute, und seine Dichtung ist in den Gesangvereinen lebendiger als überall sonst.

Maximilian Liesner

6. Uhland-Kreis
Lieder-fest
W.B.
Tübingen, 20./21. Juli 1935

Tübingen
Ludw.
Uhland

Teilnehmer und Teilnehmerinnen des Uhland-Seminars
Kurzbibliographie

Katharina Deininger
Juliane Freese
Sebastian Götz
Ariane Hopp
Britt Hummel
Adrian Keim
Melanie Koch
Sinje König
Ramona Krammer
Maximilian Liesner
Mariella Lüking
Julia Nonnenmacher
Marie-Christin Nowak
Elena Pelzer
Selcuk Tasyakan
Antonia Vollmost

Leitung:
Dr. Stefan Knödler
Dr. Helmuth Mojem

Die Objektbeschreibungen des Katalogteils wurden zum überwiegenden Teil von den Teilnehmern des Uhland-Seminars recherchiert und geschrieben, und anschließend von Stefan Knödler und Helmuth Mojem redigiert. Der Übersichtlichkeit wegen wurde auf den bibliographischen Nachweis der verwendeten Literatur verzichtet. Wo Textzitate nicht aus den Objekten selbst oder aus anderen größtenteils unpublizierten Beständen des DLA Marbach oder des Stadtmuseums Tübingen stammen, wurde meist auf die einschlägigen Ausgaben von Uhlands Werken zurückgegriffen. Diese sind: die von Hartmut Fröschle und Walter Scheffler herausgegebene vierbändige Ausgabe der Werke (München 1980–1984), die von Julius Hartmann edierte ebenfalls vierbändige Ausgabe von Uhlands Briefwechsel (Stuttgart 1911–1914) sowie die achtbändige Ausgabe der „Schriften zur Geschichte der Dichtung und Sage“ (Stuttgart 1865–1873), die, von Wilhelm Ludwig Hollands und anderen herausgegeben, Uhlands wissenschaftliches Werk versammelt. Gleichfalls herangezogen wurde die von Erich Schmidt und Julius Hartmann herausgegebene kritische Ausgabe der Gedichte (Stuttgart 1898) sowie die von Julius Hartmann verantwortete Edition von Uhlands Tagbuch 1810–1820 (Stuttgart 1898). An biographischen Darstellungen sind weiterhin die Bücher von Emilie Uhland: Ludwig Uhlands Leben (Stuttgart 1865/73) und Friedrich Notter: Ludwig Uhland. Sein Leben und seine Dichtungen (Stuttgart 1863) schätzbar; bisher noch nicht ersetzt ist die Monographie von Hermann Schneider (Uhland. Leben, Dichtung, Forschung, Berlin 1920). Ähnliches gilt für die Studien von Walther Reinöhl: Uhland als Politiker (Tübingen 1911) und Hartmut Fröschle: Ludwig Uhland und die Romantik (Köln, Wien 1973). Auch drei zum Uhland-Jahr 1987 entstandene Publikationen wurden dankbar konsultiert: der von Hermann Bausinger herausgegebene Sammelband zur Tübinger Ringvorlesung, Ludwig Uhland. Dichter – Politiker – Gelehrter (Tübingen 1988), die Festschrift des Uhland-Gymnasiums Tübingen zum 200. Geburtstag: Ludwig Uhland. Werk und Wirkung (Tübingen 1987) sowie das Marbacher Magazin zur Ausstellung im Schiller-Nationalmuseum und im Tübinger Haering-Haus: Ludwig Uhland 1787–1862: Dichter, Germanist, Politiker, bearbeitet von Walter Scheffler und Albrecht Bergold (Marbach 1987).

Gegenüber:
Die Tübinger Jugend hält die Fahne Uhlands hoch.
Stadtmuseum Tübingen.

Uhlands Wohnhaus in Tübingen

GEMEINSAMES MITTAGESSEN IM SILCHER-SAAL DES MUSEUMS IN TÜBINGEN AM 11. NOVEMBER 1962 AUS ANLASS DES 100. TODESTAGES LUDWIG UHLANDS

Schwäbische Metzelsuppe

Kesselfleisch
Leber- und Griebenwurst
Sauerkraut
Geschmelzte Spätzle
Kartoffelbrei

Käsestangen

Stuttgarter Hofbräu - Pils Export

Steinhäger - Kirschwasser - Doornkaat

Dank

Christopher Blum, Universitätsstadt Tübingen, Fachbereich Kultur
Daniel Bornemann, Christophe Didier, Universitätsbibliothek Strasbourg
Prof. Dr. Nils Büttner, Staatliche Akademie der Bildenden Künste Stuttgart
Dr. Christofer Conrad, Staatsgalerie Stuttgart
Dr. Michael Davidis, Chris Korner, Deutsches Literatur-archiv Marbach
Gunhild Emmrich, Berlin
Anne Faden, Tübingen
Dr. Wilfried Lagler, Universitätsbibliothek Tübingen
Dr. Benno Lehmann, Mannheim
Anette Michels, Graphische Sammlung der Universität Tübingen
Karl Philipp, Germania Tübingen
Udo Rauch, Stadtarchiv Tübingen
Prof. Dr. Thomas Schäfer, Soenmez Alemdar, Kathrin Zimmer, Universität Tübingen, Seminar für Klassische Archäologie
Karl Stehle, München
Prof. Dr. Manfred Thierer, Georg Zimmer, Heimatpflege Leutkirch, Museum im Bock Leutkirch
Dagmar Waizenegger, Universitätsstadt Tübingen, Fachbereich Kultur
Kornelia Weihrauch-Kempf, Deutsches Volksliedarchiv Freiburg im Breisgau
Dr. Michael Wischnath, Universitätsarchiv Tübingen
Dr. Rainer Y, Landesmuseum Stuttgart

sowie den Mitarbeiterinnen und Mitarbeitern des Stadtmuseums, namentlich Evamarie Blattner, Anne Ewert, Helmut Gugel, Simone Richter

Gegenüber:
Schwäbische Metzelsuppe. Einladung zu einem „Gemeinsamen Mittagessen im Silcher-Saals des Museums in Tübingen am 11. November 1962 aus Anlaß des 100. Todestages Ludwig Uhlands". Bei dem im Inneren des Faltblatts abgedruckten Metzelsuppenlied *wurde der Vers 3 „Der ist ein jüdisch ekler Gauch" abgeändert zu „Der ist ein wirklich ekler Gauch", wo doch das Adjektiv „ekler" „wählerisch" bedeutet und sich auf das religiöse Verbot der Juden bezieht, Schweinefleisch zu essen. Spätestens nach „Steinhäger – Kirschwasser – Doornkaat" dürfte die Änderung aber niemanden mehr interessiert haben.*

IHR ZUG-BEGLEITER

Raum 6

27. Sept. bis 31. Okt. 1981

IC 599 Ludwig Uhland

Hamburg - Frankfurt (M) - München

Abbildungsnachweis

Burschenschaft Germania Tübingen: S. 199a
Deutsches Volksliedarchiv, Freiburg: S. 244a+b, S. 245b+c
Gunhild Emmrich, Berlin: S. 205a
Landesmedienzentrum Baden-Württemberg: S. 71
Museum im Bock, Leutkirch: S. 149
Privatbesitz: S. 13, S. 18, S. 27, S. 161
Staatsgalerie Stuttgart: S. 231
Stadtarchiv Tübingen: S. 17
Stadtmuseum Tübingen: S. 10, S. 42, S. 119, S. 168, S. 183, S. 202, S. 211, S. 219, S. 237b, S. 239a-d, S. 247, S. 249, S. 250 (Fotos: Anne Faden)
Karl Stehle, München: S. 243a-c, S. 245a
Universität Tübingen, Archäologisches Institut: S. 229
Universitätsarchiv Tübingen: S. 20, S. 28
Universitätsbibliothek Tübingen: S. 106, S. 108, S. 109, S. 110, S. 111, S. 121, S. 137, S. 187, S. 191 (Fotos: Anne Faden)

Alle weiteren Abbildungen:
Deutsches Literaturarchiv Marbach (Fotos: Chris Korner)

Gegenüber:
Der IC Ludwig Uhland fuhr seinerzeit nach Hamburg, nicht nach Tübingen. Sonst hätte es womöglich auf diesem Blatt geheißen: „Bringen Sie Ihre Frau mit nach Tübingen und verlängern Sie Ihre Geschäftsreise um ein Universitätsstadt-Wochenende. Ein Doppelbett kostet nur wenig mehr als Ihr Einzelbett. Sie werden erstaunt sein, was Sie hier alles erleben können." Zugbegleiter zum IC 599 Ludwig Uhland. DLA Marbach

Folgende Seite:
Vier Abformungen von Ludwig Uhlands Totenmaske. DLA Marbach.

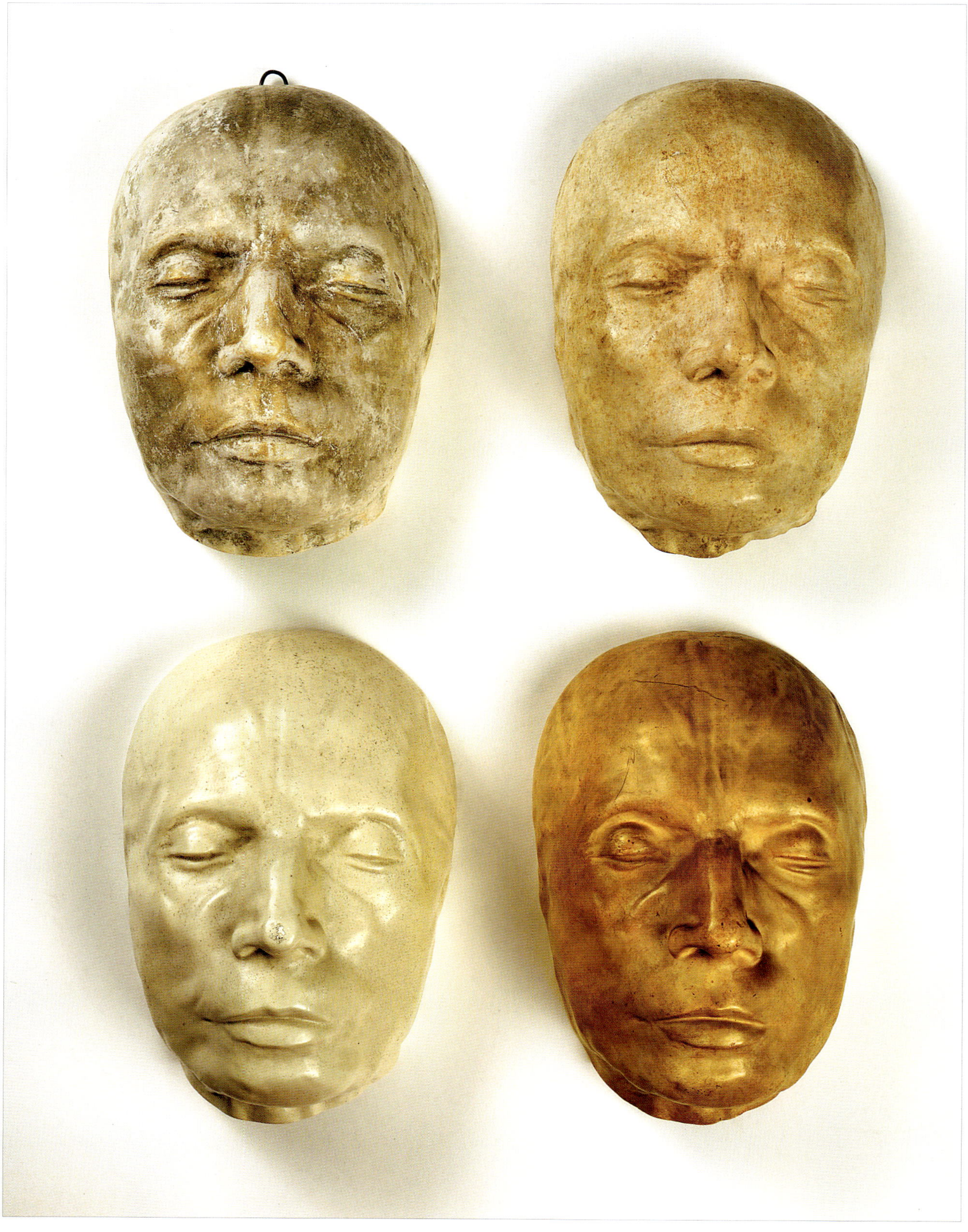